心理与教育统计学及SPSS应用

陆运清 编著

清华大学出版社
北京

内 容 简 介

本书系统阐述了心理与教育统计学的有关理论和方法，并结合实例详细呈现了 SPSS 的有关分析过程及结果解释。本书共分十六章，具体内容包括绪论、数据的整理、集中量数、差异量数、相关分析、概率与概率分布、总体参数的估计、假设检验、方差分析、卡方检验、线性回归分析、非参数检验、因子分析、中介效应和调节效应、抽样设计、综合数据分析实例与 SPSS 操作。通过对这些内容的学习，学生及应用者能够系统理解统计分析的有关理论，并能便捷掌握有关统计方法的 SPSS 操作，从而正确分析心理与教育学研究数据，发现心理与教育现象的有关规律。

本书可作为高等院校心理与教育专业的本科生教材，也可作为相关专业研究生的教材或教学参考书，还可作为心理与教育统计学其他应用者的参考用书。

本书封面贴有清华大学出版社防伪标签，无标签者不得销售。
版权所有，侵权必究。举报：010-62782989，beiqinquan@tup.tsinghua.edu.cn。

图书在版编目(CIP)数据

心理与教育统计学及 SPSS 应用 / 陆运清编著. —北京：清华大学出版社，2023.4（2024.7重印）
ISBN 978-7-302-62931-3

Ⅰ.①心… Ⅱ.①陆… Ⅲ.①心理统计—统计分析—软件包②教育统计—统计分析—软件包
Ⅳ.①B841.2-39 ②G40-051

中国国家版本馆 CIP 数据核字(2023)第 038502 号

责任编辑：施 猛 王 欢
封面设计：常雪影
版式设计：孔祥峰
责任校对：马遥遥
责任印制：宋 林

出版发行：清华大学出版社
　　　　　网　　址：https://www.tup.com.cn，https://www.wqxuetang.com
　　　　　地　　址：北京清华大学学研大厦 A 座　　邮　编：100084
　　　　　社 总 机：010-83470000　　邮　购：010-62786544
　　　　　投稿与读者服务：010-62776969，c-service@tup.tsinghua.edu.cn
　　　　　质 量 反 馈：010-62772015，zhiliang@tup.tsinghua.edu.cn
印 装 者：三河市天利华印刷装订有限公司
经　　销：全国新华书店
开　　本：185mm×260mm　　印　张：21　　字　数：511 千字
版　　次：2023 年 5 月第 1 版　　印　次：2024 年 7 月第 2 次印刷
定　　价：68.00 元

产品编号：095072-01

前　　言

　　为适应心理与教育统计学课程的教学需求，在计算机应用普及、统计软件丰富、心理与教育研究广泛应用统计学的背景下，心理与教育统计学课程的教学内容有所调整，现普遍包括理论方法与软件操作两部分内容。这样的课程安排在计算机技术高度发展的环境中十分有效，心理与教育统计学的教学效果也有了显著提升。相比较而言，教材相对于教学安排有一定的滞后。既包含系统的理论内容，同时将软件操作与理论内容有机匹配的图书是师生共同期待的，这样的图书作为课程教材将会有效提高教学效果，也符合教学应用的发展趋势。

　　本书基于以上目标着手编写，既考虑现实应用需求，又将理论内容与软件操作有机结合。作者在编写本书的过程中，从实际应用发展的角度考虑，更新和补充了一些发展较快的内容。例如，常用统计方法的效应量是重要期刊论文要求必须报告的统计量；中介效应和调节效应的分析应用非常广泛，编写中适当加入了相关内容。此外，统计学的学习特点是方法不难掌握，但应用起来难度较大，比如初学者经常会在解决实际问题时选错方法。针对此问题，本书加入综合案例分析，以利于学生在实际应用中正确选用统计方法并规范分析具体问题，达到真正掌握有关学习内容的目的。因此，本书具有三个特色：理论知识与软件操作有机结合；适应发展的应用环境；结合综合应用案例提高学习效果。

　　在统计学相关软件中，心理学、教育学及其他社会科学专业的本科生课程一般都采用SPSS软件。SPSS最初的全称为"社会科学统计软件包"(statistical package for the social sciences)，随着软件内容和服务范围的扩展，于2000年正式更名为"统计产品与服务解决方案"(statistical product and service solutions)。本书结合心理与教育统计学内容介绍SPSS的有关应用。

　　笔者多年来一直从事心理与教育统计学的教学与研究工作，在教学中不仅注重学生对统计方法的正确掌握，而且注重对学生思维能力的培养，还注重针对课程特点开展案例教学。此外，本书结合教育部高等学校心理学类专业教学指导委员会资助的教育教学改革项目——"心理统计学教学案例的开发及其在探索式教学中的应用"(项目编号：20221005)的研究，编制了例题和综合实例。

笔者在编写本书的过程中，参考了国内外大量有关文献，同时也得到了多位同行的支持和帮助，在此一并表示感谢。此外，还要特别感谢笔者的学生们，通过与他们一起探讨课程内容，使笔者了解了学生在学习中容易出现的问题，从而使笔者对教学内容的体会不断深入、对教学方法的认识不断提高，进而在教学及探究过程中获得进步。特别感谢笔者的研究生郝晓晓为第十三章因子分析的实例提供基本题目。

虽然在撰写过程中几经努力，但由于笔者水平有限，错误之处在所难免，恳请广大同行和读者批评指正。反馈邮箱：wkservice@vip.163.com。

陆运清
2022 年 6 月

目 录

第一章 绪论 ··· 1
   第一节 心理与教育统计学概述 ··· 1
      一、统计、统计学及心理与教育统计学 ······················ 1
      二、学习心理与教育统计学的意义 ····························· 2
      三、学习心理与教育统计学应注意的问题 ·················· 3
   第二节 心理与教育统计学的内容 ···································· 4
      一、描述统计 ··· 5
      二、推断统计 ··· 5
      三、实验设计 ··· 6
   第三节 统计学中的几个基本概念 ···································· 6
      一、随机变量 ··· 6
      二、数据 ··· 7
      三、总体和样本 ·· 9
      四、统计量和参数 ··· 9

第二章 数据的整理 ··· 11
   第一节 数据的统计分组 ·· 11
      一、数据分组前的基本筛查 ···································· 11
      二、统计分组要注意的问题 ···································· 11
      三、性质类别和数量类别 ·· 12
      四、数据的统计分类 ·· 12
   第二节 统计表 ··· 13
   第三节 统计图 ··· 14
   第四节 次数分布表和次数分布图 ·································· 15
      一、次数分布表 ·· 15
      二、次数分布图 ·· 21
   第五节 SPSS 数据文件的建立及统计图的绘制 ··············· 25
      一、SPSS 数据文件的建立 ····································· 25
      二、统计图的绘制 ··· 28

第三章 集中量数 31
第一节 算术平均数 31
一、算术平均数的概念 31
二、算术平均数的特性 33
三、算术平均数的优缺点 33
第二节 中位数 35
一、中位数的概念 35
二、中位数的计算 35
三、中位数的优缺点 38
第三节 众数 39
一、众数的概念 39
二、众数的计算方法 39
三、众数的优缺点 41
第四节 几何平均数和调和平均数 41
一、几何平均数 41
二、调和平均数 42

第四章 差异量数 46
第一节 全距、百分位距和四分位距 46
一、全距 46
二、百分位距 47
三、四分位距 48
第二节 平均差、方差和标准差 50
一、平均差 50
二、方差和标准差 50
第三节 标准差的应用 54
一、差异系数 54
二、标准分数 56
第四节 集中量数与差异量数的 SPSS 操作 58

第五章 相关分析 65
第一节 相关概述 65
一、相关的意义 65
二、相关的种类 66
三、相关系数 68
第二节 积差相关 69
一、积差相关的概念及适用条件 69
二、积差相关系数的计算 69
三、相关系数的合并 73
第三节 等级相关 74

　　　　　一、斯皮尔曼等级相关 75
　　　　　二、肯德尔 W 系数 78
　　第四节　质与量的相关 80
　　　　　一、点二列相关 81
　　　　　二、二列相关 82
　　　　　三、多系列相关 83
　　第五节　品质相关 84
　　　　　一、Φ 相关 84
　　　　　二、四分相关 85
　　　　　三、列联相关 85
　　第六节　相关分析的 SPSS 操作 86
　　　　　一、积差相关的 SPSS 操作 86
　　　　　二、斯皮尔曼等级相关的 SPSS 操作 87
　　　　　三、肯德尔等级相关的 SPSS 操作 88
　　　　　四、偏相关的 SPSS 操作 89

第六章　概率与概率分布 93
　　第一节　概率概述 93
　　　　　一、概率的定义 93
　　　　　二、概率的基本性质 94
　　　　　三、概率的基本定理 95
　　　　　四、概率分布的类型 97
　　第二节　正态分布 98
　　　　　一、正态分布函数及特点 98
　　　　　二、正态分布表的编制和使用 100
　　　　　三、正态分布在测验中的应用 102
　　第三节　二项分布函数 105
　　　　　一、二项试验 105
　　　　　二、二项分布函数的定义 106
　　　　　三、二项分布函数的性质 107
　　　　　四、二项分布函数的平均数和标准差 107
　　　　　五、二项分布函数的应用 107
　　第四节　其他常用的概率分布 108
　　　　　一、t 分布 108
　　　　　二、χ^2 分布 110
　　　　　三、F 分布 111
　　第五节　抽样分布 112
　　　　　一、样本平均数的抽样分布和标准误 112
　　　　　二、样本标准差、样本方差和样本方差之比的抽样分布 114

第七章 总体参数的估计 ... 118
第一节 点估计和区间估计 ... 118
一、点估计 ... 118
二、区间估计 ... 119
第二节 总体平均数的区间估计 ... 120
一、总体平均数区间估计的步骤 ... 120
二、总体平均数区间估计的应用 ... 121
第三节 总体标准差和总体方差的区间估计 ... 125
一、总体标准差的区间估计 ... 125
二、总体方差的区间估计 ... 125
第四节 总体参数估计的 SPSS 操作 ... 127

第八章 假设检验 ... 130
第一节 假设检验的基本原理 ... 130
一、两种假设 ... 130
二、假设检验中的小概率原理 ... 131
三、假设检验中的两类错误 ... 131
四、双侧检验与单侧检验 ... 133
五、假设检验的一般步骤 ... 134
第二节 平均数的显著性检验 ... 135
一、总体分布为正态分布，总体方差 σ^2 已知 ... 135
二、总体分布为正态分布，总体方差 σ^2 未知 ... 137
三、总体为非正态分布 ... 139
第三节 平均数差异的显著性检验 ... 140
一、两个独立样本平均数差异的显著性检验 ... 140
二、两个相关样本平均数差异的显著性检验 ... 146
第四节 方差及方差差异的显著性检验 ... 151
一、方差的显著性检验 ... 151
二、方差差异的显著性检验 ... 152
第五节 假设检验的 SPSS 操作及结果解释 ... 155
一、单样本 t 检验 ... 156
二、独立样本 t 检验 ... 157
三、相关样本 t 检验 ... 158

第九章 方差分析 ... 163
第一节 方差分析概述 ... 163
一、方差分析的基本原理 ... 163
二、方差分析的条件 ... 165
三、方差分析的基本步骤 ... 166
第二节 完全随机设计的方差分析 ... 169

　　　　一、各组样本容量相同 169
　　　　二、各组样本容量不同 171
　　第三节　随机区组设计的方差分析 172
　　　　一、随机区组设计的概念和方法 172
　　　　二、随机区组设计的方差分析步骤 173
　　第四节　多重比较 176
　　　　一、应用 t 检验比较多个平均数的差异时Ⅰ型错误的膨胀 176
　　　　二、N-K 检验法 177
　　第五节　多因素方差分析简介 180
　　　　一、多因素方差分析的基本问题 180
　　　　二、双因素方差分析实例 182
　　第六节　方差分析的 SPSS 操作与实例分析 185
　　　　一、单因素完全随机设计方差分析的 SPSS 操作 185
　　　　二、随机区组设计方差分析的 SPSS 操作 189
　　　　三、双因素完全随机设计方差分析的 SPSS 操作 192

第十章　卡方检验 199
　　第一节　卡方检验概述 199
　　　　一、卡方检验的基本认识 199
　　　　二、卡方检验的基本公式 200
　　第二节　配合度检验 200
　　　　一、各分类项分布次数的无差检验 201
　　　　二、各分类项分布次数是否符合一定比率的检验 201
　　　　三、计数数据分布是否符合正态分布的检验 202
　　　　四、连续变量分布的正态配合度检验 203
　　　　五、理论频数大于 5 而小于 10 时的连续性校正 204
　　第三节　独立性检验 205
　　　　一、独立性检验的适用资料 205
　　　　二、独立性检验的检验方法 205
　　第四节　四格表的卡方检验 207
　　　　一、独立四格表的卡方检验 207
　　　　二、相关四格表的卡方检验 209
　　第五节　卡方检验的 SPSS 操作及实例分析 211
　　　　一、卡方检验的 SPSS 基本操作 211
　　　　二、卡方检验的 SPSS 实例分析 212

第十一章　线性回归分析 218
　　第一节　一元线性回归方程的建立 218
　　　　一、线性回归的概念 218
　　　　二、一元线性回归系数的计算 219

三、回归系数与相关系数的关系 ……………………………………………………… 221
　第二节　一元线性回归方程的检验与应用 …………………………………………………… 222
　　　一、一元线性回归方程的检验 ………………………………………………………… 222
　　　二、一元线性回归方程的应用 ………………………………………………………… 227
　第三节　多元线性回归简介 …………………………………………………………………… 227
　　　一、多元线性回归方程 ………………………………………………………………… 227
　　　二、多元线性回归的显著性检验 ……………………………………………………… 229
　第四节　线性回归分析的 SPSS 操作及实例分析 …………………………………………… 232
　　　一、一元线性回归分析的 SPSS 基本操作 …………………………………………… 232
　　　二、多元线性回归分析的 SPSS 基本操作 …………………………………………… 234

第十二章　非参数检验 ……………………………………………………………………………… 239
　第一节　非参数检验的特点 …………………………………………………………………… 239
　　　一、非参数检验的优点 ………………………………………………………………… 239
　　　二、非参数检验的缺点 ………………………………………………………………… 240
　第二节　两个相关样本的非参数检验 ………………………………………………………… 240
　　　一、符号检验 …………………………………………………………………………… 240
　　　二、符号秩次检验 ……………………………………………………………………… 243
　第三节　两个独立样本的非参数检验 ………………………………………………………… 245
　　　一、秩和检验法 ………………………………………………………………………… 245
　　　二、中位数检验 ………………………………………………………………………… 248
　第四节　多个相关样本的非参数检验 ………………………………………………………… 249
　　　一、Cochran Q 检验 …………………………………………………………………… 249
　　　二、弗里德曼双向等级方差分析 ……………………………………………………… 251
　第五节　多个独立样本的非参数检验 ………………………………………………………… 253
　　　一、单向秩次方差分析 ………………………………………………………………… 253
　　　二、中位数检验法 ……………………………………………………………………… 255
　第六节　非参数检验的 SPSS 操作及实例分析 ……………………………………………… 256
　　　一、两个相关样本非参数检验的 SPSS 操作 ………………………………………… 256
　　　二、两个独立样本非参数检验的 SPSS 操作 ………………………………………… 258
　　　三、K 个相关样本非参数检验的 SPSS 操作 ………………………………………… 259
　　　四、K 个独立样本非参数检验的 SPSS 操作 ………………………………………… 261

第十三章　因子分析 ………………………………………………………………………………… 264
　第一节　因子分析概述 ………………………………………………………………………… 264
　　　一、因子分析的种类 …………………………………………………………………… 264
　　　二、探索性因子分析的要求与条件 …………………………………………………… 265
　　　三、因子分析的基本方法 ……………………………………………………………… 265
　　　四、因子数的确定 ……………………………………………………………………… 266
　　　五、因子旋转 …………………………………………………………………………… 267

第二节　因子分析的 SPSS 操作 ·· 267

第十四章　中介效应和调节效应 ·· 273
　第一节　中介效应 ··· 273
　　　一、中介变量 ··· 273
　　　二、中介模型 ··· 273
　　　三、中介效应的检验 ··· 274
　　　四、Bootstrapping 中介效应检验的 SPSS 操作及结果解释 ···················· 275
　第二节　调节效应 ··· 279
　　　一、调节变量 ··· 279
　　　二、调节模型 ··· 279
　　　三、调节效应的检验 ··· 280
　　　四、Bootstrapping 调节效应检验的 SPSS 操作及结果解释 ···················· 280
　第三节　中介和调节混合模型分析 ··· 285

第十五章　抽样设计 ·· 289
　第一节　抽样设计概述 ··· 289
　　　一、抽样设计的意义 ··· 289
　　　二、抽样设计的原则 ··· 290
　第二节　几种重要的抽样方法 ··· 290
　　　一、简单随机抽样 ··· 290
　　　二、等距抽样 ··· 291
　　　三、分层抽样 ··· 292
　　　四、多阶段抽样 ··· 293
　第三节　样本容量的确定 ··· 294
　　　一、估计总体平均数时样本容量的确定 ······································· 294
　　　二、平均数显著性检验时样本容量的确定 ····································· 295
　　　三、平均数差异显著性检验时样本容量的确定 ································· 297

第十六章　综合数据分析实例与 SPSS 操作 ······································ 300
　第一节　实例设计与统计方法分析 ··· 300
　第二节　数据处理与 SPSS 操作 ··· 302

参考文献 ·· 318

附录 ·· 320

第一章 绪论

在心理与教育领域的研究中，经常需要通过实验、调查等研究方法收集大量数据，这些数据中蕴含心理与教育现象的有关规律。但是，一般很难通过直接观察原始数据发现其规律性。那么，如何科学地整理数据，从看起来杂乱无章的原始数据中提取有用的信息，呈现其本质特征，从而得出科学的结论，这是心理与教育统计学要解决的问题。本章主要介绍心理与教育统计学的基础知识、研究内容，以及学习中要注意的问题，并介绍统计学的一些基本概念。

第一节 心理与教育统计学概述

一、统计、统计学及心理与教育统计学

提到"统计"一词，人们很容易联想到对大量数据的计算和分析。具体而言，统计(statistic)是指对数据资料的收集、整理、计算和分析的工作过程。例如，在2020年春季新冠疫情期间，研究者对某省初中线上教学的基本情况进行了调查，在对相关资料进行搜集、整理、计算之后，得出结果：全省共有4015所初级中学，在校生人数为3 906 329人，专任教师人数为209 863人。所有师生都参与了线上教学，教师对教学效果的满意度为高、中、低的人数分别为156 882人、52 892人和89人，分别占专任教师总体的74.76%、25.20%和0.04%。学生对线上教学效果的满意度为高、中、低的人数分别为2 717 633人、1 142 991人和45 705人，分别占学生总体的69.57%、29.26%和1.17%。在人类历史上，统计工作很早就应用于生产和生活中，用于了解和研究人口、土地、物产、兵力等问题。至今，统计工作的发展在深度和广度上都有了飞跃性的突破。

统计学(statistics)是研究数据资料的收集、整理、计算和分析的方法及其原理的一门科学。也就是说，统计学是研究统计原理及其方法的一门科学。依据具体研究内容，统计学可分为两部分：理论统计学(theoretical statistics)和应用统计学(applied statistics)。理论统计学是指数理统计学，它以概率论为基础，研究统计方法的数理原理，侧重于统计理论和方法的数理推导。应用统计学是数理统计学在各个科学研究领域中的具体应用，侧重于应用数理统计学的原理和方法解决所研究领域中的有关问题。数理统计学在不同学科中的应用，形成应用统计学的不同分支，如社会统计学、生物统计学、医学统计学、人口统计学、经济统计学、教育统计学、心理统计学等。理论统计学和应用统计学是相互联系、相辅相成的。理论统计学为应用统计学奠定方法基础，应用统计学在各领域的应用实践中发现问题，为数理统计学

提供发展和完善的要求和机会，因此，理论统计学与应用统计学是相互促进、共同发展的关系。

心理与教育统计学是统计学应用于心理与教育科学研究而形成的应用统计学的一个分支。具体而言，心理与教育统计学是专门研究如何搜集、整理、计算和分析通过实验或调查所获得的心理与教育方面的数据资料，并探究如何根据这些数据资料所包含的信息进行科学推论，找出心理与教育现象的客观规律的一门科学。在心理与教育领域的研究中，研究者通过实验或调查等方法搜集有关研究数据；通过对这些数据的初步整理，得到统计图表，反映数据的基本特征；通过计算得出有关特征值，进一步明确数据的特征；运用统计学原理，进一步在有关特征值和分布形态的基础上分析和推断不同条件下或不同群体之间的总体差异，也可以分析不同指标间的关系等。心理与教育统计学和其他应用统计学一样，主要关注如何应用理论统计方法科学地分析本领域的具体问题，通常情况下，较少关注统计公式的推导和证明。

二、学习心理与教育统计学的意义

学习心理与教育统计学的意义突出体现在科学研究、科学化管理和科学思维训练等方面。

1. 科学研究的需要

在心理与教育科学研究中，研究者在阅读文献和撰写论文的过程中都需要具备一定的心理与教育统计学知识。首先，在确定科研选题等过程中，研究者需要查阅大量研究报告和论文资料；在量化实证性研究资料中，研究者需要采用统计方法呈现和解释研究结果。如果不具备相应的心理与教育统计学知识，研究者就很难读懂有关研究的关键内容，无法充分理解有关研究的精髓。其次，如果研究者搜集到大量的数据，需要采用适当的统计方法进行统计分析，得出能够显示其分布规律的统计图、统计表及有关特征值，进行有关变量间相关性及差异性的检验，探求变量间的内部关系等。如果研究者未掌握相应的统计学方法，不能进行统计分析，即使设计方案很完善，也难以发现研究问题的内在本质规律，更不能将研究结果准确呈现出来和同行交流。因此，要进行心理与教育科学研究，学习心理与教育统计学是非常必要的。

2. 科学化管理的需要

在开展教育和心理的相关管理工作中，相关人员需要充分了解有关情况，在此基础上及时总结经验和发现问题，进而制定下一步工作方案。相关人员要想有效地完成相关工作，科学抽样、合理分析调查数据等环节都是必不可少的，在这些环节中，都需要相关人员正确应用心理与教育统计学有关方法。统计方法的应用可以显著提高管理工作效率，还可以有效提升管理工作的科学化水平，从而有助于相关人员做出合理决策。例如，在对考试成绩的管理中，应如何计算各科总成绩？采用哪种方法计算才能更好地反映考生的真实综合水平？传统的计算方法是直接计算各科目的原始分数总和，这种方法存在一定的缺陷，计算时未考虑不同科目的试卷不同，测试结果是通过不同的测量工具得出的，相当于不同单位的数据相加，这样的统计结果是不可靠的。要使统计结果更可靠，除对各科目试题的难度、区分度及试卷的信度和效度等加以控制外，还有必要将各科目的成绩转化成标准分数，然后再考虑是否应该加权等问题，最后计算几个科目的综合成绩。这样做，计算结果更为合理，依据该结果选拔考生也更为可靠。

3. 科学思维训练的需要

正确的决策建立在科学的认知、分析和推断基础上，而科学的认知离不开正确的统计方法。对统计方法的理解和掌握，在一定程度上决定了一个人或一个团体对一些问题的决策，有些决策是以表面现象为基础做出的，有些决策是依据现象下的本质规律做出的，而恰当的统计过程正是帮助决策者通过现象发现本质规律的有效方法。统计方法中包含科学的逻辑关系，学习和应用统计方法有利于科学思维训练，这一点在科学研究的应用中表现得更为突出。

三、学习心理与教育统计学应注意的问题

1. 克服畏难情绪

心理与教育统计学属于应用统计学范畴，是数理统计在心理与教育研究中的实际应用。未接触心理与教育统计学的学生可能会认为，学习该课程内容需要掌握大量的数学基础知识，学习过程中需要做很多复杂的数学推导和证明，因此，一些不喜欢计算、数学课程学习较少或感觉相关知识掌握得不够扎实的学生，会在学习之前产生畏惧心理，从而对学习造成很不利的影响。其实，学习心理与教育统计学只需要简单的数学运算，而且随着计算工具的不断发展，已经不需要将计算过程作为学习和应用中要考虑的主要问题。此外，与学习数理统计学的主要目的不同，学习心理与教育统计学注重各种统计方法在心理与教育实践中的应用，基本不做公式推导。因此，学生不需要因为数学基础较差而产生任何畏难情绪。只要有高中的数学基础，在学习中注意逻辑关系，注重与要分析的心理与教育问题相关的理论和本质关系，想学好心理与教育统计学并不难。当然，如果具备一定的概率统计和微积分知识基础，在学习中对统计过程和结果的理解会更容易或更深入一些。

2. 正确认识统计学的作用

心理与教育统计学是心理与教育研究的强大工具，但它不是无所不能的，在学习心理与教育统计学的过程中，我们对统计学的作用要有正确的认识和理解，不能随意夸大或低估其作用。

一方面，需要克服"统计无用"的思想。有人认为，依据从实验或调查中获得的数据，可以直接判断各组样本之间的差异、变量之间的关系等，不需要应用统计方法进行分析，统计方法并没有什么用途。实际上，通过实验或调查等方法得到的数据是由两部分组成的，一部分是测量指标的真实数据，另一部分是受一些偶然因素影响造成的随机误差。因此，测试得到的数据是受随机误差影响的具有变化规律的数据。也就是说，依据这些数据判断的结果有可能是真实的，也有可能是受随机误差的影响而造成的一种偶然"假象"。统计学方法可以根据具有变异性的数据，考虑到随机误差的影响，在提高数据可靠程度的基础上找出数据变化的规律。因此，在实际应用中，不能仅凭数据表面信息做出判断，要通过合理的统计方法"去伪存真"，对有关现象的本质进行正确判断。

另一方面，需要克服"统计万能"的思想。通过恰当的统计方法可以发现数据包含的本质规律，但是，统计方法并不能纠正数据的错误，如果数据存在问题，导致其并不包含事物的本质规律，这时候要通过现象发现真实的规律，统计方法是无能为力的。例如，在实际研究中，如果研究者对有关现象认识错误，用不能反映本质规律的变量或根本无关的变量作为测量指标；或尽管研究者对现象的认识是正确的，但在测量过程中采用了有效性较低的测量工具；等等。在这些情况下，统计过程的计算再精确，统计结果也无法反映有关现象的规律。另外，应杜绝利用统计方法滥凑结果的行为，这是不被统计学和其他科学所容忍的。

3. 注意各种统计方法的适用条件

研究目的、数据性质和分布形态不同，分析数据所适用的统计方法也不同。心理与教育统计学涉及很多种统计方法，每种统计方法都有其适用的条件。在实际应用中，充分掌握各种统计方法的适用条件，才能正确选用统计方法，否则，很可能会选用不适当的统计方法，无法得出可靠的分析结果，导致得出偏差较大或错误的结论。因此，在学习中要特别注意掌握各种统计方法的适用条件。

4. 注意正确解释统计结果

采用恰当的统计方法对数据进行分析，能够为发现有关现象的本质规律奠定基础，但是，这并不能保证可以对有关结果做出正确、合理的解释，更不能保证在此基础上做出正确决策及提出合理建议。采用恰当的方法分析数据并得出结果后，需要对结果有准确的认识，不能随意做出不切实际的解释。例如，在相关分析中得出两个变量有显著的相关关系，不能在没有其他根据的情况下解释为它们之间有因果关系。相关关系和因果关系是两种不同的关系，在相关分析的内容中要强调两者的区别。两个变量线性相关关系不显著，不能解释为它们没有关系，因为不存在线性关系的两个变量之间可能存在非线性关系。在实际应用中，经常出现不能准确解释这些关系的问题，在学习中需要特别注意。

5. 进行实际练习

在学习心理与教育统计学的过程中，理解各种统计方法的适用条件、基本原理、分析过程和结果解释等有关内容是必要的，但要更好地掌握有关方法，必须进行适当的练习。首先，要做一定的基本练习题目。本教材各章都配有思考题，学生应认真练习。其次，应结合实际研究问题进行练习。学生可结合各级科创和社会调查项目，制订研究计划并具体实施，或参与到实际研究项目中，理解研究问题的实质，搜集研究数据，选用统计方法，分析结果，这种方法会收到很好的效果。如果没有这样的机会，也可以对自己感兴趣的研究问题进行设计，考虑可以选用哪些统计方法并得出结果，应用 SPSS(statistical package for the social sciences，社会科学统计软件包)等软件进行分析并对结果进行解释，这样可以全面提升学习效果。

第二节　心理与教育统计学的内容

根据不同的分类标准，可以将心理与教育统计学的研究内容分为三部分：描述统计、推断统计和实验设计。

一、描述统计

描述统计(descriptive statistics)主要研究如何整理和分析在心理与教育实验或调查等过程中得到的大量数据,通过描述一组数据的全貌,反映事物的特性。具体方法:针对所关心的心理与教育现象进行全面实验或调查,对收集的数据进行整理,计算出反映数据特性的有关特征量数。具体内容包括以下几个方面。

1. 数据分组及统计图表的绘制

对数据进行分组能够反映数据的特征,绘制统计图表能科学、直观地描述数据的分布情况。

2. 特征值的计算

计算数据的特征值,有助于科学、概括地描述一组数据的整体特性。单列数据的特征值主要包括集中量数、差异量数和反应数据分布形态特性的量数。对算术平均数、中位数、众数、几何平均数、调和平均数等描述数据集中趋势的量数的计算和应用,对全距、平均差、四分位差、方差和标准差等描述数据离散程度的量数的计算和应用,以及对峰度和偏度系数等描述数据分布形态的量数的计算和应用等,都属于描述统计的内容。

3. 两种或两种以上特性之间相互关系的描述

相关系数用于反映一个事物两种或两种以上特性之间相关程度的高低,或用于反映两组配对被试某种特性之间的关系,等等。这部分内容主要包括各种相关系数的计算和应用。

二、推断统计

推断统计(inferential statistics)是根据局部数据所提供的信息,运用概率分布理论进行分析,基于一定的可靠度对总体特征进行估计和推论的统计方法。在心理与教育科学研究中,一般不能对研究对象总体中的个体逐一进行测试,而是从总体中抽取一部分个体进行测试,在对部分个体的测试结果进行分析的基础上,依据概率分布理论推论出总体特征,从而达到研究总体规律的目的。由于心理与教育科学研究涉及的研究对象总体包含的个体量较大,推断统计在心理与教育科学研究领域的实际应用非常广泛。推断统计的内容大致包括以下几个方面。

1. 总体参数的估计

对总体参数的估计包括点估计和区间估计,即估计的总体参数是一个数值点,或估计的总体参数在一定可信度上落入的区间范围。

2. 参数检验

在总体参数或总体分布满足一定条件的基础上进行有关总体参数的检验,具体包括:平均数的有关检验,如平均数的显著性检验、平均数差异的显著性检验、方差分析等;方差及其差异的显著性检验；相关系数及其差异的显著性检验；等等。

3. 非参数检验

非参数检验对总体分布及总体参数所满足的条件不做严格假定，一般依据数据资料所包含的等级信息进行统计推论。非参数检验可以分析两个或多个独立或相关样本的平均等级的差异及中位数的差异显著性等。

三、实验设计

实验设计(experimental design)是统计学领域近几十年发展起来的数理统计分支，其主要目的是研究如何科学地、经济地获取观测资料，分析观测信息，从而有效且高效地实现研究目标。实验设计包括抽样方法的选取、样本容量的确定、自变量的安排、无关变量的控制、因变量的测试、统计方法的选取、结果分析等各项具体计划。实验设计常以方差分析、协方差分析、回归分析、因素分析等统计方法为基础。

描述统计、推断统计和实验设计三部分内容之间是相互联系的，单独应用每一部分内容都难以达到研究目的。首先，描述统计是推断统计的基础，只有通过描述统计完成对样本特征值的计算，推断统计才能依据相关信息实现对总体特征的推论。其次，如果没有推断统计对总体特征的进一步推论，描述统计结果的应用价值将受到限制，因为不能达到描述总体特征的最终目的。再次，只有以科学的实验设计为基础，观测到的数据才可靠，进一步的统计分析也才有意义。最后，严谨的实验设计必须考虑适合数据的统计方法，如果没有应用有效的统计方法对数据进行分析，就无法推论出数据包含的总体信息，那么即便是再准确的测量数据也很难反映其本质规律。

第三节 统计学中的几个基本概念

一、随机变量

在实际观测中，可以取不同数值的量叫变量(variable)。例如，不同人的记忆力不同，同一个人在不同状态及不同年龄时的记忆力也不同，因此，反映人的记忆力的数值具有不确定性，记忆力就是变量。与变量相对应的是常量(constant)，常量是指数值保持不变的量。例如，圆周率 π 和自然数 e 都是常量，它们的数值不会因为条件不同而发生变化，π 总是等于接近于 3.1415926 的一个固定值，e 总是等于约为 2.71828 的一个不变的值。

在心理与教育科学研究中，有关指标的观测结果往往不是一个固定不变的值，也就是说其观测值具有不确定性。在一次观测中究竟会得到什么结果，事先无法确定，这种现象就是随机现象。在随机现象中，具体观测有关指标时，每次的观测结果事先无法确定，观测数据具有变异性，但当大量观测结果出现时，则可以呈现一定的规律性。以投掷硬币实验的随机现象为例，投掷一枚硬币时，每次投掷之前都无法确定投掷结果是正面向上还是反面向上，出现什么结果完全是随机的，但是，随着投掷次数的增多，就会逐渐呈现正反两面向上的次数基本一致的趋势。再如，在某种条件下，被试对重量的感受符合韦伯系数为 0.1 的规律，按照这个规律，在 10 公斤重量的基础上至少增加 1 公斤的重量，被试才能感受到重量比原来增加了。但在实际测试中，不同被试的测试结果可能会有一定的差异，即使是同一名被试，每次的测试结果也不会完全相同，测试结果有其不确定性。如果对大量被试进行测试，测试结果将会呈现在 10 公斤的基础上至少增加 1 公斤，重量的增加才能被感受到的规律，韦伯定律正是从这样具有变异性的数据中发现的基本规律。在随机现象中，把具有变化规律的变量称为随机变量(random variable)。在心理与教育统计学中，随机变量一般用大写字母 X 和 Y 等表示。

二、数据

在统计学中，确定了研究目的后，具体选取哪种或哪几种统计方法对数据进行分析，其重要依据是数据的类型，不同类型的数据适用不同的统计方法，因此，要正确选用统计方法，必须掌握数据类型的划分方法。

1. 依据数据的测量水平分类

依据数据的测量水平，可将数据分为称名数据、顺序数据、等距数据和比率数据。

1) 称名数据

称名数据(nominal data)只说明一类事物与其他事物在属性上的不同或类别上的差异，不说明事物之间差异的大小。例如，性别分为男和女；图形分为方形、圆形、三角形、六边形等；教学方法分为讲授法、案例法、实践法等；对决策的意见分为赞成、无明确倾向、反对等。心理与教育科学研究涉及的人口学变量，如性别、来源地、是不是独生子女等，所取数据很多为称名数据。称名数据有时用数字表示，但这时的数字并不反映大小信息，如学号、身份证号等尽管是由数字形式表示的，但它们并不反映数值的大小。在实际操作中，为方便记录数据，常用数字表示一些称名数据。例如，用"1"和"2"或"0"和"1"表示"男"和"女"，这时的数字只是代码，只提供性别的类别信息，并不反映量的大小。

2) 顺序数据

顺序数据(ordinal data)是指可以依据事物的某一属性的多少或大小，按次序将各事物加以排列的数据。顺序数据所表示的量有大小，但没有相等单位。例如，按学生的解题速度排序，将速度最快的确定为 1 等，将速度次快的确定为 2 等，依次按快慢等级排列下去，就得到解题速度的顺序变量数据。这列顺序数据中，1 等与 2 等的速度差异并不等于 2 等与 3 等的速度差异。在心理与教育科学研究中，"优""良""中""差"的评价结果也是顺序数据。

3) 等距数据

等距数据(interval data)除表明量的大小，还具有相等单位，但是并没有绝对零点。温度的测量结果是典型的等距数据。比如，某校春季运动会连续三天的气温分别为 17℃、19℃、20℃，据此可以了解到，第二天的气温高于第一天的气温，第三天的气温高于第二天的气温，这三天中第一天的气温最低，第三天的气温最高。由于各数据有相等的单位"℃"，还可以了解第二天与第一天的气温之差是第三天与第二天的气温之差的 2 倍。但是温度没有绝对零点，0℃是人为设定的代表冰水混合物的温度，并不代表没有温度，它只是一个表示冷热程度的相对值。由于等距数据没有绝对零点，不能进行比率描述。例如，20℃所代表的冷热程度并不是10℃所代表的冷热程度的2倍。在心理与教育科学研究中，各种能力的测量分数一般都被当作等距数据进行分析。

4) 比率数据

比率数据(ratio data)能表明量的大小，具有相等单位，也具有绝对零点。表示时间、长度、重量等物理量的数据都是比率数据。例如，反应时、各种感觉阈限等都是比率数据。假如被试甲对某个刺激信号的视觉简单反应时为120毫秒，被试乙对同一信号的反应时为240毫秒，通过这两个被试的反应时数据比较两者的视觉反应速度，不但能够了解被试甲比被试乙反应快，还可以得出被试甲的反应速度比被试乙快1倍的结果。

2. 依据数据的连续性分类

依据数据的连续性，可将数据分为离散数据和连续数据。

1) 离散数据

离散数据(discrete data)又称为不连续数据，是指任何两个所取数据之间其可能取值个数是有限的。例如，人数、学校个数、客观题得分等。离散数据一般为整数。

2) 连续数据

连续数据(continuous data)是指任何两个取值之间都存在无限多个可能取值，这样的数据称为连续数据。例如，身高在1.65米与1.70米之间有1.66米、1.67米等；在1.65米和1.66米之间有1.661米、1.662米等。从理论角度讲，连续数据的任何两个取值之间都可以加以细分。在实际操作中，连续数据的取值与研究所要求的测量精确度及测量技术所能达到的精确度有关，连续数据的数值实际表示的不是一个数值点而是一个数据范围。通过数的实限(real limits)可以对一个数据所表示的数据范围进行描述，数的实限分为实上限(upper real limits)和实下限(lower real limits)。一个数的实上限是指位于这个数以上半个测量单位的那个点；一个数的实下限是指位于这个数以下半个测量单位的那个点。例如，15秒的实下限和实上限分别为14.5秒和15.5秒，15.0秒的实下限和实上限分别为14.95秒和15.05秒。在实际应用中，长度和重量等物理测量指标以及心理与教育科学研究中的很多测量指标所取得的数据都被认为是连续数据。

3. 依据数据的观测方式和来源分类

依据数据的观测方式和来源，可将数据分为计数数据和测量数据。

1) 计数数据

计数数据(count data)是指计算个数的数据。例如，学生数、学校数、试验次数、测试题目数等。计数数据的取值为零和正整数。

2) 测量数据

测量数据(measurement data)是指借助一定的测量工具或测量标准而获得的数据。例如，身高、体重、反应时、考试分数、心理测验分数等。

计数数据和测量数据适用的统计分析方法不同。

三、总体和样本

总体(population)是指具有某种特征的一类事物的全体。总体是由研究对象的范围决定的，某一研究的所有研究对象组成的全体就是该研究的总体。总体中的每个基本单元称为个体(individual)。例如，要研究大学生的思维风格，个体就是每个大学生的思维风格指标；要调查初中一年级学生识记的英语单词量，个体就是每个初中一年级学生识记的英语单词数量；要研究学前儿童读物的词汇使用情况，个体就是每本学前儿童读物使用的词汇。有时也将参与研究的"人"或"物"称为个体。在上面的举例中，每个大学生、每个初中一年级学生、每本儿童读物都可以称为个体。从总体中抽取的一部分个体作为实际观测对象，这部分个体称为总体的一个样本(sample)。样本由总体中的一部分个体组成，个体称为样本点，而总体称为样本空间。

样本中所含个体的数量称为样本容量(sample size)，通常用 n 表示。在心理与教育统计学中，一般把容量大于 30 的样本称为大样本，把容量小于或等于 30 的样本称为小样本。由于样本容量的大小不同，样本对总体的代表性不同，某个个体数据的变化对整体结果的影响也有差异。因此，在有些情况下，大样本和小样本所采用的统计处理方法也有区别。另外，在实际研究中，不能依据样本容量大于 30 的标准判断样本足以代表总体特征，实际选取样本的大小，要根据研究问题、总体范围及统计方法等因素考虑，多数情况下，并不是选取大于 30 的样本容量就足够了。

在实际研究中，总体中包含的个体可能是有限的，也可能是无限的。例如，要研究目前某社区居民的总体幸福感，总体中所包含的个体数目为目前该社区的居民人数，总体是有限的。如果要研究小学生的阅读理解能力与图形推理能力的相关程度，研究者可以取一个或多个地区的小学生进行测试，不仅现在可以对其进行测试，而且过些时间还可以测试，因此，总体中包含的个体是无限的。当研究对象是确定时间范围和区域范围内某些人的心理特点时，总体为有限总体；当研究对象是某种心理特征或心理特征之间的关系时，总体是无限总体。

总体和样本不是绝对不变的，它们可以根据研究问题和研究目的而转化。一个研究问题的总体可以作为另一个研究问题的样本，一个研究问题的样本也可以作为其他研究问题的总体。总体是依据研究结果的推论范围确定的。例如，要研究某校学生的人际信任情况，该校四年级学生是一个可能的样本。如果要研究该校四年级学生的人际信任情况，该校四年级学生就成为总体。对于无限总体，只能从中抽取有代表性的样本进行研究。

四、统计量和参数

统计量(statistics)又称为统计特征数，是指直接由样本观测值计算得到的量数。统计量用于描述样本特征，因此，又称为样本统计量。参数(parameter)又称为总体参数，是指反映总体特性的量数。对于有限总体，参数可以通过总体观测值计算，但一般是通过样本统计量并采用一定的统计方法推断获得；对于无限总体，只能通过样本统计量并采用推断统计的方法对参数进行估计。

在统计学中，采用不同的符号表示统计量和参数。一般而言，样本统计量用英文字母表示，总体参数用希腊字母表示。例如，样本平均数的符号为 $\bar{X}$ 或 $\bar{Y}$ 等，总体平均数的符号为 μ；样本标准差的符号为 S 或 SD，总体标准差的符号为 σ；样本中两个指标间的相关系数用 r 表示，对应总体的相关系数用 ρ 表示；样本中两种特性之间数量关系的回归系数用 b_{XY} 和 b_{YX} 表示，总体中两种特性之间数量关系的回归系数用 β 表示。此外，样本容量用 n 表示，总体容量用 N 表示。

本章术语

统计学(statistics)　　　　　　　　　理论统计学(theoretical statistics)
应用统计学(applied statistics)　　　描述统计(descriptive statistics)
推断统计(inferential statistics)　　　实验设计(experimental design)
随机变量(random variable)　　　　　称名数据(nominal data)
顺序数据(ordinal data)　　　　　　　等距数据(interval data)
比率数据(ratio data)　　　　　　　　离散数据(discrete data)
连续数据(continuous data)　　　　　实限(real limits)
计数数据(count data)　　　　　　　　测量数据(measurement data)
总体(population)　　　　　　　　　　样本(sample)
个体(individual)　　　　　　　　　　样本容量(sample size)
统计量(statistics)　　　　　　　　　参数(parameter)

思考题

1. 什么是心理与教育统计学？
2. 学习心理与教育统计学需要注意哪些问题？
3. 什么是描述统计与推断统计？举例说明两者的区别和联系。
4. 什么是随机变量？举例说明。
5. 基于数据的特点说明学习统计学的目的。
6. 什么是称名数据、顺序数据、等距数据和比率数据？分别举例说明。
7. 举例解释下列两组概念。
   总体、样本、个体；统计量、参数
8. 解释下列数据的具体含义。
   (1) 25 千克　　(2) 1.78 米　　(3) 9.8 秒
   (4) 67 人　　　(5) 6 个　　　　(6) 98 分
9. 说明下列统计符号中，哪些符号代表统计量，哪些符号代表参数，并说明具体含义。
   $\bar{X}$　μ　S　σ　r　ρ　n　N

第二章　数据的整理

在心理与教育科学的量化实证研究中，研究者通常通过实验、测量和调查等方法搜集大量数据。这些原始数据往往看起来杂乱无章，研究者很难直接看出其具有的规律性。研究者要发现其中包含的规律，需要采用有效的统计方法对数据进行整理、计算和分析等，从而使有关规律呈现出来。对数据进行统计分析的基础过程是将数据整理成统计表(tabulation)和统计图(graph)。要绘制统计表和统计图，首先需要根据数据的性质或大小对数据进行分组。

第一节　数据的统计分组

一、数据分组前的基本筛查

对数据进行分组之前，应进行必要的数据筛查，校对或删除存在记录错误和观测误差较大的数据，以便使参与分组的数据包含真实的现象规律。

需注意，删除数据一定要有充分根据，对于一些变异性较大的包含现象规律的数据不能随意删除。在实际操作中，要遵照有关科学原则，对于不能判断产生异常原因的数据，通常依据三倍标准差法则删除平均数上下三个标准差范围之外的数据。

二、统计分组要注意的问题

1. 依据研究现象的本质特征分组

在对数据进行分组时，要将研究现象的本质特征作为分组依据。例如，要了解学生的学科学习情况，可以按照学科成绩分组；要了解学生的行为表现，可以依据老师和学生的相应评价结果分组。此外，在分类依据的特性确定后，数据分组的多少和分组分界点等的确定要考虑到分类现象的特点。例如，要研究中小学生的学校适应情况，如果将 12 个年级分为较少的组别，不应该将小学、初中和高中的一年级与其他年级合并，因为这些初入新环境的学生在学校适应方面会有较为典型的特性，与其他年级合并后将不利于对本质规律的探究。

2. 统计分组要遵循的原则

(1) 相斥性原则。相斥性原则是指各个组别所代表的范围不能相互包含，每一个数据只能归到一个组别中。例如，分组中包含：①学生干部、②非学生干部、③文艺骨干等，如果某个学生既是学生干部也是文艺骨干，就可以归入两个类别中，这样的分类方式就不符合相斥性原则。将第③类删除后，则符合相斥性原则。如果研究中需要调查该信息，增加一个包含该选项且符合原则的调查项目即可。

(2) 周延性原则。周延性原则是指所有选项要包含全部的可能取值，每一个数据都有对应的组别可以归入。例如，要调查学生的课外活动项目，按照通常项目列出体育、文娱、科技、阅读，如果某学生参加的课外活动项目为社会调查，则该学生将没有选项可选，这样就不符合周延性原则。在实际应用中，在列出主要选项后，常增加一个"其他"选项，使每个数据都有可归入的组别，以满足周延性原则。但需要注意的是，必须将主要选项列出，"其他"选项不能包含太多数据，否则不能揭示研究问题的本质规律。

三、性质类别和数量类别

1. 性质类别

性质类别是根据事物的属性特征对观测数据进行分类。性质类别只区分数据的属性，不表明类别之间数据差异的大小。例如，将学生按性别分为男生和女生两类；将学生成绩分为优、良、中、差4类。性质类别所涉及的数据类型是称名数据和顺序数据。

2. 数量类别

数量类别是依据观测数据的取值大小进行分类，并按照大小排列顺序。数据个数较少时，可以直接根据数值大小排序；数据个数较多时，通常将数据分组后，按照分组区间的大小进行排列。例如，将学生的百分制成绩分为60分以下、60～64分、65～69分、70～74分、75～79分、80～84分、85～89分、90～94分、95～100分9个组别。数量类别所涉及的数据类型是等距数据和比率数据，本书将在次数分布表的编制部分详细介绍分组区间的确定方法。

四、数据的统计分类

对大量数据进行统计分类是数据整理的第一步。数据的统计分类又称为统计分组，是指根据研究目的和任务，分析研究对象的特征，按照某种属性或数量特征将所获得的数据划分到各个类别中去，对数据进行归纳、整理、简化、概括，以便于进一步分析研究。

对数据进行统计分类时，所依据的某种属性称为分类标志。整理数据时，分类标志要明确，要能包括所有的数据。在对数据进行归类时，每个数据都能且只能归入其中一类。例如，大学教师按照职称分为助教、讲师、副教授、教授4类，每一位教师的职称只能归入其中一类，并且每一位教师都有类可归。这样，在统计范围内的每位教师都归类后，可以统计出每个职称类别的人数。再如，将教师对某项教育改革的态度分为拥护、不确定和反对3类，任何一个调查对象的态度都是三种态度中的一种，归类后进行计数，可分别得到对该项教育改革的意见为拥护、不确定和反对的教师人数。

数据分类还可以依据两个或两个以上的分类标志，这要取决于研究目标和统计方法的可行性。比如，将学生按不同性别及不同中学阶段来划分，性别分为男、女两类，中学阶段分为高中和初中，这样，中学生作为研究对象可以划分为4类，即高中男生、高中女生、初中男生和初中女生。

第二节　统计表

统计表一般由表号、表题、标目、表线、数字和表注等项目组成。统计表的组成要素如图 2.1 所示。

图 2.1　统计表的组成要素

1. 表号

表号是统计表在研究报告、论文或著作等文本中出现的顺序号码。表号可以是一级表号，也可以是多级表号。例如，文本中第三个表用一级表号表示为"表 3"；著作中第一章第二个表，可以用二级表号"表 1-2"或"表 1.2"表示；如果表格较多，也可以用三级表号，如第二章第二节的第一个表可以表示为"表 2-2-1"或"表 2.2.1"；等等。同一篇论文或同一部著作中要统一用同一个级别形式的表号，写在表题之前。

2. 表题

表题是表的名称，用以简明表示表的内容。表号和表题之间要空 1 字距，两者居中排在顶线的上方。表题要尽量简洁，字数较多时转行居中。表题不能明确表达的内容可以加表注或加副标题说明，但过多使用表注和副标题会影响统计表的清晰程度，所以不宜多用。

3. 标目

标目是数据的分类项目。标目决定了统计表反映数据规律的程度。标目通常在表的上端或左侧。如果只有一个分类标目，可以写在表的上面一行或左边一列。位于表左侧的标目为横标目，也称行标目，说明同一行数字表达的内容；位于表上端的标目为纵标目，也称列标目，说明同一列数字所表达的内容。表中存在多个标目时，可根据数据的分析逻辑决定如何在左侧及上端安排标目。

4. 表线

表线是表中的线条，心理与教育研究中的统计表通常为三线表，包括顶线、标目线和底线，其余线条一般不显现。少数情况下，如果增加某些线条可以提高统计表的精确程度，可以个别增加。例如，总计可以加横线与其他数据分开，但不宜过多加入。一般不加竖线和斜线。

5. 数字

表内数字是统计表的表体，即表格的主要内容。排列时要注意整洁、清晰，按位数上下对齐。表内不能有空格。数字是零时，应填写"0"；缺项时，用"—"表示；未做调查或记录缺失时，用"…"表示。

6. 表注

表注用于补充说明统计表，有关表中内容的进一步说明、数据来源等都可以作为表注内容。表注不是表的必要部分，当统计表的某些信息没有完全呈现，确实有必要进一步明确和解释时，才通过表注注明。

第三节　统计图

统计图有多种，心理与教育研究常用的统计图主要有条形图(bar charts)、圆形图(circle graph)、散点图(scatter plots)、线形图(line graph)和直方图(histogram)等。不同的统计图适用于不同的数据类型资料，条形图和圆形图适用于离散性数据资料，散点图、线形图和直方图适用于连续性数据资料。

统计图由图号、图题、图目、图尺、图形、图例、图注等项目构成，如图2.2所示。

1. 图号

图号是文中插入统计图的序号，依据呈现的先后顺序加入数字号码。与表号相同，图号可以是一级号码，也可以是多级号码。例如，文本中第一个图用一级图号表示为"图 1"；著作中第二章第一个图可以用二级图号"图 1-2"或"图 1.2"表示；如果统计图较多，可以用三级图号表示，如第一章第二节的第一个图，可以用三级图号"图 1-2-1"或"图 1.2.1"表示；等等。同一篇论文或同一部著作中要统一用同一个级别形式的图号，写在图的下方。

2. 图题

图题是图的名称，用以简明扼要地表示图的内容。图号和图题之间要空1字距，两者居中排在统计图的下方。图题要尽量简洁，字数较多时转行居中。图题不能明确表达的内容可以加图注或加副标题说明，但一般不多用。

3. 图目

图目主要用于在横轴上标明类别、时间、数量范围等分类标准。

4. 图尺

在纵轴(横轴为连续变量时也包括横轴)上要用一定长度表示对应单位，这些带有单位刻度的坐标轴就是图尺。图尺刻度要能包含所有数据，如果数据大小差距较大，可以用断尺法和回尺法清晰呈现数据规律。

5. 图形

图形是图的主体,用以呈现统计数据的规律。图形线要清晰、直观,图中尽量避免标注文字。

6. 图例

图例用来标明不同图形对应的含义。图例位置可选图中或图外适当的地方,选择图例位置主要考虑统计图的整体美观度和直观度。

7. 图注

图注用于对统计图进行补充说明。图中内容的解释、数据来源等都可以作为图注内容,用小号字写于图的下方,但要置于图号和图题上方。图注不是图的必要部分,当统计图的某些信息没有完全呈现,确实有必要进一步明确或说明时,才用图注注明。

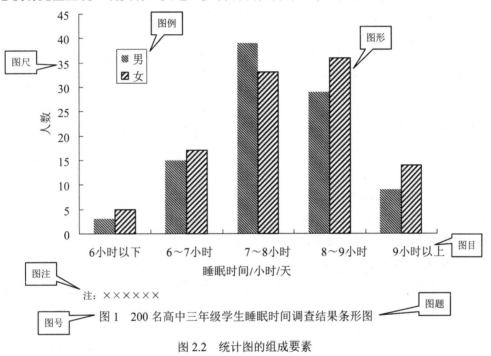

图 2.2　统计图的组成要素

第四节　次数分布表和次数分布图

一、次数分布表

次数分布(frequency distribution)是指在统计分组的基础上,将总体的所有单位按某个标志分组归类,将各组的总体单位数汇总,并按一定的顺序排列,形成总体单位在各组的分布。次数分布表(frequency table)是将一组数据的次数分布以统计表的形式呈现出来的结果。常见的次数分布表有简单次数分布表、分组次数分布表、相对次数和百分次数分布表、累加次数分布表、双列和不等距次数分布表。

1. 简单次数分布表

简单次数分布表(simple frequency table)是将一组数据中的每一个分值或类别出现的次数统计出来，从而编制而成的次数分布表。简单次数分布表的标目一般是性质类别指标，或是间断的数值。将数据直接按相应分类计入对应次数中，就可以编制成简单次数分布表。在心理测量与教育调查中，经常需要用简单次数分布表呈现有关现象的规律。表 2.1 是依据 150 名大学生专业认同度调查结果编制的简单次数分布表。

表 2.1　150 名大学生对当前专业的认同度

专业认同度	人数
非常认同	53
认同	60
一般	26
不认同	8
非常不认同	3
合计	150

2. 分组次数分布表

当研究者对连续变量的大量数据进行整理时，由于数据的取值较多，要编制能够清晰呈现数据分布规律的次数分布表，需要将数据按不同的分组区间进行归类，再统计各分组区间的分布次数。这种依据数据的数值大小将数据归类到相应的分组区间，呈现各分组区间及对应分布次数，从而显示数据分布规律的次数分布表，即为分组次数分布表。

在心理与教育研究中，经常需要对连续变量的大量数据进行整理，因此需要了解分组次数分布表的编制方法。在此，以 100 名大学应届毕业生的综合评定成绩为例，介绍编制分组次数分布表的步骤和方法。

例 2.1　现有 100 名大学应届毕业生的综合评定成绩，试编制次数分布表呈现其基本分布规律。

86.2	95.3	89.0	68.1	79.5	68.3	71.2	75.8	62.9	87.6
64.6	76.9	82.4	69.2	72.7	82.6	88.3	92.0	79.2	83.5
80.3	71.9	74.8	78.3	81.6	76.9	76.3	79.7	82.8	88.2
74.8	71.3	77.8	81.6	83.1	86.2	88.7	90.6	75.8	86.3
72.0	86.0	80.6	70.4	91.2	83.5	67.2	74.1	62.4	74.0
81.5	74.5	76.1	78.8	96.0	77.8	98.0	64.0	81.9	86.2
90.8	86.3	73.4	76.9	75.8	78.3	65.0	68.0	71.2	83.7
81.1	80.9	72.4	78.5	56.9	66.0	67.0	79.0	87.0	87.8
84.0	60.8	58.3	77.5	83.0	73.2	75.7	84.8	65.8	82.7
92.8	87.5	77.5	94.2	76.9	68.2	63.2	65.7	66.8	89.2

1) 求全距

全距(range)以符号 R 表示,它是观测数据中最大数($X_{\max}$)与最小数($X_{\min}$)的差,即

$$R = X_{\max} - X_{\min} \tag{2.1}$$

100 名大学应届毕业生的综合评定成绩的最大值是 98.0,最小值是 56.9,故全距 R=98.0-56.9=41.1。

2) 确定组数和组距

分组次数分布表的组数一般根据数据量以及对数据分布分析的精细程度来决定,数据越多并且对分析要求得越精细,次数分布表的组数就越多;数据较少并且只需要对数据分布做大致了解,就可以设定较少的组数。在实际应用中,数据个数少于 100 时,常取 7~9 组;数据量较大时,组数以 10~15 组为宜,最多不超过 20 组,最少不少于 5 组。如果总体呈正态分布,可以根据数据个数 N 用渐近最优经验公式 $K=1.87\times(N-1)^{\frac{2}{5}}$ 计算组数 K,但是,在实际应用中该计算方法只能作为参考。组距的取整、组限的起点等因素可能会使组数与预定的结果产生差异,但这种差异很小,对于数据规律的分析基本没有影响。

组距(interval)是指每组上、下组限之间的距离,用符号 i 表示。组距和组数的关系基本符合 $K=\dfrac{R}{K}$,可以取接近计算结果的整数。在实际应用中,通常选择奇数或者 5 的倍数作为组距,心理与教育研究领域的常用组距是 3、5、7、10、15、20 等。选取组距时也应考虑数据量,一般数据量越大,组数越多,组距越小;数据量越小,组数越少,组距越大。

确定组数与组距时,遵循基本原则,编制出相对简明的能够反映数据分布规律的次数分布表即可。

例 2.1 中 100 名大学应届毕业生的综合评定成绩的全距为 41.1,选用组距为 5,组数为 9 组。

3) 确定分组区间

在明确组距后,需要确定各组组限。组限是每个组的分界点值,起点值称为下限,终点值称为上限。组限分为表述组限和精确组限,表述组限有多种形式,精确组限是数据分类的实际依据,同一个精确组限可以由多种表述形式呈现出来。在心理与教育科学研究中,常用的表述组限形式如表 2.2 所示,这些表述组限对应的精确组限相同,真正的区间范围是左闭右开的精确组限。

组中值(midpoint of interval)是分组区间的中心值,用符号 X_C 表示,计算公式为

$$\text{组中值} = \frac{\text{精确上限} + \text{精确下限}}{2} \tag{2.2a}$$

或

$$\text{组中值} = \frac{\text{精确下限} + \text{组距}}{2} \tag{2.2b}$$

在确定精确组限时,要注意最低组限能包含最小值以及最高组限要包含最大值,一般要将组限确定为能被组距整除的值。

例 2.1 中 100 名应届大学毕业生综合评定成绩的最小值为 56.9,最大值为 98.0,将最低

区间和最高区间分别确定为 55~60 和 95~100，对应精确分组区间分别为 54.5~59.5 和 94.5~99.5。在确定最低组或最高组后，依次确定各分组区间，列于次数分布表的左侧一列。表 2.2 列出了组限的常见写法，即表述组限，以及对应的归类依据和对应组中点值。

表 2.2　表述组限的常见写法及对应组中点值

列下限	分组区间写法			归类依据	组中值(X_C)
	上下限重复	上下限不重复	精确区间		组中点值
95~	95~100	95~99	94.5~99.5	[94.5, 99.5)	97
90~	90~95	90~94	89.5~94.5	[89.5, 94.5)	92
85~	85~90	85~89	84.5~89.5	[84.5, 89.5)	87
80~	80~85	80~84	79.5~84.5	[79.5, 84.5)	82
75~	75~80	75~79	74.5~79.5	[74.5, 79.5)	77
70~	70~75	70~74	69.5~74.5	[69.5, 74.5)	72
65~	65~70	65~69	64.5~69.5	[64.5, 69.5)	67
60~	60~65	60~64	59.5~64.5	[59.5, 64.5)	62
55~	55~60	55~59	54.5~59.5	[54.5, 59.5)	57

4）归类划记，登记次数

在列出分组区间后，对照分组区间逐一判断数据并将其准确地划归到其所属组别，同时以常用的划记符号"卌"或"正"字记录在表中归类划记栏。归类划记要认真仔细，不管描述组限采用哪种形式，都要将精确组限的左闭右开区间作为判断数据分组的依据。由于之后对数据的分析都是建立在归类划记结果的基础上，必须保证归类划记的准确性，如有必要，可在完成全部数据的归类后再核对一遍。完成归类划记后，统计各组的数据个数，将数据记入"次数"一栏的对应位置。在多数应用环境下，可借助应用软件完成相应工作，这时要注意组限输入的准确性。

将 100 名应届大学毕业生的综合评定成绩归入前面确定的分组区间，并根据划记结果统计各组的次数 f，记入"次数"栏的对应区间，结果如表 2.3 所示。

表 2.3　100 名应届大学毕业生综合评定成绩的次数分布归类划记结果

分组区间	组中值	次数划记	次数
95~	97	‖‖	3
90~	92	卌 丨	6
85~	87	卌 卌 卌 丨	16
80~	82	卌 卌 卌 卌	20
75~	77	卌 卌 卌 卌 ‖‖	23
70~	72	卌 卌 ‖	12
65~	67	卌 卌 ‖‖	13
60~	62	卌	5
55~	57	‖	2
总和			100

5) 抄录新表

在完成全部数据的归类划记并统计好每个分组区间的次数后，为了表格的整洁，删除归类划记的对应栏，保留分组区间、组中值、次数，形成新表，这个表格就是简单次数分布表。表 2.4 是 100 名应届大学毕业生综合评定成绩的简单次数分布表。

表 2.4　100 名应届大学毕业生综合评定成绩的简单次数分布

分组区间	组中值	次数
95～	97	3
90～	92	6
85～	87	16
80～	82	20
75～	77	23
70～	72	12
65～	67	13
60～	62	5
55～	57	2
总和		100

3. 相对次数和百分次数分布表

编制好次数分布表后，能够直接看出每个分组区间的数据个数。如果要进一步了解各分组区间的相对比例，就需要编制相对次数分布表和百分次数分布表。

相对次数是指各分组区间的分布次数与总次数的比值，用小数形式表示。百分次数是指将相对次数转换为百分比形式表示。百分次数分布表主要反映各分组区间数据个数的百分比结构，一般表示为整数形式。表 2.5 是在表 2.4 的基础上增加相对次数、百分次数后所形成的分布表。

表 2.5　100 名应届大学毕业生综合评定成绩相对次数和百分次数分布

分组区间	组中值	次数	相对次数	百分次数/%
95～	97	3	0.03	3
90～	92	6	0.06	6
85～	87	16	0.16	16
80～	82	20	0.20	20
75～	77	23	0.23	23
70～	72	12	0.12	12
65～	67	13	0.13	13
60～	62	5	0.05	5
55～	57	2	0.02	2
总和		100	1.00	100

4. 累加次数分布表

在实际应用中，有时需要了解某个数值以下或以上的数据个数，这时要用到累加次数分布。累加次数分布表就是将累加次数列于对应分组区间形成的分布表。累加次数有两种累加方式：一种是从分布表中对应数值较小的分组区间的分布次数开始累加，称为由下而上累加，这种累加结果表示某一分组区间上限以下的分布次数；另一种是从分布表中对应数值较大的分组区间的分布次数开始累加，称为由上而下累加，这种累加结果表示某一分组区间下限以上的分布次数。表2.6是根据表2.4整理而成的100名应届大学毕业生综合评定成绩累加次数分布表。

表2.6 100名应届大学生毕业生综合评定成绩累加次数分布

分组区间	组中值	次数	累加次数 (自下而上)	累加百分次数	累加次数 (自上而下)	累加百分次数
95～	97	3	100	100	3	3
90～	92	6	97	97	9	9
85～	87	16	91	91	25	25
80～	82	20	75	75	45	45
75～	77	23	55	55	68	68
70～	72	12	32	32	80	80
65～	67	13	20	20	93	93
60～	62	5	7	7	98	98
55～	57	2	2	2	100	100

5. 双列和不等距次数分布表

双列次数分布表又称为相关次数分布表，它是将两列有联系的变量的次数分布及其关联关系在同一个表中呈现出来的次数分布表。双列次数分布表的编制过程与次数分布表的编制过程基本相同，分别列出两个变量的分组区间，一个横列，一个竖列。一般横列的较小数值在左，较大数值在右；竖列的较小数值在下，较大数值在上。归类是将数据归于对应所属两个分组区间的交叉处的小格内，最后统计各小格的次数及每个变量在各分组区间的分布次数。表2.7是50名大学生专业认同与择业自我效能感的双列次数分布表。

次数分布表通常采用等距分组，但在实际应用中，采用等距分组的次数分布表并不能反映一些现象的本质特征。例如，呈现人一生中不同年龄阶段的某项心理指标的发展情况，或家庭收入的分布等，都需要用到不等距次数分布表。不等距次数分布表用于反映一些不等距变化的现象特征。表2.8是某社区随机抽取的200名居民月收入的不等距次数分布表。

表 2.7　50 名大学生专业认同与择业自我效能感的双列次数分布

分组区间	专业认同								总计
	40~	50~	60~	70~	80~	90~	100~	110~	
择业自我效能感 120~				1	2	1	2		6
110~				2	2	3	2	1	10
100~			1	2	5	1	2		11
90~		1	3	5	3	1			13
80~		2	1	2	1				6
70~	1	1	1						3
60~	1								1
总计	2	4	6	11	12	7	5	3	50

表 2.8　某社区随机抽取的 200 名居民月收入的不等距次数分布

月收入/元	次数	相对次数	百分次数
25 000 以上	2	0.01	1
15 000~	20	0.10	10
10 000~	58	0.29	29
6000~	84	0.42	42
4000~	32	0.16	16
3000 元以下	4	0.02	2
总计	200	1.00	100

二、次数分布图

相对于次数分布表，次数分布图可以更直观地表达一组数据的次数分布特征。根据次数分布表中的分组区间或组中值以及分布次数，可以绘制相应的次数分布图。常用的次数分布图有次数分布直方图(frequency histogram)、次数分布多边图(frequency polygon)、累加次数分布图(cumulative distribution)。

1. 次数分布直方图

次数分布直方图是由若干个宽度代表分组区间、高度代表分布次数的矩形紧密排列在同一基线上构成的图形。它的绘制步骤如下所述。

(1) 画出直角坐标系的两个正半轴，以纵轴为次数的标尺，按比例等间隔地标出刻度，在本例中分别标出 0，5，10，15，20，25 的位置即可；横轴表示分组区间，等间隔地标出次数分布中各组的组限。横轴刻度需根据最低组的下限来确定，为了不影响图形的美观，最低组的下限可以与坐标原点有一些间隔。

(2) 每一个小矩形的宽度根据组距确定，并体现在横轴的等距刻度上。矩形的高度由分组区间对应的次数决定。所有的矩形依序紧密排列。

(3) 在直方图下方写明图号和图题，完成次数分布直方图的绘制。

依据表 2.4 的数据绘制 100 名应届大学毕业生综合评定成绩的次数分布直方图，如图 2.3 所示。

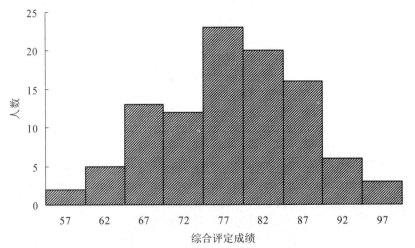

图 2.3　100 名应届大学毕业生综合评定成绩的次数分布直方图

与次数分布表相比较，次数分布直方图比较直观形象，分布整体规律一目了然。次数分布直方图的不足之处是研究者不能像使用次数分布表一样从中快速获取各组的准确次数。

2. 次数分布多边图

次数分布多边图以各组的组中点值和分布次数组成的坐标点为基本点，左右各增加一个次数分布为 0 的分组区间，相邻点之间用直线相连，与横轴形成一个闭合图形。次数分布多边图是利用闭合折线构成的多边形反映次数变化情况的一种统计图，它的绘制步骤如下所述。

(1) 绘制纵轴和横轴。绘制纵轴和横轴的方法及有关要求与次数分布直方图相同，但需要在横轴上对最低组与最高组分别向外延伸一个组限。对于例 2.1 中 100 名应届大学毕业生的综合评定成绩的分布，在横轴上增加组中点值分别为 52 和 102 的两个点，从而与横坐标轴构成闭合的多边形。

(2) 描绘坐标点。在直角坐标系中，分别以每个组的组中点值为横坐标，以对应组的分布次数为纵坐标，画出各组对应的坐标点。

(3) 连接相邻点，形成多边图。将相邻点依次用线段连接起来，形成折线，将最低组和最高组的点分别向外延伸一个分布次数为 0 的组，然后将最低组和最高组分别与这两个延伸组的组中点值用虚线连接起来，从而与横轴构成一个闭合的多边图形，即为次数分布多边图。图 2.4 是 100 名应届大学毕业生综合评定成绩的次数分布多边图。

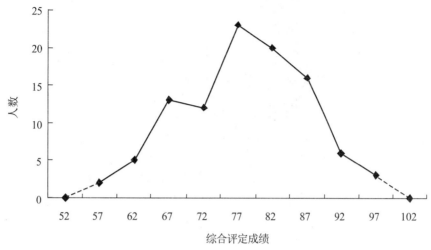

图 2.4　100 名应届大学毕业生综合评定成绩的次数分布多边图

如果观测数据增多，将每个分组区间的范围缩小，相连的折线将逐渐变得光滑，多边图的折线将成为光滑的曲线，该曲线称为次数分布曲线。

3．累加次数分布图

依据累加次数分布表的数据可以绘制累加次数分布图。常用的累加次数分布图有累加次数分布直方图与累加次数分布曲线两种形式。

(1) 累加次数分布直方图。累加次数分布直方图和次数分布直方图的绘制方法类似，横坐标与次数分布直方图相同，以分组区间为直方矩形的底，纵坐标表示累加次数，其余步骤与绘制次数分布直方图的步骤相同，如图 2.5、图 2.6 所示。

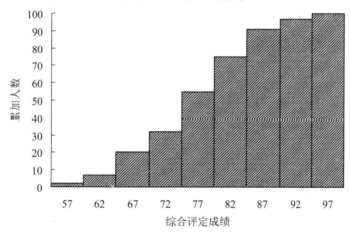

图 2.5　100 名应届大学毕业生综合评定成绩的累加次数(由下向上)分布直方图

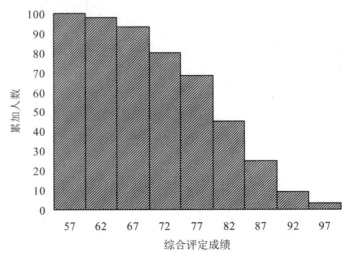

图 2.6　100 名应届大学毕业生综合评定成绩的累加次数(由上向下)直方图

(2) 累加次数分布曲线。绘制累加次数分布曲线时，首先需要标出各组累加次数的坐标点。在绘制由下向上累加次数分布曲线时，描绘各组上限与对应累加次数形成的坐标点，在由上向下累加次数分布直方图中，各矩形的右顶点即为这些坐标点；在绘制由上向下累加次数分布曲线时，描绘各组下限与对应累加次数形成的坐标点，在由下向上累加次数分布直方图中，各矩形的左顶点即为这些坐标点。将这些坐标点描好后，相邻点之间用光滑曲线连接起来，则形成累加次数分布曲线，如图 2.7 所示。

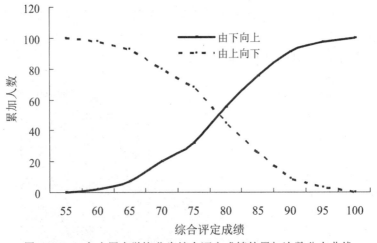

图 2.7　100 名应届大学毕业生综合评定成绩的累加次数分布曲线

累加次数分布曲线有三种基本形状：第一种形状是曲线的上枝(右侧)长于下枝(左侧)；第二种形状是曲线的下枝长于上枝；第三种形状是曲线的上枝与下枝长度相当。曲线上枝较长，说明大数端曲线变化缓慢，各组次数偏少，称为正偏态分布；曲线下枝较长，说明小数端曲线变化缓慢，各组次数偏少，称为负偏态分布；曲线的上下枝相当，说明次数分布的大数端与小数端分组的数目及各组的次数相当，各组次数的变化也基本相同，分布对称，正态分布就是这种情况。

在实际应用中，也可以根据需要，将累加次数分布曲线的纵坐标由实际累加次数换成相对累加次数或累加百分次数，从而绘制出相对累加次数分布曲线和累加百分次数分布曲线。

第五节　SPSS 数据文件的建立及统计图的绘制

一、SPSS 数据文件的建立

成功安装 SPSS 后，双击 SPSS 图标启动软件，屏幕上出现初始界面，如图 2.8 所示。

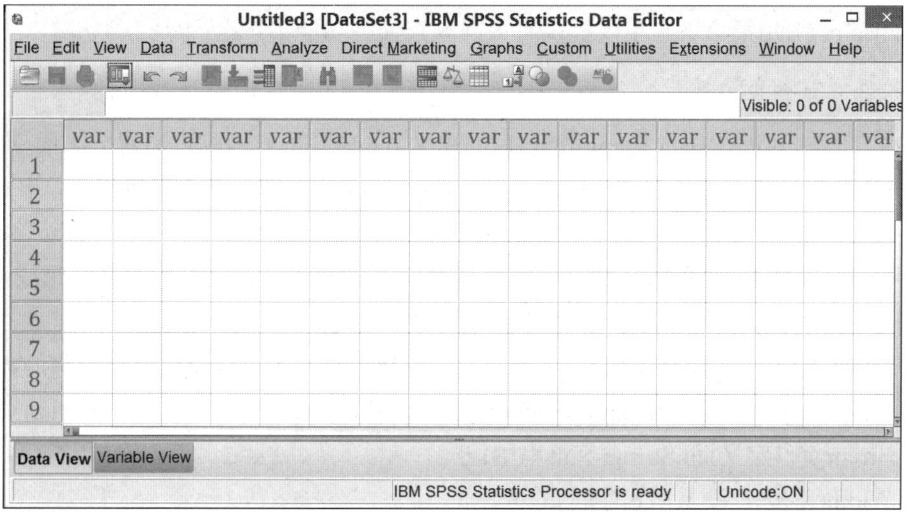

图 2.8　SPSS 软件启动后的初始界面

1. 菜单功能简介

从图 2.8 可以看出，SPSS 界面的菜单栏中包含以下功能项目。

(1) File(文件)菜单。它的主要功能是打开和新建数据库文件(.SAV)、语法文件(.SPS)和运行结果文件(.SPV)等。SPSS 软件可以读取 SPSS、Excel 等多种数据文件中的数据。

(2) Edit(编辑)菜单。它的主要功能是编辑数据文件和语法文件的内容，其基本功能和其他软件相似，包括取消操作、剪切、复制、粘贴和删除等，也包括插入变量、插入观测记录、查找某一特定数值等。常用的还有选项"options"中的语言切换，如果想把界面和结果换成非英语显示，则可以用此功能切换。

(3) View(查看)菜单。它的主要功能是设置窗口画面呈现形式，包括是否显示状态栏、工具栏、网格线等，以及数据编辑器的开启、变量窗口的开启、字体变换等。

(4) Data(数据)菜单。它的主要功能是编辑数据文件，包括定义变量属性、变量排序、数据排序、转置、合并文件、分割文件、个案选择等。

(5) Transform(转换)菜单。它的主要功能是对数据进行计算和编码，包括计算新变量、重新编码、创建哑变量、个案排列等级、替换缺失值等。它是为数据分析做准备的常用菜单。

(6) Analyze(分析)菜单。它的主要功能是使用各种统计方法对数据进行分析。统计方法包括描述统计和推断统计。

(7) Direct Marketing(直销)。它能够进行针对客户的购买倾向分析等。

(8) Graphs(图形)菜单。它的主要功能是绘制各种统计图形，包括条形图、圆形图、箱图、线形图、直方图、散点图、误差分析图等。

(9) Custom(定制)菜单。用户可根据需要安装有特定用途的模块。

(10) Utilities(实用程序)菜单。它主要提供各种实用性管理设置，如变量信息管理、输出结果文件设置、菜单管理等。

(11) Extensions(扩展)菜单。它用于安装定制的扩展程序等。

(12) Window(窗口)菜单。它主要提供窗口拆分、最小化、当前窗口显示等功能。

(13) Help(帮助)菜单。它主要提供有关问题查询等功能。

2. 数据视窗和变量视窗

SPSS界面左下角有Data View(数据视窗)和Variable View(变量视窗)两个选项。启动SPSS后显示的是数据视窗，它是在建立变量后用于输入数据的视窗。单击变量视窗，开始建立各种变量。

(1) Name(变量名)。变量名要符合变量命名规则。例如，首字母为英文字母或汉字，不超过8个字符，不包含特殊字符(如"！""$""？")等。

(2) Type(类型)。变量类型包括Numeric(标准数值型)、Comma(用逗号分隔的数值型)、Dot(用句点分隔的数值型)、Scientific notation(科学计数型)、Date(日期型)、Dollar(美元型)、Custom currency(自定义)和String(字符串型)等。

(3) Width(宽度)。变量所占字符数。

(4) Decimals(小数位数)。小数点后数据的位数。

(5) Lable(标签)。变量标签是可选项，在需要时对变量进行注释说明。例如，"Math1"标注为"期中数学成绩"；"Math2"标注为"期末数学成绩"。

(6) Value(值)。变量值标签用于对变量所取数值进行注释说明。例如，1="男生"；2="女生"。

(7) Missing(缺失值)。定义缺失值为正常数据不存在的数值。例如，在李克特5级计分测验中，经常用9作为缺失值；如出现选项超过9的情况，定义99为缺失值；正常测量数据可能出现99时，999常被定义为缺失值，以此类推。

(8) Columns(列宽)。变量数值显示的长度。

(9) Align(对齐)。数据显示时对齐的方式，可选择靠左、靠右或居中。

(10) Measure(测量)。变量的测量水平，包括Scale(等距或比率数据)、Ordinal(顺序数据)、Norminal(称名数据)。也可以将所有变量都定义为Scale，分析不受影响。

在变量视窗中定义变量后，单击数据视窗，即可开始输入数据，下面以实例说明。

例2.2 50名大学一年级学生的性别、第一学期体育成绩、第一学期期末专业课考试成绩如表2.9所示，建立对应数据文件，并绘制体育成绩的条形图、专业课考试成绩的直方图。

表 2.9 50 名大学一年级学生的性别、第一学期体育成绩及期末专业课考试成绩

学生	性别	体育成绩	专业成绩	学生	性别	体育成绩	专业成绩
1	男	良	87	26	女	优	78
2	男	优	96	27	男	中	85
3	男	优	75	28	女	良	77
4	女	良	98	29	男	优	82
5	男	良	83	30	男	良	79
6	女	优	86	31	女	良	63
7	女	良	78	32	男	优	85
8	男	优	72	33	女	中	71
9	男	中	65	34	女	良	91
10	女	中	73	35	女	中	81
11	女	优	89	36	男	中	83
12	女	中	68	37	女	良	83
13	男	优	93	38	男	良	72
14	男	良	87	39	女	良	65
15	男	中	78	40	男	良	78
16	女	优	63	41	女	差	85
17	女	良	76	42	男	优	74
18	女	中	85	43	男	优	94
19	男	差	72	44	女	良	82
20	女	优	93	45	女	优	84
21	男	良	89	46	男	良	69
22	男	良	86	47	女	中	76
23	女	优	66	48	男	中	93
24	女	良	87	49	女	良	83
25	男	中	97	50	女	中	74

单击变量视窗，建立学生、性别、体育成绩和专业成绩 4 个变量，变量名分别为"学生""性别""体育""专业"。"学生"和"性别"定义为称名变量；"体育"定义为顺序变量；"专业"定义为连续变量。定义变量类型时可以选择高于其实际级别的类型，但不能定义为低于其实际级别的类型，因此，本例也可以全部选择连续变量，不影响分析结果。

"性别"变量输入值标签，1="男生"，2="女生"，如图 2.9(a)所示；"体育"变量输入值标签，数值 1、2、3、4 的标签分别为"优""良""中""差"，如图 2.9(b)所示。

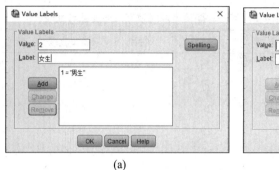
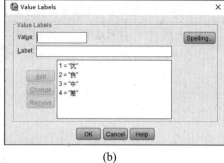

图 2.9 "性别"和"体育"数值标签的建立

建立变量后,单击数据视窗,开始输入数据。输入数据后,界面如图 2.10 所示。保存文件到指定位置,即完成数据文件的建立。

图 2.10 例 2.2 数据文件数据视窗

二、统计图的绘制

单击 Graphs(图形)→Legacy Dialogs(旧对话框),选择要绘制的图形类型,如图 2.11 所示。

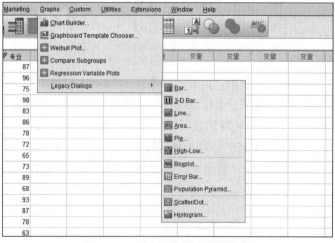

图 2.11 SPSS 统计图形类型选择

选择 Bar(条形图)，将"体育"导入 Category Axis(分类坐标轴)，确定后输出 50 名大一学生第一学期体育课成绩的条形图，双击图形可以对图形进行编辑。需要注意的是，"1"代表"优"，"4"代表"差"，直接输出的图形是"差"等在最右侧。而在实际应用中，一般将"优"等排在图形右侧，因此，需要将优、良、中、差的位置进行调整。单击 Categories(类别)项，弹出窗口如图 2.12 所示，单击箭头调整顺序即可，还可对图形中的直条和背景颜色进行编辑，如图 2.13 所示。

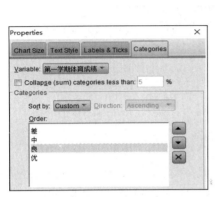
图 2.12　等级位置调整图示

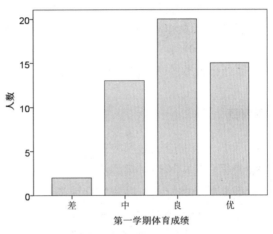
图 2.13　50 名大学一年级学生第一学期体育成绩分布直条图

选择 Histogram(直方图)，将"专业"导入 Variable(变量)项目框，编辑直方图，选择 8 项分组区间，得到 50 名大学一年级学生第一学期专业课成绩分布直方图，如图 2.14 所示。

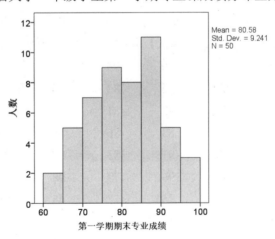
图 2.14　50 名大学一年级学生第一学期专业课成绩分布直方图

在 SPSS 中，复式条形图的颜色常被锁定。在实际应用中，应用 Excel 绘制统计图更为普遍。

本章术语

统计表(tabulation)　　　　　　　　统计图(graph)
条形图(bar charts)　　　　　　　　简单条形图(simple bar)
分组条形图(clustered bar)　　　　　分段条形图(stacked bar)
圆形图(circle graph)　　　　　　　　散点图(scatter plots)
线形图(line graph)　　　　　　　　次数分布(frequency distribution)
次数分布表(frequency table)　　　　全距(range)
组距(interval)　　　　　　　　　　组中值(midpoint of interval)
次数分布直方图(frequency histogram)　次数分布多边图(frequency polygon)

思考题

1. 数据分组前应该做哪些基本准备？
2. 数据分组应该注意哪些问题？
3. 数据的分类标志可以分为几种类别？
4. 某专业各年级人数：大一，男生 56 人，女生 232 人；大二，男生 65 人，女生 219 人；大三，男生 52 人，女生 226 人；大四，男生 57 人，女生 227 人。根据这些数据绘制该专业学生人数统计表。
5. 根据第 4 题数据绘制条形图。
6. 根据第 4 题数据，分别按年级和性别分布绘制圆形图。
7. 下列数据是 100 名学生的数学测验成绩试根据这些数据编制组距为 5 的次数分布表、相对次数分布表、百分次数分布表、累加次数分布表，并绘制直方图、多边图。

76	97	89	72	79	93	71	75	62	87
64	76	82	69	72	82	88	92	79	83
82	83	74	78	83	81	76	79	82	88
74	91	77	81	83	86	88	90	75	86
72	86	80	70	91	83	67	74	92	74
81	74	87	98	96	77	98	64	81	86
90	86	73	72	75	78	65	98	71	83
81	80	72	78	57	66	67	79	87	87
94	60	78	84	83	73	75	84	65	82
92	87	77	94	76	63	83	96	66	89

第三章 集中量数

在对数据资料进行初步整理后，通过次数分布表和次数分布图可以比较直观地看出数据分布的基本规律。例如，数据分布在什么范围，哪个范围内数据最多，数据的分布形态是否对称，等等。但是，从数据信息交流和数据研究两个方面考虑，只有统计图表远远不能满足研究者对数据信息的利用需求。首先，统计图表的描述不够简洁，如果能用反映数据分布特征的数量指标描述数据分布规律，会更加便于有关信息的交流和传递。其次，通过这些描述样本数据特征的数量指标，可以实现进一步计算和对数据总体特征的推论，这些工作依据统计图表并不能实现。因此，需要计算反映数据有关规律的特征量数。

本章主要介绍反映一列数据向某点集中的特性，即数据的集中趋势(central tendency)。例如，某中学对该校初中生进行体育基本素质测试，在立定跳远项目中，大部分男生的成绩为 2.05 米左右，大部分女生的成绩为 1.66 米左右，成绩远离这些数值的学生人数较少，也就是说，该校初中男生的立定跳远成绩有向 2.05 米集中的趋势，女生的成绩则有向 1.66 米集中的趋势。这种反映一列数据向某点集中趋势的特征数叫集中量数(measure of central tendency)。集中量数是一组数据的集中点，也就是代表值。常用的集中量数有算术平均数、中位数和众数等。

第一节 算术平均数

一、算术平均数的概念

算术平均数(arithmetic average)简称平均数、均数或均值(mean)，它是对应变量各测量值的总和除以测量值的个数所得的商。平均数一般用字母 M 表示，总体平均数用希腊字母 μ 表示。当平均数由基于变量的一组具体观测值计算而得时，可以在该变量字母上面加一横杠"—"(读作"杠")来表示。例如，变量 X 的平均数用 $\overline{X}$ 表示，变量 Y 的平均数用 $\overline{Y}$ 表示。

1. 基于原始数据求算术平均数

算术平均数的基本运算公式为

$$\overline{X} = \frac{X_1 + X_2 + X_3 + \cdots + X_N}{N}$$

简写为

$$\overline{X} = \frac{\sum X}{N} \tag{3.1}$$

式中：∑表示累加符号(读作 sigma)；

$\overline{X}$ 表示算术平均数；

N 表示总次数；

$X_1, X_2, \cdots, X_N$ 表示原始数据。

通常情况下，已知的原始数据并不是总体中所有个体的数据，而是从总体中抽取的样本数据，样本容量用 n 表示，因此，对应样本平均数的计算公式为

$$\overline{X} = \frac{\sum X}{n} \tag{3.2}$$

例 3.1　16 名大一学生的安全常识测验成绩分别为 73、66、68、94、78、87、86、82、84、65、82、74、65、95、71、86，求这 16 名学生测验成绩的算术平均数。

解：

$$\overline{X} = \frac{73+66+68+94+78+87+86+82+84+65+82+74+65+95+71+86}{16} = 78.5$$

结论：这 16 名大一学生的安全常识测验成绩的算术平均数是 78.5。

2. 基于次数分布表数据求算术平均数

在次数分布表数据的基础上求算术平均数，因为没有原始数据，这时，可将每个分组区间的组中点值作为对应区间的代表值，该区间内的所有数据都按组中点值计算，计算公式为

$$\overline{X} = \frac{\sum f X_C}{n} \tag{3.3}$$

式中：X_C 表示各组的组中点值；

f 表示各组的分布次数；

n 表示分布的总次数。

例 3.2　某教师在整理资料时，发现 5 年前做的学生学习状态满意度调查表，如表 3.1 所示。这位教师并没有保留学生填写的原始数据，试依据该次数分布表中的信息计算学生学习状态自评结果的算数平均数。

表 3.1　132 名学生学习状态满意度的次数分布

组限	组中值 X_C	次数 f	fX_C
95～99	97	2	194
90～94	92	8	736
85～89	87	12	1044
80～84	82	22	1804
75～79	77	31	2387
70～74	72	26	1872
65～69	67	15	1005
60～64	62	8	496

(续表)

组限	组中值 X_C	次数 f	fX_C
55~59	57	5	285
50~54	52	3	156
合计		132	9979

解：

$$\overline{X} = \sum \frac{fX_C}{N} = \frac{9979}{132} \approx 75.598$$

答： 学生学习状态满意度的算数平均数是 75.598。

如果用原始数据计算，通常情况下会与采用公式(3.2)计算的结果有所差异。在公式(3.2)中，利用各组的组中点值代替分布区间内每个具体的数据，计算结果是实际值的近似值，一般存在一定的误差。

二、算术平均数的特性

算数平均数存在以下 3 个特性。

(1) 在一组观测数据中，所有观测值与这列数据的算数平均数之差(离差)的代数和为 0，即一组数据中，所有数据离均差的总和等于 0，用公式表示为

$$\sum(X - \overline{X}) = \sum x = 0$$

(2) 在一组观测数据中，如每个观测值加上一个常数 C，则数据的算数平均数加上同一常数 C，用公式表示为

$$\frac{\sum(X + C)}{N} = \overline{X} + C$$

(3) 如一组观测数据中的每个数据都乘一个常数 C，则数据的算数平均数也相应地变化为原来的平均数乘常数 C，用公式表示为

$$\frac{\sum(CX)}{N} = C\overline{X}$$

三、算术平均数的优缺点

1. 算术平均数的优点

算术平均数是应用较广泛的集中量数，它能较好地反映一组数据的集中趋势。算数平均数具有以下几个优点。

(1) 反应灵敏。在一组数据中，任何一个数值发生变化，这组数据的算术平均数都会受到影响。

(2) 确定严密。依据数据信息，由严密的计算公式确定。

(3) 计算简便，简明易懂。算术平均数的计算只用到简单的四则运算，不包含复杂运算。因此，算数平均数的概念和运算过程都很简洁，容易理解。

(4) 算术平均数是计算其他重要特征量数的基础。一列数据的标准差、方差等都是在原始数据与算术平均数的离差基础上计算得到的，算术平均数和这些特征量数又都是应用于推断统计的重要量数。此外，相关系数等特征量数的计算也要用到算术平均数。

(5) 受抽样变动的影响较小。在用样本数据计算集中量数时，算术平均数受抽样数据变动的影响最小，因此，算术平均数是总体平均值的估计值，也是反映总体集中趋势最好的估计值。

2. 算术平均数的缺点及应对方法

算术平均数的缺点主要表现在以下几个方面。

(1) 算术平均数容易受到极端数据的影响。如果一列数据中出现极端数据，此时仍然将所有数据相加再除以数据个数，这样计算出的算数平均数会失去对数据的代表性。例如，在数据组 5，6，6，7，8，58 之中，观测值基本分布于 5～8 之间，而由于 58 这个极端数据的存在，导致算术平均数为 15，显然它不能很好地反映这组数据的集中趋势。所以，存在极端数据时，不能直接计算算数平均数作为一组数据的集中量数，一般是按照一定的原则剔除极端数据，然后再计算算数平均数。

(2) 对于呈几何级数变化的一组数据，不能采用算数平均数作为这组数据的代表值。例如，在数据组 1，10，100，1000，10 000，100 000 中，并没有极端数据存在，但是，从数值的大小看，平均值主要受较大数据的影响，向较大数据趋近。在这种情况下，适合用几何平均数或中位数作为集中量数。

(3) 有模糊不清的数据存在时，不能计算算数平均数。算术平均数的计算需要用到所有数据的和，如果有些数据不清楚，所有数据的和无法计算，就不能确切计算算术平均数。当有模糊不清的数据(通常情况的缺失值)存在时，关键在于判断缺失值是有规律的缺失还是随机缺失。如果是随机缺失，可以用除模糊数据之外的其他数据计算算术平均数；如果不是随机缺失，而是具有一定的倾向性，则不能用其他数据的算术平均数作为代表值。例如，要调查学生的作业时间，很多作业时间较长的被试未填写相关数据，则收集的数据的平均值不具有代表性，不能作为调查目标范围内学生真实的平均作业时间。如果了解到未填写调查结果的学生的作业时间没有长或短的倾向性，则可以用搜集到的数据计算算术平均数作为全体学生的代表值。

(4) 当每个数据在整个数组中的代表性不同时，不能直接计算算数平均数，需要计算加权平均数(weighted mean)。例如，要调查某区居民的幸福感指数，调查者计划通过各小区居委会了解情况。假如 30 个小区的居委会分别报告了对应小区的幸福指数，要计算全区的结果。这时如果直接将 30 个数据相加除以 30，计算出的结果会有一定偏差，因为各小区报告的结果代表的人数不同。计算时需要考虑到各小区的人数，采用加权平均数，用各小区的人数乘该小区的幸福指数后相加之和再除以各小区的人数之和，这样计算的平均值才能对全区居民有较好的代表性。

由于算数平均数具有精确且符合进一步代数运算等特性，它是应用最广泛的集中量数。但在实际应用中，要注意选择符合条件的数据，或将数据处理为符合条件的情况，再计算算术平均数。在有些情况下，算数平均数不适合作为代表值，可以考虑选用中位数和众数等其他特征量数计算数据组的代表值。

第二节 中位数

一、中位数的概念

中位数(median)又称中数、中点数,将一列数据按从小到大或从大到小的顺序排列,位于中央位置的数就是中位数。中位数用符号 M_d 或 M_{dn} 表示。中位数将一组数据一分为二,一半比它大,一半比它小。中位数位于一列数的中间位置,代表一组数据的集中趋势,是一种集中量数。中位数和算数平均数相同,也是在观测数据基础上计算得出的数值,它可能等于这一组观测数据中的某个数据,也可能是这组数据中并不存在的数据。

二、中位数的计算

在原始数据和归类数据的基础上均可以计算中位数。依据数据的形式和特点,应采用适当的方式计算中位数。

1. 依据原始数据计算中位数

1) 无重复数据存在时

在原始数据的基础上确定中位数,首先将原始数据从小到大排列,如果没有重复数据存在,则根据数据个数是奇数还是偶数分别采用不同的方法确定中位数。

(1) 当数据个数为奇数时,中位数就是位于中间位置的那个数据。假设一列数据有 n 个数据,中间位置是第 $\frac{n+1}{2}$ 个数据的位置,则第 $\frac{n+1}{2}$ 个数据的值就是中位数。

例 3.3 求 16,17,18,19,20,21,22,23,25 这个数列的中位数。

解:该数列包含 9 个数据,无重复数据存在,中间位置是第 $\frac{n+1}{2}$ 个数据的位置,也就是第 5 个数据为中位数,因此,$M_d = 20$。

(2) 当数据个数为偶数时,中位数是位于中间位置那两个数的平均数。假设一列数据有 n 个数据,中间两个位置是第 $\frac{n}{2}$ 和第 $\frac{n}{2}+1$ 两个数据所占的位置,这两个数据的平均值就是中位数。

例 3.4 求 7,9,10,11,12,13,14,16,17,19 这一列数的中位数。

解:该数列中无重复数据,数据个数为 10,中间两个位置是第 $\frac{n}{2}$ 和第 $\frac{n}{2}+1$ 个数据的位置,即第 5 个和第 6 个数据的位置,数列的中位数 $M_d = \frac{12+13}{2} = 12.5$。

2) 有重复数据存在时

当一列数据中出现重复数据,但重复数据远离中间位置时,确定中位数的方法与无重复数据存在时相同。例如,数列 2,2,3,4,5,6,7 的中位数为 4;数列 2,2,3,4,5,6,7,7 的中位数为 4.5。

当重复数据靠近中间位置时,可将重复数据按比例分配到中位数两侧,使大于中位数和小于中位数的数据个数均为总数据个数的一半。

例 3.5 求下面数列的中位数。

10，12，13，14，15，16，16，16，17，18，19，20

解：数列共包含 12 个数据，其中有 3 个 16 处于第 6、7、8 的位置，所以中位数附近有重复数据的情况。

根据数的实限的定义，16 代表的实际范围为[15.5，16.5)，跨度为 1。数列中小于 16 的数据有 5 个，大于 16 的数据有 4 个，中位数将 3 个 16 中的 1/3 划分到左侧，2/3 划分到右侧，如图 3.1 所示，因此得出

$$M_d = 15.5 + \frac{1}{3} \times (16.5 - 15.5) = 15.83$$

或

$$M_d = 16.5 - \frac{2}{3} \times (16.5 - 15.5) = 15.83$$

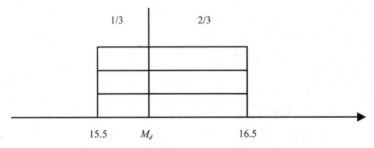

图 3.1 例 3.5 中位数的计算中重复数据的划分

例 3.6 求下面数列的中位数。

21，22，23，24，25，25，25，25，26，27，28

解：数列中有 11 个数据，重复的数据 25 位于中位数附近。中位数应该将 11 个数据分为两部分，每部分数据个数为 5.5 个。数列中小于 25 的数据和大于 25 的数据分别为 4 个和 3 个，因此，4 个 25 应该有 1.5 个位于中位数左侧，2.5 个位于中位数右侧，如图 3.2 所示。

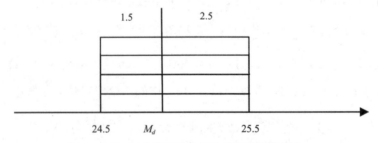

图 3.2 例 3.6 中位数的计算中重复数据的划分

将 25 的实际范围[24.5，25.5)按相应比例划分到中位数两侧，即可求得中位数的值。

$$M_d = 24.5 + \frac{1.5}{4} \times (25.5 - 24.5) = 24.875$$

或

$$M_d = 25.5 - \frac{2.5}{4} \times (25.5 - 24.5) = 24.875$$

2. 依据次数分布表计算中位数

在次数分布表的基础上求一组数据的中位数时，基本思路与中位数附近有重复数据时在原始数据的基础上求中位数的思路相同，都是首先确定中位数所在的区间，然后将区间按相应比例划分，从而用中位数将所有数据分为个数相同的两部分。依据次数分布表求中位数的相应公式为

$$M_d = L_b + \frac{\left(\frac{N}{2} - f_b\right)}{f_{md}} \cdot i \tag{3.4}$$

或

$$M_d = L_a - \frac{\left(\frac{N}{2} - f_a\right)}{f_{md}} \cdot i \tag{3.5}$$

式中：L_b 表示中位数所在组的下限；

L_a 表示中位数所在组的上限；

f_b 表示小于中位数所在组下限的各组次数的总和；

f_{md} 表示中位数所在组的次数；

i 表示组距。

例 3.7 依据例 3.2 的次数分布表，求学生学习状态满意度的中位数。

解：(1) 求总次数 $N = 132$。

(2) 分别列出由下向上累加次数和由上向下累加次数，见表 3.2 中第 4 列和第 5 列。

(3) 计算 $N/2$ 的值为 66。

表 3.2　132 名学生学习状态满意度中位数的计算

组限	组中值 X_C	次数 f	由下向上累加次数	由上向下累加次数
95~99	97	2	132	2
90~94	92	8	130	10
85~89	87	12	122	22
80~84	82	22	110	44
75~79	77	31	88	75
70~74	72	26	57	101
65~69	67	15	31	116
60~64	62	8	16	124
55~59	57	5	8	129
50~54	52	3	3	132
合计	745	132		

(4) 由累加次数确定中位数所在组。通过由下向上累加次数和由上向下累加次数均可看出，中位数所在组为 75～79。

(5) 根据中位数所在组的分组区间和分布次数等信息，确定公式(3.4)和公式(3.5)中各个量的值：$L_b=74.5$，$f_b=57$，$f_{md}=31$，$i=5$，$N=132$；$L_a=79.5$，$f_a=44$。

(6) 将有关指标代入公式(3.4)得

$$M_d = L_b + \frac{\left(\frac{N}{2} - f_b\right)}{f_{md}} \cdot i = 74.5 + \frac{\left(\frac{132}{2} - 57\right)}{31} \times 5 \approx 75.952$$

将有关数据代入公式(3.5)得

$$M_d = L_a - \frac{\left(\frac{N}{2} - f_a\right)}{f_{md}} \cdot i = 79.5 - \frac{\left(\frac{132}{2} - 44\right)}{31} \times 5 \approx 75.952$$

运用两个公式计算的结果相同。由于公式(3.4)是在中位数所在组的下限基础上加上中位数所在组中按比例划分的部分，可称为"少补"公式；而公式(3.5)是在中位数所在组的上限基础上减去中位数所在组中按比例划分的部分，可称为"多退"公式。

在实际应用中，如果原始数据存在，即使已经编制了次数分布表，也会用原始数据计算特征量数，包括中位数。在只有次数分布表而没有原始数据的情况下，也可以将每个组的数据按组中值处理，分布次数是多少，就按多少个组中值处理，这样，也可以按基于原始数据计算特征量数的方法计算中位数。特别是在应用 SPSS 等软件时，建立原始数据的数据文件或基于原始数据建立组中值的数据文件，都有助于计算特征量数。

三、中位数的优缺点

1. 中位数的优点

中位数可称为数据分布的"典型值"，它主要有以下几个优点。

(1) 受极端数据的影响较小。当有极端数据存在时，由于中位数附近数据不变，极端数据对中位数没有影响或影响较小。

(2) 意义明确，简明易懂。中位数将数据分为数据个数相同的较大一半和较小一半，意义简单、明确，容易理解。

(3) 计算简便。不管是应用原始数据还是应用次数分布表计算中位数，皆思路清晰、过程简洁。

(4) 适用于只能确定偏大或偏小数据而不能确定具体数值的数据。例如，对于开放性分布，类似最高区间为"85 以上"或最低区间为"35 以下"等情况，可以用中位数作为整列数据集中趋势的代表值。

(5) 适用于顺序数据。由于顺序数据有大小顺序但没有相等单位，这时的数据信息实际是反映数据在数列中所处的位置，中位数同样是描述分布位置的量数，用于反映处于数列中间位置的点。因此，中位数反映顺序数据的集中趋势时，不存在信息丢失的问题。

2. 中位数的缺点

中位数作为一种集中量数，在使用中主要存在以下几个缺点。

(1) 反应不灵敏。由于中位数只反映一列数据的中间位置点，不靠近中位数的数据不管发生任何变化，只要不影响中位数的相对位置，中位数都不变。

(2) 不适合进一步代数运算。由于中位数不含有数据单位的信息，中位数与数据个数的乘积不等于所有数据的总和，在其基础上不能计算其他特征量数，也不能进行统计推断。因而，中位数的进一步应用受到限制。

第三节　众数

一、众数的概念

众数(mode)是指在一组数据中出现次数最多的那个数值或类别等。众数又称密集数、通常数等，用符号 M_o 表示。

在心理与教育研究中，所涉及的一组数据中一般只有一个众数，也就是数据分布形态表现为单峰分布。如果某项指标的分布形态为双峰或多峰分布，那么对应数据组就会出现两个或多个众数，在实际中这种情况较少出现。

二、众数的计算方法

(一) 观察法

(1) 在原始数据的基础上，观察一列数据的众数。如果数据个数较少，可以直接观察各个数据出现的次数，出现次数最多的数据即为该列数据的众数。

例如，一列数据的 10 个数据为：20，21，22，22，23，23，23，23，24，26。很容易看出，出现次数最多的数据是 23，因此，这列数据的众数 $M_o = 23$。

在数据较多的情况下，可能不太容易直接看出一列数据的众数，这时可通过计算机软件显示数据的次数分布，也很容易确定众数。

(2) 在次数分布表的基础上观察数据的众数。如果数据以次数分布表的形式呈现，每个分组区间的分布次数通常作为确定众数的依据，分布次数取最大值组的组中点值即可以作为次数分布表数据的众数。例如，在表 3.2 中，分布次数最大值为 31，对应分组区间 75～79 的组中点值为 77，则 77 为观察所得的众数。

(二) 公式法

1. 皮尔逊经验法

统计学家皮尔逊(Pearson)通过对大量数据的分析，根据经验提出，在单峰微偏态分布中，也就是数据分布接近正态时，算术平均数、中位数和众数三者之间存在一定的关系：中位数在算术平均数和众数之间，且算数平均数与中位数的距离是算数平均数与众数距离的 1/3，

如图 3.3 所示，用公式表示为

$$\frac{M - M_d}{M - M_o} \approx \frac{1}{3} \tag{3.6}$$

$$M_o \approx 3M_d - 2M \tag{3.7}$$

以表 3.2 的数据为例，$M_d = 75.952$，$M = 75.598$，则 $M_o = 3 \times 75.952 - 2 \times 75.598 = 76.660$。

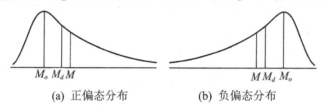

(a) 正偏态分布　　　　(b) 负偏态分布

图 3.3　算数平均数、中位数和众数三者之间的关系

2. 金氏插补法

对于次数分布表呈现的数据，可以用观察法确定众数，即将最高分布次数的组中点值作为众数。但是，实际分布往往并不对称，当靠近分布次数最大一组的高、低两组数据的分布次数不相等时，众数应该不是分布次数最大一组的组中点值，而应该更靠近高、低相邻两组中分布次数更大的一组。金氏(W.I.King)插补法用包含相邻两组分布次数的公式来计算众数

$$M_o = L_b + \frac{f_a}{f_a + f_b} \cdot i \tag{3.8}$$

式中：M_o 表示众数；

L_b 表示众数所在组的下限；

f_a 表示众数所在组上限相邻一组的分布次数；

f_b 表示众数所在组下限相邻一组的分布次数；

i 表示组距。

例 3.8　将表 3.2 中分布次数最高的一组数据及靠近该组的几组数据复制到表 3.3 中，用金氏插补法计算表中数据的众数。

表 3.3　用金氏插补法计算众数

组限	组中值	次数	分析
85~89	87	12	对应组别 75~79 的分布次数最大，众数在这一组；
80~84	82	22	上、下限相邻组的分布次数分别为 22 和 26。
75~79	77	31	公式中有关各量为
70~74	72	26	$L_b = 74.5$，$f_a = 22$，$f_b = 26$，$i = 5$
65~69	67	15	

解：$M_o = L_b + \dfrac{f_a}{f_a + f_b} \cdot i = 74.5 + \dfrac{22}{22 + 26} \times 5 \approx 76.792$

答：用金氏插补法计算得到的众数为 76.792，它是在用观察法得到的结果 77 的基础上做了修正。

三、众数的优缺点

1. 众数的优点

(1) 众数具有形象直观、简明易懂的特点，适用于快速、粗略地估计一组数据的集中趋势。
(2) 众数不受极端数据的影响。
(3) 对于称名数据，只能用众数反映一组数据的集中趋势。
(4) 众数可以分析多峰值的分布特点。

2. 众数的缺点

(1) 反应不够灵敏。数据无论发生任何变化，只要次数最多的数据保持不变，众数就不发生变化，因此，众数的代表性不高。
(2) 众数不适合进一步的代数运算。众数不能用于其他特征量数的计算以及统计推断，因而，众数应用的广泛性受到限制。

第四节 几何平均数和调和平均数

一、几何平均数

1. 几何平均数的定义

几何平均数(geometric mean)是 n 个数乘积的 n 次方根，符号为 M_g，基本计算公式为

$$M_g = \sqrt[n]{X_1 \cdot X_2 \cdot X_3 \cdots X_n} \tag{3.9}$$

公式(3.9)两边取对数得

$$\lg M_g = \frac{\sum \lg X_i}{n} \tag{3.10}$$

2. 几何平均数的特点

(1) 几何平均数受极端数据的影响较小。
(2) 对于偏态分布，几何平均数是代表性较好并且可用于进一步代数运算的集中量数。
(3) 几何平均数适用于反映按比率变化的数列的集中趋势，对这种数列中各数据取对数后，算数平均数成为比较好的代表值。

3. 几何平均数的应用

(1) 适用于一组数据呈偏态分布并且数据范围较大的情况。

例 3.9 某心理学研究者研究引起某种程度范围的心理感受对应的物理刺激，12 名被试的测试结果为：1，3，5，6，7，9，10，12，18，23，36，51。试计算该列物理刺激强度值的集中量数。

解：这列物理刺激强度值呈偏态分布，并且是数据差异较大的等距数据，适合用几何平

均数作为集中趋势的代表值。

$$M_g = \sqrt[n]{X_1 \cdot X_2 \cdot X_3 \cdot \ldots \cdot X_n} = \sqrt[12]{1 \times 3 \times 5 \times 6 \times 7 \times 9 \times 10 \times 12 \times 18 \times 23 \times 36 \times 51} \approx 9.465$$

答：这列物理刺激强度值的代表值是 9.465。

(2) 适用于平均比率的计算。从一列数据的第二个数据开始，每个数据相对于其前一个数据的比值即为比率。要计算平均比率，需要用几何平均数，计算公式为

$$M_g = \sqrt[(n-1)]{\frac{X_2}{X_1} \cdot \frac{X_3}{X_2} \cdot \frac{X_4}{X_3} \cdot \ldots \cdot \frac{X_n}{X_{n-1}}} \tag{3.11}$$

公式(3.11)可简化为

$$M_g = \sqrt[(n-1)]{\frac{X_n}{X_1}} \tag{3.12}$$

例 3.10 某学生每天坚持阅读 15 分钟，每两个月测试一次阅读理解能力，连续 5 次的测试成绩为 30，40，55，68，85。试计算该学生阅读能力的平均进步率。

解：

$$M_g = \sqrt[(n-1)]{\frac{X_2}{X_1} \cdot \frac{X_3}{X_2} \cdot \frac{X_4}{X_3} \cdot \ldots \cdot \frac{X_n}{X_{n-1}}} = \sqrt[(n-1)]{\frac{X_n}{X_1}} = \sqrt[4]{\frac{85}{30}} \approx 1.297$$

每两个月的平均进步率为

$$(1.297 - 1) \times 100\% = 29.7\%$$

答：该学生阅读能力的平均进步率为 29.7%。

二、调和平均数

调和平均数(harmonic mean)又称倒数平均数，是总体各统计变量倒数的算术平均数的倒数。它的符号为 M_h，计算公式为

$$M_h = \frac{1}{\frac{1}{n}\left(\frac{1}{X_1} + \frac{1}{X_2} + \frac{1}{X_3} + \ldots + \frac{1}{X_n}\right)} \tag{3.13}$$

在心理与教育研究领域，调和平均数在描述平均速度方面有其特殊优势，平均阅读速度、平均解题速度等指标的计算有时需要应用调和平均数。

在实际中，求平均速度一般涉及以下两个问题。

(1) 要完成一个工作总量，如果由几个工作速度不同的个体来完成，要求每个个体完成相同的工作量时，计算完成全部工作的平均速度，这时用调和平均数求平均速度。

(2) 几个工作速度不同的个体，在相同的时间内完成不同的工作量，如果要计算在这段时间内所有个体的平均速度，这时的平均速度是所有个体工作速度的算数平均数。

不管已知条件或实际情况如何，即便个体之间的工作量和工作时间均不同，只要目的是了解上述两种情况下的平均速度，就可以在明确个体的工作速度的基础上选用适当的方法计算相应的平均速度。

例 3.11 在一项解题速度测验中，5 名学生解 20 道题所用的时间分别为 10 分钟、15 分钟、20 分钟、20 分钟和 25 分钟，计算 5 名学生完成 20 道题的平均解题速度。

解：5 名学生的解题速度分别为

$$\frac{20}{10}=2，\frac{20}{15}=\frac{4}{3}，\frac{20}{20}=1，\frac{20}{20}=1，\frac{20}{25}=\frac{4}{5}$$

上述几个速度的调和平均数为

$$M_h=\frac{1}{\frac{1}{n}\left(\frac{1}{X_1}+\frac{1}{X_2}+\frac{1}{X_3}+...+\frac{1}{X_n}\right)}=\frac{1}{\frac{1}{5}\times\left(\frac{1}{2}+\frac{3}{4}+1+1+\frac{5}{4}\right)}=\frac{10}{9}$$

另外，可以从总工作量和总时间考虑，计算平均速度。

5 名学生解答的总题数为 20×5=100 题，所用时间为 10+15+20+20+25=90 分钟，平均速度为

$$\frac{100}{90}=\frac{10}{9}\text{(题/分钟)}$$

此时，如果计算 5 名学生解题速度的算数平均数，则结果为 1.23，与题意结果不一致。可见，要计算不同个体在工作量相同而时间不同时的平均速度，可以用调和平均数。

例 3.12 5 名学生参加解题速度测验，30 分钟内所解题数分别为 60、40、30、30、24 题，计算这 5 名学生在 30 分钟内的平均解题速度。

解：5 名学生在 30 分钟内解答的总题数为 60+40+30+30+24=184 题，5 人共用时间为 30×5=150 分钟，平均解题速度为

$$\frac{184}{150}\approx 1.227\text{(题/分钟)}$$

5 名学生的解题速度分别为：2、4/3、1、1、4/5。5 名学生解题速度的算术平均数为

$$\overline{X}=\frac{2+\frac{4}{3}+1+1+\frac{4}{5}}{5}=\frac{92}{75}\approx 1.227\text{(题/分钟)}$$

此时，如果计算 5 名学生解题速度的调和平均数，结果为 10/9 题/分钟，与题意结果不符。

因此，要计算不同个体在相同工作时间内的平均速度，不能用调和平均数，这时可以用算数平均数计算平均速度。

本章术语

集中趋势(central tendency)　　　　集中量数(measure of central tendency)
算术平均数(arithmetic average)　　　中位数(median)
众数(mode)　　　　　　　　　　　　加权平均数(weighted mean)
几何平均数(geometric mean)　　　　调和平均数(harmonic mean)

思考题

1. 什么是集中趋势和集中量数？
2. 描述一组数据的集中量数有哪些？各有什么优点和缺点？
3. 下列各组数据中，哪种集中量数对数据的代表性更好？为什么？
   (1)　5　6　7　8　9　10
   (2)　3　5　6　6　6　7　9
   (3)　2　3　5　6　7　8　30
4. 对112名小学生进行生活常识测验，结果如表3.4所示，计算测验数据的平均数、中位数和众数。

表3.4　112名小学生生活常识测验数据

分组	组中值	次数	由下向上累加次数
95~99	97	6	112
90~94	92	10	106
85~89	87	16	96
80~84	82	21	80
75~79	77	25	59
70~74	72	17	34
65~69	67	9	17
60~64	62	5	8
55~59	57	2	3
50~54	52	1	1
合计		112	

5. 计算下列数据的集中量数。

　36　70　89　160　200　360　600　1000　1800

6. 表3.5是某班级近6个月来校内助人事件发生的次数，求学生助人事件的月平均增长率。

表3.5　某班级近6个月来校内助人事件发生的次数

月份	1月	2月	3月	4月	5月	6月
助人事件次数	35	42	60	83	105	167

7. 5 名学生记忆词汇速度如表 3.6 所示，求这 5 名学生的平均记忆速度。

表 3.6　5 名学生记忆词汇速度

学生	词汇数	时间/分钟
1	30	20
2	30	25
3	30	15
4	30	17
5	30	22

第四章 差异量数

集中量数可以反映一组数据向某点集中的趋势，是一组数据的代表值。但是，仅描述一组数据的集中点并不能反映这组数据的全貌。例如，有以下4组数据。

第1组： 16　16　16　16　16　16　16　16　16
第2组： 15　16　16　16　16　16　16　16　17
第3组： 12　13　14　15　16　17　18　19　20
第4组： 0　4　8　12　16　20　24　28　32

这4组数据的算术平均数完全相同，都是16。也就是说，4组数据的集中趋势都是向16这一点集中。但是，16对各组数据的代表程度不同。第1组数据全部是16，所以16完全可以代表这组数据；第2组至第4组数据都在16上下有分散的数据，但第2组仅有15和17这两个与16相差很小的数据，第3组数据的分散程度大一些，第4组数据的分散程度更大。可见，16是第2组到第4组数据集中趋势的代表值，但16并不能完全代表这些数据，其中对第4组数据的代表性最差。

那么，要反映数据的全貌，除了用集中量数反映数据的集中趋势之外，还需要采用特征量数来反映数据相对于集中量数的离散程度，这正是差异量数表达的数据分布特征。差异量数(measure of variability)又叫离散量数，它描述一组数据离中趋势的特点，是反映数据变异性的特征量数。

一般而言，差异量数越大，表明数据的离散程度越大，数组内数据彼此之间的差异越大，数据的分布范围越广；差异量数越小，表明数据分布得越集中，数组内数据彼此之间的差异越小，数据分布范围越窄。根据数据特点和研究目的，可以采用不同的差异量数描述数组的离散程度。常见的差异量数有全距、百分位距、四分位距、平均差、方差、标准差、差异系数等，其中较常用的是方差和标准差。

第一节 全距、百分位距和四分位距

一、全距

全距(range)，又称为两极差，是一列数据中最大值与最小值的差，符号为R，用公式表示为

$$R = X_{max} - X_{min} \tag{4.1}$$

全距计算简单，容易理解，但是它只与一组数据的最大值和最小值有关，而处于数组两端的最大值和最小值的偶然性最大，因此，全距的稳定性较差，用它度量数据离散程度的可靠性较低。在实际应用中，只在需要粗略了解数据的离散程度时，才采用全距作为差异量数。另外，在对数据进行初步整理时，确定次数分布表的分组区间时会考虑数据分布的全距。

二、百分位距

百分位距是指两个百分位数(percentile)之差。百分位数又称百分位点，用 P_p 表示。在一列数据中，某数值以下包含的数据所占全部数据的百分比为百分之 P，则该数值为第 p 个百分位数。例如，P_{30} 和 P_{60} 分别表示第 30 个和第 60 个百分位数，这两个百分位数以下的数据分别占全部数据个数的 30%和 60%。两个百分位数之间的距离即为百分位距，常用的百分位距有 P_{90}-P_{10} 和 P_{93}-P_7 等。

由此可见，计算百分位距需要首先计算其涉及的两个百分位数。百分位数的计算公式为

$$P_p = L_b + \frac{\frac{p}{100} \cdot N - F_b}{f_p} \cdot i \tag{4.2}$$

式中：P_p 表示第 p 个百分位数；

L_b 表示所求百分位数所在组的精确下限；

F_b 表示所求百分位数所在组下限以下的累加次数；

N 表示数据个数总和；

f_p 表示所求百分位数所在组的分布次数；

i 表示组距。

例 4.1 150 名学生某次考试成绩的次数分布如表 4.1 所示，求数据的百分位距 P_{90}-P_{10}。

表 4.1 150 名学生某次考试成绩的次数分布

组别	次数 f	向上累加次数	向下累加次数
110~119	5	150	5
100~109	9	145	14
90~99	25	136	39
80~89	57	111	96
70~79	27	54	123
60~69	16	27	139
50~59	8	11	147
40~49	2	3	149
30~39	1	1	150
合计	150		

解：首先计算两个百分位数以下的分布次数，两者分别为：150×10%=15，150×90%=135。

根据向上累加分布次数可以确定，第 10 个百分位数在 60～69 分组区间内，第 90 个百分位数在 90～99 分组区间内。

由公式(4.2)计算 P_{10}，L_b=59.5，F_b=11，f_p=16

$$P_{10} = L_b + \frac{\frac{p}{100} \cdot N - F_b}{f_p} \cdot i = 59.5 + \frac{\frac{10}{100} \times 150 - 11}{16} \times 10 = 62$$

由公式(4.2)计算 P_{90}，L_b=89.5，F_b=111，f_p=25

$$P_{90} = L_b + \frac{\frac{p}{100} \cdot N - F_b}{f_p} \cdot i = 89.5 + \frac{\frac{90}{100} \times 150 - 111}{25} \times 10 = 99.1$$

$$P_{90} - P_{10} = 99.1 - 62 = 37.1$$

答：表中数据的百分位距 P_{90}-P_{10} 是 37.1。

相对于全距，百分位距能较好地反映一组数据的差异程度。但是，百分位距仍然只依赖于两个百分位数，其他数据的变化对其不产生影响，稳定性和可靠性都有一定欠缺。因此，在实际应用中较少采用百分位距描述一组数据的离中趋势。

三、四分位距

1. 四分位数的定义

四分位数(quartile)是将数据分为个数相同的 4 个部分的 3 个分点，3 个四分位数从小到大依次称为第 1 个、第 2 个、第 3 个四分位数，分别用 Q_1、Q_2 和 Q_3 表示。Q_1 是第 25 个百分位数 P_{25}，Q_2 是第 50 个百分位数 P_{50}，也是中位数 M_d，Q_3 是第 75 个百分位数 P_{75}。四分位数分点示意图如图 4.1 所示。

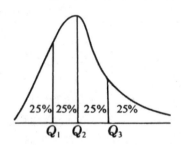

图 4.1 四分位数分点示意图

2. 四分位距的计算

四分位距(interquartile range)是第 3 个四分位数与第 1 个四分位数的差，符号为 IRQ，用公式表示为

$$\text{IRQ} = Q_3 - Q_1 \tag{4.3}$$

由百分位数的计算公式(4.2)可知，Q_1 和 Q_3 的计算公式分别为

$$Q_1 = L_b + \frac{\frac{1}{4} \cdot N - F_b}{f_{Q_1}} \cdot i$$

$$Q_3 = L_b + \frac{\frac{3}{4} \cdot N - F_b}{f_{Q_3}} \cdot i$$

例 4.2 计算表 4.1 中的数据的四分位距。

解：计算 Q_1 和 Q_3 以下的分布次数，$\frac{1}{4} \times 150 = 37.5$，$\frac{3}{4} \times 150 = 112.5$，从而判断两个四分位点分别在 70～79 和 90～99 两个分组区间。

$$Q_1 = L_b + \frac{\frac{1}{4} \cdot N - F_b}{f_{Q_1}} \cdot i = 69.5 + \frac{\frac{1}{4} \times 150 - 27}{27} \times 10 \approx 73.389$$

$$Q_3 = L_b + \frac{\frac{3}{4} \cdot N - F_b}{f_{Q_3}} \cdot i = 89.5 + \frac{\frac{3}{4} \times 150 - 111}{25} \times 10 = 90.1$$

四分位距为

$$\text{IRQ} = Q_3 - Q_1 = 90.1 - 73.389 = 16.711$$

3. 半四分位距的计算

半四分位距(smi-interquartile range)又称为四分位差(quartile deviation)，符号为 SIRQ 或 QD，也常用 Q 表示。四分位差是指一组数据中第 3 个四分位数与第 1 个四分位数差值的一半，也是四分位距的一半，用公式表示为

$$Q = \frac{Q_3 - Q_1}{2} \tag{4.4}$$

由例 4.2 的计算结果可知，表 4.1 中的数据的四分位差为

$$Q = \frac{Q_3 - Q_1}{2} = \frac{90.1 - 73.389}{2} \approx 8.356$$

四分位距和四分位差是根据第 1 个四分位点和第 3 个四分位点计算得出的，相对于全距和百分位距，四分位距和四分位差受极端数据影响较小。在实际应用中，用四分位距或四分位差描述数据的离散程度时，常用中位数描述数据的集中趋势。但是，由于四分位距和四分位差只与数据列的四分位数有关，其他数据发生变化时这些特征值不能体现出来，对全部数据的代表性较差。另外，四分位距和四分位差也不能进行进一步代数运算，因此，它们的应用不是十分广泛。

第二节 平均差、方差和标准差

一、平均差

全距、百分位距、四分位距等能够在一定程度上反映一组数据的离散程度，但是它们都是依据某两个位置上的数据计算得到的，因此，对全部数据的代表性较差。要提高特征量数对全部数据的代表性，需要在计算特征值时用到全部数据。

平均差(average deviation)是用全部数据计算得到的最简单、直观的差异量数，是指一组数据中所有数据离均差的绝对值的平均数，符号为 AD。由于所有数据离均差的总和等于零，即 $\sum x = 0$，平均差的计算采用了离均差的绝对值，这个绝对值即为对应数据在数轴上与平均数之间的距离，平均差则是所有数据与平均数的距离的平均数，计算公式为

$$\mathrm{AD} = \frac{\sum \left| X - \overline{X} \right|}{n} = \frac{\sum |x|}{n} \tag{4.5}$$

例 4.3 计算下列数据的平均差。

65 72 77 81 83 83 85 88 91 95

解：首先计算平均数

$$\overline{X} = \frac{\sum X}{n} = \frac{65+72+77+81+83+83+85+88+91+95}{10} = 82$$

各数据的离均差依次为 −17 −10 −5 −1 1 1 3 6 9 13

平均差为

$$\mathrm{AD} = \frac{\sum |x|}{n} = \frac{|-17|+|-10|+|-5|+|-1|+1+1+3+6+9+13}{10} = 6.6$$

答：该组数据的平均差是 6.6。

平均差的意义很明确，它是所有数据与平均数的距离的平均值。平均差是依据所有数据计算得出的差异量数，代表性较强，能够较好地反映一组数据的离散程度。但是，由于其计算过程中需要对离均差取绝对值，不能在其基础上进行进一步的代数运算，这导致其不能进行相应的统计推断。因此，其应用范围受到限制，在实际统计分析中，平均差应用得并不普遍。

二、方差和标准差

平均差反映了所有数据的信息，但其采用了绝对值的运算，无法进行进一步的代数运算。如果能用符合代数运算的方法考虑每个数据与平均数的距离，则可以获得更为有效的差异量数。方差和标准差采用离均差的平方较好地解决了问题，可不考虑离均差的正负号，只采用其绝对值大小，而且特征量数可以进行进一步的代数运算，能够应用于对总体特征的统计推断。在计算方差和标准差时也要用到全部数据，可以充分反映数据信息。因此，方差和标准差在实际中应用非常广泛。

1. 方差和标准差的基本公式

方差(variance)，也称变异数、均方，样本方差和总体方差的符号分别为 S^2 和 σ^2。一列数据的方差是这列数据中所有数据离均差平方的算术平均数。总体方差的计算公式为

$$\sigma^2 = \frac{\sum(X-\overline{X})^2}{N} = \frac{\sum x^2}{N} \tag{4.6a}$$

样本方差的计算公式为

$$S^2 = \frac{\sum(X-\overline{X})^2}{n} = \frac{\sum x^2}{n} \tag{4.6b}$$

在推断统计中，需要由样本统计量估计总体参数，总体方差 σ^2 的无偏估计值 S_{n-1}^2 的计算公式为

$$S_{n-1}^2 = \frac{\sum(X-\overline{X})^2}{n-1} = \frac{\sum x^2}{n-1} \tag{4.6c}$$

标准差(standard deviation)是方差的平方根，总体标准差 σ 的计算公式为

$$\sigma = \sqrt{\frac{\sum(X-\overline{X})^2}{N}} = \sqrt{\frac{\sum x^2}{N}} \tag{4.7a}$$

样本标准差 S 的计算公式为

$$S = \sqrt{\frac{\sum(X-\overline{X})^2}{n}} = \sqrt{\frac{\sum x^2}{n}} \tag{4.7b}$$

总体标准差的无偏估计量 S_{n-1} 的计算公式为

$$S_{n-1} = \sqrt{\frac{\sum(X-\overline{X})^2}{n-1}} = \sqrt{\frac{\sum x^2}{n-1}} \tag{4.7c}$$

在实际应用中，多数情况下我们是通过抽样观测得到 n 个样本数据，因此，一般需要计算样本方差和标准差，然后在此基础上推断总体方差和标准差，有关推断方法将在第七章"总体参数的估计"中具体介绍。对于样本标准差的两个计算公式(4.7b)和公式(4.7c)的应用需要特别说明。首先，样本方差在其他样本统计量的计算以及推断统计中经常用到，如相关系数的计算以及方差分析中都需要用到样本方差或标准差，这些方法中的统计量 S 是采用公式(4.7b)推导或计算的结果。其次，S_{n-1} 是总体标准差的无偏估计量，在后面有关总体参数估计的内容中要用到。最后，需要明确的是，SPSS 中标准差的运行结果是 S_{n-1}。

和大部分统计学著作一样，本书中的 S 是公式(4.7b)或对应方法计算的统计量，这样与后面相关系数和方差分析等内容中用到的标准差一致。S_{n-1} 为总体方差的无偏估计量，本章计算举例后，其主要是在第七章"总体参数的估计"中出现，在用到时采用 S_{n-1} 明确表示。

例 4.4 计算下列数据的方差和标准差。
74　77　81　83　83　85　88　93

解：计算得出 $\overline{X}=83$

$$\sum(X-\overline{X})^2 = (74-83)^2 + (77-83)^2 + (81-83)^2 + (83-83)^2 + (83-83)^2 + (85-83)^2 +$$
$$(88-83)^2 + (93-83)^2$$
$$= 250$$

$$S^2 = \frac{\sum(X-\overline{X})^2}{n} = \frac{250}{8} = 31.25$$

$$S = \sqrt{\sum\frac{(X-\overline{X})^2}{n}} = \sqrt{31.25} \approx 5.590$$

$$S_{n-1}^2 = \frac{\sum(X-\overline{X})^2}{n-1} = \frac{250}{8-1} \approx 35.714$$

$$S_{n-1} = \sqrt{\sum\frac{(X-\overline{X})^2}{n-1}} = \sqrt{35.714} \approx 5.976$$

计算方差和标准差时，由于要计算每个数据的离均差，需要先计算全部数据的平均数。如果平均数不是整数或是一个无限小数，计算量会比较大或不能计算准确值。如果公式中仅含有原始数据，就可以避免这些问题。只含有原始数据的总体方差、样本方差和无偏估计值的计算公式分别为

$$\sigma^2 = \frac{\sum X^2}{N} - \left(\frac{\sum X}{N}\right)^2 \tag{4.8a}$$

$$S^2 = \frac{\sum X^2}{n} - \left(\frac{\sum X}{n}\right)^2 \tag{4.8b}$$

$$S_{n-1}^2 = \frac{\sum X^2}{n-1} - \frac{(\sum X)^2}{n(n-1)} \tag{4.8c}$$

例 4.5 用原始数据公式(4.8b)和公式(4.8c)计算例 4.4 中数据的方差，并计算标准差。

解：数据总和与平方和分别为

$$\sum X = 664$$

$$\sum X^2 = 55\,362$$

数据个数 $n=8$

$$S^2 = \frac{\sum X^2}{n} - \left(\frac{\sum X}{n}\right)^2 = \frac{55\,362}{8} - \left(\frac{664}{8}\right)^2 = 31.25$$

$$S = \sqrt{31.25} \approx 5.590$$

$$S_{n-1}^2 = \frac{\sum X^2}{n-1} - \frac{\left(\sum X\right)^2}{n(n-1)} = \frac{55\,362}{8-1} - \frac{664^2}{8\times(8-1)} \approx 35.714$$

$$S_{n-1} = \sqrt{35.71} \approx 5.976$$

2. 分组数据方差和标准差的计算

当数据以次数分布表呈现时,总体方差、样本方差和无偏估计值的计算公式分别为

$$\sigma^2 = \frac{\sum fX_C^2}{N} - \left(\frac{\sum fX_C}{N}\right)^2 \tag{4.9a}$$

$$S^2 = \frac{\sum fX_C^2}{n} - \left(\frac{\sum fX_C}{n}\right)^2 \tag{4.9b}$$

$$S_{n-1}^2 = \frac{\sum fX_C^2}{n-1} - \frac{\left(\sum fX_C\right)^2}{n(n-1)} \tag{4.9c}$$

例4.6 计算表4.2中样本数据的方差与标准差、无偏估计值和无偏估计量。

解:整理表中数据得:$n=150$,$\sum fX_C = 12\,295$,$\sum fX_C^2 = 1\,039\,417.50$,如表4.2所示。

表4.2 分组数据方差和标准差的计算

组别	组中值	次数 f	fX_C	fX_C^2
110~119	114.5	5	572.50	65 551.25
100~109	104.5	9	940.50	98 282.25
90~99	94.5	25	2 362.50	223 256.25
80~89	84.5	57	4 816.50	406 994.25
70~79	74.5	27	2 011.50	149 856.75
60~69	64.5	16	1 032.00	66 564.00
50~59	54.5	8	436.00	23 762.00
40~49	44.5	2	89.00	3 960.50
30~39	34.5	1	34.50	1 190.25
合计		150	12 295.00	1 039 417.50

将有关统计量代入公式(4.9b),表中分组数据的方差为

$$S^2 = \frac{\sum fX_C^2}{n} - \left(\frac{\sum fX_C}{n}\right)^2 = \frac{1\,039\,417.50}{150} - \left(\frac{12\,295}{150}\right)^2 \approx 210.915$$

$$S = \sqrt{210.92} \approx 14.523$$

$$S_{n-1}^2 = \frac{\sum fX_C^2}{n-1} - \frac{\left(\sum fX_C\right)^2}{n(n-1)} = \frac{1\,039\,417.50}{150-1} - \frac{12\,295^2}{150\times(150-1)} \approx 212.333$$

$$S_{n-1} = \sqrt{212.33} \approx 14.572$$

答：表 4.2 中数据的方差 S^2 和标准差 S 分别为 210.915 和 14.523；无偏估计值 S_{n-1}^2 和无偏估计量 S_{n-1} 分别为 212.333 和 14.572。

3. 方差和标准差的特性

(1) 方差的特性。方差用于表示数据的变异性，其典型特性是具有可加性，也可以说具有可分解性，即总变异可以分解为不同来源的变异，或不同来源的变异相加等于总变异。方差的这一特性我们将在第九章详细介绍。

(2) 标准差的特性。标准差是方差的平方根，它的基本单位是原始数据的单位。在实际应用中，标准差和平均数配合可用来描述数据的基本特征。标准差具备以下特性。

① 反应灵敏。计算标准差时要用到数据组中每个数据，因此，任何数据发生变化都会引起标准差的变化。

② 确定严密。标准差有严密的计算公式。

③ 受抽样变动的影响较小。运算中要用到所有数据的信息，不同样本的数据一般不会引起标准差产生较大的变动。

④ 适合进一步代数运算。标准差可应用于基于描述统计的进一步统计推断，因此，其应用十分广泛。

此外，标准差的计算具有以下两个特性。

① 在一列数据中，每个数据都加上一个常数 C，数组的标准差不变。

② 在一列数据中，每个数据都乘一个常数 C，数组的标准差等于原来的标准差乘常数 C。

标准差作为特性良好的差异量数，在实际研究和工作中应用十分广泛。在正态分布中，根据数据与平均数的差值是几个标准差，可以判断在其周围一定范围内取值的概率。例如，在正态分布中，全部数据的 95%分布在平均数加减 1.96 个标准差之间。还可以应用标准差度量数据与平均数的差，从而进行极端值取舍。例如，常采用三倍标准差原则去除极端数据，即将平均数上、下各 3 个标准差范围内的数据作为分析数据，将 3 个标准差之外的数据作为异常值。

第三节　标准差的应用

一、差异系数

差异量数是用于描述数据离散程度的量数。一般来说，差异量数越大，表示数据越分散；差异量数越小，表示数据分布越集中。但是，如果两列数据的单位不同，两个不同单位的标准差可以比较吗？例如，某班小学生身高的标准差为 0.08 米，体重的标准差为 5.67 千克，两者能够比较吗？此外，两列数据单位相同时，一组数据的平均数是 10、标准差是 2，另一组数据的平均数是 100、标准差是 5，可以通过比较两组数据标准差的大小来比较它们的离散程度吗？

对于第一个问题，如果有人试图通过直接比较 0.08 和 5.67 的大小，来比较该班小学生身高和体重的离散程度，那么，如果将描述改为身高的标准差为 8 厘米和体重的标准差为 5.67 千克，还要比较 8 和 5.67 吗？这与上面的比较得出了相反的结果。显然，两个比较都是不同单位的数据进行比较，都是没有意义的。

对于第二个问题，比较单位相同但平均数相差悬殊的两列数据的离散程度。例如，两组数据的单位相同，都是千克，一组数据为 10、20、30、40、50；另一组数据是 1000、1100、1200、1300、1400。两组数据的平均数分别为是 30 和 1200，标准差分别为 14.14 和 44.72，直接比较标准差数据，14.14<44.72。但从两组数据来看，第一组数据每次增加量 10 为第一个数据 10 的 1 倍，最大值 50 是最小值 10 的 5 倍；而第二组数据尽管数据变化量 100 较大，但最大值 1400 只是最小值 1000 的 1.4 倍，所以，第一组数据的离散程度应该更高。因此，标准差的大小并不能反映这种情况的离散程度。前面提到的标准差分别为 2 和 5 的问题也是如此。

由此可见，当两组数据的单位不同，或者两组数据单位相同但平均水平相差较大时，不能通过直接比较标准差数值的大小来比较两组数据的离散程度的高低。这时，需要用差异系数解决问题。

1. 差异系数的定义

差异系数(coefficient of variation)是指一列数据的标准差与这列数据平均数的比值的百分比。由于平均数和标准差的单位相同，差异系数是没有单位的相对数，常以 CV 表示，其计算公式为

$$CV = \frac{S}{\bar{X}} \times 100\% \tag{4.10}$$

2. 差异系数的应用

1) 比较两组不同单位数据的离散程度

例 4.7 初三某班男学生参加体育项目测试，在 1000 米跑测试中，平均用时 326 秒，标准差为 27 秒；在立定跳远测试中，平均成绩为 1.98 米，标准差为 0.13 米。试比较两项成绩的离散程度。

解：由于两项测试成绩的单位不同，不能通过比较标准差来比较它们的离散程度，采用差异系数进行比较。

$$CV_{跑步} = \frac{S}{\bar{X}} \times 100\% = \frac{27}{326} \times 100\% \approx 8.28\%$$

$$CV_{跳远} = \frac{S}{\bar{X}} \times 100\% = \frac{0.13}{1.98} \times 100\% \approx 6.57\%$$

8.28%>6.57%

答：该班男学生 1000 米跑测试成绩的离散程度高于立定跳远成绩的离散程度。

2) 比较单位相同而平均水平相差较大的两组数据的离散程度

例 4.8 某教师要了解一年级和六年级小学生的词汇应用情况，其拍摄一套画面美观、内容丰富的照片，分别对两个年级的学生进行了抽样测试，测试中诱导学生尽可能用丰富的语言描述照片的画面和内容，记录学生用词。测试结果：一年级学生平均用词 17 个，标准差为 9 个；6 年级学生平均用词 68 个，标准差为 21 个。试比较两个年级学生所用词汇量的离散程度。

解：因为两个年级的学生参加同一个测试，所以单位相同。两个年级的平均水平差异较大，因此属于单位相同、平均数相差较大的两组数据，采用差异系数比较两组数据的离散程度。

$$CV_{一年级} = \frac{S}{\bar{X}} \times 100\% = \frac{9}{17} \times 100\% \approx 52.9\%$$

$$CV_{六年级} = \frac{S}{\bar{X}} \times 100\% = \frac{21}{68} \times 100\% \approx 30.9\%$$

52.9%>30.9%

答：一年级学生用词的离散程度高于六年级学生用词的离散程度。

差异系数主要应用于比率数据的离散程度的描述或比较。首先，差异系数是在标准差和平均数基础上计算得出的，而标准差和平均数对等距和比率数据才有意义，所以需要数据至少是等距的。其次，标准差与平均数的比值与平均数的大小有关，没有绝对零点的数据的平均值是一个相对值，两者比值没有意义，因此，差异系数对具有绝对零点的数据才有意义，也就是说差异系数应该应用于比率数据。此外，差异系数只用于标准差与平均值的相对值描述，目前还没有与其有关的检验假设的统计推断方法。

二、标准分数

1. 标准分数的定义

标准分数(standard score)又称 Z 分数，通常用符号 Z 表示。标准分数是原始分数与平均数之差除以标准差所得的商，计算公式为

$$Z = \frac{X - \bar{X}}{S} \tag{4.11}$$

式中：X 表示原始数据；

S 表示原始数据组的标准差；

$\bar{X}$ 为原始数据组的平均数。

标准分数以标准差为单位来度量某一原始分数与其所在数据组的平均数的差值，描述该原始分数在数据组中所处的相对位置。由公式(4.11)可以看出，在标准分数计算公式中，分子和分母的实际测量单位相同，标准分数是没有单位的量数，因此，它可以进行进一步的代数运算和统计推断，在心理与教育研究中应用十分广泛。

2. 标准分数的特点

(1) 一组数据转化为标准分数后，分布形态不发生变化。

(2) 任何一组数据转化为标准分数之后，平均数均为 0，即 $\bar{Z}=0$。

(3) 任何一组数据转化为标准分数之后，标准差均为 1，即 $S_Z=1$。

(4) 标准分数是没有单位的数据，其具有可加性和可比性。

3. 标准分数的应用

1) 标准分数用于比较性质不同的观测值在各自总体中相对位置的高低

性质不同的观测值是由不同的测量工具测得的，不能直接比较。但是，将原始分数转化为标准分数后，性质不同的数据均转化为平均数为 0、标准差为 1 的没有单位的数据，它们之间具有可比性。

例 4.9 为充分了解学生的学业基础水平，以制订切实可行的教学计划，某校对刚入学的初中一年级学生进行各科摸底测验。统计各科测验结果，语文平均成绩为 81.2 分，标准差为 6.8 分；数学平均成绩为 84.5 分，标准差为 9.3 分；英语平均成绩为 73.6 分，标准差为 8.1 分。某学生的语文、数学和英语成绩分别为 89 分、92 分和 82 分，试分析该学生哪一科成绩更好。

解： 由于各科成绩通过不同试卷测试而得，所得分数不能直接比较。将成绩转化为标准分数，则 3 个标准分数具有可比性。

$$Z_{语文}=\frac{X-\bar{X}}{S}=\frac{89-81.2}{6.8}\approx 1.147$$

$$Z_{数学}=\frac{X-\bar{X}}{S}=\frac{92-84.5}{9.3}\approx 0.806$$

$$Z_{英语}=\frac{X-\bar{X}}{S}=\frac{82-73.6}{8.1}\approx 1.037$$

1.147>1.037>0.806

答： 该学生 3 科成绩的标准分数均为正，3 科成绩均高于平均成绩。其中，语文成绩最好，其次是英语成绩，最后是数学成绩。

2) 标准分数用于计算性质不同的观测指标的综合结果

在计算学生不同学科的总成绩等这类不同评价指标的综合结果时，都涉及不同性质的原始数据相加的问题。因为各学科的试卷不同，各项指标的测量方式和测量工具不同，很难保证原始测量结果之间的等值，导致它们并不具有可加性。根据标准分数的特性，标准分数是没有单位的数据，具备可加性，所以采用标准分数可以计算性质不同的评价指标的结果。

例 4.10 某次全市统一测验，3 名学生的考试成绩如表 4.3 所示，试比较他们的综合成绩。

表 4.3 3 名学生各科成绩

科目	全体考生		原始分数			标准分数		
	平均分	标准差	甲	乙	丙	甲	乙	丙
数学	96.3	17.5	121	110	102	1.41	0.78	0.33
语文	93.4	11.6	115	125	135	1.86	2.72	3.59
外语	89.6	13.2	112	113	108	1.70	1.77	1.39
总分			348	348	345	4.97	5.27	5.31

如果根据原始分数，甲生和乙生的成绩好于丙生的成绩；如果按照标准分数，则显示丙生的成绩最好。由于原始数据的总和存在不同单位的数据相加的问题，用标准分数的计算结果更可靠。

3) 标准测验分数的转化

在心理与教育测量中，对于标准化测验，经常涉及测验分数的转化分数。标准分数一般都是正、负小数的形式，为了使描述更为简洁，或为了便于人们接受，常采用线性转化将标准分数转化为正整数，还经常将标准分数转化为与原始数据范围接近的数值，具体转化公式为

$$T = aZ + b \tag{4.12}$$

式中：T 表示标准分数转化后的测验分数；

Z 表示标准分数；

a 和 b 为常数。

标准分数转化后的测验分数 T 与原始分数的分布形态相同。在心理与教育测量中，常见标准化测验分数的应用。例如，比内智力量表和韦氏智力量表测试结果的标准化测验分数分别为 $IQ = 16Z + 100$ 和 $IQ = 15Z + 100$。两种转化分数的平均值均为 100，标准差分别为 16 和 15。

标准分数还可以应用于异常值的取舍、正态分布中一定分数范围内概率的确定等。

第四节 集中量数与差异量数的 SPSS 操作

本部分内容将应用求和、重新编码、排序、计算集中量数和差异量数、计算 Z 分数等方面，下面将通过例题介绍 SPSS 有关操作过程。

例 4.11 某小学 30 名学生的语文、数学、英语成绩如表 4.4 所示。

表 4.4 某小学 30 名学生的成绩

学生	语文	数学	英语	学生	语文	数学	英语
1	82	95	87	16	75	80	78
2	92	86	96	17	87	92	85
3	82	78	75	18	76	83	77
4	92	98	98	19	86	68	82
5	82	88	83	20	78	72	79

(续表)

学生	语文	数学	英语	学生	语文	数学	英语
6	72	68	86	21	69	68	63
7	81	79	78	22	70	82	85
8	88	96	72	23	74	80	71
9	74	69	65	24	93	98	91
10	85	90	73	25	89	88	81
11	79	93	89	26	85	91	83
12	75	86	68	27	80	78	83
13	89	76	93	28	78	91	72
14	93	82	87	29	72	86	65
15	69	76	78	30	82	84	78

要求：(1) 建立相应数据文件。

(2) 计算每名学生3科成绩的总分，并按总分排序。

(3) 计算语文、数学、英语及总分的平均数和标准差。

(4) 计算各科Z分数，并计算Z分数的和。

(5) 将语文成绩按90分以上、80～89分、70～79分、70分以下重新编码为1组、2组、3组、4组。

解：(1) 建立语文、数学和英语成绩3个变量，即"Chinese""Math"和"English"，变量类型为数值型，测量水平选择等距或比率数据。本例也建立了学生编号变量"Student"，可以不建立该变量，通过记录号查学生序号。

(2) 计算每名学生3科成绩的总分，执行Transform(转换)→Compute(计算)，然后输入目标变量为总分"Total"，表达式为"Chinese+Math+English"，如图4.2所示。单击"OK"，即可在数据窗口产生总分"Total"变量。

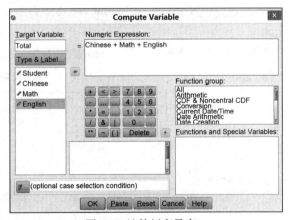

图4.2 计算新变量窗口

将个案按总分排序，操作过程：单击Data(数据)→Sort Cases(个案排序)，弹出个案排序窗口，将总分导入排序变量框中，选定升序或降序排列(默认状态为升序排列)，单击"OK"，即可实现个案依据总分排序。

(3) 按 Analyze(分析)→Descriptive Statistics(描述统计)→Descriptives(描述)顺序操作，弹出描述统计窗口，如图 4.3 所示。

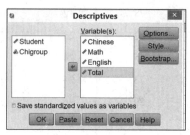

图 4.3 描述统计窗口

将变量语文、数学、英语和总分变量导入变量列表，单击选项"Options"，勾选方差"Varance"项，即可计算出 3 科成绩和总成绩的平均数、标准差和方差等结果：

Descriptive Statistics

	N	Maximum	Mean	Std. Deviation	Variance
Chinese	30	69 93	80.97	7.411	54.930
Math	30	68 98	83.37	9.042	81.757
English	30	63 98	80.03	9.019	81.344
Total	30	200 288	244.37	20.535	421.689
Valid N (listwise)	30				

(4) 勾选图 4.3 中的"Save standardized values as variables"(保存标准分数变量)，则数据视窗中会出现参与运算的各变量的标准分数变量及对应各个案的标准分数数值，再单击 Transform(转换)→Compute(计算新变量)，按问题(1)中计算总分的方法计算标准分数的总分，即可得到语文、数学和英语 3 门课程成绩标准分数的总分。

(5) 将语文成绩按 90 分以上、80~89 分、70~79 分、70 分以下重新编码为 1 组、2 组、3 组、4 组。单击 Transform(转换)→Record into different variable(重新编码为不同变量)，弹出编码窗口，如图 4.4 所示。

将变量"Chinese"导入转换栏，在输出变量处输入新变量名为"Chigroup"，单击"Change"，然后单击"Old and New Values"，弹出旧值和新值输入窗口，如图 4.5 所示。

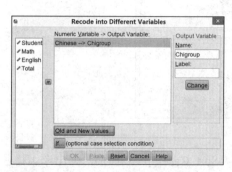

图 4.4 将变量重新编码为不同变量的窗口

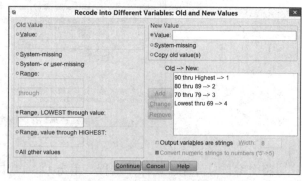

图 4.5 旧值和新值输入窗口

输入完成后,单击"Contune"(继续)和"OK"(确定),在数据视窗可以看到变量"Chigroup"及每个个案对应的取值。

例 4.12 某研究者从某学院 3 个班中各随机抽取 20 名学生进行考试焦虑测试,以下为测试结果。

一班:(男) 22、24、21、18、20、23、19、21、23
　　　(女) 28、30、25、17、15、35、25、23、26、30、29
二班:(男) 23、21、16、21、27、32、29、25、28、31、24、22
　　　(女) 25、20、18、16、27、29、25、28
三班:(男) 21、27、23、25、25、23、21、28、26
　　　(女) 20、16、19、18、26、23、15、23、26、21、29

要求: (1) 建立数据文件的相应变量,反映以上信息。
(2) 计算全体被试测试结果的平均数、标准差、中位数、四分位距。
(3) 计算各班被试测试结果的平均数、标准差、中位数、四分位距。
(4) 计算各班不同性别被试测试结果的平均数和标准差。

解: (1) 建立考试焦虑分数、班次和性别对应的变量"anxiety""class"和"gender",输入 3 个班的 60 名被试的数据。

(2) 操作过程:Analyze(分析)→Descriptive Statistics(描述统计)→Explore(探索),在弹出的窗口中将考试焦虑变量"anxiety"导入因变量列表中,确定后输出结果:

	Descriptives		Statistic	Std. Error
anxiety	Mean		23.60	.582
	95% Confidence Interval for Mean	Lower Bound	22.44	
		Upper Bound	24.76	
	5% Trimmed Mean		23.56	
	Median		23.00	
	Variance		20.312	
	Std. Deviation		4.507	
	Minimum		15	
	Maximum		35	
	Range		20	
	InterquartileRange		6	
	Skewness		.057	.309
	Kurtosis		-.375	.608

结果显示:全体被试测试结果的平均数、标准差、中位数和四分位距的取值分别为 23.60、4.507、23.00 和 6。

(3) 按问题(2)的操作过程,将班级变量"class"导入因素列表"Factor list",确定后按班级输出结果。

本问题也可以通过选择个案(data→Select cases)来选取一个班的被试按第(2)问题操作,分别选取 3 个班,分 3 次得出结果。

(4) 单击 Analyze(分析)→Compare Means(比较均值)→Means(均值)，弹出窗口如图 4.6 所示，将"anxiety"导入因变量列表，将班级导入第一层自变量列表，然后单击"Next"，再将性别导入第二层自变量列表。

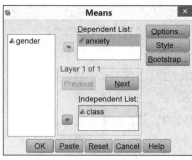

图 4.6 分层计算平均数窗口

确定后则输出各班男、女生考试焦虑测试结果的平均数和标准差：

Report

anxiety

class	gender	Mean	N	Std. Deviation
1	Male	21.22	9	1.986
	Female	25.73	11	5.815
	Total	23.70	20	4.975
2	Male	24.92	12	4.680
	Female	23.50	8	4.870
	Total	24.35	20	4.682
3	Male	24.33	9	2.500
	Female	21.45	11	4.413
	Total	22.75	20	3.878
Total	Male	23.63	30	3.709
	Female	23.57	30	5.250
	Total	23.60	60	4.507

本章术语

差异量数(measure of variability)　　　　全距(range)

百分位数(percentile)　　　　　　　　　　四分位数(quartile)

四分位距(interquartile range)　　　　　　四分位差(quartile deviation)

半四分位距(smi-interquartile range)　　　平均差(average deviation)

方差(variance)　　　　　　　　　　　　标准差(standard deviation)

差异系数(coefficient of variation)　　　　标准分数(standard score)

思考题

1. 什么是差异量数？
2. 差异量数有哪些？各有哪些优缺点？
3. 在什么情况下需要用差异系数描述数据的离散程度？
4. 标准分数有哪些特性？
5. 求表 4.5 中数据的百分位距 $P_{90}-P_{10}$、四分位距和四分位差，并应用组中值通过 SPSS 计算结果。

表 4.5　思考题数据

组别	组中值	次数 f
95～99	97	3
90～94	92	6
85～89	87	15
80～84	82	17
75～79	77	28
70～74	72	23
65～69	67	12
60～64	62	8
55～59	57	3
合计		115

6. 求下列数据的平均差、方差和标准差，并用 SPSS 验证计算结果。

38　26　25　37　44　34　29　32　46　36　53　27

7. 求第 5 题中数据的方差与标准差，应用 SPSS 计算集中量数，并验证方差和标准差的计算结果。

8. 在某班女生体育达标测验中，800 米平均成绩为 287 秒，标准差为 21 秒；立定跳远平均成绩为 1.85 米，标准差为 0.15 米。这两个项目的测验成绩哪个离散程度更大？

9. 某学生参加第 8 题的两个体育项目测试，800 米和立定跳远成绩分别为 273 秒和 1.90 米，该学生的哪项成绩更好？

10. 表 4.6 是 2 名学生的考研成绩，根据标准分数应优先录取哪位考生？

表 4.6　2 名学生的考研成绩

科目	全体考生		原始分数	
	平均分	标准差	甲	乙
英语	52.8	11.7	57	68
政治	70.6	16.5	72	80
专业综合	139.9	35.3	196	175
总分			325	323

11. 某研究者从其所在社区中分别随机抽取老、中、青业主各 10 名,请其打分,以调查他们对社区文化的满意度,以下为调查结果。

老:82 74 81 88 80 83 76 89 86 85
中:92 88 90 85 83 89 93 87 91 88
青:76 72 69 75 78 80 75 71 74 68

要求:(1) 建立 SPSS 数据文件反映以上信息。

(2) 计算全体被试调查结果的平均数、标准差、中位数、四分位距。

(3) 计算各年龄组被试测试结果的平均数、标准差、中位数、四分位距。

12. 设计一项心理与教育调查并具体搜集一些数据,通过 SPSS 计算有关指标的集中量数和差异量数。

第五章 相关分析

集中量数和差异量数是反映单变量数据分布特征的量数。在心理与教育科学研究中，在对单变量特性进行分析的同时，探究变量之间关系的特性是更为重要的研究目的。本章将介绍相关分析，其所涉及的数据是具有一一对应关系的两列或多列变量的数据，相关分析用于分析变量之间的关系所具有的规律性。

第一节 相关概述

一、相关的意义

事物之间的关系错综复杂，具体分析，基本包括以下3种关系。

1. 因果关系

因果关系是容易理解的关系。在因果关系中，一个变量是另一个变量变化的原因，另一个变量是这个变量变化的结果。例如，刻苦学习是取得进步的原因，取得进步是刻苦学习的结果；坚持锻炼是身体强壮的原因，身体强壮是坚持锻炼的结果；等等。

2. 共变关系

共变关系是容易被误解的关系。在共变关系中，两列变量看起来好像有关系，其实它们之间并没有关系，而是这两列变量都受第三个变量的影响。例如，不在同一班级的甲、乙两名学生的学习成绩都有很大提高，看起来甲、乙学生的学习成绩有一定关系，但是，两名学生学习成绩提高是因为学校采取了积极有效的教学改革方案，因此，两名学生的学习成绩提高之间没有直接关系，两者为共变关系。

3. 相关关系

两个变量的对应数据在大小和方向上存在一定关系，而它们之间又不存在因果关系和共变关系，这时称两个变量具有相关关系。相关关系比较复杂，可能包含互为因果的关系等，甚至包含未被认识的因果关系和共变关系。例如，学生的学习自我效能感和学习成绩之间有关系，但这种关系既不是简单的因果关系，又没有明确的共变关系，因此，它们之间的关系就是相关关系。

相关关系主要用于分析变量之间的数量关系，为进一步探究明确的因果关系提供线索，将其应用于心理与教育科学研究中，有利于进一步探讨有关心理过程和机制。特别需要注意，不能将相关关系随意解释成为因果关系。

二、相关的种类

1. 直线相关和曲线相关

根据相关变量获取大量数据所拟合的函数关系，相关可分为直线相关和曲线相关。两个变量中的一个变量增加，另一个变量随之增加或减少，拟合的函数关系为直线，称为直线相关，其散点图如图 5.1(a)所示；如果变量中的大量数据拟合的函数关系为曲线形式，称为曲线相关，其散点图如图 5.1(b)所示。

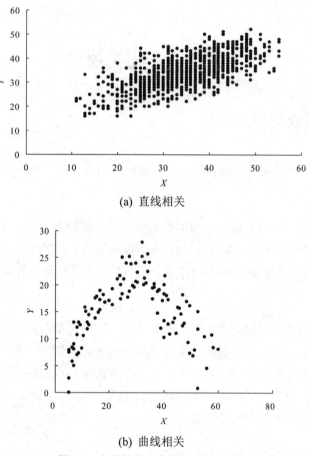

(a) 直线相关

(b) 曲线相关

图 5.1 直线相关和曲线相关散点图

2. 正相关、负相关和零相关

根据两列变量数据变化的关系趋势，相关关系可以分为正相关、负相关和零相关。

当两个变量的变化趋势相同时，一个变量的数据增加或者减少，另一个变量的数据在总体上也呈现增加或者减少的变化趋势，这时的相关称为正相关，如图 5.2(a)所示。正相关的散点图轮廓基本呈椭圆状，椭圆的长轴方向为左下右上，椭圆越扁长，正相关程度越高。当散点分布在一条直线上时，为完全正相关。

当两个变量的变化方向相反时，即一个变量的数据增加或者减少，另一个变量的数据在总体上呈现减少或者增加的相反趋势，这时的相关为负相关，如图 5.2(b)所示。负相关的散点图也基本呈椭圆状，椭圆的长轴方向为左上右下，椭圆越扁长，负相关程度越高。当散点分布在一条直线上时，为完全负相关。

当一个变量增加或者减少时，另一个变量在总体变动上没有一定的规律，则称为零相关，如图 5.2(c)所示。零相关的散点图基本为圆形，当散点图为平行于横坐标轴或纵坐标轴的直线时，两个变量也是零相关。

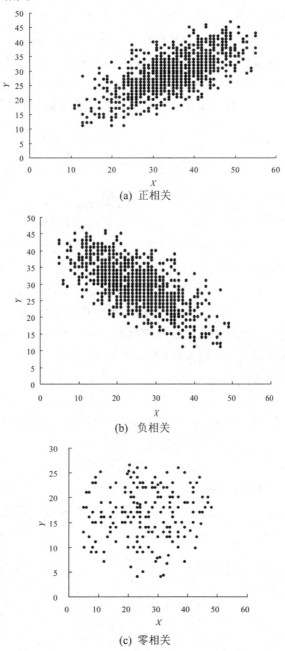

图 5.2 正相关、负相关和零相关散点图

3. 简相关和复相关

根据相关分析涉及的变量多少，相关可以分为简相关和复相关。两个变量之间的相关称为简相关。例如，学生的语文成绩与英语成绩之间的相关就是简相关。一个变量与两个或两个以上变量的相关称为复相关。例如，学生的学习成绩与努力程度及学习基础之间的相关就是复相关。

4. 偏相关和半偏相关

变量之间的相关可能会受到其他变量的影响，在分析两个变量之间的相关关系时，有时需要排除这些影响。偏相关(partial correlation)又称纯相关或净相关，是指在分析两个变量的相关关系时，排除第三个变量对这两个变量的影响后的相关。例如，要分析语文成绩与数学成绩之间的相关关系，先排除学生智商对两门课的成绩的影响。有时需要排除第三个变量对两个变量之一的影响，这时分析的相关关系是半偏相关(semi-partial correlation)，又称部分相关(part correlation)。例如，分析学生学习成绩与努力程度的相关关系时，排除智商对学习成绩的影响。

三、相关系数

散点图可以显示相关的方向，并在一定程度上呈现相关的程度。但是，散点图并不能用数量简单描述，也不能进行进一步的统计推断，因此，需要用有关特征量数描述相关特性。相关系数(coefficient of correlation)是描述变量之间相关方向和相关程度的指标。样本相关系数用 r 表示，总体相关系数用 ρ 表示。相关系数不具有相等单位，不是等距数据。例如，相关系数 0.3 和 0.6 表示的相关程度的差距，与相关系数 0.6 和 0.9 表示的相关程度的差距并不相等。在样本容量确定时，相关系数只是顺序数据，不能直接进行四则运算。计算相关系数一般需要大样本，样本容量关系到相关系数的可靠程度。

相关系数的取值范围为 $-1 \leqslant r \leqslant 1$。当 r 为正值时，相关为正相关；当 r 为负值时，相关为负相关；当 $r=0$ 或接近于 0 时，相关为零相关。r 的绝对值越大，表明两个变量间的相关程度越高；r 的绝对值越小，表明两个变量间的相关程度越低。当 $|r|=1$ 时，为完全相关；当 $r=1$ 时，表明两个变量的变化完全一致，称为完全正相关；当 $r=-1$ 时，表明两个变量的变化完全相反，称为完全负相关。当 $0.7 \leqslant |r| < 1$ 时，表明两个变量变化的一致性比较强，为强相关；当 $0.4 \leqslant |r| < 0.7$ 时，表明两个变量变化的一致程度中等，为中等相关；当 $0 < |r| < 0.4$ 时，表明两个变量变化的一致性比较差，为弱相关；当 $r=0$ 时，表明两个变量变化完全没有规律性，为完全不相关。目前，在实际应用中，Cohen 规定的以 0.5 和 0.3 表示相关强弱的划分标准逐渐被广泛采用。

第二节 积差相关

一、积差相关的概念及适用条件

1. 积差相关的概念

积差相关(product-moment coefficient of correlation)又称积矩相关,是用来测量两个变量线性关系的方向和程度的统计方法。它是由 20 世纪初英国统计学家皮尔逊(Pearson)提出的,因此,积差相关又被称为皮尔逊相关。

2. 积差相关的适用条件

用积差相关分析的数据需要满足下面几个条件。

(1) 数据必须是成对数据,并且每对数据与其他数据对之间相互独立。例如,高一学生和高二学生的数学成绩、学生的学习动机和学习成绩、双胞胎的智商、父子的相互评价分数等,这些数据都是一一对应的关系。在选择被试时,每个被试(如高中生等)或每对被试(如双胞胎、父子等)与其他被试之间要相互独立。

(2) 两个变量的数据都是等距或比率数据,即连续性数据。例如,由心理学量表测量得到的智商、学习自我效能感、主观幸福感等数据,由百分制试卷测量得出的成绩,由物理测量工具测量得到的身高、体重等数据,都可以认为是具有连续性的等距或比率数据。

(3) 两个变量的总体都呈正态分布,或接近正态分布。如果不能根据文献资料和实践经验确定某个变量总体是否呈正态分布,需要取大样本进行正态性检验。一般认为,计算相关的两个变量总体要求呈正态分布或接近正态分布,观测值的样本分布并不要求呈正态分布,但是,要考虑到样本对总体的代表性,样本分布不能严重偏离总体分布。

(4) 两个变量之间应为直线关系。积差相关反映的是两列变量直线关系的方向和程度,如果两列变量之间的关系为非直线关系,不能用积差相关分析真实结果。考察两列变量的关系是不是直线关系,可以依据文献结果,也可以通过样本数据绘制散点图进行直观分析等。

二、积差相关系数的计算

计算积差相关系数的基本公式为

$$r = \frac{\sum xy}{nS_X S_Y} \tag{5.1}$$

式中:x 和 y 表示离均差,$x = X - \overline{X}$,$y = Y - \overline{Y}$;

n 表示成对数据的对数;

S_X 和 S_Y 分别表示变量 X 和变量 Y 的标准差。

积差相关系数分析如图 5.3 所示。

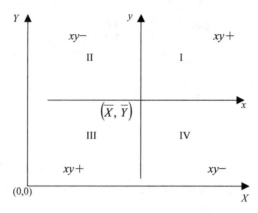

图 5.3 积差相关系数分析

公式(5.1)中的 $\frac{\sum xy}{n}$ 是协方差(covariance)，即两个变量离均差乘积的平均数。协方差能反映两个变量的一致性，是计算积差相关系数的基础。当 $x>0$ 并且 $y>0$ 时，以及当 $x<0$ 并且 $y<0$ 时，x 和 y 符号相同，xy 乘积为正。此时，在以 x 和 y 两个离均差为坐标轴建立的坐标系中，两个离均差组成的坐标点处于第Ⅰ和第Ⅲ象限；当 $x>0$ 而 $y<0$ 时，以及当 $x<0$ 而 $y>0$ 时，x 和 y 符号相反，xy 乘积为负。此时，在以离均差 x 和 y 为坐标轴建立的坐标系中，坐标点(x, y)处于第Ⅳ和第Ⅱ象限。当所有数据对的 xy 之和 $\sum xy$ 为正时，表明两列数据组成的坐标点分布在第Ⅰ和第Ⅲ象限的较多，X 和 Y 有变化方向相同的趋势，两者为正相关；当所有数据对的 xy 之和 $\sum xy$ 为负时，表明两列数据组成的坐标点分布在第Ⅱ和第Ⅳ象限的较多，X 和 Y 有变化方向相反的趋势，两者为负相关；当所有数据对的 xy 之和 $\sum xy$ 接近零时，表明两列数据组成的坐标点分布在各个象限基本一致，X 和 Y 的变化关系没有固定趋势，两者为零相关。由此可见，$\sum xy$ 的符号和相关的方向一致，即 $\sum xy>0$ 时，X 与 Y 正相关；$\sum xy<0$ 时，X 与 Y 负相关；$\sum xy$ 接近零时，X 与 Y 为零相关。粗略考虑，X 与 Y 相关的密切程度应该与 $\sum xy$ 绝对值的大小有关，但是，$\sum xy$ 绝对值的大小与样本容量有关，样本容量越大，$\sum xy$ 的绝对值越大。要解决样本容量的影响问题，计算 $\sum xy$ 的平均值即可，这正是协方差 $\frac{\sum xy}{n}$。此外，$\frac{\sum xy}{n}$ 的大小还与 X 和 Y 的测量单位有关，要消除测量单位的影响，可以采用标准分数，这样，$\frac{\sum Z_x Z_y}{n}$ 则作为相关系数的计算公式，既可以反映相关的方向也可以反映相关的程度。因为 $Z_x = Z_X$，$Z_y = Z_Y$，则有

$$r = \frac{\sum Z_X Z_Y}{n} \tag{5.2}$$

将 $Z_X = \frac{x}{S_X}$ 和 $Z_Y = \frac{y}{S_Y}$ 代入公式(5.2)中即可得到相关系数的计算公式(5.1)。

由公式(5.1)还可以得出下面两个计算公式

$$r = \frac{\sum xy}{\sqrt{(\sum x^2)(\sum y^2)}} \tag{5.3}$$

$$r = \frac{\sum (X-\overline{X})(Y-\overline{Y})}{\sqrt{\sum (X-\overline{X})^2}\sqrt{\sum (Y-\overline{Y})^2}} \tag{5.4}$$

例 5.1 12 名学生初一年级第一学期和第二学期的数学成绩如表 5.1 所示，计算两个学期数学成绩的积差相关系数。

表 5.1 12 名学生初一年级第一学期数学成绩(X)与第二学期数学成绩(Y)的相关关系

学生	X	Y	x	y	xy	Z_X	Z_Y	$Z_X Z_Y$
1	86	90	0.5	3	1.5	0.078	0.493	0.039
2	76	83	−9.5	−4	38.0	−1.485	−0.658	0.977
3	93	95	7.5	8	60.0	1.172	1.315	1.542
4	84	90	−1.5	3	−4.5	−0.234	0.493	−0.116
5	89	85	3.5	−2	−7.0	0.547	−0.329	−0.18
6	79	80	−6.5	−7	45.5	−1.016	−1.151	1.169
7	91	93	5.5	6	33.0	0.86	0.986	0.848
8	89	85	3.5	−2	−7.0	0.547	−0.329	−0.18
9	74	77	−11.5	−10	115	−1.798	−1.644	2.956
10	85	89	−0.5	2	−1.0	−0.078	0.329	−0.026
11	84	80	−1.5	−7	10.5	−0.234	−1.151	0.27
12	96	97	10.5	10	105	1.641	1.644	2.699
总和	1026	1044	0	0	389	0	0	9.998

解：计算得出有关统计量：$\overline{X}=85.5$，$\overline{Y}=87$，$S_X=6.397$，$S_Y=6.082$，$\sum Z_X Z_Y=9.998$

由公式(5.1)得

$$r = \frac{\sum xy}{nS_X S_Y} = \frac{389}{12 \times 6.397 \times 6.082} \approx 0.833$$

由公式(5.2)得

$$r = \frac{\sum Z_X Z_Y}{n} = \frac{9.998}{12} \approx 0.833$$

答：12 名学生初一年级第一学期和第二学期的数学成绩的积差相关系数为 0.833。

例 5.2 10 名被试视觉反应时(X)和听觉反应时(Y)的测试结果如表 5.2 所示。计算视觉反应时和听觉反应时的积差相关系数。

表 5.2 10 名被试视觉反应时与听觉反应时的相关关系

被试	X	Y	x	y	x^2	y^2	xy
1	136	117	2.1	-5.3	4.41	28.09	-11.13
2	144	129	10.1	6.7	102.01	44.89	67.67
3	112	108	-21.9	-14.3	479.61	204.49	313.17
4	131	125	-2.9	2.7	8.41	7.29	-7.83
5	120	113	-13.9	-9.3	193.21	86.49	129.27
6	140	122	6.1	-0.3	37.21	0.09	-1.83
7	139	127	5.1	4.7	26.01	22.09	23.97
8	142	132	8.1	9.7	65.61	94.09	78.57
9	152	131	18.1	8.7	327.61	75.69	157.47
10	123	119	-10.9	-3.3	118.81	10.89	35.97
总和	1339	1223	0	0	1362.9	574.1	785.3

解：计算标准差得：$S_X=11.674$，$S_Y=7.577$。

10 对数据的离均差的乘积之和 $\sum xy = 785.3$。

由公式(5.1)可得

$$r = \frac{\sum xy}{nS_X S_Y} = \frac{785.3}{10 \times 11.674 \times 7.577} \approx 0.888$$

由表中整理结果可知：$\sum x^2 = 1632.9$，$\sum y^2 = 574.1$，$\sum xy = 785.3$。

由公式(5.3)可得

$$r = \frac{\sum xy}{\sqrt{(\sum x^2)(\sum y^2)}} = \frac{785.3}{\sqrt{1362.9 \times 574.1}} \approx 0.888$$

答：10 名被试视觉反应时和听觉反应时的积差相关系数为 0.888。

由例 5.1 和例 5.2 的计算过程可以看出，应用公式(5.1)和公式(5.2)计算积差相关系数时，需要首先算出两列数据的平均数，然后计算离均差、标准差和离均差的乘积之和等。由于平均数一般带有小数，计算量较大，计算标准差时还要用到近似数。如果平均数是近似数，后面每个离均差都是近似数，这样计算量更大，计算结果会经过多次近似。采用只含有原始数据的公式可以避免这些问题，由前述公式可以推导出计算积差相关系数的原始数据公式为

$$r = \frac{n\sum XY - \sum X \sum Y}{\sqrt{n\sum X^2 - (\sum X)^2} \sqrt{n\sum Y^2 - (\sum Y)^2}} \tag{5.5}$$

式中：n 表示数据对数；

$\sum XY$ 表示 X 与 Y 每对观测数据的乘积之和；

$\sum X$ 表示 X 变量的观测数据之和；

$\sum Y$ 表示 Y 变量的观测数据之和；

$\sum X^2$ 表示 X 变量观测数据的平方和；

$\sum Y^2$ 表示 Y 变量观测数据的平方和。

例 5.3 应用公式(5.5)计算例 5.2 中视觉反应时和听觉反应时的积差相关系数，如表 5.3 所示。

表 5.3 采用原始数据公式计算积差相关系数

序号	X	Y	X^2	Y^2	XY
1	136	117	18 496	13 689	15 912
2	144	129	20 736	16 641	18 576
3	112	108	12 544	11 664	12 096
4	131	125	17 161	15 625	16 375
5	120	113	14 400	12 769	13 560
6	140	122	19 600	14 884	17 080
7	139	127	19 321	16 129	17 653
8	142	132	20 164	17 424	18 744
9	152	131	23 104	17 161	19 912
10	123	119	15 129	14 161	14 637
总和	1339	1223	180 655	150 147	164 545

解：根据表 5.3 中的各项数据，将有关结果代入公式(5.5)，则

$$r = \frac{n\sum XY - \sum X \sum Y}{\sqrt{n\sum X^2 - (\sum X)^2}\sqrt{n\sum Y^2 - (\sum Y)^2}}$$

$$= \frac{10 \times 164\,545 - 1339 \times 1223}{\sqrt{10 \times 180\,655 - 1339^2}\sqrt{10 \times 150\,147 - 1223^2}}$$

$$\approx 0.888$$

采用公式(5.5)计算积差相关系数，除最终结果外，计算过程中没有近似值。此外，通过计算机程序计算积差相关系数时，采用公式(5.5)最方便。

三、相关系数的合并

当已知几组被试两个相同变量的相关系数时，要计算几组相关系数的平均值，不可以直接相加求和除以组数。因为相关系数没有相等单位，不是等距数据。但是在心理与教育研究

领域，有时需要计算相关系数的平均数。例如，某课题要研究两个变量的关系，不同区域的课题组成员对其所在区域的被试进行了抽样测试，并计算了两个变量的相关系数，如果要将这些相关系数综合成一个总体相关系数，在找不到原始数据的情况下，就需要求相关系数的平均值。

要计算相关系数的平均值，首先需要将相关系数转换成等距数据，由相关系数 r 查 r 与 Z_r 转换表(附表6)，得到费舍 Z_r 分数，Z_r 是统计学家费舍将 r 转化成的等距特征量数。在查得 Z_r 后，计算其加权平均值，然后再由该平均值查表得到相关系数 r。以下为具体步骤。

(1) 查 r 与 Z_r 转换表(附表6)，将各样本的 r 转换成 Z_r。

(2) 求所有样本 Z_r 的加权平均值，计算公式为

$$\overline{Z_r} = \frac{\sum (n_i - 3) Z_{ri}}{\sum (n_i - 3)} \tag{5.6}$$

(3) 再查 r 与 Z_r 转换表(附表6)，将 Z_r 分数平均值转换成相关系数。

例 5.4 3 个课题组分别在 3 个地区抽样调查被试的人际信任与自信指标，并根据数据求出 2 个指标的相关系数，结果如表 5.4 所示，计算 3 个课题组所得相关系数的平均值。

表 5.4 3 个课题组所得人际信任与自信指标的相关系数

课题组	n	$n-3$	r	Z_r	$(n-3)Z_r$
1	536	533	0.430	0.460	245.180
2	629	626	0.391	0.414	259.164
3	398	395	0.475	0.517	204.215
总和		1554			708.559

解：由各相关系数 r 查表(附表6)，得到 Z_r 并列于表中，计算平均数，则有

$$\overline{Z_r} = \frac{\sum (n_i - 3) Z_{ri}}{\sum (n_i - 3)} = \frac{708.559}{1554} \approx 0.456$$

由 Z_r 查对应相关系数 r，得 $r = 0.427$。

答：3 个课题组所得相关系数的平均值为 0.427。

第三节　等级相关

在实际研究中收集的数据有时不是等距或等比测量数据，可能是顺序数据。有时搜集的是等距或等比数据，但数据总体分布不符合正态分布。这些情况都不符合积差相关的条件，不能通过计算积差相关系数来描述两列数据的相关程度。这时需要通过数据的等级信息计算两列数据的等级相关(rank correlation)。等级相关对总体分布没有具体要求，是非参数统计的相关方法。等级相关有多种，这里主要介绍应用相对广泛的斯皮尔曼等级相关和肯德尔 W 系数。

一、斯皮尔曼等级相关

1. 概念及适用范围

斯皮尔曼等级相关(Spearman's correlation coefficient for ranked data)是英国统计学家斯皮尔曼(Spearman)根据积差相关推导出来的，是皮尔逊积差相关的延伸，可以看作皮尔逊积差相关的一种特殊形式。斯皮尔曼等级相关系数用 r_R 表示，有时也将斯皮尔曼等级相关系数称作斯皮尔曼 ρ 系数。它适用于只有两列属于等级性质的具有线性关系的变量，主要用于描述顺序数据的相关关系。对属于等距或比率数据的连续测量数据，如果总体不符合正态分布，按其取值大小，赋予其等级顺序，转换成顺序变量数据后，也可计算其等级相关系数。能用积差相关计算的数据，也可计算其等级相关系数，但由于在将等距或比率数据转化为顺序数据时失去了相等单位的信息，结果的精确度要差于积差相关，因此，凡是符合积差相关的数据，一般不会用等级相关计算相关系数。

2. 斯皮尔曼等级相关系数的计算

1) 斯皮尔曼等级相关系数的基本公式

计算斯皮尔曼等级相关系数的公式为

$$r_R = 1 - \frac{6\sum D^2}{n(n^2-1)} \tag{5.7}$$

式中：r_R 表示斯皮尔曼等级相关系数；
$\quad\quad$ D 表示两个成对数据之间的等级差；
$\quad\quad$ n 表示样本容量。

$$r_R = \frac{3}{n-1} \cdot \left[\frac{4\sum R_X R_Y}{n(n+1)} - (n+1) \right] \tag{5.8}$$

式中：R_X 和 R_Y 表示两列变量数据各自的顺序等级。

例 5.5 求表 5.5 中数据的等级相关系数。

表 5.5 10 名学生的自我评价与班主任评价结果的等级排序

学生编号	$X(R_X)$	$Y(R_Y)$	D	D^2	$R_X R_Y$
1	1	5	-4	16	5
2	2	6	-4	16	12
3	3	7	-4	16	21
4	4	4	0	0	16
5	5	3	2	4	15
6	6	8	-2	4	48
7	7	1	6	36	7
8	8	10	-2	4	80
9	9	2	7	49	18
10	10	9	1	1	90
总和				146	312

解：整理计算得 $n=10$, $\sum D^2 = 146$, $\sum R_X R_Y = 312$。

由斯皮尔曼等级相关系数的计算公式(5.7)得

$$r_R = 1 - \frac{6\sum D^2}{n(n^2-1)} = 1 - \frac{6 \times 146}{10 \times (10^2-1)} \approx 0.115$$

由公式(5.8)得

$$r_R = \frac{3}{n-1} \cdot \left[\frac{4\sum R_X R_Y}{n(n+1)} - (n+1) \right]$$

$$= \frac{3}{10-1} \times \left[\frac{4 \times 312}{10 \times (10+1)} - (10+1) \right]$$

$$\approx 0.115$$

答：10名学生自我评价和老师评价的斯皮尔曼等级相关系数为0.115。

例5.6 某班进行了语文测验，测验包括基础知识和作文两部分，全班学生两部分成绩都符合严重偏态分布。10名学生的测验成绩如表5.6所示，计算这10名学生两部分成绩的相关系数。

表5.6 10名学生的基础知识成绩(X)与作文成绩(Y)

学生编号	X	Y	R_X	R_Y	D	D^2	$R_X R_Y$
1	32	28	10	8	2	4	80
2	36	25	9	10	−1	1	90
3	37	30	8	7	1	1	56
4	40	34	7	4	3	9	28
5	45	36	6	2	4	16	12
6	47	27	5	9	−4	16	45
7	49	31	4	6	−2	4	24
8	50	35	3	3	0	0	9
9	53	32	2	5	−3	9	10
10	58	39	1	1	0	0	1
总和					0	60	355

解：基础知识成绩和作文成绩均可以看作等距数据，但由于两部分数据总体分布符合严重偏态分布，不满足计算积差相关系数的条件。因此，要将等距数据转化为顺序数据，计算斯皮尔曼等级相关系数。

将转换等级和有关统计量列于表中，由斯皮尔曼等级相关系数的计算公式(5.7)得

$$r_R = 1 - \frac{6\sum D^2}{n(n^2-1)} = 1 - \frac{6 \times 60}{10 \times (10^2-1)} \approx 0.636$$

由斯皮尔曼等级相关系数的计算公式(5.8)得

$$r_R = \frac{3}{n-1} \cdot \left[\frac{4\sum R_X R_Y}{n(n+1)} - (n+1) \right]$$

$$= \frac{3}{10-1} \times \left[\frac{4 \times 355}{10 \times (10+1)} - (10+1) \right]$$

$$\approx 0.636$$

答：10 名学生基础知识成绩和作文成绩的等级相关系数为 0.636。

2) 有相同等级存在时等级相关的计算公式

当两列数据中任何一列有相同等级存在时，斯皮尔曼等级相关系数的计算公式为

$$r_{RC} = \frac{\sum x^2 + \sum y^2 - \sum D^2}{2\sqrt{\left(\sum x^2\right)\left(\sum y^2\right)}} \tag{5.9}$$

$$\sum x^2 = \frac{n(n^2-1)}{12} - \sum C_x$$

$$\sum C_x = \sum \frac{n_{Cx}(n_{Cx}^2-1)}{12}$$

$$\sum y^2 = \frac{n(n^2-1)}{12} - \sum C_y$$

$$\sum C_y = \sum \frac{n_{Cy}(n_{Cy}^2-1)}{12}$$

式中：n 表示两个变量的数据对数；

n_{Cx} 表示 X 变量的重复等级数；

n_{Cy} 表示 Y 变量的重复等级数。

例 5.7 10 位居民对社区的卫生环境和文化氛围进行评价，满分为 10 分，评价结果如表 5.7 所示，计算 10 位居民对社区的卫生环境和文化氛围评价结果的相关系数。

表 5.7　10 位居民对社区的卫生环境(X)和文化氛围的评价结果(Y)

居民编号	X	Y	R_X	R_Y	D	D^2	$R_X R_Y$
1	8	7	6	5.5	0.5	0.25	33.00
2	7	7	8.5	5.5	3	9.00	46.75
3	9	10	3	1	2	4.00	3.00
4	10	9	1	2	−1	1.00	2.00
5	6	6	10	8.5	1.5	2.25	85.00
6	7	5	8.5	10	−1.5	2.25	85.00
7	9	8	3	3	0	0.00	9.00
8	8	6	6	8.5	−2.5	6.25	51.00
9	8	7	6	5.5	0.5	0.25	33.00
10	9	7	3	5.5	−2.5	6.25	16.50
总和					0	31.5	364.25

解：10 位居民对社区卫生环境的评价中有重复等级：3 个 3，3 个 6，2 个 8.5；对文化氛围的评价中有重复等级：4 个 5.5，2 个 8.5，采用公式(5.9)，则有

$$\sum C_x = \sum \frac{n_{Cx}(n_{Cx}^2-1)}{12} = \frac{3\times(3^2-1)}{12}\times 2 + \frac{2\times(2^2-1)}{12} = 4.5$$

$$\sum C_y = \sum \frac{n_{Cy}(n_{Cy}^2-1)}{12} = \frac{4\times(4^2-1)}{12} + \frac{2\times(2^2-1)}{12} = 5.5$$

$$\sum x^2 = \sum \frac{n(n^2-1)}{12} - \sum C_x = \frac{10\times(10^2-1)}{12} - 4.5 = 78$$

$$\sum y^2 = \frac{n(n^2-1)}{12} - \sum C_y = \frac{10\times(10^2-1)}{12} - 5.5 = 77$$

$$\sum D^2 = 24$$

$$r_{RC} = \frac{\sum x^2 + \sum y^2 - \sum D^2}{2\sqrt{(\sum x^2)(\sum y^2)}} = \frac{78+77-31.5}{2\times\sqrt{78\times 77}} \approx 0.797$$

答：10 位居民对社区卫生环境和文化氛围的评价结果的相关系数是 0.797。

二、肯德尔 W 系数

肯德尔等级相关有多种，其中包括适用于两列等级数据的肯德尔 τ 相关(又称交错系数)和肯德尔 ξ 相关(又称相容系数)，两者与斯皮尔曼等级相关功能相同。此外，还包括适用于多列等级数据的肯德尔 W 系数(又称和谐系数)和肯德尔 U 系数(又称一致性系数)。其中，肯德尔 W 系数适用于等级排序，肯德尔 U 系数适用于对偶比较，本部分主要介绍应用更为广泛的肯德尔 W 系数。

1. 概念及适用范围

肯德尔 W 系数又称为肯德尔和谐系数(Kendall coefficient of concordance)，它是用来表示多列等级变量数据相关程度的方法，用符号 W 表示。肯德尔 W 系数适用于 K 个评价者对 N 个事物进行等级评定的情况，每个评价者对 N 个事物的优劣、喜好程度等进行等级排序，肯德尔 W 系数表示 K 个评价者对 N 个事物的评价结果的一致性，它是度量评价者信度的一种方法。

2. 肯德尔 W 系数的计算

1) 肯德尔 W 系数的基本计算方法

K 个评价者对 N 个事物进行从 1 至 N 的等级评定，得到 K 列从 1 至 N 的等级数据。在每个评价者评价时没有给出相同等级的情况下，肯德尔 W 系数的计算公式为

$$W = \frac{\sum R_i^2 - \frac{(\sum R_i)^2}{N}}{\frac{1}{12}K^2(N^3 - N)} \tag{5.10}$$

式中：R_i 表示第 i 个评价对象所获得的 K 个评价者评定的等级之和；

N 表示评价对象的个数；

K 表示评价者的个数。

例 5.8 现有 7 位评委对 8 篇参赛作品进行评价，每位评委按参赛作品的优秀程度依次排出等级，评价结果如表 5.8 所示，试分析 7 位评委评价结果的一致性。

表5.8　7 名评委对 8 篇参赛作品的评价等级

作品 N=8	评委(K=7)							R_i	R_i^2
	1	2	3	4	5	6	7		
1	1	2	2	1	1	2	1	10	100
2	2	1	1	4	4	1	3	16	256
3	3	4	5	3	8	4	2	29	841
4	4	3	6	6	2	5	4	30	900
5	5	7	8	7	5	6	6	44	1936
6	6	5	4	5	7	3	5	35	1225
7	7	6	3	2	6	8	7	39	1521
8	8	8	7	8	3	7	8	49	2401
总和								252	9180

解： 本例题符合肯德尔 W 系数的分析条件。如果评委的偏好比较一致，每篇作品所得评价等级和就有较大的差别，肯德尔 W 系数的数值较大；如果评委的偏好差异较大，每篇作品所得评价等级和差别较小，肯德尔 W 系数的数值较小。

$$W = \frac{\sum R_i^2 - \frac{(\sum R_i)^2}{N}}{\frac{1}{12}K^2(N^3 - N)} = \frac{9180 - \frac{252^2}{8}}{\frac{1}{12} \times 7^2 \times (8^3 - 8)} \approx 0.603$$

结论： 7 位评委对 8 篇作品评价结果的肯德尔 W 系数为 0.603，评委之间的评价一致性中等，需要进一步交流评价标准。

2) 有相同等级时肯德尔 W 系数的计算

在 K 个评价者对 N 个事物进行等级评价时，如果有的评价者对 2 个或 2 个以上评价对象的评价等级相同，这时需要对重复等级的影响进行修正，修正公式为

$$W = \frac{\sum R_i^2 - \frac{(\sum R_i)^2}{N}}{\frac{1}{12}K^2(N^3 - N) - K\sum T} \tag{5.11}$$

式中：$\sum T = \sum \dfrac{n_c^3 - n_c}{12}$；

n_c 表示相同等级的数目。

例 5.9 有 5 位评委对 8 幅油画作品进行评价，满分为 10 分，评价结果如表 5.9 所示，求评价结果的肯德尔 W 系数。

解：对原始评价结果进行排序，若有相同等级，要先将它们所占位置等级的平均数作为重新排序后的等级。例如，A 教师原始评分中有 3 个 8 分，排序后应占的位置是 2、3 和 4，其平均数是 3，则赋予其新等级均为 3，其他以此类推。具体结果如表 5.9 所示。

表 5.9　5 位评委对 8 幅油画作品的评价结果

油画 N=8	评价者(K=5)原始评分					评价者(K=5) 转化等级					R_i	R_i^2
	A	B	C	D	E	A	B	C	D	E		
1	8	9	10	9	10	3	2	1	2	1	9	81
2	9	6	8	8	8	1	6	3	3	3	16	256
3	5	5	4	5	6	8	8	8	8	6	38	1444
4	8	8	7	7	6	3	3	4.5	4	6	20.5	420.25
5	7	7	7	6	7	5.5	4	4.5	6	4	24	576
6	8	10	9	10	9	3	1	2	1	2	9	81
7	7	6	6	6	6	5.5	6	6	6	6	29.5	870.25
8	6	6	6	6	5	7	6	7	6	8	34	1156
总和											180	4884.5

评价结果中 3 个相同等级重复的情况有 4 次，2 个相同等级重复的情况有 2 次。

$$\sum T = \sum \dfrac{n_c^3 - n_c}{12} = \dfrac{3^3 - 3}{12} \times 4 + \dfrac{2^3 - 2}{12} \times 2 = 9$$

$$W = \dfrac{\sum R_i^2 - \dfrac{(\sum R_i)^2}{N}}{\dfrac{1}{12}K^2(N^3 - N) - K\sum T} = \dfrac{4884.5 - \dfrac{180^2}{8}}{\dfrac{1}{12} \times 5^2 \times (8^3 - 8) - 5 \times 9} \approx 0.830$$

答：5 位评委对 8 幅油画作品的评分一致性处于较高水平，或者说评分者评价一致性较高。

第四节　质与量的相关

在相关分析涉及的两个变量中，一个是分类变量，另一个是连续变量，这样的相关称为质与量的相关。分类变量表示"质"的特性，如性别、来源地、是否独生、是否及格等。连续变量表示"量"的特性，如学习成绩、身高、体重、时间、智商等。质与量的相关主要包括点二列相关(point-biserial correlation)、二列相关(biserial correlation)和多系列相关(multiserials correlation)。

一、点二列相关

1. 点二列相关的适用资料

点二列相关适用于如下情况：一个变量是连续变量，所取数据为符合正态分布的等距和等比数据；另一个变量是分类变量，是真正的二分称名变量。真正的二分称名变量所取数据是自然存在离散型的二分类别。例如，男与女、父亲和母亲、文科和理科、独生与非独生等。真正的二分称名变量与人为的二分称名变量相对应，人为的二分称名变量是指变量所取数据本来是连续的，但被人为按照一定的标准划分为两类。例如，百分制的考试成绩可以按照一定分数线划分为及格和不及格。当连续变量的分布为双峰分布时，通常根据两峰之间比较明显的分界线将数据划分为两类，这时的二分称名变量尽管不是真正的二分称名变量，也常用于点二列相关的分析。

2. 点二列相关系数的计算

点二列相关系数的计算公式为

$$r_{pq} = \frac{\overline{X_p} - \overline{X_q}}{S_t} \cdot \sqrt{pq} \tag{5.12}$$

式中：$\overline{X_p}$ 表示连续测量数据中对应第一类分类数据的观测值的平均数；

$\overline{X_q}$ 表示连续测量数据中对应第二类分类数据的观测值的平均数；

S_t 表示所有连续测量数据的标准差；

p 表示二分变量中第一类观测值的比率；

q 表示二分变量中第二类观测值的比率。

例 5.10 30 名学生的学习动机测量分数与性别如表 5.10 所示，试计算学习动机测量分数与性别的相关系数。

表 5.10　30 名学生的学习动机测量分数与性别

学生	学习动机测量分数	性别	学生	学习动机测量分数	性别
1	22	男	16	19	女
2	25	女	17	27	男
3	18	女	18	30	女
4	33	男	19	20	女
5	29	男	20	26	男
6	36	女	21	28	女
7	32	男	22	35	男

(续表)

学生	学习动机测量分数	性别	学生	学习动机测量分数	性别
8	28	女	23	30	女
9	26	男	24	29	男
10	17	男	25	26	男
11	26	男	26	33	女
12	23	女	27	24	男
13	29	男	28	31	女
14	32	男	29	28	女
15	31	女	30	35	女

解：男、女生人数均为 15，所以 $p = q = \dfrac{15}{30} = 0.5$。

男生的学习动机测量平均分数为

$\overline{X_p} = 27.533$

女生的学习动机测量平均分数为

$\overline{X_p} = 27.667$

30 名学生的学习动机测量分数的标准差为

$S_t = 5.042$

$$r_{pq} = \dfrac{\overline{X_p} - \overline{X_q}}{S_t} \cdot \sqrt{pq} = \dfrac{27.533 - 27.667}{5.042} \times \sqrt{0.5 \times 0.5} \approx 0.013$$

答：这 30 名学生的学习动机与性别的点二列相关系数为 0.013，表明学习动机与性别无关。

二、二列相关

1. 二列相关的适用资料

二列相关于适用于如下情况：当两个变量都是连续变量，并且数据分布为正态分布时，其中一个变量的数据被按照一定标准人为划分为两类。例如，学科成绩被按一定分数线划分为及格和不及格，心理指标的测量分数被按照一定标准划分为高和低，身体健康状况被按照一定标准划分为好和差，等等。这样，两列变量中，一列为正态分布的连续变量，另一列本来也是正态分布的连续变量，但被人为划分成两类，这两个变量的相关适用二列相关。

2. 二列相关系数的计算

二列相关系数的计算公式为

$$r_b = \frac{\overline{X_p} - \overline{X_q}}{S_t} \cdot \frac{pq}{y} \tag{5.13}$$

式中：$\overline{X_p}$ 表示与分类变量的第一类数据相对应的连续变量观测值的平均数；

$\overline{X_q}$ 表示与分类变量的第二类数据相对应的连续变量观测值的平均数；

S_t 表示全部连续变量数据的标准差；

p 表示二分变量中第一类数据所占的比率；

q 表示二分变量中第二类数据所占的比率；

y 表示标准正态曲线中 p 值对应的曲线纵坐标的高度，表示概率密度值。

例 5.11 100 名学生的学习成绩和体育综合素质测验成绩均为正态分布，体育老师参照一定标准将体育综合素质测验成绩划分为高分组和提高组，两组人数分别为 56 人和 44 人。体育综合素质高分组和提高组的学生学习成绩的平均分分别为 82.6 分和 80.2 分，全体学生学习成绩的标准差为 8.3 分，计算学习成绩和体育综合素质测验成绩的相关系数。

解：由于学习成绩和体育综合素质测验成绩均为正态分布，而体育综合素质测验成绩被人为划分成两类，两列变量符合二列相关的条件。

由题意知

$p = \dfrac{56}{100} = 0.56$，$q = \dfrac{44}{100} = 0.44$，$y = 0.12001$

$\overline{X_p} = 82.6$，$\overline{X_q} = 80.2$，$S_t = 8.3$

$r_b = \dfrac{\overline{X_p} - \overline{X_q}}{S_t} \cdot \dfrac{pq}{y} = \dfrac{82.6 - 80.2}{8.3} \times \dfrac{0.56 \times 0.44}{0.12001} \approx 0.593$

答：100 名学生的学习成绩和体育综合素质测验成绩的二列相关系数为 0.593。

三、多系列相关

1. 多系列相关的适用资料

多系列相关适用如下情况：当两个变量都是连续变量，并且变量数据均为正态分布时，其中一个变量的数据被人为地划分为多个类别。例如，根据一定标准将正态分布的成绩划分为优、良、中、差 4 个等级，将健康状况划分为健康、中等、不健康 3 个类别，等等。

2. 多系列相关系数的计算

多系列相关系数的计算公式为

$$r_s = \frac{\sum\left[(y_L - y_H)\overline{X_i}\right]}{S_t \sum \dfrac{(y_L - y_H)^2}{p_i}} \tag{5.14}$$

式中：p_i 表示每个类别的次数比率；

$\bar{X}_i$ 表示与每个类别相对应的连续变量观测数据的平均数；

y_L 表示每个类别下限的正态曲线高度；

y_H 表示每个类别上限的正态曲线高度；

S_t 表示连续变量所有观测值的标准差。

质与量的相关适用资料在实际中十分常见，但是，除了在试卷分析中会用到质与量的相关分析区分度等，有关方法在实际应用中并不多见。原因是适用点二列相关和二列相关的资料同样也适用 t 检验，适用多系列相关的资料也适用方差分析，而 t 检验和方差分析在实际中应用非常广泛。

第五节　品质相关

两个分类变量之间的相关称为品质相关。例如，要分析大学生喜欢的自习场所与性别的关系，其中性别的取值，即男生和女生，以及他们喜欢的自习场所的取值，即图书馆、教室和宿舍等，都是类别数据。品质相关分析涉及计数数据。依据研究目的和分类变量的具体性质等，品质相关有多种，在此对 Φ 相关(phi correlation)、四分相关(tetrachoric correlation)和列联相关(contingqency correlation)进行简单介绍。

一、Φ 相关

Φ 相关的适用资料为两个分类变量的列联表。这里介绍两个分类变量各有两项分类的四格表，其中至少一个或两个变量是自然的二分变量。Φ 相关系数的计算公式为

$$r_\Phi = \frac{ad - bc}{\sqrt{(a+b)(a+c)(b+d)(c+d)}} \tag{5.15}$$

式中：r_Φ 表示 Φ 相关系数；

a 和 d 以及 b 和 c 表示四格表中两对对角线上的数据。

例 5.12 某社区前期进行了关于社区管理的线上调查，为了了解调查参与情况与性别的关系，对 200 名被试的性别及是否参与前期调查进行统计。如图 5.4 所示，统计结果为：男性居民中，参与和未参与调查的人数分别为 15 人和 70 人；女性居民中，参与和未参与调查的人数分别为 32 人和 83 人。试计算参与线上调查情况与性别的相关系数。

解：两个变量均不是人为划分的分类变量，适用 Φ 相关。

		有无参与调查		
		有	无	
性别	男	15	70	85
	女	32	83	115
		47	153	200

图 5.4　统计结果

$$r_\Phi = \frac{ad-bc}{\sqrt{(a+b)(a+c)(b+d)(c+d)}} = \frac{15\times83-70\times32}{\sqrt{85\times115\times47\times153}} \approx -0.119$$

答：两个变量的 Φ 相关系数为-0.119。

二、四分相关

四分相关的适用资料是有两项分类的两个分类变量，两个变量本来是正态分布的连续变量，但被人为划分成两类。四分相关的数据资料通常整理成四格表的形式。四分相关系数的计算公式为

$$r_t = \cos\left(\frac{180°}{1+\sqrt{\dfrac{ad}{bc}}}\right) \tag{5.16}$$

式中：r_t 表示四分相关系数；

a 和 d 以及 b 和 c 表示四格表中两条对角线上的数据。

例 5.13 某研究者为了研究学生的体育成绩与同伴关系的相关程度，对 100 名学生的相关指标进行调查，两项结果均为正态分布，但分别按人为的标准划分为高分和低分两组，结果如图 5.5 所示。求这两项指标的四分相关系数。

	同伴关系		
体育成绩	高分	低分	
高分	23	17	40
低分	18	42	60
	41	59	100

图 5.5　调查结果

解：两个分类变量均为正态分布的连续变量通过人为划分而成，适用四分相关。

$$r_t = \cos\left(\frac{180°}{1+\sqrt{\dfrac{ad}{bc}}}\right) = \cos\left(\frac{180°}{1+\sqrt{\dfrac{23\times42}{17\times18}}}\right) \approx 0.425$$

答：两项指标的四分相关系数为 0.425。

三、列联相关

当两个分类变量中的一个变量或两个变量的类别多于两个时，列联表不再是四格表，是 $R\times C$ 列联表，这时两个变量的相关称为列联相关，一般以 C 表示。常用的相关系数计算公式是皮尔逊定义的列联系数计算公式，具体为

$$C = \sqrt{\frac{\chi^2}{n+\chi^2}} \qquad (5.17)$$

公式(5.17)中用到χ^2值,有关χ^2的计算将在第十章"卡方检验"中详细介绍。

【知识扩展:效应量分析】

相关的效应量是相关系数的绝对值,可以依据相关系数的大小判断效应量的大小。Cohen规定的标准:0.10~0.29是低效应;0.30~0.49是中等效应;0.50以上是高效应。

第六节 相关分析的 SPSS 操作

本部分通过具体数据介绍积差相关、斯皮尔曼等级相关、肯德尔W系数以及偏相关的SPSS操作流程,并做出结果解释。

一、积差相关的 SPSS 操作

基本操作:Analyze(分析) → Correlate(相关) → Bivariate(双变量),选择 Pearson 相关类型。

例 5.14 用 SPSS 计算例 5.1 中 12 名学生第一学期数学成绩(X)与第二学期数学成绩(Y)的积差相关系数。

解:建立第一学期数学成绩(X)与第二学期数学成绩(Y)两个变量,输入 12 名被试两个学期的成绩,完成数据文件的建立。

按 Analyze → Correlate → Bivariate 步骤操作,弹出计算双变量相关系数的窗口,如图 5.6 所示。

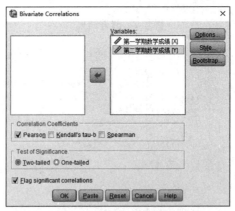

图 5.6 计算双变量相关系数的窗口

将第一学期数学成绩 X 和第二学期数学成绩 Y 导入变量列表，系统默认勾选的相关系数种类为 Pearson 相关，也就是积差相关，确定后即输出积差相关系数的计算结果：

		第一学期数学成绩	第二学期数学成绩
第一学期数学成绩	Pearson Correlation	1	.833**
	Sig. (2-tailed)		.001
	N	12	12
第二学期数学成绩	Pearson Correlation	.833**	1
	Sig. (2-tailed)	.001	
	N	12	12

**. Correlation is significant at the 0.01 level (2-tailed).

结果显示：左上和右下对角线上的两个相关系数分别是第一学期数学成绩与其自身的相关、第二学期数学成绩与其自身的相关，两者均为 1；左下和右上两个相关系数均为第一学期数学成绩与第二学期数学成绩的相关系数，$r=0.833$。在相关系数 0.833 下列出了"Sig.(2-tailed)"和样本容量，本例样本容量为 12，Sig.(2-tailed)是由样本信息推断总体特征时的显著性指标，在推断统计的假设检验中将详细介绍，在此表示做出相关显著的结论犯错误的概率，用 p 表示。

$p>0.05$ 表示不显著；$p \leqslant 0.05$ 表示相关显著；$p \leqslant 0.01$ 表示相关非常显著。在 SPSS 输出结果中，对应的 3 种情况分别在相关系数右上角标注不同的"*"数。对应 $p>0.05$、$p \leqslant 0.05$、$p \leqslant 0.01$ 分别为不标注星号、标注一个星号和标注两个星号。本例中，$p=0.001<0.01$，在相关系数 0.833 下显示"**"，表示相关非常显著。

在文献中报告结果时，一般依据输出结果，将 $p<0.001$ 标注三颗星"***"，描述为极其显著。本例 p 值 0.001 是由 0.0008 四舍五入得出的，因此，本例结果可以表述为第一学期数学成绩与第二学期数学成绩相关极其显著($r = 0.833, p<0.001$)。

二、斯皮尔曼等级相关的 SPSS 操作

基本操作：Analyze(分析) → Correlate(相关) → Bivariate(双变量)，勾选 Spearman 相关类型。

例 5.15　用 SPSS 软件计算例 5.6 中 10 名学生的语文基础知识成绩与作文成绩的斯皮尔曼等级相关系数，并依据例 5.7 计算有重复等级的情况下斯皮尔曼等级相关系数。

解：建立变量 X 和 Y，分别标注"基础知识成绩"和"作文成绩"，输入数据后完成数据文件的建立。操作 Analyze → Correlate → Bivariate，确定后弹出计算双变量相关系数的窗口(见图 5.6)。去掉选项 Pearson，勾选 Spearman 选项，确定后输出结果：

Correlations

			基础知识成绩	作文成绩
Spearman's rho	基础知识成绩	Correlation Coefficient	1.000	.636*
		Sig. (2-tailed)	.	.048
		N	10	10
	作文成绩	Correlation Coefficient	.636*	1.000
		Sig. (2-tailed)	.048	.
		N	10	10

*. Correlation is significant at the 0.05 level (2-tailed).

结果显示：斯皮尔曼等级相关系数的计算结果与积差相关系数的输出结果形式基本相同，该例相关系数为 0.636，p 值为 0.048，因此，10 名学生的语文基础知识成绩与作文成绩的斯皮尔曼等级相关显著（r_R=0.636，p=0.048<0.05）。

依据例 5.7 的数据，建立 10 名居民对社区的卫生环境(X)和文化氛围(Y)的评价结果的数据文件，按照计算斯皮尔曼等级相关系数的操作步骤来操作。计算结果显示，居民对社区的卫生环境和文化氛围评价结果的斯皮尔曼等级相关系数 r_R=0.797，p=0.006，相关非常显著。

三、肯德尔等级相关的 SPSS 操作

基本操作：Analyze(分析) → Nonparametric Tests(非参数检验) → Legacy Dialogs(旧对话框) →K Related Samples(K 个相关样本)，勾选 Kendall's W。

例 5.16 应用 SPSS 软件计算例 5.8 中 7 位评委对 8 篇参赛作品评价结果的肯德尔 W 系数。

解：建立 8 个参赛作品变量 W1～W8，输入 7 位评委的评价结果，完成数据文件的建立。

按 Analyze → Nonparametric Tests → Legacy Dialogs →K Related Samples 选择相应项目，确定后弹出样本分析窗口，如图 5.7 所示。

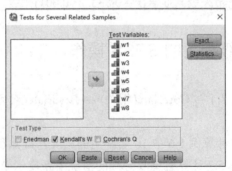

图 5.7 K 个相关样本分析窗口

将 8 篇参赛作品输入检验变量列表，在检验类型中勾选 Kendall's W，确定后输出结果：

```
Test Statistics
N                    7
Kendall's Wa      .603
Chi-Square      29.571
df                   7
Asymp. Sig.       .000
a. Kendall's Coefficient of Concordance
```

结果显示：$W=0.603$，$p<0.001$，7 位评委评价结果的一致性显著。

四、偏相关的 SPSS 操作

基本操作：Analyze(分析) → Correlate(相关) → Partial(偏相关)。确定后弹出计算偏相关系数的窗口，将两个相关变量输入变量栏，将控制变量输入控制变量项目栏，确定即输出结果。

例 5.17 30 名被试的智商和两项测试成绩如表 5.11 所示，试计算测试 A 与测试 B 两项成绩的积差相关系数，并计算排除智商的影响后两项测试成绩的偏相关系数。

表 5.11 30 名被试的智商和两项测试成绩

被试	1	2	3	4	5	6	7	8	9	10
智商	100	117	108	133	118	137	137	116	129	116
测试 A	27	38	28	60	38	65	62	42	57	42
测试 B	22	37	35	58	42	65	65	33	54	40
被试	11	12	13	14	15	16	17	18	19	20
智商	120	122	127	120	119	139	128	147	135	141
测试 A	45	49	47	45	48	64	56	72	62	67
测试 B	44	48	57	44	42	67	48	68	61	69
被试	21	22	23	24	25	26	27	28	29	30
智商	142	137	126	115	117	123	136	140	105	128
测试 A	71	62	48	41	41	47	62	62	24	56
测试 B	67	62	48	36	44	45	58	70	25	54

解：建立智商、测试 A 成绩、测试 B 成绩的变量 IQ、A 和 B，然后输入数据。

(1) 按 Analyze(分析) → Correlate(相关) → Bivariate(双变量)步骤，将 A 和 B 输入变量列表，确定后得出 A 和 B 的积差相关系数为 $r=0.946$，$p<0.001$，相关极其显著。

(2) 按 Analyze(分析) → Correlate(相关) → Partial(偏相关)步骤操作，确定后弹出计算偏相关系数的操作窗口，如图 5.8 所示。

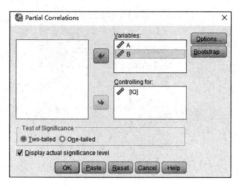

图 5.8　偏相关系数计算操作窗口

将 A、B 两项测试成绩输入变量栏，将智商输入控制变量项目栏，确定后输出结果：

Control Variables		Correlations	A	B
A		Correlation	1.000	-.204
		Significance (2-tailed)	.	.289
		df	0	27
B		Correlation	-.204	1.000
		Significance (2-tailed)	.289	.
		df	27	0

结果显示：控制智商后 A、B 两项测试成绩的偏相关系数为-0.204，$p=0.289>0.05$，相关不显著。

计算 A、B 两项测试成绩与智商的相关系数，结果分别为 0.970 和 0.983，均为 $p<0.001$，两项测试成绩均与智商相关极其显著。

本章术语

相关系数(coefficient of correlation)

积差相关(product-moment coefficient of correlation)

等级相关(rank correlation)

斯皮尔曼等级相关(Spearman's correlation coefficient for ranked data)

肯德尔和谐系数(Kendall coefficient of concordance)

协方差(covariance)

点二列相关(point-biserial correlation)

多系列相关(multiserials correlation)

Φ 相关(phi correlation)

四分相关(tetrachoric correlation)

列联相关(contingqency correlation)

思考题

1. 什么是相关关系？相关关系和因果关系有何区别？
2. 相关程度可以用什么方法表示？
3. 积差相关、斯皮尔曼等级相关、肯德尔 W 系数分别适用于什么资料？
4. 点二列相关和二列相关的适用资料有什么区别？
5. 相关系数 0.6 表示的相关程度是相关系数 0.3 的 2 倍吗？为什么？
6. 积差相关系数为 0 表示两列变量没有关系，这种说法对吗？为什么？
7. 求表 5.12 中数据的积差相关系数。

表 5.12　10 名被试的期中成绩与期末成绩

被试	1	2	3	4	5	6	7	8	9	10
期中成绩	82	45	66	86	90	75	70	81	91	88
期末成绩	85	69	71	88	95	78	82	78	93	85

8. 选用适当方法计算表 5.13 中数据的相关系数。(听觉反应时和视觉反应时总体分布均为正态分布)

表 5.13　10 名被试的听觉反应时和视觉反应时

被试	1	2	3	4	5	6	7	8	9	10
听觉反应时	162	168	161	149	165	187	118	162	160	188
视觉反应时	217	228	239	213	242	272	221	202	253	259

9. 求表 5.14 中数据的斯皮尔曼等级相关系数。

表 5.14　10 名学生的教师评价和同学评价

学生编号	1	2	3	4	5	6	7	8	9	10
教师评价顺序	1	2	3	4	5	6	7	8	9	10
同学评价等级	2	5	1	4	8	6	7	3	9	10

10. 表 5.15 是 6 名评委对 7 篇歌词作品名次的评价结果，评委评价标准的一致性程度如何？

表 5.15　6 名评委对 7 篇歌词作品名次的评价结果

教师	学生						
	1	2	3	4	5	6	7
A	1	2	7	5	5	6	3
B	2	5	4	7	1	3	6
C	1	3	7	4	2	6	5
D	2	4	3	1	7	6	5
E	2	3	5	1	4	7	6
F	3	4	1	5	2	6	7

11. 18 名学生考试成绩与教师评价等级结果如表 5.16 所示，计算考试成绩与教师评价结果的相关系数。

表 5.16　18 名学生考试成绩与教师评价结果

学生	1	2	3	4	5	6	7	8	9	10	11	12	13	14	15	16	17	18
分数	95	88	86	97	83	75	79	84	89	88	68	96	84	72	92	82	80	71
评定	高	高	高	低	高	低	低	低	高	低	高	低	低	高	低	高	低	高

12. 15 名学生的考试成绩和性别如表 5.17 所示，计算成绩与性别的相关系数。

表 5.17　15 名学生的考试成绩和性别

学生	1	2	3	4	5	6	7	8	9	10	11	12	13	14	15
性别	男	男	女	男	女	女	男	男	女	男	女	男	女	女	男
成绩	82	74	78	89	90	87	71	92	88	79	63	86	75	89	82

13. 100 名三年级大学生考研及性别信息如图 5.9 所示，请问是否准备考研与性别的关系如何？

		是否准备考研	
		是	否
性别	男生	15	26
	女生	32	27

图 5.9　100 名三年级大学生考研及性别信息

第六章 概率与概率分布

在样本信息基础上，可以应用描述统计方法对心理与教育现象的样本特征进行描述。通常情况下，心理与教育科学研究的目的并不仅仅是了解样本数据的特征，更重要的是根据样本数据的特征去推断样本所代表的总体的特征，并且保证对总体特征做出的推断有较高的准确度。在样本数据信息基础上如何推断总体特征，以及如何确定推断总体结果的准确概率或犯错误的概率，这些是推断统计要解决的问题，它所涉及的数理基础知识就是概率及概率分布，本章将对有关内容进行介绍。

第一节 概率概述

一、概率的定义

概率(probability)是指在一定条件下随机事件发生的可能性的大小。心理与教育研究所涉及的现象基本都是随机现象，也称随机事件。在每一次观测随机事件之前，我们并不能确定这次观测会出现哪种结果，被关注的结果可能出现也可能不出现，事先并不能做出准确预测。但是，经过大量观测后，这些观测结果往往呈现一定的规律性。在大量重复观测中，某一可能的结果出现的频率会呈现数值固定的趋势，这个数值就是这个被关注的结果在相应随机现象中出现的可能性的大小，也就是概率。

例如，要投掷一枚硬币，在每次投掷之前，我们并不能确定硬币落下后是正面向上还是反面向上。也就是说，正面向上和反面向上这两个结果在每次投掷中会随机发生。但随着投掷次数的增加，大量投掷结果会呈现一定的规律。对于均匀硬币，达到一定投掷次数后，硬币正面向上和反面向上的次数接近一致，投掷次数越多，这种规律越明显，两者占总次数的比值均趋于 1/2。法国统计学家布丰(Buffon)和英国统计学家皮尔逊(Pearson)都曾进行大量次数的投掷硬币试验。布丰投掷 4040 次，2048 次正面向上，正面向上的比率是 0.5069；皮尔逊投掷 12 000 次，6019 次正面向上，所占总次数的比率为 0.5016；皮尔逊在之后的试验中又将投掷次数增加到 24 000 次，其中 12 012 次正面向上，占总次数的比率为 0.5005。总体而言，投掷次数越多，正面向上和反面向上的次数分别与总次数的比值越接近 1/2。

在随机事件中，在有些情况下，可以根据事件发生的条件确定任一结果发生的概率；而在另外一些情况下，只能在事件发生足够多的次数后才能估计某一结果发生的概率，这时的估计值是根据某一结果出现的次数与总次数的比值计算得出的。根据这两种不同情况，将概率分为先验概率和后验概率。

1. 先验概率

当随机事件满足一定条件时，可以根据有关条件计算出某一可能结果发生的概率，这时的概率是真实的概率，被称为先验概率(prior probability)。先验概率的计算必须满足两个条件：①试验的可能结果是有限的，每一种可能结果是一个基本事件；②每一个基本事件出现的可能性相等。某个事件 A 的先验概率就是该事件包含的基本事件数 m 在基本事件总数 n 中所占的比率 m/n，用公式表示为

$$P(A) = \frac{m}{n}$$

例如，在投掷硬币试验中，包含正面向上和反面向上两个基本事件，并且正面向上和反面向上的可能性一致。如果关注正面向上的事件，它所包含的基本事件数是 1，因此，正面向上发生的概率即为正面向上包含的基本事件数 1，与投掷硬币的所有可能结果的基本事件总数 2 的比值，即 1/2。再如，如果把投掷硬币改为掷骰子，基本事件则为出现 1 至 6 点这 6 个基本事件，并且每点出现的可能性相同，因此，出现 5 点或 6 点的概率则为其包含的基本事件数 2 与总基本事件数 6 的比值，即 2/6=1/3。又如，对具有 4 个选择答案的单项选择题来说，共有 4 个基本事件，正确答案为其中之一，是一个基本事件，如果回答时完全靠随机猜测，选择每个选项的可能性是相同的，这样选择正确答案的概率则为 1/4。

对于满足先验概率计算条件的随机事件，在试验中，事件发生的次数与总次数的比一般会与先验概率的计算值有一定差异。随着试验次数的增加，这个差异会逐渐减小，也就是事件发生的次数与总次数的比值会趋近于先验概率的计算值。

2. 后验概率

后验概率(posterior probability)又称为经验概率(empirical probability)或统计概率(statistical probability)，在试验进行之前并不能像先验概率一样根据基本事件计算有关概率，只有在大量次数的试验发生后，根据某事件发生的次数 m 与试验总次数 n 的比(m/n)得出该事件发生的概率。这个概率值是估计值，试验次数越多，估计值越接近真实值，真实值是试验次数趋于无穷大时概率估计值的极限值。

例如，要了解当前形势下师范专业学生选择做中学老师的概率，需要对师范专业应届毕业生进行调查，计算选择做中学老师的应届毕业生在总体中所占的比率，调查对象越多，计算出的概率越准确。

二、概率的基本性质

(1) 任何一个随机事件的概率都是介于 0 和 1 之间的数，即事件 A 的概率 $P(A)$ 满足：$0 \leq P(A) \leq 1$。

(2) 必然事件的概率等于 1。如果某个事件必然发生，也就是每次试验该事件都肯定会发生，事件发生的次数等于试验总次数，概率一定为 1。例如，投掷一粒骰子出现 1 至 6 点即为必然事件，发生的概率为 1。

(3) 不可能事件的概率等于 0。如果某个事件为不可能事件，也就是每次试验该事件都不可能发生，那么无论总试验次数为多少，该事件发生的次数均为 0，该事件发生的次数与总

试验次数之比也为0，即事件发生的概率为0。例如，投掷一粒骰子，出现7点即为不可能事件，发生的概率为0。

由概率的性质可知，随机事件的概率最小为0，最大为1。概率值越大，事件发生的可能性越大；概率值越小，事件发生的可能性越小。但概率为1的事件不一定必然发生，只能说事件发生的可能性很大，概率基本为1；同样，概率为0的事件也不一定不可能发生，只能说事件发生的可能性很小，小到概率基本为0。也就是说，概率为1的事件不一定是必然事件，概率为0的事件也不一定是不可能事件，即概率的基本性质中，第(2)条和第(3)条逆向不成立。例如，对某校学生的就业情况进行抽样调查，抽取到的学生都顺利就业，计算的就业概率为1。但是，不能说该校学生能够顺利就业是必然事件，也不能说该校学生不能顺利就业是不可能事件。在这个问题中，可以推断未被抽到的学生就业率也很高，但不能保证每个学生都顺利就业。

三、概率的基本定理

1. 概率的加法定理

在一次试验中，不可能同时出现的事件称为互不相容事件。两个互不相容事件和的概率，等于这两个事件的概率之和。

例6.1 一枚硬币在一次投掷中正面向上或反面向上的概率是多少？

解：通常情况下，一枚硬币的投掷结果不是正面向上就是反面向上，因此，这个问题的结果我们都知道为1。

用概率的加法定理分析：在投掷硬币的试验中，一枚硬币在一次投掷中正面向上或反面向上这两个事件不能同时发生，所以这两个事件是互不相容事件。根据概率的加法定理，投掷一枚硬币正面向上或反面向上的概率，为正面向上和反面向上这两个互不相容事件的概率的和，即 $P(H/T) = P(H) + P(T) = 0.5 + 0.5 = 1$。

例6.2 中文、数学、体育和音乐学院分别有230、210、50和10名大学生经过自愿报名和组织筛选参加了支教活动，如果随机从4个学院参加支教的全体学生中选取1名学生交流有关收获，抽取体育或音乐学院学生的概率是多少？

解：由于是随机抽取1名学生，抽取到体育和音乐学院学生这两个事件只能发生一件，两者互不相容，因此，根据概率的加法定理，抽取到体育或音乐学院学生的概率为：
$P(体育/音乐) = P(体育) + P(音乐) = 50/500 + 10/500 = 0.12$。

概率的加法定理一般表述为两个互不相容事件发生的概率的问题，实际上，基于两个互不相容事件和的概率，可以推论出概率的加法定理并不限于两个互不相容事件，多个互不相容事件和的概率等于所有这些事件发生的概率的和。

例6.3 在投掷骰子的试验中，一粒骰子出现4点或4点以上的概率是多少？

解：一粒骰子出现4点或4点以上的事件是由出现4点、5点及6点三个事件组成的，而这三个事件中只要出现任何一个，另外两个事件则不能发生，也就是说，这三个事件是互不相容事件。

根据概率的加法定理，出现4点及4点以上的概率为出现4、5和6点三个互不相容事件的概率的和，即 $P(4/5/6) = P(4) + P(5) + P(6) = 1/6 + 1/6 + 1/6 = 0.5$。

2. 概率的乘法定理

两个事件中任一事件是否发生对另外一个事件发生与否都不产生影响，这两个事件即为独立事件。两个独立事件发生的概率，等于这两个事件发生概率的乘积。

例 6.4 一枚硬币投掷两次，两次都正面向上的概率是多少？

解：一枚硬币第一次投掷和第二次投掷的结果互不影响，因此，第一次正面向上和第二次正面向上这两个事件是相互独立的事件。根据概率的乘法定理，两次投掷都正面向上的概率为第一次正面向上的概率与第二次正面向上的概率的乘积，即 $P(H \& H) = P(H) \cdot P(H) = 0.5 \times 0.5 = 0.25$。

例 6.5 某公司在招聘管理人员的面试环节准备了 5 道试题，应聘者到场后随机选取一道试题（抽取后放回）。小王和他的同学小张都来参加面试，他们两人都抽到第一道试题的概率是多少？

解：在抽取试题过程中，小王抽到哪道试题对小张的抽取结果都没有影响，同样，小张抽到哪道试题也不会影响小王的抽取结果，因此，他们两个的抽取结果相互独立。根据概率的乘法定理，小王和小张都抽到第一道试题的概率为 $P = \frac{1}{5} \times \frac{1}{5} = 0.04$。

和概率的加法定理相同，概率的乘法定理也适用于多个事件。也就是说，基于两个独立事件的概率，可以推论出概率的乘法定理并不限于两个独立事件，多个独立事件发生的概率等于所有这些事件发生的概率的乘积。

例 6.6 从 54 张扑克牌中去除大王和小王，从剩余的 52 张扑克牌中连续抽取 3 张，每次抽取后记录抽取结果，然后把抽取的牌放回去再进行抽取，3 次都抽取到红桃花色的概率是多少？3 次都抽取到数字 5 的概率是多少？

解：52 张扑克牌有 4 种花色，抽取 1 张扑克牌，这张扑克牌是红桃花色的概率为 1/4。放回抽取的 3 张牌，3 次抽取结果相互不影响，3 次抽取为相互独立的事件。根据概率的乘法定理，3 次抽取的扑克牌均为红桃的概率为 $P = \frac{1}{4} \times \frac{1}{4} \times \frac{1}{4} = \frac{1}{64}$。

52 张扑克牌中有 4 个 5，抽取到数字 5 的概率为 4/52=1/13，3 次抽取为相互独立的事件，根据概率的乘法定理，抽到 3 个 5 的概率为 3 个独立事件的概率的乘积，即 $P = \frac{1}{13} \times \frac{1}{13} \times \frac{1}{13} = \frac{1}{2197}$。

例 6.7 同时掷两枚骰子，掷得点数和为 3 的概率是多少？

解：两个骰子分别用 A 和 B 表示，A、B 两个骰子的点数和为 3 可以由两个综合事件实现：一个事件是 A 为 1 点、B 为 2 点，表示为 A1B2；另一个事件是 A 为 2 点、B 为 1 点，表示为 A2B1。A1B2 和 A2B1 这两个事件不能同时发生，是两个互不相容事件。根据概率的加法定理，两个骰子的点数和为 3 的概率为这两个互不相容事件的概率和，即 $P(3) = P(A1B2) + P(A2B1)$。A1B2 这个综合事件是由 A1 和 B2 两个事件组成的，A2B1 是由 A2 和 B1 两个事件组成的，而 A、B 两个骰子出现的点数互不影响，因此，A1 和 B2 以及 A2 和 B1 都是相互独立的事件，由概率的乘法定理得：$P(A1B2) = P(A1) \cdot P(B2) = \frac{1}{6} \times \frac{1}{6} = \frac{1}{36}$，$P(A2B1) = P(A2) \cdot P(B1) = \frac{1}{6} \times \frac{1}{6} = \frac{1}{36}$。

因此，两个骰子的点数和为 3 的概率为 $P(3) = P(A1B2) + P(A2B1) = \frac{1}{36} + \frac{1}{36} = \frac{1}{18}$。

四、概率分布的类型

概率分布(probability distribution)是对随机变量取得不同值的可能性大小通过数学函数进行描述的结果。也就是说，随机变量的可能取值与对应的概率的关系即为随机变量的概率分布。概率分布是统计推断的依据，只有了解随机变量的概率分布，才能实现在样本特征的基础上对总体特征的推断。概率分布有很多种，一些概率分布的特性已经过较为成熟的研究，并且在不同领域的实际研究和工作中得到广泛应用。同时，随着统计学理论及实际应用的不断深入与拓展，统计学研究者还在不断探究新的概率分布。概率分布可以依据不同的分类标准划分为不同的类型。

1. 离散分布和连续分布

按随机变量的可能取值是否具有连续性来划分，概率分布可以分为连续分布和离散分布。

当随机变量的可能取值是某些孤立的数值时，这时的随机变量称为离散型随机变量(discrete random variable)。描述离散型随机变量的概率分布的函数关系为离散分布。在心理与教育研究领域，常见的离散分布是二项分布(binomial distribution)。此外，泊松分布(Poisson distribution)和超几何分布(hypergeometric distribution)等也属于离散型概率分布。

当随机变量可以取某些范围内的任何数值时，这时的随机变量称为连续型随机变量(continuous random variable)。描述连续型随机变量的概率分布的函数关系为连续分布。在心理与教育研究领域，测量数据的分布符合连续型概率分布，常用到的连续分布包括正态分布、t 分布等。

2. 经验分布和理论分布

统计学的研究思路可以分为两个基本方向：第一，根据实际数据的分析结果提炼有关规律；第二，数学理论关系的进一步推导。前者依据的是实际研究所获取的大量数据分布，也就是经验分布；后者反映的是随机变量概率分布的数学函数关系，即数学理论分布。在实际推断统计分析中，依据样本数据特征来推论总体特征，样本数据是通过实际观察或试验等方法直接获取的数据，因此，经验分布常为样本数据的分布。在样本分布基础上，依据推断统计的原理和方法对总体分布特征进行推论，对总体分布的推论结果也被称为理论分布。

3. 样本分布、总体分布和抽样分布

样本分布是指样本内个体观测数值的次数分布。

总体分布是指总体内个体数值的次数分布。多数情况下，在实际研究中，并不是对总体内的全部个体进行观测，而是抽取其中一部分个体实施测试，被抽取的部分个体为样本，由样本得到的观测数据的分布即为样本分布，总体分布则需要在样本分布的基础上依据抽样分布的相关理论进行推断而得。

抽样分布(sampling distribution)是指样本统计量的概率分布。样本分布和总体分布都是描述基本随机变量取值的，是有关某一总体或其样本的随机变量取值的次数或概率分布，是基本随机变量本身的分布；而抽样分布是样本某些统计量可能的理论分布，样本统计量是基本随机变量的函数。

例如，要了解"双减"政策下某市小学三年级学生每周完成作业需要的时间，如果进行抽样研究，通过一定的抽样方法抽取了500名三年级学生，则这500名学生每周完成作业需要的时间的分布为样本分布，全市三年级学生每周完成作业需要的时间的分布为总体分布，样本包含的500名学生每周完成作业时间的平均值为样本统计量。理论上讲，从全市三年级学生中抽取包含500名学生的样本可以无限抽取下去，每抽取一个样本都可以计算一个样本平均数，样本平均数组成的分布即为抽样分布。样本统计量可以是样本平均数、样本标准差、样本方差、样本方差比、样本相关系数等，这些样本统计量的分布均称为抽样分布。在推断统计中，应根据推断目的的不同，选用不同的抽样分布。

第二节 正态分布

正态分布(normal distribution)也称常态分布，是由棣莫弗(De Moivre)于1773年在研究二项分布的渐进分布时发现的。其后，高斯(Gauss)在研究测量误差时得出了正态分布。拉普拉斯(Laplace)和高斯对正态分布的性质做了较深入的研究。由于高斯对正态分布的研究做出了重要贡献，正态分布又称为高斯分布(Gaussian distribution)。正态分布是应用广泛的连续随机变量概率分布，它在数理统计理论和应用统计学的研究中都占有相当重要的地位。自然界和人类社会中大量随机变量的分布都符合正态分布，在对教育与心理现象进行研究时，经常涉及的某个研究对象群体的身高、体重、智商、学习态度、幸福感等都符合正态分布。

一、正态分布函数及特点

1. 正态分布函数

1) 正态分布函数和曲线

正态分布函数又称为正态分布的概率密度函数，其函数表达式为

$$Y = \frac{1}{\sigma\sqrt{2\pi}} e^{-\frac{(X-\mu)^2}{2\sigma^2}} \tag{6.1}$$

式中：π 表示圆周率 3.1415926…

e 表示自然对数的底 2.71828…

X 表示符合正态分布的随机变量，其取值范围为 $[-\infty, +\infty]$；

μ 和 σ 分别表示 X 对应的总体平均数和总体标准差，也称为理论平均数和理论标准差；

Y 表示概率密度，即正态分布曲线的纵坐标。

随着 μ 和 σ 取不同值，会形成一族不同的正态曲线，如果正态分布的平均数相同、标准

差不同,这时标准差大的正态分布曲线较低阔,标准差小的正态曲线较高窄,如图6.1所示。如果正态分布标准差相同、平均数不同,平均数较大的正态分布曲线靠右,平均数较小的正态分布曲线靠左,如图6.2所示。

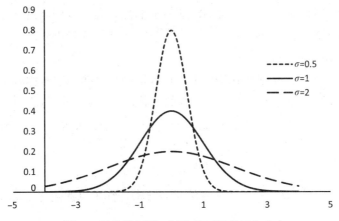

图6.1 平均数相同、标准差不同的正态分布

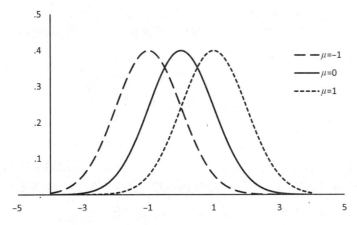

图6.2 标准差相同、平均数不同的正态分布

2) 标准正态分布函数和曲线

正态分布曲线是中间高、两边低的钟形分布曲线,当自变量X的平均数和标准差不同时,正态分布曲线的左右位置及高低宽窄会发生变化,因此,有关随机变量X的正态分布是平均数和标准差不同的一族分布。在正态分布中,如果将X转化为其标准分数,即Z分数,正态分布函数则转化为标准正态分布函数,根据标准分数的性质$\mu=0$以及$\sigma=1$可知,标准正态分布的概率密度函数式为

$$Y = \frac{1}{\sqrt{2\pi}} e^{-\frac{Z^2}{2}} \tag{6.2}$$

在标准正态分布函数中,每个自变量Z的值仅有一个因变量Y值与其对应,因此,标准正态分布是一个特定分布。由此可知,对于平均数和标准差不同的有关X的一族正态分布,如公式(6.1),可以通过$Z = \dfrac{X - \mu}{\sigma}$转化成同一个关于$Z$的标准正态分布,如公式(6.2)。

2. 正态分布函数的特点

1) 对应 Z=0 处为正态分布曲线的最高点

正态分布曲线从最高点向两侧逐渐降低，在变化过程中先向内侧弯曲，再向外侧弯曲，左、右两侧的拐点分别在曲线上对应 Z=-1 和 Z=1 的点。曲线两侧向两端无限延伸，逐渐接近横轴但永远不能相交。

2) 正态分布曲线是轴对称图形

正态分布曲线的最高点对应 Z=0，而且 Z=0 是正态分布曲线的对称轴。对应 Z 分数的绝对值相等、符号相反的曲线上的两点，有相等的 Y 值，并且这两点与 Z=0 之间曲线下的面积也相等。由于正态分布曲线是轴对称曲线，在正态分布中，平均数、中位数和众数三者都相等。

3) 正态分布为一族分布，可以转化为标准正态分布

对于任何一个平均数为 μ、标准差为 σ 的正态分布，都可以通过 $Z = \dfrac{X - \mu}{\sigma}$ 转化为标准正态分布。标准正态分布的平均数为 0，标准差为 1。

4) 正态分布曲线下的面积为 1

某一部分正态分布曲线下的面积代表随机变量落在这一区间内的概率。正态分布为概率密度函数，正态分布曲线下的面积为 1，即

$$\int_{-\infty}^{\infty} \frac{1}{\sqrt{2\pi}} e^{\left(\frac{-Z^2}{2}\right)} dZ = 1$$

Z=0 与某个 Z 值点之间正态分布曲线下的面积与该点到 Z=0 的距离有固定关系。例如，Z=0 与 Z=1 之间的面积是 0.3413，表示 34.13%的个体落在平均数到平均数加上一个标准差的范围之内；Z=-1.96 与 Z=1.96 之间的面积是 0.95，表示 95%的个体落在平均数到平均数加减 1.96 个标准差的范围之内。

5) 正态分布中各种差异量数之间有固定的数量关系

在正态分布中，四分位差 Q、平均差 AD 和标准差 S 的数值具有如下关系：Q=0.6745S，Q=0.8453AD，AD=0.7979S，或 S=1.4826Q，AD=1.1829Q，S=1.2533AD。了解这些量的固定关系有利于对正态分布性质的理解，在分析中，记住具体数值的必要性不大。

二、正态分布表的编制和使用

(一) 正态分布表的编制

正态分布表(附表 1)是依据标准正态分布的横坐标 Z、纵坐标 Y 和曲线下某一部分的面积 P 的具体数值列出的表格。第 1 列标准分数 Z 值从 0 列至 3.99，第 2 列标准正态分布的纵坐标 Y 值是概率密度值。当 Z=0 时，Y 值最大为 0.398 94，随着 Z 值的增大，对应的 Y 值逐渐减小。第 3 列概率值 P 是 Z=0 到对应 Z 值之间曲线下到横坐标轴间的面积，表示 Z 分数取值在 0 至对应 Z 值之间的概率。根据正态分布表，只要已知 Z、Y、P 中任何一个量的值，就可以查得另外两个量的值。对于 Z 为负值的情况，可以根据正态分布的对称性，依据正态分布

表得出有关结果。需要求得 Z 分数在任何范围内的概率时，都可以借助正态分布表解决有关问题。

(二) 正态分布表的使用

1. 已知 Z 值求概率 P

已知正态分布横坐标 Z 的某个值时，可以根据正态分布表查得 $Z=0$ 到该 Z 值之间的概率 P 值，对于其他范围内的概率 P，均可以根据正态分布表的查取结果计算而得，具体包括下面几种情况。

(1) 求从 $Z=0$ 到某一正的 Z 值间的概率 P。通过正态分布表直接求出该区间的面积(概率 P)。例如，$Z=1.50$，可通过正态分布表直接查得对应 P 值为 0.433 19，可知从 $Z=0$ 到 $Z=1.50$ 之间标准正态分布曲线下的面积为 0.433 19，表示在正态分布中，Z 值在 0 到 1.50 之间的概率为 43.319%。

(2) 求 $Z=0$ 到某一负的 Z 值间的概率 P。附表 1 中列出的 Z 值为正值，而当 Z 值取负值时，不能直接查表。根据正态分布曲线的对称性，可知负的 Z 值对应的正态分布的 Y 值与绝对值相等的正的 Z 值对应的 Y 值相等，并且 $Z=0$ 到某一负的 Z 值之间曲线下的面积与 $Z=0$ 到 $|Z|$ 之间正态分布曲线下的面积相等，因此，可以在正态分布表中直接查 $|Z|$，查到的 P 和 Y 值与 Z 值的对应值一致。例如，$Z=-1.50$ 到 $Z=0$ 之间的概率和 $Z=-1.50$ 对应的纵坐标值可以通过查 $Z=1.50$ 对应的 P 值 0.433 19 和 Y 值 0.129 52 获得结果。

(3) 求大于某个 Z 值的概率。由于标准正态分布曲线下的面积等于 1，在求某 Z 值以上的概率 P 值时，可以根据 $Z=0$ 到该 Z 值之间的面积换算其他部分的面积。当 Z 值为正值时，只要将 $Z=0$ 到该 Z 值的概率 P 查出，然后由 0.5 减去概率 P 值就可得到某个 Z 值以上的面积；当 Z 值为负值时，只要将 $Z=0$ 到 $|Z|$ 之间的概率 P 查出，该 P 值加上 0.5 就可得到负的 Z 值以上的面积。例如，求 $Z=1.0$ 以上概率 P，查表得出 1.0 对应的 P 值是 0.341 34，0.5-0.341 34=0.158 66，即为 $Z=1.0$ 以上的概率 P 值；求 $Z=-1.0$ 以上概率 P，查表 $Z=1.0$ 对应的 P 值是 0.341 34，0.5+0.341 34=0.841 34，即为 $Z=-1.0$ 以上的概率 P 值。

(4) 两个 Z 值均不为零，求两个 Z 值之间的概率 P。求两个均不为零的 Z 值之间的 P 值，需要考虑 Z 值是同号还是异号。

当两个 Z 值的符号相同时，分为两者均为正和两者均为负两种情况。

当两个 Z 值均是正值时，分别查正态分布表，得出对应两个 Z 值的 P 值，较大的 Z 值对应的 P 值也大，然后较大的 P 值减去较小的 P 值，即得到两个 Z 值之间的概率 P 值。例如，要求 $Z=1$ 到 $Z=1.5$ 之间的概率 P 值，$Z=1$ 对应的 P 值是 0.341 34，$Z=1.5$ 对应的 P 值是 0.433 19，$Z=1$ 到 $Z=1.5$ 之间的概率 P 值就是 0.433 19-0.341 34=0.091 85。

当两个 Z 值均是负值时，根据正态分布的对称性，求出对应的两个 Z 值的绝对值之间对应的概率 P，就等于两个负的 Z 值间的概率 P。例如，要求 $Z=-1.96$ 与 $Z=-1.5$ 之间的 P 值，根据对称性，求出 $Z=1.5$ 与 $Z=1.96$ 之间的 P 值，即 0.475 00-0.433 19=0.041 81，这个值即为 $Z=-1.96$ 与 $Z=-1.5$ 之间的 P 值。

当两个 Z 值的符号一个为正一个为负时，在正态分布表中查出正的 Z 值对应的 P 值，再查出负的 Z 值的绝对值对应的 P 值，将两个 P 值相加，即为两个 Z 值之间的概率 P。

2. 已知概率 P 求对应的 Z 值

(1) 已知从 $Z=0$ 到某一 Z 值之间的概率 P，求 Z 值。直接查正态分布表，找到相对应的 Z 值。

如已知从 $Z=0$ 到某一大于零的 Z 值的概率 P，要求 Z 值，直接由 P 值查表即可。例如，已知 $Z=0$ 到某个正的 Z 值之间的 P 值为 0.45，查附表 1 得到对应的 $Z=1.645$，即 $Z=0$ 和 $Z=1.645$ 间的正态分布曲线下的面积为 0.45，即 Z 分数为两者之间数值的概率为 0.45。

如果已知从 $Z=0$ 到某个小于零的 Z 值的概率 P，要求 Z 值，根据对称性，由 P 值查出 Z 值加上负号即可。例如，已知 $Z=0$ 到某个负的 Z 值之间的 P 值为 0.475，查表得对应 $P=0.475$ 的 Z 值等于 1.96，则所求 Z 值为 -1.96。

(2) 已知中间部分的概率 P 值，求两个分界点的 Z 值。已知正态分布的中间部分的 P 值，正态分布表中的 P 值为中间部分 P 值的一半，将已知的中间部分的概率 P 值除以 2，正态表中 P 值对应此结果的 Z 值。例如，已知正态曲线中间部分的概率 P 值是 0.950，求两个分界点的 Z 值。0.950/2=0.475，查附表 1，P 值 0.476 对应的 Z 值是 1.96，则两端的分界点 Z 值就是 -1.96 和 1.96。

(3) 已知位于一端的概率 P，求对应的概率分界点的 Z 值。已知某一端的概率 P，求分界点 Z 值时，首先判断 Z 值的正负。当已知右端的 P 值时，如果 $P>0.5$，则 Z 值为负；如果 $P<0.5$，则 Z 值为正。当已知左端的 P 值时，如果 $P>0.5$，则 Z 值为正；如果 $P<0.5$，则 Z 值为负。

在确定了分界点 Z 值的符号后，再确定其绝对值。如果一端的 $P>0.5$，用 P 值减去 0.5 作为查表用的 P 值，查表得出的 Z 值为分界点 Z 值的绝对值；如果一端的 $P<0.5$，用 0.5 减去 P 值作为查表用的 P 值，查表得出的 Z 值为分界点 Z 值的绝对值。

例如，已知右端的概率值是 0.10，求对应的 Z 值临界值。首先判断得出 Z 值的符号为正，再以 0.5-0.1=0.4 为表中的 P 值，查得 Z 的对应值为 1.28，所以，$Z=1.28$ 为分界点。如果右端的概率值为 0.95，则 Z 值的符号为负，查表可知 P 值为 0.95-0.5=0.45，对应的 Z 值为 1.645，则 $Z=-1.645$ 为分界点。如果左端的概率为 0.1，则 Z 值为负，查表可知 P 值为 0.5-0.1=0.4，对应的 Z 值为 1.28，则分界点为 $Z=-1.28$。如果左端概率为 0.95，则 Z 值为正，查表可知 P 值为 0.95-0.5=0.45，表中对应的 Z 值为 1.645，则分界点为 $Z=1.645$。

三、正态分布在测验中的应用

1. 确定等级评定的人数

在心理与教育测量及评价中，许多指标都是符合正态分布的，例如，能力、动机、行动的积极水平等。在实际评定中，等级评定的方法经常被应用。例如，将能力划分为 A、B、C、D 等级，将学生成绩评定为优、良、中、差等。对符合正态分布的指标采用等级评定时，各等级的人数如何确定才能使等级评定结果等距？这是在评定结果的综合和比较中需要考虑的问题。

为了满足等级结果等距的条件，可采用横坐标等距划分的方式。由于在正态分布中，几乎全部个体(99.7%以上)分布在 $Z=-3$ 到 $Z=3$ 之间，在等级划分中确定各等级人数时，将 $Z=-3$ 到 $Z=3$ 之间的 6 个标准差的横坐标等距划分，也就是将 6 个标准差除以等级数，求出每个等级的横坐标范围及其对应的正态分布曲线下的面积，即概率，将各等级的概率乘总人数，即可得到各等级评定的人数。

例 6.8 某校在对学生综合素质评价的探究中,欲将 1200 名初中二年级学生的创造思维能力按 A、B、C、D、E、F 6 个等级进行评定,各等级人数应如何确定才能使评定等级等距?

解:将 $Z=-3$ 到 $Z=3$ 之间的 6 个标准差的范围等距划分成 6 个等级,$6\sigma\div 6=1\sigma$,每个等级占有 1 个标准差的距离。由于 $Z<-3$ 和 $Z>3$ 两端部分在正态分布中占有很低的比率,考虑实际意义,分别将两端部分归入最高等 A 和最低等 F 中。根据等级的 Z 分数边界,查正态分布表,求出各等级人数比率,然后用比率乘总人数 1200 人,即可得出各等级的学生人数,具体计算过程如表 6.1 所示。

表 6.1　1200 名初二学生创造思维能力 6 等级评定的各等级人数

等级	各等级范围	各等级比率 P	人数(NP)
A	$Z=2$ 以上	0.022 75	27
B	1～2	0.135 91	163
C	0～1	0.341 34	410
D	-1～0	0.341 34	410
E	-2～-1	0.135 91	163
F	$Z=-2$ 以下	0.022 75	27
合计		1.00	1200

2. 将等级评定结果转化为测量数据

在心理与教育测评中,有时需要将多个评定结果综合起来考虑,以便进行总体结果的比较或分析。例如,将个人综合素质分为专业素质、人际交往能力和品德素养 3 个方面,将每个方面分别评定为几个等级,那么在综合评定结果时,就需要在几个方面的不同等级基础上计算每个被评价者的综合指标。此外,在对一个群体中的个体进行某项指标的等级评定中,对多个评价者的结果也需要综合考虑,才能得出每个被评价者的总体结果。在这些情况下,都需要将多个等级评定结果综合成一个指标,这时,需要将各等级结果转化成等距的测量数据,然后计算总和或平均值,以实现综合比较或分析的目的。

例 6.9 某校邀请 3 位评委对 100 名美术专业毕业生的毕业设计进行评定,结果如表 6.2 所示。A、B、C、D 4 名学生的评定等级分别为:学生 A,良、优、优;学生 B,优、良、优;学生 C,良、中、良;学生 D,中、差、中。试计算和比较 3 个学生的综合评定结果。

表 6.2　3 位评委对 100 项毕业设计的评定结果分布

评定等级	评定各等级人数		
	评委 1	评委 2	评委 3
优	20	10	30
良	35	40	40
中	35	40	25
差	10	10	5
合计	100	100	100

解：首先将等级评定数据转换为测量数据，有关结果如表 6.3 所示，以下为具体步骤。

(1) 计算每位评委所评价的各个等级的人数比率。
(2) 计算每个等级人数比率值的一半，表述为该等级的比率中点值。
(3) 计算各等级中点值以下的累加比率。
(4) 依据各等级中点值以下的累加比率值求出正态分布表中的 P 值，并查正态分布表得到 Z 值，Z 值即为评定等级转化的测量值。
(5) 将各位评委给出的评定等级转换成测量值，计算每名学生所获等级对应测量值的平均值，进一步完成综合分析。

表 6.3 将 3 位评委对 100 项毕业设计的评定等级转换为测量数据

评定等级	评委 1			评委 2			评委 3		
	等级人数比率	等级中点以下比率	Z	等级人数比率	等级中点以下比率	Z	等级人数比率	等级中点以下比率	Z
优	0.20	0.900	1.28	0.10	0.950	1.64	0.30	0.850	1.04
良	0.35	0.625	0.32	0.40	0.700	0.52	0.40	0.500	0
中	0.35	0.275	−0.60	0.40	0.300	−0.52	0.25	0.175	−0.93
差	0.10	0.050	−1.64	0.10	0.050	−1.64	0.05	0.025	−1.96

从表 6.3 中查得 A、B、C、D 4 名学生的各评价等级对应的测量值，将有关结果列于表 6.4 中，并计算每名学生各测量数据的平均值。

表 6.4 4 名学生毕业设计等级评定转换为测量数据后比较

学生	评委 1		评委 2		评委 3		测量数据平均值
	等级评定	测量数据	等级评定	测量数据	等级评定	测量数据	
A	良	0.32	优	1.64	优	1.04	1.00
B	优	1.28	良	0.52	优	1.04	0.95
C	良	0.32	中	−0.52	良	0	−0.07
D	中	−0.60	差	−1.64	中	−0.93	−1.06

由表 6.4 中的测量数据平均值可以看出，学生 A、B、C、D 的评定等级转化所得的测量值的平均值依次减小，尽管学生 A 和学生 B 的评定等级都是两个"优"、一个"良"，但由于评委 2 评"优"的数量少于评委 1 评"优"的数量，学生 A 的测量分数更高。

3. 确定测验题目的难易度

在心理与教育测量中，测验题目的难易度通常以全部答题者的通过率(即答对率，或得分率)作为依据。题目为客观题时，难度为答对人数除以全部参加测验的人数；题目为主观题时，难度为全部测验者此题的平均分除以该题满分。但是，通过率是比率，不是等距数据，要进行题目之间的难度比较等分析，采用非等距数据有时很难达到分析目的。因此，考虑将非等距数据转化为等距数据，基于正态分布将与 P 值关联的通过率转换成与 Z 值关联的具有等距特性的难度分数，以下为具体步骤。

(1) 计算题目的通过率。
(2) 计算通过率减去 0.5 的值，以计算结果的绝对值作为正态分布表中的概率值 P。
(3) 根据 P 值查出对应的 Z 值，当通过率小于 0.5 时 Z 取正值，当通过率大于 0.5 时 Z 取负值。
(4) 将步骤(3)得到的 Z 值加上 5(假定平均数±5 个标准差之间包含全部数据)。这样得到的难度分数值就是等距数据，可以用来直接比较题目间的难易度，或进行进一步统计分析。

表 6.5 呈现了 10 个题目的通过率转换成难度分数的具体过程。

表 6.5 难度分数的计算

测验题目	通过率	P 值	Z 值	难度分数(Z+5)
1	0.99	0.49	-2.326	2.674
2	0.90	0.40	-1.282	3.718
3	0.75	0.25	-0.674	4.326
4	0.64	0.14	-0.358	4.642
5	0.50	0	0	5
6	0.45	0.05	0.126	5.126
7	0.38	0.12	0.305	5.305
8	0.20	0.30	0.840	5.840
9	0.15	0.35	1.035	6.035
10	0.02	0.48	2.054	7.054

第三节 二项分布函数

一、二项试验

二项试验又叫伯努利试验，满足以下条件的试验称为二项试验。
(1) 共有 $n(n>0)$ 次试验。
(2) 一次试验只有两种可能结果，即成功或失败。
(3) 各次试验相互独立，即各次试验的结果无相互影响。
(4) 各次试验成功的概率相等。

例如，一枚硬币投掷 10 次，即 $n=10$；每次投掷只有正面向上和反面向上两种结果；10 次投掷结果相互独立，其中任何一次的投掷结果对其他投掷结果没有影响，其他结果也不对此次结果产生影响；每次投掷硬币正面向上的概率均为 1/2。综上，一枚硬币投掷 10 次的试验为二项试验。

在心理与教育研究及实际应用中，经常涉及二项试验。例如，某教师从其所教课程的题库中抽取 50 道四选一题目对学生进行测试，学生在回答这些题目时，二项试验的前 3 个条件都是符合的，但由于学生实际上对每道题目的掌握程度不同，答对每道题目的概率也不同，也就是二项试验的第(4)条不成立。但是，如果假设学生在回答 50 道测验题目时完全靠随机猜测，则每名学生回答这 50 道题目的试验就是二项试验。在心理与教育研究中，恰恰是应用反证法来推论结果的，即假设学生完全靠随机猜测回答题目，然后根据在此基础上计算的概率做出推断结论。

二、二项分布函数的定义

二项分布(binomial distribution)是描述二项试验的离散型随机变量的概率分布，它是由伯努利首先提出的，因此又称为伯努利分布。在二项试验中，设 n 次试验中每次成功的概率为 p(p 值不变)，失败的概率为 $q=1-p$，则 n 次试验中成功次数 X 是一个离散型随机变量，它的可能取值是 0，1，2，…，n。二项分布 $(p+q)^n$ 的展开式为

$$(p+q)^n = C_n^0 q^n + C_n^1 pq^{n-1} + \cdots + C_n^{n-1} p^{n-1} q + C_n^n p^n$$

或写为

$$(p+q)^n = \sum_{x=0}^{n} C_n^x p^x q^{n-x} \quad (x=0, 1, 2, \cdots, n)$$

二项分布展开式的通项式为 $C_n^x p^x q^{n-x}$，其表示当每次二项试验的成功概率为 p 时，n 次试验成功 x 次的概率。因此，二项分布的概率函数为

$$b(x, n, p) = C_n^x p^x q^{n-x}$$

$$C_n^x = \frac{n!}{x!(n-x)!} \quad (x=1, 2, 3, \cdots, n)$$

$b(x, n, p)$ 是在成功概率为 p 的二项实验中，n 次试验中成功 x 次的概率。

例 6.10 将 1 粒骰子掷 5 次，2 次和 3 次 6 点向上的概率分别是多少？

解：在此问题中，将一粒骰子掷 5 次，符合二项试验的条件，且 $n=5$，$p=1/6$，$x=2$ 和 $x=3$，采用二项分布函数计算概率

$$b\left(2, 5, \frac{1}{6}\right) = C_n^x p^x q^{n-x} = C_5^2 \left(\frac{1}{6}\right)^2 \times \left(\frac{5}{6}\right)^3 \approx 0.161$$

$$b\left(3, 5, \frac{1}{6}\right) = C_n^x p^x q^{n-x} = C_5^3 \left(\frac{1}{6}\right)^3 \times \left(\frac{5}{6}\right)^2 \approx 0.032$$

答：将 1 粒骰子掷 5 次，2 次和 3 次 6 点向上的概率分别为 0.161 和 0.032。

三、二项分布函数的性质

(1) 当 $p=q$ 时，$p=q=\frac{1}{2}$，由二项分布的概率函数可得

$$b(x, n, p) = C_n^x p^x q^{n-x} = C_n^x \left(\frac{1}{2}\right)^x \times \left(\frac{1}{2}\right)^{n-x} = C_n^x \left(\frac{1}{2}\right)^n$$

$$b(n-x, n, p) = C_n^{n-x} p^{n-x} q^x = C_n^{n-x} \left(\frac{1}{2}\right)^{n-x} \times \left(\frac{1}{2}\right)^x = C_n^{n-x} \left(\frac{1}{2}\right)^n$$

由于 $C_n^{n-x} = C_n^x$，故有

$$b(n-x, n, p) = b(x, n, p)$$

因此，当 $p=q$ 时，二项分布对称。

(2) 当 $p \neq q$ 时，$b(n-x, n, p) \neq b(x, n, p)$，二项分布为非对称分布。

对于 $p>q$ 和 $p<q$ 两种情况，二项分布的偏斜方向相反。

当 n 逐渐增大时，二项分布趋近于正态分布，当 $np \geq 5$ 和 $nq \geq 5$ 同时成立时，二项分布近似为正态分布。二项分布的概率可以采用正态分布近似计算。

四、二项分布函数的平均数和标准差

二项分布是离散分布，当 n 很大时，二项分布接近正态分布。当 n 趋近于无穷大时，正态分布是二项分布的极限。当二项分布接近正态分布时，在 n 次二项试验中，成功次数的平均数和标准差可以由下列公式计算而得

$$\mu = np \tag{6.3}$$

$$\sigma = \sqrt{npq} \tag{6.4}$$

五、二项分布函数的应用

由二项分布的概率函数，可以求得 n 次二项试验中成功 x 次的概率。在心理与教育研究中，可以根据有关概率的大小判断某个试验结果是不是随机获得的。

例 6.11 10 道四选一选择题，如果答题者完全靠随机猜测，答对 8 题、9 题和 10 题的概率之和是多少？

解：根据二项分布的概率函数，在 10 道四选一题中，答题者靠随机猜测答对 8 题、9 题和 10 题的概率之和为

$$P(x \geq 8) = b\left(8, 10, \frac{1}{4}\right) + b\left(9, 10, \frac{1}{4}\right) + b\left(10, 10, \frac{1}{4}\right)$$

$$= C_{10}^{8}\left(\frac{1}{4}\right)^{8} \times \left(\frac{3}{4}\right)^{2} + C_{10}^{9}\left(\frac{1}{4}\right)^{9} \times \frac{3}{4} + C_{10}^{10}\left(\frac{1}{4}\right)^{10}$$

$$= 0.000\,386 + 0.000\,028\,6 + 0.000\,000\,954$$

$$\approx 0.000\,42$$

如果答题者靠随机猜测,答对 8 题及 8 题以上的概率为 0.000 42,一般概率小于 0.05 时,则认为答题者是真会做而不是靠随机猜测答题。所以,如果答题者能够答对 8 题,则有充分把握认为答题者不是靠随机猜测答题。

例 6.12 有 8 道是非题,答题者答对多少题才能认为他是真的会做而不是靠猜测?

解:用二项分布函数直接计算

$$b(8, 8, 0.5) = C_{8}^{8}\left(\frac{1}{2}\right)^{8} \approx 0.003\,91$$

$$b(7, 8, 0.5) = C_{8}^{7}\left(\frac{1}{2}\right)^{8} \approx 0.031\,3$$

$$b(6, 8, 0.5) = C_{8}^{6}\left(\frac{1}{2}\right)^{6} \approx 0.109$$

根据以上计算结果,答题者猜对 7 题及 7 题以上的概率是 0.003 91+0.031 3=0.035 21,0.035 21< 0.05;答题者猜对 6 题及 6 题以上的概率是 0.035 21+0.109=0.144 21,0.144 21>0.05。因此,答题者答对 7 题及 7 题以上才能认为是真的会做而不是靠猜测。

例 6.13 有 40 道四选一选择题,答题者答对多少题才能认为不是靠猜测答题?

解:答题者猜对的概率 $p = \frac{1}{4}$,猜错的概率 $q = \frac{3}{4}$,$np = 40 \times \frac{1}{4} = 10 > 5$,$nq = 30 > 5$,此时二项分布近似正态分布。

$$\mu = np = 40 \times \frac{1}{4} = 10, \quad \sigma = \sqrt{npq} = \sqrt{40 \times \frac{1}{4} \times \frac{3}{4}} \approx 2.739$$

在正态分布下,右侧概率为 0.05 的 Z 分数点为 $Z=1.645$,对应原分数为 10+2.739×1.645 ≈ 14.506。

答:答题者答对 15 题及 15 题以上才能认为他不是靠猜测答题,而是真会做。

第四节 其他常用的概率分布

一、t 分布

t 分布(t distribution)是在实际统计分析中应用广泛的一种随机变量的概率密度分布,是统计学家高赛特于 1908 年以笔名"student"提出的分布。因此,t 分布也称为学生 t 分布(student's distribution)。

t 分布呈轴对称，对称轴是直线 $t=0$。t 分布的形状与正态分布类似，也呈中间高的钟形，其具体形状随着样本容量的大小而有所变化。因此，t 分布是一族分布，它与样本容量的关系如图 6.3 所示。

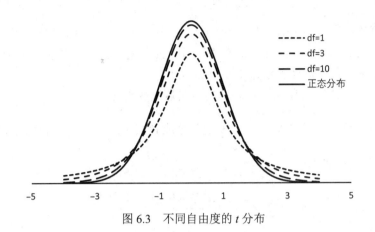

图 6.3　不同自由度的 t 分布

1. t 分布的特点

(1) t 分布的平均值为 0。

(2) t 值的取值范围为 $(-\infty, +\infty)$。

(3) t 分布密度曲线以 $t=0$ 为对称轴，左右对称，且分布密度函数曲线在 $t=0$ 时为峰值。

(4) t 分布随自由度 $df=n-1$ 的不同而不同，每一个自由度都对应一条 t 分布密度曲线，自由度越大，峰值越高，两侧尾部越低。

(5) 与标准正态分布曲线相比，t 分布曲线峰部低、两尾高。自由度 df 越小，这种趋势越明显；df 越大，t 分布越接近标准正态分布。当 $n\to\infty$ 时，t 分布趋于标准正态分布。在实际应用中，经常在自由度 df>30 时，将 t 分布按正态分布分析。

2. t 分布表的使用

t 分布左右对称，针对不同自由度下 t 分布的两尾概率及其对应的临界 t 值，已编制成 t 值表(附表 2)。该表第一列为自由度 df，表头为两尾概率值，表中位数字为对应自由度和两尾概率值的 t 值。在实际应用中，可以根据 t 值查出两侧的概率值；也可以根据两尾部分的概率，由 t 值表查出 t 值。在本课程的范围内，多数情况下是根据自由度和两尾部分的概率值查 t 值的临界值。

例如，当 df=10 时，查两尾部分的概率为 0.05 和 0.01 对应的 t 值。查附表 2，对应 df=10，两尾概率等于 0.05 和 0.01 的临界 t 值分别为 2.228 和 3.169。根据 t 分布的对称性可知，当 df 为 10 时，t 值小于-2.228 的概率是 0.025，t 值大于 2.228 的概率也是 0.025，两侧概率之和是 0.05；t 值小于-3.169 的概率是 0.005，t 值大于 3.169 的概率也是 0.005，两侧概率之和是 0.01。同样可知，t 值的取值范围在[-2.228, 2.228]的概率为 95%；t 值的取值范围在[-3.169, 3.169]的概率为 99%。

由附表 2 也可以看出，当 df 一定时，概率 P 越小，临界 t 值越大。当概率 P 一定时，随着 df 的增加，临界 t 值在减小。当 df=+∞时，对应各概率值的临界 t 值与标准正态分布下相应 P 值对应的临界 Z 值相等，如对应 P 值为 0.05 和 0.01 的 t 值分别为 1.96 和 2.58。

二、χ^2 分布

χ^2 分布即卡方分布(Chi-square distribution)，它是由阿贝(Abbe)于 1863 年首先提出的，后来由海尔墨特(Hermert)和现代统计学的奠基人之一皮尔逊(Pearson)分别于 1875 年和 1900 年推导得出。卡方分布在各领域的实际研究中应用非常广泛。

从正态分布中抽取 K 个独立样本，每次抽取随机变量 X_1，X_2，X_3，X_4，…，X_n，分别求得 $Z^2 = \left(\dfrac{X-\mu}{\sigma}\right)^2$，这 n 个 Z 分数的平方和的分布或者其标准分数平方和的分布就是 χ^2 分布，如图 6.4 所示，其表达式为

$$\chi^2 = \sum Z^2 = \sum \left(\frac{X-\mu}{\sigma}\right)^2 = \frac{(n-1)S_{n-1}^2}{\sigma^2}$$

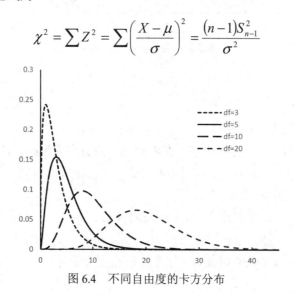

图 6.4 不同自由度的卡方分布

1. χ^2 分布的特点

(1) χ^2 分布是一族形态呈正偏态的分布，其偏态程度受 df 影响。df 越小，偏态程度越严重；随着 df 的增大，偏态程度逐渐减弱；当 df 趋近于∞时，χ^2 分布渐近正态分布。

(2) χ^2 分布曲线下的面积是 1，χ^2 值永远是正值。

(3) 若干个 χ^2 分布的和还是 χ^2 分布。

2. χ^2 分布表的使用

χ^2 分布曲线下的面积是 1，某一部分的面积代表在该 χ^2 分布下 χ^2 值为该范围内值的概率。df 不同，χ^2 分布不同，因此，同一 χ^2 值以上面积也不同。附表 11 中，表的左列为 df，最上一行是概率值，也就是某一 χ^2 值以上的概率，表中所列数值是不同 df 及右端概率对应的 χ^2 值。

例如，df=3，右端概率为 0.05，对应 χ^2=7.81。df=5，χ^2=10.12，则右端概率在 0.05 和 0.10 之间。

三、F 分布

F(F distribution)分布是由英国统计学家费舍(Fisher)于 1924 年提出的。从两个总体中随机抽取两个样本,依据这两个样本方差、总体方差和样本容量可以计算出各自的 χ^2 值,各自的 χ^2 值除以其 df 后两者的比值,以 F 表示,随机抽取样本无限次,这个以 F 为统计量的抽样分布称为 F 分布,如图 6.5 所示,它是一种非对称分布,其表达式为

$$F = \frac{\chi_1^2 / \mathrm{df}_1}{\chi_2^2 / \mathrm{df}_2} = \frac{(n_1-1)S_{n_1-1}^2 / \sigma_1^2}{(n_2-1)S_{n_2-1}^2 / \sigma_2^2} \cdot \frac{n_2-1}{n_1-1} = \frac{S_{n_1-1}^2 / \sigma_1^2}{S_{n_2-1}^2 / \sigma_2^2}$$

当从同一个总体中抽样时,$\sigma_1^2 = \sigma_2^2$,此时

$$F = \frac{S_{n_1-1}^2}{S_{n_2-1}^2}$$

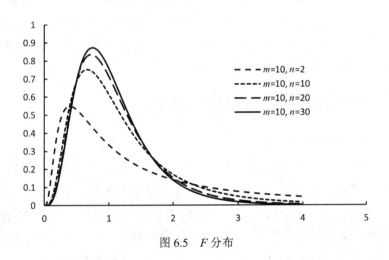

图 6.5　F 分布

1. F 分布的特征

(1) F 值是两个方差的比率,永远是正值。

(2) 当分子的 df 为 1 时,F 值等于以 F 的分母自由度为自由度的 t 值的平方,即 $F_{(1,\ n-1)} = t_{(n-1)}^2$。

(3) F 分布是一族形态呈正偏态的分布,随着 $\mathrm{df}_1 = n_1-1$ 和 $\mathrm{df}_2 = n_2-1$ 的变化而不同,并且当 df_1 和 df_2 不断增加时,F 分布渐近正态分布。

2. F 值表的使用

F 值表根据表中所列概率为双侧面积还是单侧面积分列为附表 3 和附表 4,分别为双侧和单侧检验 F 值表。两个表格都只列出 0.05 和 0.01 两个常用的显著性水平下各种 df 组合所对应的 F 值,第一行列出分子的 df,第一列列出分母的 df,每个分子自由度和分母自由度组合的交叉位置有两个数据上下排列,上面和下面的数据分别对应尾部面积为 0.05 和 0.01 的 F 值。

例如，对于双侧检验 F 值表(附表 3)，如果分子 $df_1=3$、分母 $df_2=4$，对应双尾概率为 0.05 和 0.01 的临界值分别为 9.98 和 24.26；对于单侧检验 F 值表(附表 4)，如果分子 $df_1=3$、分母 $df_2=4$，则对应单尾概率为 0.05 和 0.01 的临界值分别为 9.59 和 16.69。

如果 $F_{(2,8)}=10.01$，查双侧检验 F 值表，0.05 和 0.01 对应的 F 临界值分别为 6.06 和 11.04，6.06<10.01<11.04，因此，尾部面积 $0.01<p<0.05$。同样，如果 $F_{(2,8)}=10.01$，查单侧检验 F 值表，0.05 和 0.01 对应的 F 临界值分别为 4.46 和 8.65，10.01>8.65，因此，尾部面积 $p<0.01$。在实际应用中，应根据要解决的问题，正确选用双侧或单侧检验 F 值表。

第五节　抽样分布

在大多数情况下，统计学的任务是依据样本特征推断样本所代表的总体特征，依据已知的样本统计量分析未知的总体特征，这就是统计推断(statistical inference)。统计推断所依据的理论是抽样分布理论。从总体中随机抽取无限个容量为 n 的样本，这些样本的统计量对应的概率分布就是抽样分布(sampling distribution)。

一、样本平均数的抽样分布和标准误

1. 样本平均数和标准误的概念

从总体中抽取样本容量为 n 的无限多个样本，每个样本都有其平均值，这些样本平均数的分布就是样本平均数的抽样分布。由于样本平均数不完全相同，它们之间存在一定差异，样本平均数的标准差反映样本平均数的离散程度。样本平均数的标准差又称为标准误，用符号 $\sigma_{\bar{X}}$ 表示。标准误越大，说明样本平均数的离散程度越大，样本平均数之间的差异越大；标准误越小，说明样本平均数的离散程度越小，样本平均数之间的差异越小。

根据中心极限定理及实际经验，统计学家依据总体分布形态是否正态和总体参数已知情况的不同，对各种情况下的样本平均数的抽样分布进行了分析，得出结论：样本平均数的抽样本布和总体平均数相等，即

$$\mu_{\bar{X}}=\mu$$

2. 样本平均数的标准误的规律

样本平均数的抽样分布形态及标准误符合以下规律。

(1) 总体分布为正态分布，总体方差 σ^2 已知时，样本平均数的分布为正态分布。此时，样本平均数抽样分布的标准误与总体标准差 σ 及样本容量 n 的关系为

$$\sigma_{\bar{X}}=\frac{\sigma}{\sqrt{n}}$$

(2) 总体分布为正态分布，总体方差 σ^2 未知时，样本平均数的分布为 t 分布。此时，用总体标准差的无偏估计值 S_{n-1} 来代替总体标准差 σ，样本平均数抽样分布的标准误与 S_{n-1} 及

样本容量 n 的关系为

$$\sigma_{\bar{X}} = \frac{S_{n-1}}{\sqrt{n}}$$

等同于 S 和样本容量 n 的关系

$$\sigma_{\bar{X}} = \frac{S}{\sqrt{n-1}}$$

(3) 总体分布为非正态分布，总体方差 σ^2 已知时，样本平均数的抽样分布为非正态分布，但是，由中心极限定理可知，随着样本容量的增加，样本平均数的分布趋近于正态分布。当样本容量 $n>30$ 时，样本平均数的分布可以认为是渐进正态分布，样本平均数抽样分布的标准误与总体标准差 σ 及样本容量 n 的关系为

$$\sigma_{\bar{X}} = \frac{\sigma}{\sqrt{n}}$$

(4) 总体分布为非正态分布，总体方差 σ^2 未知时，样本平均数的抽样分布为非正态分布。此时总体方差 σ^2 未知，用总体标准差的无偏估计值 S_{n-1} 来代替总体标准差 σ，当样本容量 $n>30$ 时，样本平均数的分布可以认为是近似 t 分布，样本平均数抽样分布的标准误与 S_{n-1} 及样本容量 n 的关系为

$$\sigma_{\bar{X}} = \frac{S_{n-1}}{\sqrt{n}}$$

等同于 S 和样本容量 n 的关系

$$\sigma_{\bar{X}} = \frac{S}{\sqrt{n-1}}$$

在各种情况下，样本平均数的抽样分布形态及标准误如表 6.6 所示。

表 6.6　样本平均数的抽样分布形态及标准误

总体分布	总体方差	样本容量	样本平均数的抽样分布	标准误计算公式
正态分布	已知	不限制	正态分布	$\sigma_{\bar{X}} = \frac{\sigma}{\sqrt{n}}$
	未知	不限制	t 分布	$\sigma_{\bar{X}} = \frac{S_{n-1}}{\sqrt{n}} = \frac{S}{\sqrt{n-1}}$
非正态分布	已知	$n>30$	渐近正态分布	$\sigma_{\bar{X}} = \frac{\sigma}{\sqrt{n}}$
		小样本	不确定	
	未知	$n>30$	近似 t 分布	$\sigma_{\bar{X}} = \frac{S_{n-1}}{\sqrt{n}} = \frac{S}{\sqrt{n-1}}$
		小样本	不确定	

二、样本标准差、样本方差和样本方差之比的抽样分布

1. 样本标准差的抽样分布

从正态分布的总体中随机抽取样本，随着样本容量的增大，样本方差和样本标准差的分布趋近于正态分布。当样本容量 $n > 30$ 时，样本标准差的分布可以认为是渐进正态分布，样本标准差分布的平均数 μ_S 和标准差 σ_S 分别为 σ 和 $\dfrac{\sigma}{\sqrt{2n}}$，具体表示为

$$\mu_S = \sigma$$

$$\sigma_S = \frac{\sigma}{\sqrt{2n}}$$

2. 样本方差的抽样分布

从正态分布的总体中抽取无限多个样本容量为 n 的样本，依据每个样本的数据和总体平均数 μ 及标准差 σ，计算 n 个数据的标准分数 $Z_i = \dfrac{X_i - \mu}{\sigma}$，$\sum\limits_{i=1}^{n} Z_i$ 的分布为 χ^2 分布，即

$$\chi^2 = \sum_{i=1}^{n} Z_i^2 = \sum_{i=1}^{n} \left(\frac{X_i - \mu}{\sigma} \right)^2$$

当总体平均数 μ 未知时，采用样本平均数代替总体平均值，则有

$$\chi^2 = \sum_{i=1}^{n} Z_i^2 = \sum_{i=1}^{n} \left(\frac{X_i - \overline{X}}{\sigma} \right)^2 = \frac{(n-1)S_{n-1}^2}{\sigma^2}$$

对应 χ^2 分布的 $\mathrm{df} = n - 1$。

3. 样本方差之比的抽样分布

从两个正态分布的总体中分别抽取容量为 n_1 和 n_2 的样本，两个总体平均数分别为 μ_1 和 μ_2，标准差分别为 σ_1 和 σ_2，两个样本的 $\dfrac{(n-1)S_{n-1}^2}{\sigma^2}$ 均符合 χ^2 分布

$$\chi_1^2 = \frac{(n_1 - 1)S_{n_1-1}^2}{\sigma_1^2}, \quad \chi_2^2 = \frac{(n_2 - 1)S_{n_2-1}^2}{\sigma_2^2}$$

两个 χ^2 除以 df 的比为 F 分布，则有

$$F = \frac{\chi_1^2 / \mathrm{df}_1}{\chi_2^2 / \mathrm{df}_2} = \frac{S_{n_1-1}^2 / \sigma_1^2}{S_{n_2-1}^2 / \sigma_2^2}$$

如果两个样本来自同一个总体，则有 $\sigma_1^2 = \sigma_2^2$，此时

$$F = \frac{S_{n_1-1}^2}{S_{n_2-1}^2}$$

因此，来自同一个总体的两个样本方差之比的分布为 F 分布，对应 F 分布的分子自由度为 $\mathrm{df}_1 = n_1 - 1$，分母自由度为 $\mathrm{df}_2 = n_2 - 1$。

本章术语

概率(probability)　　　　　　　　统计概率(statistics probability)
离散型随机变量 (discrete random variable)　抽样分布(sampling distribution)
连续型随机变量(continuous random variable)　二项分布(binomial distribution)
正态分布(normal distribution)　　　　t 分布(t distribution)
卡方分布(Chi-square distribution)　　　F 分布(F distribution)

思考题

1. 什么是概率分布？常用的概率分布有哪些？
2. 在什么情况下二项分布近似为正态分布？
3. 举例说明什么是抽样分布及标准误。
4. 如何判断样本平均数的分布形态？
5. 从编号为 1~20 的球中随机抽取 1 只，放回后抽取第 2 只，问：
(1) 第 1 只球的号码小于 8 的概率是多少？
(2) 两只球的号码都是偶数的概率是多少？
6. 有 20 道单项选择题，每题有 5 个选择答案，其中只有 1 个是正确的，答题者答对几道题才能认为他不是随机猜测的？如果题目数量为 100 道，计算相应结果。
7. 有 10 道多项选择题，每道题有 4 个选择答案，答题者答对几道题才能认为其真正掌握了相关知识？
8. 根据正态分布 Z 值查表得出对应的概率 P 值。
(1) $Z=0$ 到 $Z=1$；
(2) $Z=1.96$ 以上；
(3) $Z= 1.5$ 以下，
(4) $Z=0.9$ 到 $Z=1.5$ 之间；
(5) $Z=-1.5$ 到 $Z=1$ 之间；
(6) $Z=-1.6$ 以下。
9. 根据 P 值查表得出正态分布中对应的临界点 Z 值。
(1) 左尾 0.3；
(2) 右尾 0.05；
(3) 中间 0.5；
(4) 左尾 0.6；
(5) 分布中心到右侧分点之间为 0.23。

10. 根据 t 值查表得出对应的概率 P 值，或根据 P 值查对应 t 值。
   (1) df=10，t=1.60，求双侧尾部 P 值；
   (2) df=8，确定 t=2.0 以上的 P 值；
   (3) df=15，确定 t=-1.5 以下的 P 值；
   (4) df=9，双侧尾部 P=0.05 对应的 t 值；
   (5) df=10，右尾 P=0.01 对应的 t 值；
   (6) df=12，中间 P=0.90 对应的 t 值。

11. 根据 F 值查表得出 P 值，或根据 P 值查对应的 F 值。
   (1) $F(2, 12)$=1.60，确定双侧尾部 P 值；
   (2) $F(3, 20)$=5.26，确定双侧尾部 P 值；
   (3) $F(2, 26)$=4.83，确定单侧尾部 P 值；
   (4) 分子 df=3，分母 df=50，确定对应双尾 P=0.05 的 F 值；
   (5) 分子 df=2，分母 df=35，确定对应双尾 P=0.01 的 F 值；
   (6) 分子 df=3，分母 df=60，确定对应单尾 P=0.05 的 F 值。

12. 根据 χ^2 值查表得出对应的概率 P 值，或根据 P 值查对应的 χ^2 值。
   (1) df=2，确定 χ^2=2.60 以上的 P 值；
   (2) df=3，确定 χ^2=8.360 以上的 P 值；
   (3) df=4，右尾 P=0.025，确定 χ^2 值；
   (4) df=3，右尾 P=0.975，确定 χ^2 值；
   (5) df=5，右尾 P=0.01，确定 χ^2 值。

13. 500 人参加某项数学测验，测验成绩符合正态分布。如果将考试成绩划分成 5 个等级，各等级人数应该是多少？

14. 3 位评委对 35 名学生的科创作品进行评价，评价结果如表 6.7 所示，将各评委的评价等级转化为测量数据，并计算获得 ABB、BAB 和 AAC 的 3 名学生的成绩。

表 6.7　3 位评委对 35 名学生的科创作品的评价

评委	各等级评定人数		
	A	B	C
甲	10	20	10
乙	18	10	10
丙	7	5	15

15. 2000 名学生参加身体素质测试，测试成绩符合正态分布，其平均数和标准差分别为 81.6 分和 7.03 分。如果选拔 200 名学生参加体能训练，准备后期有关比赛，同时筛查后 100 名学生并给予身体锻炼方面的指导，以利于其身体素质的提高，两批学生对应的分数线分别是多少？

16. 根据表 6.8 中各题目的通过率计算难度分数。

表 6.8　各题目的通过率

题目	1	2	3	4	5	6	7	8	9	10
通过率	0.92	0.86	0.80	0.74	0.67	0.61	0.55	0.48	0.40	0.32

第七章 总体参数的估计

在心理与教育科学研究中，由于人力、物力、时间等条件的限制，要了解总体参数，通常不能测试总体中的全部个体，而是从总体中抽取包含一定数量的个体样本进行研究，在对样本进行观测的基础上，计算出样本统计量，如样本平均数、标准差、相关系数等。然而，研究的目的通常是了解总体特征，因此，在计算出样本统计量的基础上，需要采用一定的方法对总体参数进行估计。

第一节 点估计和区间估计

总体参数的估计方法有点估计和区间估计，这两种方法在日常生活中都有类似的应用。例如，一名学生说今天早读大概用了 35 分钟，这是一个具体估计值，这就相当于点估计；另一名学生说从宿舍走到教室用了 8～10 分钟，他估计的是一个范围，这就类似于区间估计。在统计学中，总体参数的估计是基于一定的统计学原理和严密的推导进行的。在点估计中，用于估计总体参数的特征量数需要满足一定的特性；在区间估计中，需要在一定概率的基础上依据抽样分布理论进行估计。

一、点估计

点估计(point estimation)是指在估计总体参数时，直接用特定样本统计量的值作为总体参数的估计值。样本某个统计量的值是数轴上的一个点，因此称为点估计。例如，用样本平均数 $\overline{X}$ 的值作为总体平均数 μ 的估计值，用样本标准差 S_{n-1} 的值作为总体标准差 σ 的估计值。在用样本统计量作为总体参数的估计值时，通常会带有一定的偏差，而估计的目的是用总体参数的估计值尽可能准确地反映总体特征。那么，总体参数的估计值应该满足哪些特性呢？

1. 无偏性

从总体中抽取一个样本，样本统计量作为总体参数的估计值，这就是点估计。从总体中抽取的样本不同，样本统计量会有一定的差异，它们相对于总体参数也会有偏差。点估计值的优劣与样本统计量与总体参数偏差的总体趋势有关，如果不同样本的统计量中，有的大于总体参数，有的小于总体参数，当样本数量无限增大时，样本统计量与总体参数的偏差之和为 0，则这个样本统计量就是总体参数的无偏估计量(unbiased estimattor)。无偏估计量具有的偏差之和为 0 的特性就是无偏性。当样本数量无限增大时，统计量与总体参数的偏差的总和不为 0，用这个统计量作为总体参数则是有偏的。

无偏性是准确度高的点估计值应具备的基本且重要的特性。总体平均数的无偏估计值是样本平均数 $\overline{X} = \dfrac{\sum X}{n}$；总体方差的无偏估计值是样本方差 $S_{n-1}^2 = \dfrac{\sum(X-\overline{X})^2}{n-1}$。

2. 有效性

用样本统计量估计总体参数时，总体参数的估计值随着抽样的不同而不同，也就是说，估计值具有变异性。当总体参数的无偏估计量有多个时，变异性小的样本统计量有效性高，即相应的统计量对总体参数估计的准确性更高。在用一个样本统计量对总体参数进行估计时，即使是无偏估计值，估计量的总体偏差仍趋于 0。当样本统计量的变异性较大时，由于在实际应用中是采用一个样本的统计量估计总体参数，该统计量作为总体参数的估计值，有效性也不高，不是好的总体参数估计值。

样本平均数 M、中位数 M_d 和众数 M_o 都是总体平均数 μ 的无偏估计量，但是，样本平均数的变异要小于中位数和众数，也就是说，随着抽样的变动，样本平均数分布最集中。因此，作为总体平均数的估计量，样本平均数的有效性最高。

3. 一致性

在从总体中抽取样本时，样本容量越大，样本统计量与总体参数越接近，用样本统计量作为总体参数的估计值就越准确。当样本容量 $n \to \infty$ 或等于总体中所含个体数 N 时，估计值与总体参数完全一致。当样本趋近于总体时，统计量趋近总体参数的特性称为一致性，这种特性只有当样本容量很大时才有意义。

当 $n \to \infty$ 时，样本平均数 $\overline{X}$ 趋近于总体平均数 μ，样本方差 S_{n-1}^2 趋近于总体方差 σ^2。因此，样本平均数 $\overline{X}$ 和样本方差 S_{n-1}^2 分别作为总体平均数和总体方差的估计量均具有一致性。

4. 充分性

计算样本统计量时，如果用到样本中的全部数据，得到的统计量可以充分反映样本信息。比如，在计算样本平均数和标准差时需要用到样本中的所有数据，因此，这两个样本统计量具有充分性；反之，不能反映所有数据信息的统计量不具有充分性，比如中位数、众数、四分位差等，计算中只用到某些位置的数据，这些统计量不具有充分性。采用具有充分性的统计量估计总体参数，准确性更高。

点估计简单且易于描述，但是估计总体参数时总是存在某种程度的误差，而点估计并不能反映误差信息，不能提供正确估计的概率。推断结果的正确概率是推断统计中非常重要的指标，因此，能够报告有关结果的区间估计在总体参数的估计中应用更为广泛。

二、区间估计

1. 区间估计的基本概念

区间估计(interval estimation)是在一定的概率条件基础上，估计总体参数可能的取值范围。区间估计结果包括两个方面：一是总体参数可能的取值范围；二是总体参数落在这个取值范围的可能性有多大，也就是有多大概率落入这个区间。

区间估计和点估计不同，它估计的结果不是一个数值点，而是一个范围，在数轴上表示为一段距离。此外，点估计不能确定估计结果的正确概率，区间估计在估计总体参数取值范围的同时，也确定了总体参数落入该区间的概率。

在总体参数的区间估计中，估计得到的总体参数的取值范围称为置信区间(confidence interval, CI)，也叫置信间距。区间的上下限称为置信界限(confidence limits)。估计总体参数的置信区间时犯错误的概率称为显著性水平(significance level)，也称为意义阶段或信任系数，用符号 α 表示。常用的两个显著性水平为 0.05 和 0.01，分别表示得出对应估计结果可能犯错误的概率分别为 5%和 1%，置信度(confidence level)是指相应估计结果正确的概率。置信度又称为置信水平，其数值为 $1-\alpha$，与显著性水平 0.05 和 0.01 相对应的置信度为 0.95 和 0.99，分别表示总体参数落入对应置信区间的概率为 95%和 99%，也就是估计结果正确的概率分别为 95%和 99%。

2. 区间估计的基本原理

区间估计的基本原理是抽样分布理论。区间估计是根据抽样分布理论，依据样本统计量和有关分布的标准误计算总体参数在一定置信水平下的置信区间。因此，除样本统计量之外，总体参数的区间估计需要有两个前提：一个前提是样本统计量的分布规律，另一个前提是样本统计量的标准误。

总体参数的区间估计包括估计区间的范围和总体参数落入该区间的概率，也就是确定置信区间和置信度两个问题。在对总体参数进行具体估计时，研究者总是希望置信度高一些，而置信区间的范围小一些，但是，在样本容量确定的前提下，置信度提高和置信区间范围缩小两者不能同时实现。置信度提高，置信区间就会扩大；置信区间缩小，置信度就会降低。要缩小置信区间同时提高置信度，只能增大样本容量，因为样本容量的增大会使抽样分布的标准误减小，也就是使样本统计量的分布更集中。

第二节 总体平均数的区间估计

对总体平均数进行区间估计的基础是样本平均数的分布理论，样本平均数的抽样分布根据总体分布是否符合正态分布和总体方差是否已知进行判断。根据不同情况，样本平均数的分布为正态分布或 t 分布。在确定样本平均数的分布形态并计算标准误后，则可以计算一定置信度下的置信区间。

一、总体平均数区间估计的步骤

(1) 利用原始数据计算样本平均数和标准差。
(2) 计算样本平均数抽样分布的标准误。

当总体方差已知时，样本平均数分布的标准误采用公式 $\sigma_{\bar{X}} = \dfrac{\sigma}{\sqrt{n}}$ 计算；当总体方差未知时，用总体方差的无偏估计值代替总体方差，计算标准误时采用公式 $\sigma_{\bar{X}} = \dfrac{S_{n-1}}{\sqrt{n}}$，此公式等同于 $\sigma_{\bar{X}} = \dfrac{S}{\sqrt{n-1}}$。

(3) 确定置信度或显著性水平。在对总体平均数进行估计时，事先要确定置信度，一般选择 0.95 或 0.99，或确定显著性水平为 0.05 和 0.01。

(4) 确定样本平均数的抽样分布形态，再根据置信度查表确定临界值。根据总体分布是不是正态分布以及总体方差是否已知，确定样本平均数的分布是正态分布还是 t 分布，然后根据置信度等信息查正态分布表或 t 值表，从而确定相应的临界值。

(5) 计算置信区间。当总体分布为正态分布且总体方差 σ^2 已知时，样本平均数的分布为正态分布，置信区间的计算公式为

$$\bar{X} - Z_{(\alpha/2)} \sigma_{\bar{X}} < \mu < \bar{X} + Z_{(\alpha/2)} \sigma_{\bar{X}} \tag{7.1}$$

当总体分布为正态分布，但总体方差 σ^2 未知时，样本平均数的分布服从自由度 df=n-1 的 t 分布，置信区间的计算公式为

$$\bar{X} - t_{(\alpha/2)} \sigma_{\bar{X}} < \mu < \bar{X} + t_{(\alpha/2)} \sigma_{\bar{X}} \tag{7.2}$$

当总体分布为非正态分布时，只有满足 $n>30$ 的条件，样本平均数的分布才趋于稳定，这时才可以确定其近似分布形态。当 σ 已知时，样本平均数的分布为渐近正态分布，采用公式(7.1)对总体平均数进行区间估计；当 σ 未知时，样本平均数的分布为近似 t 分布，采用公式(7.2)对总体平均数进行区间估计。

(6) 解释区间估计的结果。估计总体平均数落入所得置信区间，这个结果正确的概率为 $1-\alpha$，错误的概率为 α。也就是说，总体参数有 $1-\alpha$ 的概率会在估计的置信区间之内，有 α 的概率在该区间之外，如图 7.1 所示。

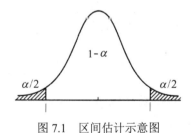

图 7.1　区间估计示意图

二、总体平均数区间估计的应用

(1) 当总体分布为正态分布，并且总体标准差已知时，样本平均数的分布为正态分布，标准误 $\sigma_{\bar{X}} = \dfrac{\sigma}{\sqrt{n}}$，总体平均数的置信区间采用公式(7.1)计算。

例 7.1 某研究者从其居住的市区随机抽取 25 名小学一年级学生进行比内智力测试，测试结果显示，25 名小学生的平均智商为 103.2，试求该区小学一年级学生智商的 0.95 和 0.99 置信区间(置信水平为 0.95 和 0.99)。（全区小学一年级学生的智商分布为正态分布，比内智力量表的标准差常模为 $\sigma=16$）

解： 由题意可知，该区小学一年级学生智商总体分布为正态分布，总体标准差 $\sigma=16$，样本平均数的抽样分布为正态分布，置信区间计算公式为

$$\bar{X} - Z_{(\alpha/2)}\sigma_{\bar{X}} < \mu_{\bar{X}} < \bar{X} + Z_{(\alpha/2)}\sigma_{\bar{X}}$$

其中，$\sigma_{\bar{X}} = \dfrac{\sigma}{\sqrt{n}} = \dfrac{16}{\sqrt{25}} = 3.2$

当 $\alpha=0.05$ 时，$Z_{(\alpha/2)} = 1.96$，0.95 置信区间为

$103.2 - 1.96 \times 3.2 < \mu < 103.2 + 1.96 \times 3.2$

$96.928 < \mu < 109.472$

当 $\alpha=0.01$ 时，$Z_{(\alpha/2)} = 2.58$，0.99 置信区间为

$103.2 - 2.58 \times 3.2 < \mu < 103.2 + 2.58 \times 3.2$

$94.944 < \mu < 111.456$

比较对应两个置信度 0.95 和 0.99 的置信区间[96.928，109.472]和[94.944，111.456]，较低的置信度 0.95 对应的置信区间比较高的置信度 0.99 对应的置信区间范围要小。也就是说，置信度较低时，置信区间范围较小；置信度较高时，置信区间范围较大。

答： 该区小学一年级学生智商平均水平有 95%的可能性在 96.928 到 109.472 之间，在 94.944 到 111.456 之间的可能性为 99%。

例 7.2 如果例 7.1 中的研究者抽取 100 名小学生进行测试，测试结果的平均数为 103.2，试计算全区一年级小学生智商的 0.95 和 0.99 置信区间，并将计算结果与例 7.1 的计算结果进行比较。

解： 与例 7.1 相同，总体分布为正态分布，总体标准差已知，置信区间的计算公式为

$$\bar{X} - Z_{(\alpha/2)}\sigma_{\bar{X}} < \mu_{\bar{X}} < \bar{X} + Z_{(\alpha/2)}\sigma_{\bar{X}}$$

其中，$\sigma_{\bar{X}} = \dfrac{\sigma}{\sqrt{n}} = \dfrac{16}{\sqrt{100}} = 1.6$

当 $\alpha=0.05$ 时，$Z_{(\alpha/2)} = 1.96$，0.95 置信区间为

$103.2 - 1.96 \times 1.6 < \mu < 103.2 + 1.96 \times 1.6$

$100.064 < \mu < 106.336$

当 $\alpha=0.01$ 时，$Z_{(\alpha/2)} = 2.58$，0.99 置信区间为

$103.2 - 2.58 \times 1.6 < \mu < 103.2 + 2.58 \times 1.6$

$99.072 < \mu < 107.328$

对应两个置信度 0.95 和 0.99 的置信区间分别为[100.064，106.336]和[99.072，107.328]。

与例 7.1 所得的对应置信度 0.95 和 0.99 的两个置信区间[96.928，109.472]和[94.944，111.456]进行比较，可以看出，本例中采用 $n=100$ 的样本计算所得的两个置信区间范围较小；例 7.1 中，通过 $n=25$ 的样本计算所得的相应置信区间范围较大。也就是说，样本容量越大，同样置信水平下的置信区间范围越小。

(2) 当总体分布为正态分布，总体标准差 σ 未知时，样本平均数的抽样分布为 t 分布。此时，查 t 值表(附表 2)确定临界值。此外，由于总体标准差未知，样本平均数分布的标准误计算公式为 $\sigma_{\bar{X}} = \dfrac{S_{n-1}}{\sqrt{n}}$，或 $\sigma_{\bar{X}} = \dfrac{S}{\sqrt{n-1}}$。

例 7.3 某数学教师为了了解其所在学校文科新生的数学基础，从刚入学的文科新生中随机抽取 20 名学生进行有关数学基础测试，测试结果的平均数和标准差(S_{n-1})分别为 76.3 分和 8.7 分，试计算全校文科新生数学基础成绩的 0.95 和 0.99 置信区间。(假设全校文科新生的数学基础成绩符合正态分布)

解：该问题中，总体为正态分布，总体标准差 σ 未知，因此，样本平均数的抽样分布为 t 分布。置信区间的计算公式为

$$\bar{X} - t_{(\alpha/2)}\sigma_{\bar{X}} < \mu_{\bar{X}} < \bar{X} + t_{(\alpha/2)}\sigma_{\bar{X}}$$

其中，$\sigma_{\bar{X}} = \dfrac{S_{n-1}}{\sqrt{n}} = \dfrac{8.7}{\sqrt{20}} \approx 1.945$

t 分布的自由度 df=n-1=20-1=19

当 α=0.05 时，$t_{(0.05/2,19)} = 2.093$

$76.3 - 2.093 \times 1.945 < \mu < 76.3 + 2.093 \times 1.945$

$72.229 < \mu < 80.371$

当 α=0.01 时，$t_{(0.01/2,19)} = 2.861$

$76.3 - 2.861 \times 1.945 < \mu < 76.3 + 2.861 \times 1.945$

$70.735 < \mu < 81.865$

答：该大学文科新生数学基础成绩的 0.95 和 0.99 置信区间分别为[72.229，80.371]和[70.735，81.865]。

例 7.4 某研究者在某社区随机抽取 49 名 70~80 岁老年人，调查他们的幸福感水平，调查结果的平均数是 79.6 分，标准差是 7.7 分。试估计该社区 70~80 岁老年人幸福感的 0.95 置信区间。

解：本例中的主观幸福感符合正态分布，总体标准差 σ 未知，因此，样本平均数的抽样分布为 t 分布。置信区间计算公式为

$$\bar{X} - t_{(\alpha/2)}\sigma_{\bar{X}} < \mu_{\bar{X}} < \bar{X} + t_{(\alpha/2)}\sigma_{\bar{X}}$$

其中，$\sigma_{\bar{X}} = \dfrac{S_{n-1}}{\sqrt{n}} = \dfrac{7.7}{\sqrt{49}} = 1.1$

t 分布的自由度 df=n-1=49-1=48

当 α=0.05 时，$t_{(0.05/2,48)} = 2.013$

$79.6 - 2.013 \times 1.1 < \mu < 79.6 + 2.013 \times 1.1$

$77.386 < \mu < 81.814$

答： 该社区 70~80 岁老年人的 0.95 置信区间为 [77.386, 81.814]，也就是说，该社区 70~80 岁老年人的平均幸福感得分有 0.95 的可能性为 77.386~81.814。

(3) 当总体分布为非正态分布，总体标准差已知时，如果样本容量 $n>30$，样本平均数的抽样分布接近正态分布。此时，标准误公式为 $\sigma_{\overline{X}} = \dfrac{\sigma}{\sqrt{n}}$，临界值查 Z 值表。

例 7.5 某研究者从某校初三年级随机抽取 64 名学生进行数学标准化测试，测试结果的平均数为 80.36 分，该标准化测试报告的标准差常模为 $\sigma = 20$ 分，试估计该校全体初三学生该项数学测试的平均成绩。提示：根据经验，该项测试结果的总体分布为负偏态分布。

解： 依据题意分析，测试成绩的总体分布非正态，总体标准差 $\sigma = 17$ 分，样本容量 $n = 64 > 30$，样本平均数的抽样分布接近正态分布。置信区间计算公式为

$\overline{X} - Z_{(\alpha/2)} \sigma_{\overline{X}} < \mu < \overline{X} + Z_{(\alpha/2)} \sigma_{\overline{X}}$

$\sigma_{\overline{X}} = \dfrac{\sigma}{\sqrt{n}} = \dfrac{20}{\sqrt{64}} = 2.5$

当 $\alpha = 0.05$ 时，$Z_{(\alpha/2)} = 1.96$

$80.36 - 1.96 \times 2.5 < \mu < 80.36 + 1.96 \times 2.5$

$75.46 < \mu < 85.26$

答： 该校初三全体学生该项数学测试的平均成绩有 95% 的概率是在 75.46 和 85.26 之间。

(4) 当总体分布非正态，总体标准差 σ 未知时，如果样本容量 $n > 30$，样本平均数的抽样分布近似 t 分布。此时，样本平均数分布的标准误计算公式为 $\sigma_{\overline{X}} = \dfrac{S_{n-1}}{\sqrt{n}}$，或 $\sigma_{\overline{X}} = \dfrac{S}{\sqrt{n-1}}$。

例 7.6 对大学四年级学生进行抽样体能测试，男生测试项目为 1500 米跑，参加测试的 100 名学生的平均成绩为 471 秒，标准差 S_{n-1} 为 63 秒，试估计全校四年级男生 1500 米跑平均用时的 0.95 置信区间。提示：假设全体男生跑 1500 米所用时间的分布不是正态分布。

解： 根据题意分析，总体为非正态分布，且总体标准差 σ 未知，样本容量 $n = 100 > 30$，可知样本平均数的抽样分布近似 t 分布，此时，置信区间的计算公式为

$\overline{X} - t_{(\alpha/2)} \sigma_{\overline{X}} < \mu < \overline{X} + t_{(\alpha/2)} \sigma_{\overline{X}}$

$\sigma_{\overline{X}} = \dfrac{S_{n-1}}{\sqrt{n}} = \dfrac{63}{\sqrt{100}} = 6.3$

当 $\alpha = 0.05$ 时，$t_{(100)\alpha/2} = 1.99$

$471 - 1.99 \times 6.3 < \mu < 471 + 1.99 \times 6.3$

$458.463 < \mu < 483.537$

答： 该校大学四年级男生 1500 米跑测试的平均成绩在 458.463 秒到 483.537 秒之间，此估计结果正确的概率为 95%。

第三节 总体标准差和总体方差的区间估计

一、总体标准差的区间估计

总体标准差的区间估计需要依据样本标准差的抽样分布,当样本容量 $n>30$ 时,样本标准差 S_{n-1} 的抽样分布为渐近正态分布,其平均数和标准差分别为

$$\overline{X}_S = \sigma \tag{7.3}$$

$$\sigma_S = \frac{\sigma}{\sqrt{2n}} \tag{7.4}$$

对总体标准差进行估计,表明总体标准差 σ 未知,因此,公式(7.4)中,总体标准差用其无偏估计值 S_{n-1} 代替,因此

$$\sigma_S = \frac{S_{n-1}}{\sqrt{2n}} \tag{7.5}$$

总体标准差的置信区间为

$$S_{n-1} - Z_{\alpha/2}\sigma_S < \sigma < S_{n-1} + Z_{\alpha/2}\sigma_S \tag{7.6}$$

例 7.7 某教师随机抽取初二 50 名学生,想了解他们每天作业所用时间。50 名学生的调查结果的标准差 S_{n-1}=15.6 分钟,全体初二学生作业所用时间的分布为正态分布,试对该校全体初二学生作业所用时间的标准差进行区间估计。

解:样本容量 $n = 50 > 30$,样本标准差的分布近似为正态分布。

$$\sigma_S = \frac{S_{n-1}}{\sqrt{2n}} = \frac{15.6}{\sqrt{2\times 50}} = 1.56$$

当 $\alpha = 0.05$ 时,$Z_{0.05/2} = 1.96$

总体标准差的 0.95 置信区间为

$15.6 - 1.96\times1.56 < \sigma < 15.6 + 1.96\times1.56$

$12.542 < \sigma < 18.658$

当 $\alpha = 0.01$ 时,$Z_{0.01/2} = 2.58$

总体标准差的 0.99 置信区间为

$15.6 - 2.58\times1.56 < \sigma < 15.6 + 2.58\times1.56$

$11.575 < \sigma < 19.625$

答:该校全体初二学生作业所用时间标准差的 0.95 和 0.99 置信区间分别为[12.542,18.658] 和[11.575,19.625]。

二、总体方差的区间估计

从正态分布的总体中抽取样本,样本方差与总体方差之比的抽样分布为 χ^2 分布,因此,总体方差的区间估计在一定置信水平下依据 χ^2 分布进行计算,如图 7.2 所示。样本方差与总

体方差之间的关系表达式为

$$\chi^2 = \frac{nS^2}{\sigma^2} \tag{7.7}$$

因此，$\sigma^2 = \frac{nS^2}{\chi^2}$，总体方差的置信区间为

$$\frac{nS^2}{\chi^2_{\alpha/2}} < \sigma^2 < \frac{nS^2}{\chi^2_{(1-\alpha/2)}} \tag{7.8}$$

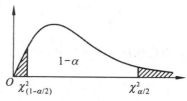

图 7.2　总体方差的区间估计

例 7.8　15 名护士的职业获益感测验分数的方差 $S^2_{n-1}=158.8$，试估计护士职业获益感测验分数总体方差的 0.95 和 0.99 置信区间。

解：护士职业获益感测验成绩总体符合正态分布，应用公式(7.8)对总体方差进行区间估计。

df=n-1=15-1=14

$\chi^2_{0.05/2}=26.1$，$\chi^2_{(1-0.05/2)}=5.63$；$\chi^2_{0.01/2}=31.1$，$\chi^2_{(1-0.01/2)}=4.07$

$S^2_{n-1}=158.8$

总体方差的 0.95 置信区间为

$$\frac{nS^2}{\chi^2_{\alpha/2}} < \sigma^2 < \frac{nS^2}{\chi^2_{(1-\alpha/2)}}$$

$$\frac{15 \times 158.8}{26.1} < \sigma^2 < \frac{15 \times 158.8}{5.63}$$

$91.264 < \sigma^2 < 423.091$

总体方差的 0.99 置信区间为

$$\frac{15 \times 158.8}{31.1} < \sigma^2 < \frac{15 \times 158.8}{4.07}$$

$76.592 < \sigma^2 < 585.258$

答：总体方差的 0.95 和 0.99 置信区间分别为[91.264，423.091]和[76.592，585.258]。

例 7.9　计算例 7.7 的总体方差的置信区间，在此基础上计算总体标准差的置信区间。

解：df=n-1=50-1=49

$\chi^2_{0.05/2}=70.2$，$\chi^2_{(1-0.05/2)}=31.6$；$\chi^2_{0.01/2}=78.23$，$\chi^2_{(1-0.01/2)}=27.3$

$S^2_{n-1}=15.6^2=243.36$

总体方差的 0.95 置信区间为

$$\frac{50\times 243.36}{70.2} < \sigma^2 < \frac{50\times 243.36}{31.6}$$

$173.333 < \sigma^2 < 385.063$

$13.166 < \sigma < 19.623$

总体方差的 0.99 置信区间为

$$\frac{50\times 243.36}{78.23} < \sigma^2 < \frac{50\times 243.36}{27.3}$$

$155.541 < \sigma^2 < 445.714$

$12.472 < \sigma < 21.112$

总体标准差的 0.95 置信区间[13.166, 19.623]与例 7.7 的计算结果[12.542, 18.658]有一定差距，同样，总体标准差的 0.99 置信区间[12.472, 21.112]与例 7.7 的计算结果[11.575, 19.625]也有一定差距。利用 χ^2 分布估计出的结果范围更小、更准确，因为样本标准差的抽样分布是在样本容量较大时的渐近正态分布，而样本方差的抽样分布与 χ^2 分布更符合。因此，在对总体标准差进行区间估计时，可以先估计方差，再由总体方差的估计结果计算总体标准差的估计结果。

第四节 总体参数估计的 SPSS 操作

总体平均数 μ 的无偏估计值是样本平均数 $\overline{X}$，总体标准差 σ 的无偏估计值是样本标准差 S_{n-1}。SPSS 软件可以通过 Analyze(分析)→Descriptive Statistics(描述统计)→Descriptives(描述)等操作直接计算 $\overline{X}$ 和 S_{n-1}。

总体平均数的区间估计步骤：Analyze(分析)→Compare Means(比较均值)→One-sample T Test(单样本 t 检验)。在弹出的窗口中将估计变量输入"Test Variables"列表中，确定后输出结果。

总体平均数和总体标准差的区间估计还可以通过自抽样确定，步骤：Analyze(分析)→Descriptive Statistics(描述统计)→Descriptives(描述)。在弹出的窗口中单击"bootstrap"，勾选"Perform bootstrapping"，继续并确定，输出结果。

例 7.10 某研究人员从某幼儿园随机抽取 30 名幼儿，测得智商如表 7.1 所示。

表 7.1 30 名幼儿智商测试结果

幼儿	1	2	3	4	5	6	7	8	9	10
智商	105	112	107	102	123	115	109	113	106	105
幼儿	11	12	13	14	15	16	17	18	19	20
智商	110	116	101	109	102	96	121	101	113	103
幼儿	21	22	23	24	25	26	27	28	29	30
智商	99	104	112	105	114	97	102	106	105	126

试估计该幼儿园全体幼儿智商平均数和标准差的点估计值和 0.95 置信区间。

解：建立智商"IQ"变量，输入 30 名幼儿的智商数据。

按 Analyze(分析)→Descriptive Statistics(描述统计)→Descriptives(描述)等步骤操作，计算 30 名幼儿智商的平均值和标准差分别为：$\overline{X}=107.97$ 和 $S_{n-1}=7.41$，样本平均数和标准差的值即为全园幼儿智商平均数和标准差的点估计值。

按步骤 Analyze(分析)→Compare Means(比较均值)→One-sample T Test(单样本 t 检验)操作，在弹出的窗口中将智商变量"IQ"导入"Test Variables"列表中，确定后输出结果：

One-Sample Test

Test Value = 0

	t	df	Sig. (2-tailed)	Mean Difference	95% Confidence Interval of the Difference	
					Lower	Upper
IQ	79.790	29	.000	107.967	105.20	110.73

答：全园幼儿智商平均值的 0.95 置信区间为[105.20，110.73]。

按 Analyze(分析)→Descriptive Statistics(描述统计)→Descriptives(描述)步骤操作，在弹出的窗口中单击"bootstrap"，弹出窗口后勾选"Perform bootstrapping"，可以改变抽样次数，继续并确定，输出结果：

Descriptive Statistics

		Statistic	Bootstrap[a]			
			Bias	Std. Error	95% Confidence Interval	
					Lower	Upper
IQ	N	30	0	0	30	30
	Minimum	96				
	Maximum	126				
	Mean	107.97	.00	1.34	105.20	110.53
	Std. Deviation	7.411	-.156	.943	5.281	8.919
Valid N (listwise)	N	30	0	0	30	30

a. Unless otherwise noted, bootstrap results are based on 1000 bootstrap samples

答：总体平均数和标准差的 0.95 置信区间分别为[105.20，110.53]和[5.281，8.919]。

本章术语

点估计(point estimation)　　　　　无偏估计量(unbiased estimattor)
区间估计(interval estimation)　　　显著性水平(significance level)
置信度(confidence level)　　　　　置信区间(confidence interval，CI)
置信界限(confidence limits)

思考题

1. 什么是点估计？一个好的点估计值应该具有哪些特性？
2. 什么是区间估计？置信区间范围的大小与置信度的高低有什么关系？
3. 点估计和区间估计各有什么优缺点？
4. 随机抽取25名计算机专业大学生进行韦氏智力测验，智商测验结果的平均值为103.8，试估计计算机专业大学生韦氏智力测验结果的0.95和0.99置信区间。提示：已知韦氏智力测验结果的总体标准差 $\sigma = 16$。
5. 某中学50名高三学生的平均作业时间为每天110分钟，标准差为18分钟，试估计该中学高三学生完成作业平均用时的0.95置信区间。
6. 某大学随机抽取110名学生进行学习状态满意度自评，自评结果的平均分为80.3，标准差为9.1，试估计该大学学生学习状态满意度自评结果的0.95置信区间。
7. 从某幼儿园中班随机抽取30名幼儿，记录他们日常表达所用的词汇量，结果为平均用词352个，标准差为37个，试估计该幼儿园中班幼儿日常表达平均词汇量的0.95和0.99置信区间。
8. 某社区工作人员对社区内39个三代同住的家庭进行了调查，老年一代的幸福感平均分为78.6分，标准差为15.3分，试估计三代同住家庭中老年一代幸福感的平均分和标准差。提示：置信水平取0.95和0.99。
9. 从某职业中学随机抽取50名学生，他们的职业自我效能感测验得分的平均值为83.8，标准差是8.9，试估计该职业中学学生职业自我效能感的平均分和方差的0.95置信区间。
10. 从某社区随机抽取50名居民，测得他们的生活满意度指数如表7.2所示。

表7.2　50名居民的生活满意度指数

87	92	73	82	79	85	77	81	95	80
75	90	87	72	83	85	69	63	86	75
76	86	71	69	72	86	91	61	83	75
89	82	75	79	80	86	87	78	69	70
94	83	62	65	84	96	92	76	65	86

试确定全社区居民生活满意度指数的平均数和标准差的点估计和区间估计值。

第八章 假设检验

在心理与教育研究中，研究者经常希望了解两个总体参数的差异，而又没有必要或根本不可能对总体中的每个个体进行测试，因此，通常要从总体中抽取有代表性的样本，在获取样本数据后，通过样本统计量的差异推断总体参数之间是否存在差异。这种通过样本信息推断总体参数之间差异的过程就是假设检验(hypothesis testing)。

假设检验是推断统计中非常重要的内容，根据检验时总体分布形态是否已知，可将假设检验分为两类：基于总体分布和总体参数的一定条件所做的假设检验称为参数检验；在总体分布未知的条件下，推论总体特征的假设检验称为非参数检验。由于参数检验依据的数据信息更充分，在实际应用中，如果数据满足参数检验条件或数据转化后满足参数检验条件，都应尽可能采用参数检验。非参数检验主要依据数据的等级信息，将在十二章介绍。本章主要介绍参数检验的基本原理，以及有关平均数和方差的假设检验方法。

第一节 假设检验的基本原理

一、两种假设

在科学研究中，经常要根据已知理论和事实提出研究的假定性结果，这就是假设。假设检验的基本过程：首先对总体参数提出假设，然后根据样本分布理论和样本统计量的具体信息计算假设成立的概率，最后依据概率大小决定是否接受相应假设。

在科学研究中，研究者会根据已有理论和实际经验针对研究对象提出需要证实的预期假设，这种假设称为科学假设，统计学中称为研究假设，也称为对立假设或备择假设(alternative hypothesis)，用符号 H_1 表示。假设检验并不能对研究假设 H_1 进行直接证明，需要建立与之对立的假设，称为虚无假设(null hypothesis)，或称为零假设、无差假设、原假设、解消假设等，用符号 H_0 表示。虚无假设是总体参数没有差异的假设，研究者通常期待通过已知理论和样本信息做出拒绝虚无假设的推断，从而接受研究假设。因此，假设检验应用的是反证法。

总之，检验涉及的两种假设，分别是研究者希望证实的研究假设 H_1 和与其相反的虚无假设 H_0。检验过程是在假定虚无假设成立的前提下进行的，根据概率确定是否能够拒绝虚无假设。

例 8.1 A 大学对全校四年级学生的职业准备成熟度进行了测试，测试结果为正态分布，平均值 $\mu_0 = 77$ 分，标准差 $\sigma_0 = 12$ 分。某研究者随机抽取 B 大学的 50 名学生进行同一测试，测试结果的平均数为 $\overline{X} = 79$ 分。两个学校学生的职业准备成熟度是否存在显著差异？

解：依据题意，可通过 A 校的总体平均分和 B 校的样本平均分来检验两所学校的总体平均分是否存在差异。虚无假设是两所学校的总体平均分没有差异，H_0：$\mu_B = \mu_A$；研究假设和虚无假设相对立，两所学校的总体平均分有差异，H_1：$\mu_B \neq \mu_A$。

由于存在抽样误差，平均数为 79 分的样本可能来自平均数为 77 分的总体，也可能来自平均数不等于 77 分的总体。假设检验是在"H_0：$\mu_B = \mu_A$"的基础上进行的，即假设 B 大学的平均分也是 77 分，计算从总体平均分为 77 分的学校抽取容量为 50、平均分为 79 分的样本的概率，根据概率的大小，做出是否拒绝虚无假设 H_0 的决策。

二、假设检验中的小概率原理

在假设检验过程中，在虚无假设的基础上，依据已知理论和样本信息进行推断，判断是否可以拒绝虚无假设，进而做出是否接受研究假设的决策。

在假设检验过程中，研究者不能对总体参数的差异情况做出完全确定的判断，而是在一定概率的基础上做出决策，做出相应决策的依据是小概率事件的基本原理。小概率事件的基本原理认为，小概率事件在一次试验中几乎不可能发生。例如，人们普遍了解彩票的中奖率极低，购买彩票中奖是一个小概率事件，购买一次彩票几乎不可能中奖，所以，基本没有人抱着中奖的希望去购买彩票。那么，概率是多少的事件才是小概率事件呢？通常将概率小于或等于 0.05 的事件确定为小概率事件，假设检验中通常将 0.05、0.01 和 0.001 确定为小概率的三个水平。

在假设检验中，假定虚无假设成立，基于样本分布推断出从已知总体中抽取到已知样本的概率。如果确定是小概率，依据小概率事件的基本原理，小概率事件在一次试验中几乎不可能发生，而现在这个样本事件发生了，则证明假设前提不成立，从而否定虚无假设，接受研究假设。如果假设检验的推断结果得出获取已知样本的概率不是小概率，则在虚无假设下，很可能有已知样本存在，则不能否定虚无假设，也就不能接受研究假设。

在例 8.1 中，如果在"H_0：$\mu_B = \mu_A$"成立的前提下，通过抽样分布和样本信息得出抽取到已知样本的概率很小，比如小于 0.05，则做出否定虚无假设的决策，判断两所学校的平均值不一致。如果所得概率值不是小概率，大于 0.05，则说明在两所学校总体平均分一致的情况下，抽取到已知样本的可能性也不是很小，则不能否定虚无假设，判断两个学校测试结果的总体平均分一致。

三、假设检验中的两类错误

1. I 型错误和 II 型错误

由于假设检验是依据概率做出的推断，推断结果并非完全准确，有一定的犯错误的可能性。在虚无假设 H_0 的基础上，假设检验依据样本分布理论和样本信息推断出相应概率，做出拒绝或接受 H_0 的决策，推断结果如图 8.1 所示。

		事实	
		H_0 为真	H_0 为假
统计决策	拒绝 H_0	I 型错误(α)	正确
	接受 H_0	正确	II 型错误(β)

图 8.1 假设检验的推断

当 H_0 为真并且接受 H_0 时,以及当 H_0 为假并且拒绝 H_0 时,假设检验的统计决策是正确的。但是,当 H_0 为真而拒绝 H_0 时,以及当 H_0 为假而接受 H_0 时,假设检验的统计决策就犯了错误。如图 8.2 所示,当 H_0 为真时,如果拒绝 H_0,这时所犯的错误叫 I 型错误,又叫弃真错误,用 α 表示;当 H_0 为假时,如果接受 H_0,这时所犯的错误是 II 型错误,又叫取伪错误,用 β 表示。

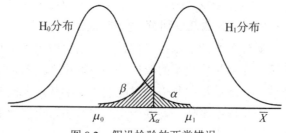

图 8.2 假设检验的两类错误

如果在虚无假设的基础上依据样本信息得出小概率,则否定虚无假设。但是,尽管虚无假设成立时抽取到已知样本的可能性很小,但毕竟还是有可能,因此,否定虚无假设有犯错误的可能,错误类型为 I 型错误。同样,如果在虚无假设的基础上,依据样本信息得出抽取到已知样本的概率不是小概率,则接受虚无假设,但是,尽管虚无假设成立时抽取到已知样本不是小概率事件,但是在虚无假设不成立时,也有抽取到已知样本的可能性,因此,这时接受虚无假设、拒绝研究假设也可能会犯错误,错误类型为 II 型错误。

假设检验问题又称显著性检验(significance test),将允许犯 I 型错误的概率 α 称为假设检验的显著性水平。在实际检验中,常取 $\alpha=0.05$,$\alpha=0.01$ 和 $\alpha=0.001$。如果拒绝虚无假设实际犯错的概率 $p\leqslant 0.05$,则表明差异在 0.05 水平上显著;如果拒绝虚无假设实际犯错的概率 $p\leqslant 0.01$ 或 $p\leqslant 0.001$,则分别表明差异在 0.01 和 0.001 水平上显著。

2. 两类错误 α 和 β 之间的关系

1) 要同时减小 α 和 β,需要增大样本容量

在其他条件确定的情况下,如果要降低犯 I 型错误的概率 α,需要增大临界值,这样,II 型错误的概率 β 将增大。同样,如果要减小 II 型错误的概率 β,需要减小临界值,这样 I 型错误 α 将增大。所以,在总体和样本条件确定的情况下,两类错误 α 和 β 不能同时减小。要同时减小 α 和 β,需要减小样本统计量抽样分布的标准误,减小标准误可以通过增大样本容量来实现。因此,增大样本容量,减小标准误,会使样本统计量分布更集中,尾部分布的面积减小,α 和 β 将同时减小。

2) α 和 β 的前提不同，α+β 不等于 1

假设检验中的两类错误分别是在拒绝和接受虚无假设时产生的，如果认为拒绝和接受虚无假设 H_0 包含所有情况，那么，两类错误的概率之和即 α+β 应该等于 1。这样的认识忽略了两类错误的前提条件不同。α 是拒绝 H_0、接受 H_1 所犯的错误，前提条件是 H_0 成立；而 β 是接受 H_0、拒绝 H_1 所犯的错误，前提条件是 H_1 成立。两类错误反映了不同的抽样分布下尾部的面积，尽管接受 H_0 和拒绝 H_0 包含全部区域，但不同分布下两部分的面积相加不会等于 1。

3) 统计检验力

一个好的假设检验应该同时考虑控制 α 和 β 两类错误的发生概率。在假设检验中，当拒绝 H_0、接受 H_1 时，既应该考虑拒绝 H_0 所犯的错误 α，又应该考虑正确接受 H_1 的概率(1−β)。在实际检验中，一般应注意控制 I 型错误 α。但是，在样本容量确定的情况下，如果 α 控制得过低，会造成 β 过大，从而导致正确接受 H_1 的概率不能达到应有的程度。正确接受 H_1 的概率(1−β)称为统计检验力(power of test)，表达式为

$$p = 1 - \beta$$

四、双侧检验与单侧检验

1. 双侧检验

假设检验有时只关注总体参数有无差异，而不关注参数之间的关系的倾向性，因此，研究目标只是检验两个参数有无差异。这时，H_0 的拒绝域在抽样分布的两侧，每侧为 α/2，这时的假设检验称为双侧检验(two-tailed test)，如图 8.3 所示，检验统计量大于右侧的临界值或者小于左侧的临界值都可以拒绝 H_0。

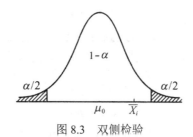

图 8.3 双侧检验

在双侧检验的虚无假设和研究假设中，参数之间的关系分为等于和不等于。例如，在例 8.1 中，如果 A、B 两所学校在学生职业规划方面提供的资源差异倾向不明显，或很难说哪所学校做得更好，则采用双侧检验。双侧检验的虚无假设和研究假设为

H_0: $\mu_1 = \mu_0$

H_1: $\mu_1 \neq \mu_0$

2. 单侧检验

如果已有信息表明总体参数的关系具有一定的倾向性，例如，总体 1 的平均数不会低于总体 0 的平均数，检验目的在于检验总体 1 的平均数是否高于总体 0 的平均数；或者，已知总体 1 的平均数不会高于总体 0 的平均数，检验目的在于检验总体 1 的平均数是否低于总

0 的平均数。这时的假设强调某一方向,这种检验称为单侧检验(one-tailed test),如图 8.4 所示。

在单侧检验的研究假设中,参数之间的关系分为小于或大于的关系。虚无假设经常采用"≤"或"≥"表示参数之间的关系,但实际检验时利用的是相等的条件。

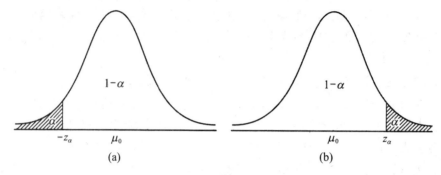

图 8.4 单侧检验

如果检验目的是检验样本总体平均数是否高于已知总体平均数,则虚无假设和研究假设为

$$H_0: \mu_1 \leqslant \mu_0$$
$$H_1: \mu_1 > \mu_0$$

在有些情况下,检验目的是检验样本总体平均数是否低于已知总体平均数,这时,单侧检验的假设为

$$H_0: \mu_1 \geqslant \mu_0$$
$$H_1: \mu_1 < \mu_0$$

在例 8.1 中,如果 B 学校在学生职业规划方面提供的资源明显优于 A 学校,则采用单侧检验,检验假设为

$$H_0: \mu_A \leqslant \mu_B$$
$$H_1: \mu_B > \mu_A$$

采用双侧检验还是单侧检验,主要看检验目的以及问题是否提供了关于参数相对大小的信息。双侧检验在实践中应用广泛,但是在有些情况下,双侧检验不一定符合实际情况。在实际研究中,研究者选用单侧检验还是双侧检验,要根据研究目的或依据已知信息的方向性,不可以根据自己的主观期望随意选用。

五、假设检验的一般步骤

一个完整的假设检验过程大致包括 5 个环节。
(1) 确定使用双侧检验还是单侧检验,建立虚无假设 H_0 和研究假设 H_1。
(2) 计算检验统计量的标准误。
(3) 分析样本统计量的抽样分布,根据样本信息计算检验统计量的值。
(4) 根据给定的显著性水平 α,查对应的分布表找出临界值。

(5) 做出统计推断，将计算出的检验统计量与临界值比较，确定是否可以拒绝 H_0。如果落在 H_0 的接受域内，就接受 H_0，拒绝 H_1；如果落在 H_0 的拒绝域内，则接受 H_1，拒绝 H_0。

第二节　平均数的显著性检验

平均数的显著性检验又称为单样本平均数的显著性检验，主要用于检验样本总体与已知总体平均数之间是否一致，或者说检验样本是否来自已知总体。如果差异显著，表明样本所代表的总体平均数(μ_1)与已知总体平均数(μ_0)存在差异，或者说样本平均数与总体平均数之间的差异不是由抽样误差引起的，样本不是来自已知总体。如果差异不显著，表明样本所代表的总体平均数(μ_1)与已知总体平均数(μ_0)一致，或者说样本平均数与总体平均数之间的差异是由抽样误差等引起的，样本来自已知总体。差异是否显著的结果是在一定的显著性水平下得出的。

在进行平均数的显著性检验时，根据样本平均数的抽样分布特征确定具体检验方法，而样本平均数的抽样分布则根据总体分布是否为正态分布、总体方差是否已知来确定。

一、总体分布为正态分布，总体方差 σ^2 已知

当总体分布为正态分布，总体方差 σ^2 已知时，样本平均数的抽样分布为正态分布，这时采用 Z 检验，检验公式为

$$Z = \frac{\overline{X} - \mu_0}{\frac{\sigma}{\sqrt{n}}} \tag{8.1}$$

在例 8.1 中，A 大学测试结果为正态分布，平均值为 $\mu_0 = 77$ 分，标准差为 $\sigma_0 = 12$ 分，B 大学的 50 名学生测试结果的平均数为 $\overline{X} = 79$ 分。要检验两个学校学生的职业准备成熟度是否存在显著差异，就属于总体为正态分布、总体方差已知的情况。以下为具体的检验过程。

(1) 建立假设。

H_0：$\mu_1 = \mu_0$

H_1：$\mu_1 \neq \mu_0$

(2) 计算样本平均数抽样分布的标准误。

总体标准差 σ 已知，计算样本平均数分布的标准误。

$$\sigma_{\overline{X}} = \frac{\sigma}{\sqrt{n}} = \frac{12}{\sqrt{50}} \approx 1.697$$

(3) 确定样本平均数的抽样分布形态，计算检验统计量。

$$Z = \frac{\overline{X} - \mu_0}{\sigma_{\overline{X}}} = \frac{79 - 77}{1.697} \approx 1.179$$

(4) 确定显著性水平，查表得出临界值。

此题为双侧检验，查附表 1 得出，临界值 $Z_{(0.05/2)}=1.96$。

(5) 做出统计推断。

因为 $Z=1.179<1.96$，所以 $p>0.05$，不能拒绝 H_0，如图 8.5 所示。

答：两个学校学生的职业准备成熟度差异不显著。

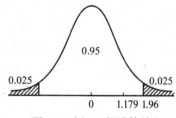

图 8.5　例 8.1 假设检验

例 8.2　某校期末语文考试成绩平均分为 83.6 分，标准差为 10.2 分，该校某班 49 名学生的平均成绩为 84.9 分，该班的平均成绩与全校成绩差异是否显著？(全校成绩分布为正态分布)

解：仅从成绩来看，该班学生的平均成绩 84.9 分高于全校平均成绩 83.6 分，这个差异可能由测试的随机误差引起，也可能由该班教师的管理方式、学生学习环境等与全校情况的差异引起，可采用假设检验分析问题。

(1) 建立假设。因为没有依据表明该班成绩好于或一定不差于全校平均成绩，故采用双侧检验。虚无假设和研究假设分别为

H_0：$\mu_1=\mu_0$

H_1：$\mu_1\neq\mu_0$

(2) 计算样本平均数抽样分布的标准误。因为总体标准差 σ 已知，计算样本平均数分布的标准误。

$$\sigma_{\overline{X}}=\frac{\sigma}{\sqrt{n}}=\frac{10.2}{\sqrt{49}}\approx 1.457$$

(3) 确定样本平均数的抽样分布形态，计算检验统计量。总体分布为正态分布，总体标准差 σ 已知，样本平均数为正态分布，计算检验统计量为 Z。

$$Z=\frac{\overline{X}-\mu_0}{\sigma_{\overline{X}}}=\frac{84.9-83.6}{1.46}\approx 0.890$$

(4) 确定显著性水平，查表得出临界值。此题为双侧检验，查附表 1 得出，临界值 $Z_{(0.05/2)}=1.96$。

(5) 做出统计推断。因为 $Z=0.890<1.96$，所以 $p>0.05$，不能拒绝 H_0。

答：该班学生的平均成绩与全校学生的平均成绩不存在显著差异。

例 8.3　有一种开发幼儿智力的教育方法颇为流行，某研究者从接受过该种教育的 6 岁幼儿中随机抽取 36 名进行比内智力测验，测得这些幼儿的平均智商为 103.1，试检验该种教育方法是否能开发幼儿的智力。(比内智力测验的常模：$\mu_0=100$，$\sigma=16$)

解：6 岁幼儿总体智力分布为正态分布，比内智力测验的常模为总体分布的平均数和标准差。所以，该问题符合总体分布为正态分布、总体方差已知的情况，检验统计量为 Z。本题检验该种教育方法是否能开发智力，是有倾向性的检验，因此采用单侧检验。

(1) 建立假设。

H_0：$\mu_1 \leqslant \mu_0$

H_1：$\mu_1 > \mu_0$

(2) 计算样本平均数抽样分布的标准误。

$$\sigma_{\overline{X}} = \frac{\sigma}{\sqrt{n}} = \frac{16}{\sqrt{36}} \approx 2.667$$

(3) 计算检验统计量。

$$Z = \frac{103.1 - 100}{2.667} \approx 1.162$$

(4) 确定显著性水平，查得临界值。

$\alpha=0.05$ 和 $\alpha=0.01$ 单侧检验的临界值分别为：$Z_{0.05}=1.645$，$Z_{0.01}=2.33$。

(5) 做出统计推断。

因为 $Z=1.162<1.645$，所以 $p>0.05$，差异不显著，不能拒绝 H_0。

答：没有充分证据表明该种教育方法能够开发幼儿智力。

二、总体分布为正态分布，总体方差 σ^2 未知

当总体分布为正态分布，总体方差 σ^2 未知时，样本平均数的抽样分布为 t 分布，t 分布的自由度为 $n-1$。此时，检验统计量为 t，有关假设检验称为 t 检验，检验公式为

$$t = \frac{\overline{X} - \mu_0}{\dfrac{S_{n-1}}{\sqrt{n}}} \tag{8.2a}$$

或

$$t = \frac{\overline{X} - \mu_0}{\dfrac{S}{\sqrt{n-1}}} \tag{8.2b}$$

例 8.4 已知某市中考体育项目中，男生立定跳远的平均成绩为 212.3 厘米，某校 81 名男生的平均成绩为 218.2 厘米，标准差为 26.3 厘米，该校男生的成绩是否显著高于全市平均成绩？(男生立定跳远的中考成绩分布符合正态分布)

解：男生立定跳远的中考成绩分布为正态分布，总体标准差未知，样本平均数的抽样分布为 t 分布。

(1) 建立假设。

H_0：$\mu_1 \leqslant \mu_0$

H_1：$\mu_1 > \mu_0$

(2) 计算样本平均数抽样分布的标准误。

$$\sigma_{\overline{X}} = \frac{S_{n-1}}{\sqrt{n}} = \frac{26.3}{\sqrt{81}} \approx 2.922$$

(3) 计算检验统计量。

$$t = \frac{\overline{X} - \mu_0}{\sigma_{\overline{X}}} = \frac{218.2 - 212.3}{2.922} \approx 2.019$$

(4) 确定临界值。

自由度 df=81-1=80

查表确定临界值，单侧检验的 $t_{(80)0.05}$ =1.667。

(5) 做出统计推断，如图 8.6 所示。

因为 t=2.019>1.667，所以 p<0.05，拒绝 H_0。

答：该校男生的立定跳远成绩显著高于全市平均成绩。

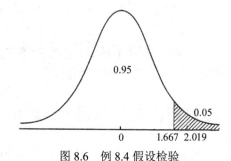

图 8.6　例 8.4 假设检验

例 8.5　某居委会调查小区业主对社区环境的评价情况，全体业主评价结果的平均数为 76.3 分，近 3 个月内新来的 10 名业主的评价结果为 85、76、82、78、71、88、70、68、91、83 分，试检验新来的 10 名业主与全小区业主的评价结果差异是否显著。(全小区业主的评价结果为正态分布)

解：题中的评价结果总体为正态分布，总体方差未知，样本平均数的分布为 t 分布。

计算 10 名新业主的评价结果的平均数 $\overline{X}$ =79.20，标准差 S_{n-1}=7.899。

(1) 建立假设。

H_0：$\mu_1 = \mu_0$

H_1：$\mu_1 \neq \mu_0$

(2) 计算标准误。

$$\sigma_{\overline{X}} = \frac{S_{n-1}}{\sqrt{n}} = \frac{7.899}{\sqrt{10}} \approx 2.498$$

(3) 计算检验统计量。

$$t = \frac{79.2 - 76.3}{2.498} \approx 1.161$$

(4) 确定显著性水平，查得临界值。

自由度 df=n-1=10-1=9

在 0.05 显著性水平下，单侧检验临界值 $t_{(9)0.05}=1.833$。

(5) 做出统计推断。

因为 $t=1.161<1.833$，所以 $p>0.05$，不能拒绝 H_0。

答：新业主对小区环境的评价结果与全小区业主的评价结果差异不显著。

三、总体为非正态分布

心理与教育科学研究涉及的指标总体一般都符合正态分布。但是，也会有一些总体不符合正态分布的情况，如难度过大或过小的测验的成绩、经过选择的群体的测试结果等。当总体分布不符合正态分布时，只有当样本容量较大时，样本平均数的抽样分布才趋近于正态分布或 t 分布。对于总体分布非正态、总体方差已知的情况，当 $n\geq30$ 或 $n\geq50$ 时，样本平均数的分布为渐近正态分布；对于总体分布非正态、总体方差未知的情况，当 $n\geq30$ 或 $n\geq50$ 时，样本平均数的分布为近似 t 分布。当 t 分布的自由度趋于无穷大时，t 分布趋于正态分布。所以，在实际应用中，当样本容量 n 很大时，即使总体方差未知，样本平均数的分布也按近似正态分布处理。样本平均数近似正态分布时，检验统计量用 Z' 表示，和 Z 的判断标准完全一致。

例 8.6 某省对初三学生进行毕业测验，学生成绩为负偏态分布，全体学生的平均成绩为 88.9 分，标准差为 7.5 分，某班 50 名学生的平均成绩为 92.6，该班学生的平均成绩是否显著高于全省平均成绩？

解：由于全省初三学生的成绩不符合正态分布，总体标准差 σ 已知，样本容量 $n=50$，样本平均数的分布渐近正态，可以采用近似 Z 检验。

(1) 建立假设。

H_0：$\mu_1 \leq \mu_0$

H_1：$\mu_1 > \mu_0$

(2) 计算标准误。

$$\sigma_{\bar{X}} = \frac{\sigma}{\sqrt{n}} = \frac{7.5}{\sqrt{50}} \approx 1.061$$

(3) 计算检验统计量。

$$Z' = \frac{92.6 - 88.9}{1.061} \approx 3.487$$

(4) 确定临界值。

单侧检验 0.05 显著性水平对应临界值 $Z_{0.01}=2.33$。

(5) 做出统计推断。

因为 $Z=3.487>2.33$，所以 $p<0.01$，拒绝 H_0。

答：该班学生的毕业考试平均成绩显著高于全省平均成绩。

例 8.7 某校一名教师得到另一所学校去年的高二全体学生测验试卷，测验平均成绩为 77.2 分，成绩不符合正态分布。该教师也对其所教班级的 68 名学生采用该试卷进行测试，平均分为 78.8 分，标准差为 13.5 分，试检验该班级学生成绩与另一所学校去年的测试结果差异是否显著。

解：测验成绩总体分布为非正态分布，总体方差未知，样本容量 $n=68>30$，样本平均数的抽样分布近似 t 分布，检验采用近似 t 检验。

(1) 建立假设。

H_0：$\mu_1 = \mu_0$

H_1：$\mu_1 \neq \mu_0$

(2) 计算标准误。

$$\sigma_{\overline{X}} = \frac{S}{\sqrt{n-1}} = \frac{13.5}{\sqrt{68-1}} \approx 1.649$$

(3) 计算检验统计量。

$$t = \frac{78.8 - 77.2}{1.649} \approx 0.970$$

(4) 确定临界值。

自由度 $df = n-1 = 68-1 = 67$

双侧检验临界值 $t_{(0.05/2)} = 2.00$

(5) 做出统计推断。

因为 $0.970 < 2.00$，所以 $p > 0.05$，不能拒绝 H_0，差异不显著。

答：该教师所教学生今年的测验平均成绩与去年另一所学校的平均成绩不存在显著差异。

第三节　平均数差异的显著性检验

平均数差异的显著性检验是根据两个样本平均数 $\overline{X}_1$ 和 $\overline{X}_2$ 的差异，检验两个样本总体平均数 μ_1 和 μ_2 的差异。通过两个样本平均数差异 ($\overline{X}_1 - \overline{X}_2$) 的抽样分布，来推断对应总体平均数的差异 ($\mu_1-\mu_2$) 情况。在检验过程中，需要确定两个样本平均数差异 ($\overline{X}_1 - \overline{X}_2$) 的分布形态，以及分布的标准误。与平均数的显著性检验相比，在抽样分布的形态描述和标准误的计算中，由于平均数差异的显著性检验涉及两个样本，需要考虑的条件更复杂一些。例如，需要考虑两个样本是相关还是独立，两个总体分布是不是正态分布，两个总体方差是否已知，两个总体方差是否相等。

一、两个独立样本平均数差异的显著性检验

如果两个样本的数据不存在一一对应的关系，这样的两个样本称为独立样本。例如，检验中文和数学两个专业学生的英语平均成绩的差异；检验大学一年级男生和女生的学习动机的差异；从两个社区随机抽样，检验两个社区居民生活满意度分数的差异；等等。这些问题涉及的两个样本都不存在一一对应的关系，都是独立样本。

两个独立样本平均数差异的抽样分布形态及标准误的计算与多项条件有关，包括两个总体分布是不是正态分布，两个总体方差是否已知，两个总体方差是否一致，等等。

1. 两个总体分布均为正态分布，两个总体方差均已知

当两个变量相互独立时，平均数差值的抽样分布的方差等于两个样本平均数抽样分布的方差之和，即 $\sigma_{\overline{X}_1-\overline{X}_2} = \sigma_{\overline{X}_1}^2 + \sigma_{\overline{X}_2}^2$，平均数差值的标准误公式为

$$\sigma_{\overline{X}_1-\overline{X}_2} = \sqrt{\frac{\sigma_1^2}{n_1} + \frac{\sigma_2^2}{n_2}} \tag{8.3}$$

独立样本平均数差异的显著性检验公式为

$$Z = \frac{\overline{X}_1 - \overline{X}_2}{\sigma_{\overline{X}_1-\overline{X}_2}} = \frac{\overline{X}_1 - \overline{X}_2}{\sqrt{\frac{\sigma_1^2}{n_1} + \frac{\sigma_2^2}{n_2}}} \tag{8.4}$$

例 8.8 某英语教师负责讲授大学理科专业两个班的科技英语写作课程，两个班的初始水平一致，人数均为 50 人。该教师在两个班的教学过程中分别施行不同的教学方法，两个班的期末平均成绩分别为 72.8 分和 75.1 分。测验采用的试题及评分细则来自标准化测验，该标准化测验的标准差为 12 分。试检验两个班的平均成绩差异是否显著。(两种教学方法的总体成绩均为正态分布)

解：两种教学方法的总体成绩均为正态分布，两个总体方差已知，采用 Z 检验。

(1) 建立假设。

H_0：$\mu_1 = \mu_2$

H_1：$\mu_1 \neq \mu_2$

(2) 计算标准误。

两个样本相互独立，两个总体方差均已知，计算样本平均数差值的抽样分布的标准误。

$$\sigma_{\overline{X}_1-\overline{X}_2} = \sqrt{\frac{\sigma_1^2}{n_1} + \frac{\sigma_2^2}{n_2}} = \sqrt{\frac{12^2}{50} + \frac{12^2}{50}} = 2.4$$

(3) 计算检验统计量。

$$Z = \frac{\overline{X}_1 - \overline{X}_2}{\sigma_{\overline{X}_1-\overline{X}_2}} = \frac{72.8 - 75.1}{2.4} \approx -0.958$$

(4) 确定临界值。

双侧检验临界值 $Z_{(0.05/2)} = 1.96$。

(5) 做出统计推断。

因为 0.958<1.96，所以 $p>0.05$，不能拒绝 H_0，差异不显著。

答：采用两种不同教学方法的两个班级的成绩差异不显著。

例 8.9 某研究者从其所在单位的幼儿园中选取两组幼儿进行比内智力测验($\sigma=16$)，两组幼儿的选取标准是参加大量户外活动和很少参加户外活动，人数分别为 11 人和 9 人，得到以下测试结果。试检验两组幼儿的智商差异是否显著。

户外活动丰富组：125 138 109 126 122 132 126 103 117 119 102
户外活动缺乏组：105 117 101 112 123 103 105 98 102

解：计算两组数据的平均数分别为：$\bar{X}_1 = 119.909$，$\bar{X}_2 = 107.333$

(1) 建立假设。

H_0：$\mu_1 \leqslant \mu_2$

H_1：$\mu_1 > \mu_2$

(2) 计算标准误。

两个样本相互独立，两个总体方差已知，计算样本平均数差值的抽样分布的标准误。

$$\sigma_{\bar{X}_1 - \bar{X}_2} = \sqrt{\frac{\sigma_1^2}{n_1} + \frac{\sigma_2^2}{n_2}} = \sqrt{\frac{16^2}{11} + \frac{16^2}{9}} \approx 7.191$$

(3) 计算检验统计量。

$$Z = \frac{\bar{X}_1 - \bar{X}_2}{\sigma_{\bar{X}_1 - \bar{X}_2}} = \frac{119.909 - 107.333}{7.191} \approx 1.749$$

(4) 确定临界值。

单侧检验临界值 $Z_{0.05} = 1.645$。

(5) 做出统计推断。

因为 1.749>1.645，所以 $p<0.05$，拒绝 H_0，差异显著。

答：参加丰富户外活动的幼儿，智商显著高于缺乏户外活动的幼儿。

2. 两个总体分布均为正态分布，两个总体方差均未知

当总体符合正态分布，总体方差未知时，两个样本平均数差值的抽样分布为 t 分布，假设检验采用 t 检验。在 t 检验之前，需要检验两个总体方差是否相等，据此选取对应的检验公式。

1) 两个总体方差相等

总体方差 σ^2 未知时，它的无偏估计 S_{n-1}^2 是最好的估计量。在平均数差异的显著性检验问题中，有两个样本和两个总体，两个总体方差相等时，则有 $\sigma_1^2 = \sigma_2^2$，这时尽管 $S_{n_1-1}^2$ 和 $S_{n_2-1}^2$ 都可以作为总体方差的估计量，但将两个样本方差联合起来估计总体方差更为合理，这个无偏估计量的加权平均值公式为

$$S_P^2 = \frac{(n_1-1)S_{n_1-1}^2 + (n_2-1)S_{n_2-1}^2}{(n_1-1)+(n_2-1)} = \frac{n_1 S_1^2 + n_2 S_2^2}{n_1+n_2-2} \tag{8.5}$$

两个样本平均数差值的抽样标准误公式为

$$\sigma_{\bar{X}_1 - \bar{X}_2} = \sqrt{\frac{S_P^2}{n_1} + \frac{S_P^2}{n_2}} = \sqrt{\frac{(n_1-1)S_{n_1-1}^2 + (n_2-1)S_{n_2-1}^2}{n_1+n_2-2} \cdot \frac{n_1+n_2}{n_1 n_2}} \tag{8.6a}$$

或

$$\sigma_{\bar{X}_1-\bar{X}_2} = \sqrt{\frac{n_1 S_1^2 + n_2 S_2^2}{n_1 + n_2 - 2} \cdot \frac{n_1 + n_2}{n_1 n_2}} \qquad (8.6b)$$

独立样本平均数差异的显著性检验公式为

$$t = \frac{\bar{X}_1 - \bar{X}_2}{\sigma_{\bar{X}_1-\bar{X}_2}} = \frac{\bar{X}_1 - \bar{X}_2}{\sqrt{\frac{(n_1-1)S_{n_1-1}^2 + (n_2-1)S_{n_2-1}^2}{n_1 + n_2 - 2} \cdot \frac{n_1 + n_2}{n_1 n_2}}} \qquad (8.7a)$$

或

$$t = \frac{\bar{X}_1 - \bar{X}_2}{\sqrt{\frac{n_1 S_1^2 + n_2 S_2^2}{n_1 + n_2 - 2} \cdot \frac{n_1 + n_2}{n_1 n_2}}} \qquad (8.7b)$$

例 8.10 某研究者对 36 名男生和 38 名女生进行了大学生业余时间管理测试,结果是男生的平均分为 38.2 分,标准差 S_{n_1-1} 为 6.73 分;女生的平均分为 39.8 分,标准差 S_{n_2-1} 为 6.82 分。试检验男生和女生业余时间管理的平均分差异是否显著。(男生和女生时间管理测试结果总体均为正态分布,男生测试结果的标准差与女生测试结果的标准差差异不显著)

解: 男生和女生业余时间管理测试分数总体均符合正态分布,两总体方差未知,采用 t 检验。

由于男生和女生两个样本相互独立,需要检验两个总体方差是否相等。本例已明确男生和女生测试结果的标准差差异不显著(检验方法在下节介绍),因此,两个总体方差相等。

(1) 建立假设。

H_0: $\mu_{男} = \mu_{女}$

H_1: $\mu_{男} \neq \mu_{女}$

(2) 计算标准误。

$$\sigma_{\bar{X}_1-\bar{X}_2} = \sqrt{\frac{(n_1-1)S_{n_1-1}^2 + (n_2-1)S_{n_2-1}^2}{n_1 + n_2 - 2} \cdot \frac{n_1 + n_2}{n_1 n_2}}$$

$$= \sqrt{\frac{(36-1) \times 6.73^2 + (38-1) \times 6.82^2}{36+38-2} \times \frac{36+38}{36 \times 38}} \approx 1.576$$

(3) 计算检验统计量。

$$t = \frac{\bar{X}_1 - \bar{X}_2}{\sigma_{\bar{X}_1-\bar{X}_2}} = \frac{38.2 - 39.8}{1.576} \approx -1.015$$

(4) 确定临界值。

自由度 df=n_1+n_2-2=36+38-2=72

双侧检验临界值 $t_{(0.05/2, 72)}$=2.000

(5) 做出统计判断。

因为 1.015<2.000，所以 $p>0.05$，不能拒绝 H_0。

答：男生和女生的业余时间管理测试分数差异不显著。

例 8.11 某研究者针对两种家庭教养方式，各选取 10 名中学生进行亲社会行为倾向测试，并对测试结果进行了统计：$\overline{X}_1 = 77.6$，$S_1 = 8.16$；$\overline{X}_2 = 85.9$，$S_2 = 8.31$。试检验在两种家庭教养方式下，中学生的亲社会行为倾向差异是否显著。(在两种家庭教养方式下，中学生的亲社会行为倾向分数总体均为正态分布，两个总体方差齐性)

解：两个总体均符合正态分布，两个总体方差未知，采用 t 检验。

两种家庭教养方式下的中学生样本为独立样本，两个总体方差齐性。

(1) 建立假设。

H_0：$\mu_1 = \mu_2$

H_1：$\mu_1 \neq \mu_2$

(2) 计算标准误。

$$\sigma_{\overline{X}_1-\overline{X}_2} = \sqrt{\frac{n_1 S_1^2 + n_2 S_2^2}{n_1 + n_2 - 2} \cdot \frac{n_1 + n_2}{n_1 n_2}}$$

$$= \sqrt{\frac{10 \times 8.16^2 + 10 \times 8.31^2}{10 + 10 - 2} \times \frac{10 + 10}{10 \times 10}} \approx 3.882$$

(3) 计算检验统计量。

$$t = \frac{\overline{X}_1 - \overline{X}_2}{\sigma_{\overline{X}_1-\overline{X}_2}} = \frac{77.6 - 85.9}{3.882} \approx -2.138$$

(4) 确定临界值。

自由度 $df = n_1 + n_2 - 2 = 10 + 10 - 2 = 18$

双侧检验临界值 $t_{(0.05/2, 72)} = 2.101$。

(5) 做出统计推断。

因为 2.138>2.101，所以 $p<0.05$，拒绝 H_0。

答：两种家庭教养方式下的中学生亲社会行为倾向测试分数差异显著。

2) 两个总体方差不等

当两个总体方差不等时，两个独立样本平均数差值的抽样分布不符合正态分布，也不符合 t 分布，这是一个统计学的著名问题，即贝赫兰斯-费希尔(Behrens-Fisher)问题。统计学研究者对此时的平均数差异的显著性检验问题做了大量研究，提出了多种检验方法，其中应用较多的是柯克兰-柯克斯 t 检验(Cochran-Cox t-test)，检验公式为

$$t' = \frac{\overline{X}_1 - \overline{X}_2}{\sqrt{\frac{S_{n_1-1}^2}{n_1} + \frac{S_{n_2-1}^2}{n_2}}} \tag{8.8a}$$

或

$$t' = \frac{\overline{X}_1 - \overline{X}_2}{\sqrt{\dfrac{S_1^2}{n_1-1} + \dfrac{S_2^2}{n_2-1}}} \tag{8.8b}$$

t' 的临界值不能直接查表得出，计算公式为

$$t'_\alpha = \frac{t_{1(\alpha)}\sigma_{\overline{X}_1}^2 + t_{2(\alpha)}\sigma_{\overline{X}_2}^2}{\sigma_{\overline{X}_1}^2 + \sigma_{\overline{X}_2}^2} \tag{8.9}$$

例 8.12 某研究小组对 5 年级小学生进行创造力测试，35 名城市学生的测试结果的平均数和标准差 S_{n_1-1} 分别为 82.3 和 6.36，32 名农村学生的测试结果的平均数和标准差 S_{n_2-1} 分别为 80.8 和 12.96。试检验城市学生和农村学生的创造力差异是否显著。(城市和农村 5 年级小学生两个总体的创造力均为正态分布，两个群体的方差差异显著)

解： 两个总体均符合正态分布，两个总体方差未知，采用 t 检验。

城市 5 年级小学生和农村 5 年级小学生为两个独立样本，两个总体方差不等。

(1) 建立假设。

H_0：$\mu_1 = \mu_2$

H_1：$\mu_1 \neq \mu_2$

(2) 计算检验统计量。

$$t' = \frac{\overline{X}_1 - \overline{X}_2}{\sqrt{\dfrac{S_{n_1-1}^2}{n_1} + \dfrac{S_{n_2-1}^2}{n_2}}} = \frac{82.3 - 80.8}{\sqrt{\dfrac{6.36^2}{35} + \dfrac{12.96^2}{32}}} \approx 0.593$$

(3) 确定临界值。

$\mathrm{df}_1 = n_1 - 1 = 35 - 1 = 34$，$t_{1(0.05)} = 2.032$

$\mathrm{df}_2 = n_2 - 1 = 32 - 1 = 31$，$t_{2(0.05)} = 2.040$

$$\sigma_{\overline{X}_1}^2 = \frac{S_{n_1-1}^2}{n_1} = \frac{6.36^2}{35} \approx 1.156$$

$$\sigma_{\overline{X}_2}^2 = \frac{S_{n_2-1}^2}{n_2} = \frac{12.96^2}{32} \approx 5.249$$

$$t'_\alpha = \frac{t_{1(\alpha)}\sigma_{\overline{X}_1}^2 + t_{2(\alpha)}\sigma_{\overline{X}_2}^2}{\sigma_{\overline{X}_1}^2 + \sigma_{\overline{X}_2}^2} = \frac{2.032 \times 1.156 + 2.040 \times 5.249}{1.156 + 5.249} \approx 2.039$$

(4) 做出统计推断。

因为 0.593 < 2.039，所以 $p > 0.05$，不能拒绝 H_0，差异不显著。

答： 城市和农村 5 年级小学生的创造力平均水平差异不显著。

3. 两个总体分布为非正态分布

当总体分布非正态分布，且 $n>30$ 时，如果总体方差已知，进行近似 Z 检验；如果总体方差未知，用样本方差代替总体方差，进行近似 t 检验，具体的检验公式为

$$Z' = \frac{\bar{X}_1 - \bar{X}_2}{\sqrt{\dfrac{\sigma_1^2}{n_1} + \dfrac{\sigma_2^2}{n_2}}} \tag{8.10}$$

$$t' = \frac{\bar{X}_1 - \bar{X}_2}{\sqrt{\dfrac{S_{n_1-1}^2}{n_1} + \dfrac{S_{n_2-1}^2}{n_2}}} \tag{8.11}$$

二、两个相关样本平均数差异的显著性检验

如果两个样本的数据之间存在一一对应的关系，这两个样本称为相关样本。平均数差异的显著性检验的目的是对两个样本平均数的差异进行显著性检验，因此，两个样本是同一指标的测试结果才有意义。这时，相关样本一般有两种情况：一是两个样本的数据是对同一组被试的两次测试结果。比如，对同一组新生，在入学一个月和入学一个学期时，前后两次测试其学校适应程度的分数，每个学生前后两次的测试分数形成一一对应的关系；另一种情况是两个样本来自两组一一对应的被试。比如，测试若干对育龄夫妻，调查他们对于生育三胎的意愿程度，每对夫妻的测试结果形成一一对应的关系。

1. 两个总体分布均为正态分布，两个总体方差均已知

在两个总体分布均为正态分布，两个总体方差 σ_1^2 和 σ_2^2 已知的条件下，相关样本平均数差值 $(\bar{X}_1 - \bar{X}_2)$ 的抽样分布符合正态分布，因此，检验统计量为 Z 分数。当两个相关样本之间的相关系数 r 已知时，两个平均数差值的抽样分布标准误的计算公式为

$$\sigma_{\bar{X}_1 - \bar{X}_2} = \sqrt{\frac{\sigma_1^2 + \sigma_2^2 - 2r\sigma_1\sigma_2}{n}} \tag{8.12}$$

检验统计量的计算公式为

$$Z = \frac{\bar{X}_1 - \bar{X}_2}{\sqrt{\dfrac{\sigma_1^2 + \sigma_2^2 - 2r\sigma_1\sigma_2}{n}}} \tag{8.13}$$

例 8.13 某大学对新招收的 30 名外国留学生进行 2 个月的汉语培训，培训前后分别进行汉语水平测试，测试结果平均数分别为 67.2 分和 73.3 分，两次成绩的相关系数为 0.67。如果采用的标准化测试试卷的标准差常模为 15 分，试检验培训后这批留学生的汉语成绩是否有明显提高。(假设培训前后留学生总体测试成绩均为正态分布)

解： 题中 30 名留学生前后两次测试结果属于两个相关样本。两个总体均为正态分布，两

个总体方差已知,两个样本平均数差值的抽样分布为正态分布,采用 Z 检验。

(1) 建立假设。

H_0: $\mu_1 \geq \mu_2$

H_1: $\mu_1 < \mu_2$

(2) 计算标准误。

$$\sigma_{\overline{X}_1-\overline{X}_2} = \sqrt{\frac{\sigma_1^2 + \sigma_2^2 - 2r\sigma_1\sigma_2}{n}} = \sqrt{\frac{15^2 + 15^2 - 2 \times 0.67 \times 15 \times 15}{30}} \approx 2.225$$

(3) 计算检验统计量。

$$Z = \frac{\overline{X}_1 - \overline{X}_2}{\sigma_{\overline{X}_1-\overline{X}_2}} = \frac{73.3 - 67.2}{2.225} \approx 2.742$$

(4) 确定临界值。

单侧检验临界值 $Z_{0.01} = 2.33$

(5) 做出统计推断。

因为 $Z = 2.742 > 2.33$,$p < 0.01$,拒绝 H_0。

答:经过 2 个月的培训,留学生的汉语水平有了显著提高。

2. 两个总体分布均为正态分布,两个总体方差均未知

1) 相关系数已知

当两个总体分布均为正态分布,两个总体方差 σ_1^2 和 σ_2^2 均未知时,两个样本平均数差值的抽样分布符合 df=n-1 的 t 分布。两个样本平均数差值的抽样分布的标准误为

$$\sigma_{\overline{X}_1-\overline{X}_2} = \sqrt{\frac{S_{n_1-1}^2 + S_{n_2-1}^2 - 2rS_{n_1-1}S_{n_2-1}}{n}} \tag{8.14a}$$

或

$$\sigma_{\overline{X}_1-\overline{X}_2} = \sqrt{\frac{S_1^2 + S_2^2 - 2rS_1S_2}{n-1}} \tag{8.14b}$$

检验统计量的公式为

$$t = \frac{\overline{X}_1 - \overline{X}_2}{\sqrt{\frac{S_{n_1-1}^2 + S_{n_2-1}^2 - 2rS_{n_1-1} + S_{n_2-1}}{n}}} \tag{8.15a}$$

$$t = \frac{\overline{X}_1 - \overline{X}_2}{\sqrt{\frac{S_1^2 + S_2^2 - 2rS_1S_2}{n-1}}} \tag{8.15b}$$

例 8.14 某研究者在其所在社区抽取 50 位老年人进行养老意愿调查，他们对入住养老院方式的评价平均分为 63.2 分，标准差为 13.6 分。针对这一问题，研究者又对他们的子女进行调查，结果平均分为 75.1 分，标准差为 10.2 分。老人和子女评价结果的相关系数为 0.56，试检验老人和子女对入住养老院养老方式的评价结果差异是否显著。(老人与子女两组评价结果总体均为正态分布)

解：老人和子女两组评价结果有一一对应关系，两个样本为相关样本。两个总体分布均为正态分布，总体方差未知，两组样本平均数差值的抽样分布符合 t 分布，采用 t 检验。

(1) 建立假设。

H_0：$\mu_1 = \mu_2$

H_1：$\mu_1 \neq \mu_2$

(2) 计算标准误。

$$\sigma_{\overline{X}_1 - \overline{X}_2} = \sqrt{\frac{S_1^2 + S_2^2 - 2rS_1S_2}{n-1}} = \sqrt{\frac{13.6^2 + 10.2^2 - 2 \times 0.56 \times 13.6 \times 10.2}{50-1}} = 1.651$$

(3) 计算检验统计量。

$$t = \frac{\overline{X}_1 - \overline{X}_2}{\sigma_{\overline{X}_1 - \overline{X}_2}} = \frac{75.1 - 63.2}{1.651} \approx 7.208$$

(4) 确定临界值。

df=n-1=50-1=49

双侧检验临界值 $t_{(0.001/2, 49)}$ =3.510

(5) 做出统计推断。

因为 7.208>3.510，所以 $p<0.001$，拒绝 H_0。

答：老年人与子女对入住养老院养老方式的评价结果差异极其显著。

2) 相关系数未知

两个相关样本平均数差异的显著性检验可以转化为平均数显著性检验，两个样本平均数 $\overline{X}_1$ 和 $\overline{X}_2$ 的差异显著性检验，与在 $\mu_1 = \mu_2$ 的假设前提下，两个样本平均数的差异 $(\overline{X}_1 - \overline{X}_2)$ 与两个总体平均数的差异$(\mu_1 = \mu_2)$的差异显著性检验等同，也与 $\overline{d}$ 与 0 的差异显著性检验等同，其中 $d_i = X_{1i} - X_{2i}$。

已知两个相关样本每对数据的差值 d_i，则差值的标准误计算公式为

$$\sigma_{\overline{X}_1 - \overline{X}_2} = \sigma_{\overline{d}} = \frac{S_{d_{n-1}}}{\sqrt{n}} \tag{8.16a}$$

$$\sigma_{\overline{X}_1 - \overline{X}_2} = \sigma_{\overline{d}} = \frac{S_d}{\sqrt{n-1}} \tag{8.16b}$$

检验统计量公式为

$$t = \frac{\overline{X}_1 - \overline{X}_2}{\sigma_{\overline{X}_1 - \overline{X}_2}} = \frac{\overline{d}}{\sigma_{\overline{d}}} \qquad (8.17)$$

例 8.15 对 10 名被试测试他们对两种视觉简单刺激信号的反应时，测试结果如表 8.1 所示。试检验两种刺激信号的视觉反应时差异是否显著。(已知两个刺激信号测试结果总体均为正态分布)

表 8.1 10 名被试对两种视觉简单刺激信号的反应时

被试	1	2	3	4	5	6	7	8	9	10
反应时 1/ms	126	132	128	148	129	132	151	117	145	152
反应时 2/ms	122	135	123	139	126	133	146	115	146	144
d_i	4	-3	5	9	3	-1	5	2	-1	8

解：(1) 建立假设。

H_0: $\mu_1 = \mu_2$

H_1: $\mu_1 \neq \mu_2$

(2) 计算标准误。

对同一批被试测试两种刺激信号的反应时，两个测试结果样本为相关样本。两个总体为正态分布，两个总体方差未知，相关样本的平均数差值的抽样分布符合 t 分布，采用 t 检验。

计算被试两种刺激信号反应时的差值，并计算其平均数和标准差，得出以下结果。

$\overline{X}_1 = 136$，$S_1 = 12.074$，$\overline{X}_2 = 132.9$，$S_2 = 11.197$，$\overline{d} = 3.1$，$S_{d_{n-1}} = 3.929$

$$\sigma_{\overline{d}} = \frac{S_{d_{n-1}}}{\sqrt{n}} = \frac{3.929}{\sqrt{10}} \approx 1.242$$

(3) 计算检验统计量。

$$t = \frac{\overline{X}_1 - \overline{X}_2}{\sigma_{\overline{X}_1 - \overline{X}_2}} = \frac{\overline{d}}{\sigma_{\overline{d}}} = \frac{3.1}{1.242} \approx 2.496$$

(4) 确定临界值。

双侧检验临界值 $t_{(0.05/2, 9)} = 2.262$

(5) 做出统计推断。

因为 2.496>2.262，所以 $p<0.05$，拒绝 H_0。

答：两种刺激信号下被试反应时的平均值差异显著。

例 8.16 某初二年级班主任想了解在学生家庭中，母亲对孩子的评价是否比父亲更高，从其所教的班级中随机抽取 12 名学生，对家长做了测试，结果如表 8.2 所示。试帮助该老师完成检验。(假设父亲和母亲对孩子的评价结果总体均为正态分布)

表8.2　12名学生家长的测试结果

学生	1	2	3	4	5	6	7	8	9	10	11	12
父亲	85	70	90	86	95	86	65	75	76	89	96	83
母亲	88	75	82	88	91	90	71	72	85	88	98	82
d_i	-3	-5	8	-2	4	-4	-6	3	-9	1	-2	1

解： (1) 建立假设。

H_0: $\mu_{母} \leq \mu_{父}$

H_1: $\mu_{母} > \mu_{父}$

(2) 计算标准误。

父亲和母亲对孩子的评价成绩组成两个相关样本，两个总体均为正态分布，两个总体方差未知，相关样本的平均数差值的抽样分布符合 t 分布，假设检验采用 t 检验。

计算父亲和母亲评价结果的差值，并计算其平均数和标准差，得出以下结果。

$\overline{X_{母}} = 84.167$，$S_{母} = 8.156$，$\overline{X_{父}} = 83$，$S_{父} = 9.658$，$\overline{d} = -1.167$，$S_{d_{n-1}} = 4.764$

$$\sigma_{\overline{d}} = \frac{S_{d_{n-1}}}{\sqrt{n}} = \frac{4.764}{\sqrt{12}} \approx 1.375$$

(3) 计算检验统计量。

$$t = \frac{\overline{d}}{\sigma_{\overline{d}}} = \frac{-1.176}{1.375} \approx -0.855$$

(4) 确定临界值。

自由度 df=n-1=12-1=11

单侧检验临界值 $t_{(0.05, 11)}$=1.796

(5) 做出统计推断。

因为-0.855<1.796，所以 $p>0.05$，拒绝 H_0。

答： 初二学生的父亲和母亲对孩子的评价分数差异不显著。

3. 两个总体分布为非正态分布

当两个总体分布为非正态分布时，如果两个总体方差已知，样本容量满足 $n \geq 30$，两个样本平均数差值的抽样分布为渐进正态分布，样本平均数差异的显著性检验公式为

$$Z' = \frac{\overline{X}_1 - \overline{X}_2}{\sqrt{\dfrac{\sigma_1^2 + \sigma_2^2 - 2r\sigma_1\sigma_2}{n}}} \tag{8.18}$$

$$Z' = \frac{\overline{d}}{\dfrac{S_d}{\sqrt{n-1}}} \tag{8.19}$$

当两个总体分布为非正态分布时，如果两个总体方差未知，样本容量满足 $n \geq 30$，两个样本平均数差值的抽样分布为近似 t 分布，样本平均数差异的显著性检验公式为

$$t = \frac{\bar{X}_1 - \bar{X}_2}{\sqrt{\dfrac{S_1^2 + S_2^2 - 2rS_1S_2}{n-1}}} \tag{8.20}$$

$$t = \frac{\bar{d}}{\dfrac{S_d}{\sqrt{n-1}}} \tag{8.21}$$

$$df = n-1$$

例 8.17 某校体育专业 70 名学生分别在大一和大二年级刚开学时参加了身体素质测试，两次测试结果差值的平均分和标准差分别为：$\bar{d} = 3.2$，$S_d = 2.63$。两次测试结果是否有显著差异？(假设体育专业学生大一及大二年级身体素质测试结果总体均为非正态分布)

解：总体分布非正态，总体方差未知，$n=70>30$，两个样本差值平均数的抽样分布为近似 t 分布。

$$t = \frac{\bar{d}}{\dfrac{S_d}{\sqrt{n-1}}} = \frac{3.2}{\dfrac{2.63}{\sqrt{70-1}}} \approx 10.094$$

$df = n-1 = 70-1 = 69$

对应 0.001 显著性水平的临界值为 $t_{(0.001, 69)} = 2.346$

$t = 10.094 > 2.346$，$p<0.001$，拒绝 H_0。

答：该校体育专业学生大一和大二年级的身体素质测试结果差异极其显著。

第四节　方差及方差差异的显著性检验

一、方差的显著性检验

方差的显著性检验是通过一个样本方差和一个总体方差，检验样本总体方差与已知总体方差是否一致。由于样本方差与总体方差之比的抽样分布符合卡方分布，即

$$\chi^2 = \frac{nS^2}{\sigma_0^2} \tag{8.22}$$

如果 $\chi^2 > \chi_{\alpha/2}^2$ 或 $\chi^2 < \chi_{(1-\alpha/2)}^2$，则样本总体方差与已知总体方差不一致；如果 $\chi_{(1-\alpha/2)}^2 < \chi^2 < \chi_{\alpha/2}^2$，则样本总体方差与已知总体方差相等。

例 8.18 某中学对全校初一学生进行自我管理能力测验，测验结果标准差为 16.96 分。某班有学生 31 人，测验结果标准差为 11.20 分。该班学生测验结果方差与全年级学生测验结果方差差异是否显著？

解：该问题是方差的显著性检验问题，已知统计量：$\sigma_0 = 16.96$，$S = 11.20$，$n = 31$。

(1) 建立假设。

H_0: $\sigma^2 = \sigma_0^2$

H_1: $\sigma^2 \neq \sigma_0^2$

(2) 计算检验统计量。

$$\chi^2 = \frac{nS^2}{\sigma_0^2} = \frac{31 \times 11.20^2}{16.96^2} \approx 13.519$$

(3) 确定临界值。

df=n-1=31-1=30

$\chi^2_{(0.025,30)} = 47.0$

$\chi^2_{(0.025,30)} = 16.8$

13.519<16.8，$p<0.05$，拒绝 H_0，差异显著。

答：该班学生自我管理测验结果方差与全校学生测验结果方差差异显著。

二、方差差异的显著性检验

已知两个样本的方差，如果要检验两个样本总体方差是否一致，要考虑两个样本是独立样本还是相关样本。两个样本相互独立时，两个方差之比的抽样分布符合 F 分布；两个样本相关时，两个方差差值的抽样分布符合 t 分布。

1. 两个独立样本的方差齐性检验

在检验两个独立样本平均数的差异显著性时，需要对两个样本总体方差进行齐性检验。方差齐性是指两个总体方差相等。具体检验过程如下所述。

1) 提出假设

H_0: $\sigma_1^2 = \sigma_2^2$

H_1: $\sigma_1^2 \neq \sigma_2^2$

2) 计算检验统计量

$$F = \frac{S_{大}^2}{S_{小}^2} \tag{8.23}$$

3) 查表求临界值

根据两个样本的自由度 $df_{大} = n_{大} - 1$ 和 $df_{小} = n_{小} - 1$，查附表 3 得到 F 的临界值。

4) 做出统计推断

当 $F > F_{(\alpha/2)}$ 时，$p < \alpha$，拒绝 $\sigma_1^2 = \sigma_2^2$，两个方差差异显著；当 $F < F_{(\alpha/2)}$ 时，$p > \alpha$，接受 $\sigma_1^2 = \sigma_2^2$，两个方差一致。

例 8.19 某小学六年级某班有 21 名男生和 25 名女生,男生身高的标准差为 7.3 厘米,女生身高的标准差为 10.8 厘米,男生和女生身高的方差差异是否显著?

解:(1) 建立假设。

H_0: $\sigma^2_{男生} = \sigma^2_{女生}$

H_1: $\sigma^2_{男生} \neq \sigma^2_{女生}$

(2) 计算 F 值。

$$F = \frac{S^2_{女生}}{S^2_{男生}} = \frac{11.8^2}{7.3^2} \approx 2.613$$

(3) 确定临界值。

分子自由度 $df_1 = n_{女生} - 1 = 21 - 1 = 20$,分母自由度 $df_2 = n_{男生} - 1 = 25 - 1 = 24$

查附表 3 得到临界值 $F_{(20, 24)0.05} = 2.33$

(4) 做出统计推断。

$2.613 > 2.33$,$p < 0.05$,拒绝 H_0,差异显著。

答:该小学六年级男生和女生身高的方差差异显著,女生身高的离散程度大于男生。

2. 两个相关样本的方差齐性检验

检验两个相关样本的方差齐性,采用 t 检验,检验公式为

$$t = \frac{S^2_1 - S^2_2}{\sqrt{\frac{4S^2_1 S^2_2 (1-r)^2}{n-2}}} \tag{8.24}$$

式中:S^2_1 和 S^2_2 表示两个样本方差;

r 表示两个样本的相关系数;

n 表示样本容量。

对应 t 分布的自由度 $df = n - 2$。

例 8.20 某初中二年级某班前后两学期的语文课程由教学风格差异很大的两位老师负责,全班 32 名学生对两位老师的喜欢程度进行评价,评价结果的相关系数为 0.37,标准差分别为 12.7 和 7.6。学生对两位老师的评价结果的方差差异是否显著?

解:(1) 提出假设。

H_0: $\sigma^2_1 = \sigma^2_2$

H_1: $\sigma^2_1 \neq \sigma^2_2$

(2) 计算检验统计量。

$$t = \frac{S^2_1 - S^2_2}{\sqrt{\frac{4S^2_1 S^2_2 (1-r)^2}{n-2}}} = \frac{12.7^2 - 7.6^2}{\sqrt{\frac{4 \times 12.7^2 \times 7.6^2 \times (1-0.37)^2}{32-2}}} \approx 4.663$$

(3) 确定临界值。

自由度 df=n-2=32-2=30

临界值 $t_{(0.001/2, 30)}$=3.646

(4) 做出统计推断。

4.663>3.646,p<0.001,拒绝 H_0,差异极其显著。

答:学生对两位老师的评价结果的方差差异极其显著。

为了便于学习和应用,在此总结本章提及的检验方法,如表 8.3、表 8.4 所示。

表 8.3 平均数的显著性检验

总体分布	总体 σ	检验方法	检验公式
正态分布	已知	Z 检验	$Z = \dfrac{\overline{X} - \mu_0}{\dfrac{\sigma}{\sqrt{n}}}$
	未知	t 检验	$t = \dfrac{\overline{X} - \mu_0}{\dfrac{S_{n-1}}{\sqrt{n}}} = \dfrac{\overline{X} - \mu_0}{\dfrac{S}{\sqrt{n-1}}}$
非正态 ($n \geq 30$)	已知	近似 Z 检验	$Z' = \dfrac{\overline{X} - \mu_0}{\dfrac{\sigma}{\sqrt{n}}}$
	未知	近似 t 检验	$t' = \dfrac{\overline{X} - \mu_0}{\dfrac{S_{n-1}}{\sqrt{n}}} = \dfrac{\overline{X} - \mu_0}{\dfrac{S}{\sqrt{n-1}}}$

表 8.4 平均数差异的显著性检验

样本	总体分布	总体 σ	检验方法	检验公式
独立样本	正态	已知	Z 检验	$Z = \dfrac{\overline{X}_1 - \overline{X}_2}{\sqrt{\dfrac{\sigma_1^2}{n_1} + \dfrac{\sigma_2^2}{n_2}}}$
		未知 $\sigma_1^2 = \sigma_2^2$	t 检验 df=n_1+n_2-2	$t = \dfrac{\overline{X}_1 - \overline{X}_2}{\sqrt{\dfrac{n_1 S_1^2 + n_2 S_2^2}{n_1 + n_2 - 2} \cdot \dfrac{n_1 + n_2}{n_1 n_2}}}$
		未知 $\sigma_1^2 \neq \sigma_2^2$	t' 检验 $t_a' = \dfrac{t_{1(a)} \sigma_{\overline{X}_1}^2 + t_{2(a)} \sigma_{\overline{X}_2}^2}{\sigma_{\overline{X}_1}^2 + \sigma_{\overline{X}_2}^2}$	$t' = \dfrac{\overline{X}_1 - \overline{X}_2}{\sqrt{\dfrac{S_1^2}{n_1 - 1} + \dfrac{S_2^2}{n_2 - 1}}}$
	非正态 ($n \geq 30$)	已知	Z' 检验	$Z' = \dfrac{\overline{X}_1 - \overline{X}_2}{\sqrt{\dfrac{\sigma_1^2}{n_1} + \dfrac{\sigma_2^2}{n_2}}}$
		未知	t' 检验,df=n_1+n_2-2 或 Z' 检验	$t' = \dfrac{\overline{X}_1 - \overline{X}_2}{\sqrt{\dfrac{S_{n_1-1}^2}{n_1} + \dfrac{S_{n_2-1}^2}{n_2}}} = \dfrac{\overline{X}_1 - \overline{X}_2}{\sqrt{\dfrac{S_1^2}{n_1 - 1} + \dfrac{S_2^2}{n_2 - 1}}}$

(续表)

样本	总体分布	总体 σ	检验方法	检验公式
相关样本	正态	已知	Z 检验	$Z = \dfrac{\overline{X}_1 - \overline{X}_2}{\sqrt{\dfrac{\sigma_1^2 + \sigma_2^2 - 2r\sigma_1\sigma_2}{n}}}$
		未知	t 检验 df=n-2	$t = \dfrac{\overline{X}_1 - \overline{X}_2}{\sqrt{\dfrac{n_1 S_1^2 + n_2 S_2^2}{n_1 + n_2 - 2} \cdot \dfrac{n_1 + n_2}{n_1 n_2}}}$
	非正态 ($n \geq 30$)	已知	Z' 检验	$Z' = \dfrac{\overline{X}_1 - \overline{X}_2}{\sqrt{\dfrac{\sigma_1^2 + \sigma_2^2 - 2r\sigma_1\sigma_2}{n}}}$
		未知	t' 检验,df=n-2 或 Z' 检验	$t' = \dfrac{\overline{X}_1 - \overline{X}_2}{\sqrt{\dfrac{S_1^2 + S_2^2 - 2rS_1 S_2}{n-1}}}$

【知识扩展：效应量分析】

假设检验的效应量常用 Cohen's d 系数表示，分为以下 3 种情况。

单样本 t 检验平均数的显著性检验的 Cohen's d 的计算公式为

$$d = \frac{\overline{X} - \mu}{S}$$

独立样本平均数差异的显著性检验的 Cohen's d 的计算公式为

$$d = t\sqrt{\frac{n_1 + n_2}{n_1 n_2}} \frac{\overline{X}_1 - \overline{X}_2}{\sqrt{\dfrac{n_1 S_1^2 + n_2 S_2^2}{n_1 + n_2 - 2}}}$$

相关样本平均数差异的显著性检验的 Cohen's d 的计算公式为

$$d = \frac{\overline{DX}}{S_{\overline{DX}}}$$

Cohen's d 的评价标准：d=0.2，表明效应低；d=0.5，表明效应为中等；d=0.8，表明效应高。

第五节 假设检验的 SPSS 操作及结果解释

平均数的假设检验包含平均数的显著性检验和平均数差异的显著性检验。根据总体分布是否正态、总体方差是否已知、两个样本是相关还是独立、独立样本中总体方差是否相等等多个条件，可运用相关的计算公式。但是，在 SPSS 中，所有方差均用样本方差计算，从而精简检验方法。与平均数相关的假设检验的 SPSS 基本操作包括单样本 t 检验(平均数的显著性检验)、独立样本 t 检验(独立样本平均数差异的显著性检验)、相关样本 t 检验(相关样本平均数差异的显著性检验)。

一、单样本 t 检验

单样本 t 检验(One-Sample T Test)属于平均数的显著性检验，在 SPSS 中，即使总体标准差已知，也采用样本标准差计算标准误，检验统计量为 t。

SPSS 的操作过程：Analyze(分析)→Compare Means(比较均值)→One-Sample T Test(单样本 t 检验)。弹出对话框后，将检验变量输入 Test Variable(s)项目栏，将总体平均值输入 Test Value，确定后即输出检验结果。

例 8.21 某研究者测试了某兴趣班 20 名幼儿的智商，结果为：108、101、99、114、102、106、103、115、102、95、100、111、102、115、91、122、93、112、110、101。试检验该兴趣班幼儿的智商与 100 的差异显著性。

解：建立智商变量 IQ，输入 20 名幼儿的智商数据。

按 Analyze(分析)→Compare Means(比较均值)→One-Sample T Test(单样本 t 检验)步骤操作，弹出对话框 One-Sample T Test，如图 8.7 所示。

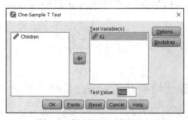

图 8.7 单样本 t 检验对话框

将 IQ 输入检验变量栏 Test Value(s)，Test Value 输入 100，确定后输出结果：

One-Sample Statistics

	N	Mean	Std. Deviation	Std. Error Mean
IQ	20	104.60	7.783	1.740

One-Sample Test

Test Value = 100

	t	df	Sig. (2-tailed)	Mean Difference	95% Confidence Interval of the Difference Lower	Upper
IQ	2.643	19	.016	4.600	.96	8.24

结果显示，20 名幼儿的平均智商为 104.60，标准差为 7.783，$t_{(19)}=2.643$，$p=0.016<0.05$，拒绝 H_0。同时输出 20 名幼儿智商与 100 的差值的平均值为 4.600，0.95 置信区间为[0.96，8.24]，区间内不包含 0，同样也表明可以拒绝 H_0。

答：该兴趣班幼儿的智商平均值显著高于 100。

二、独立样本 t 检验

独立样本 t 检验(Independent Samples T Test)属于平均数差异的显著性检验，在 SPSS 中，即使两个总体标准差已知，也采用两个样本标准差计算标准误，检验统计量为 t。

SPSS 的操作过程：Analyze(分析)→Compare Means(比较均值)→Independent Samples T Test(独立样本 t 检验)。操作后弹出对话框，将检验变量输入 Test Variable(s)项目栏，将分组变量输入 Grouping Variables，单击 Define Groups，在弹出的对话框中分别输入两个独立样本的分组数值，确定后输出运行结果。

例 8.22 各方面水平基本一致的两组学生，分别采用两种不同的方法记忆英语单词，在相同的时间内，两组学生记忆的英语单词数如表 8.5 所示。

表 8.5 两组学生记忆英语单词数量

一组	25	26	22	28	30	27	25	28	26	20	29	22	23	27	25
二组	22	21	19	18	17	22	18	19	18	22	20	21	19	20	21

试检验两种记忆方法的效果是否有显著差异。

解：建立记忆单词数变量"X"和分组变量"Group"，输入数据完成数据文件的建立。

按 Analyze(分析)→Compare Means(比较均值)→Independent Samples T Test(独立样本 t 检验)步骤操作，弹出对话框，将 X 输入检验变量列表 Test Variable(s)，将变量 Group 输入分组变量框 Grouping Variable，然后单击 Define Groups，弹出小窗口后，输入数值 1 和 2 定义组别，如图 8.8 所示。

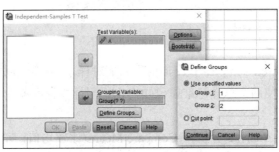

图 8.8 独立样本 t 检验操作窗口

完成上述操作后，单击 Continue 和 OK，输出结果：

Group Statistics

	Group	N	Mean	Std. Deviation	Std. Error Mean
X	1	15	25.53	2.825	.729
	2	15	19.80	1.656	.428

Independent Samples Test

		Levene's Test for Equality of Variances		t-test for Equality of Means						
									95% Confidence Interval of the Difference	
		F	Sig.	t	df	Sig. (2-tailed)	Mean Difference	Std. Error Difference	Lower	Upper
X		3.086	.090	6.781	28	.000	5.733	.846	4.001	7.465
	Equal variances not assumed			6.781	22.606	.000	5.733	.846	3.983	7.484

两组平均数分别为 25.53 和 19.80，标准差分别为 2.825 和 1.656。首先确定方差差异是否显著，如果两组方差差异不显著，平均数的检验结果对应 Equal variance assumed(方差齐性)；如果两组方差差异显著，平均数的检验结果对应 Equal variance not assumed(方差不齐性)。

本例方差差异检验结果显示，两组方差差异不显著(F=3.086，p=0.090>0.05)。两组平均数差异极其显著($t_{(28)}$=6.781，p<0.001)。从置信区间结果也可以看出 0.95 置信区间[4.001，7.465]中不包括 0。可以在 Options(选项)中输入置信度 0.99，从而计算 0.99 置信区间，同样不包括 0。

答：结果表明，两组学生记忆英语单词的数量差异显著。

三、相关样本 t 检验

相关样本 t 检验(Paired-Samples T Test)也称为配对样本 t 检验，属于平均数差异的显著性检验。在 SPSS 中，即使两个总体标准差已知，也采用样本标准差计算标准误，检验统计量为 t。

SPSS 的操作过程：Analyze(分析)→Compare Means(比较均值)→Paired-Samples T Test(配对样本 t 检验)。操作后弹出对话框，将两个配对检验变量输入 Paired Variables 列表中，确定及输出检验结果。

例 8.23 某研究者对 12 名抑郁倾向测试分数偏高的学生进行有关心理辅导，辅导前后的测试分数如表 8.6 所示。

表 8.6 12 名被试的心理辅导测试分数

被试	1	2	3	4	5	6	7	8	9	10	11	12
前测	35	36	35	37	36	33	35	34	36	37	35	35
后测	30	32	31	34	35	31	30	32	30	33	29	32

(1) 检验两次测试分数的平均值差异是否显著。
(2) 计算各被试后测与前测的差值，检验差值的平均值与 0 的差异显著性。
(3) 比较(1)和(2)的结果。

解：(1) 建立变量前测分数 X1 和后测分数 X2，输入对应数据，完成数据文件的建立。

SPSS 的操作过程：Analyze(分析)→Compare Means(比较均值)→Paired-Samples T Test(配对样本 t 检验)，弹出对话框，如图 8.9 所示。

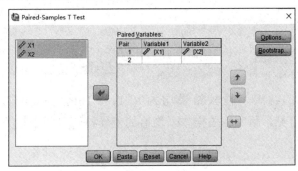

图 8.9 配对样本 t 检验对话框

将两个配对检验变量输入 Paired Variables 列表中，确定后输出检验结果：

Paired Samples Statistics

		Mean	N	Std. Deviation	Std. Error Mean
Pair 1	X1	35.33	12	1.155	.333
	X2	31.58	12	1.782	.514

Paired Samples Correlations

		N	Correlation	Sig.
Pair 1	X1 & X2	12	.471	.122

Paired Samples Test

		Paired Differences					t	df	Sig. (2-tailed)
		Mean	Std. Deviation	Std.Error Mean	95% Confidence Interval of the Difference				
					Lower	Upper			
Pair 1	X1 - X2	3.750	1.603	.463	2.732	4.768	8.106	11	.000

前测分数与后测分数的平均值分别为 35.33 和 31.58，标准差分别为 1.155 和 1.782，两组数据的相关系数为 0.471，相关不显著(p=0.122>0.05)。前测分数与后测分数差值的平均数为 3.750，标准差为 1.603，差值的 0.95 置信区间为[2.732，4.768]，$t_{(11)}$=8.106，p<0.001，前

测分数与后测分数差异极其显著。

(2) 计算前测分数与后测分数的差值，执行操作 Transform(转换)→Compute(计算)，目标变量输入 d，表达式为 $X1-X2$，确定后数据窗口产生前测与后测数据的差值变量 d 及各被试的对应数据。按单样本的操作过程检验 d 的平均值与 0 的差异，输出结果：

One-Sample Statistics

	N	Mean	Std. Deviation	Std. Error Mean
d	12	3.7500	1.60255	.46262

One-Sample Test

Test Value = 0

	t	df	Sig. (2-tailed)	Mean Difference	95% Confidence Interval of the Difference Lower	Upper
d	8.106	11	.000	3.75000	2.7318	4.7682

(3) 比较(1)和(2)的结果，检验结果均为 $t(11)=8.106$，$p<0.05$，0.95 置信区间均为 [2.732，4.768]。由此可见，两个相关样本平均值的差异检验等同于相关样本差值的平均数与 0 的差异检验。

本章术语

假设检验(hypothesis testing)　　　显著性检验(significance test)

虚无假设(null hypothesis)　　　　备择假设(alternative hypothesis)

双侧检验(two-tailed test)　　　　单侧检验(one-tailed test)

统计检验力(power of test)

思考题

1. 假设检验中需要建立哪两种假设？假设检验是在哪种假设基础上进行统计推断的？
2. 假设检验中会犯哪两类错误？分别在做出什么判断时会产生相应的错误？
3. 什么是统计检验力？
4. 如何同时降低假设检验的两类错误？
5. 某市初三学生投掷实心球的测试结果为正态分布，平均成绩为 9.8 米，标准差为 0.12 米。从某校初三学生中随机抽取 50 人参加测试，平均成绩为 10.3 米。该校初三学生与全市学生的平均分有无显著差别？
6. 某大学全体学生对学校的教学调整计划进行评价，评价结果为正态分布，平均分为 82.6 分。某班 64 名学生评价的平均分为 80.5 分，标准差为 9.7 分。该班学生与全校学生的评价成绩差异是否显著？
7. 某校男生的平均身高为 171 厘米，现随机抽取某大学 60 名男生，测得平均身高为 173

厘米，标准差为 5.6 厘米。该校男生平均身高与全校男生有无显著差异？

8. 某专业进行英语口语测试，成绩分布为非正态分布，平均成绩为 80.1 分，标准差为 4.2 分。其中某课外项目的 36 名学生平均成绩为 82.4 分。该课外项目的学生成绩是否显著高于该专业全体学生的平均成绩？

9. 对某中学 50 名学生进行新闻写作培训，前测成绩为 68.3 分，标准差是 6.6 分。经过培训后，测试成绩为 86.9 分，标准差是 8.2 分，前测与后测相关系数为 0.76。经过培训后学生的新闻写作水平是否有显著提高？

10. 测试 12 名被试在一定条件下的长度估计误差，结果(单位：厘米)为：10、-2、8、2、-1、-3、3、-8、-2、1、-9、5。试检验 12 名被试的长度估计误差平均值与 0 的差异是否显著，并用 SPSS 验证结果。

11. 某班 26 名学生的智商测试结果如表 8.7 所示。

表 8.7 26 名学生的智商测试结果

学生	1	2	3	4	5	6	7	8	9	10	11	12	13
IQ	106	111	102	109	116	105	128	107	125	111	109	101	126
学生	14	15	16	17	18	19	20	21	22	23	24	25	26
IQ	115	112	103	117	120	104	107	119	115	102	106	110	129

分别检验该班学生平均智商与 105 和 110 的差异显著性，完成计算后用 SPSS 进行相关操作，比较结果。

12. 某研究者对 15 名控制力较强的高三学生家长进行了辅导，辅导前后学生评价了自己和家长的关系，结果如表 8.8 所示。试用 SPSS 软件检验辅导前后结果差异是否显著。(假定评价结果为正态分布)

表 8.8 15 名学生的评价结果

学生	1	2	3	4	5	6	7	8	9	10	11	12	13	14	15
辅导前	62	55	68	56	63	66	57	53	67	70	68	71	65	69	60
辅导后	68	59	70	59	67	63	65	52	69	75	70	68	71	72	63

13. 有人认为，父亲对两个男孩中的哥哥的评价要高于弟弟，也有人意见相反。现对 12 对兄弟的父亲进行了测试，结果如表 8.9 所示。

表 8.9 12 名父亲的测试结果

家庭	1	2	3	4	5	6	7	8	9	10
哥哥	96	88	84	97	99	78	83	88	94	90
弟弟	90	92	86	73	95	83	85	86	90	91

完成计算后用 SPSS 进行有关检验，并比较计算结果。

14. 以下为两个平行班的期中语文测验成绩。

一班：92 95 80 76 82 91 83 80 88 95 73 79 87 77 68 72 95 86 88 81 83 93 98 89 85 88 78 76 90 97 86 89 92 81 87 97 93

二班：96 87 89 90 75 78 82 93 84 90 91 83 89 78 72 98 75 79 82 87 90 87 93 78 66 89 93 99 92 83 75 78 80 92 86 83

试用 SPSS 检验两个班的平均成绩差异是否显著。

15. 考试前对某班学生进行了考试焦虑测试，结果如表 8.10 所示。

表 8.10　某班学生考试焦虑测试结果

编号	1	2	3	4	5	6	7	8	9	10	11	12	13
性别	男	男	女	女	女	男	女	男	男	女	男	女	女
焦虑分数	35	37	32	25	27	26	38	31	37	26	28	39	21
编号	14	15	16	17	18	19	20	21	22	23	24	25	26
性别	女	男	男	男	女	女	男	女	女	女	男	男	女
焦虑分数	20	27	35	32	29	26	37	33	36	29	23	25	26

试用 SPSS 检验男生和女生考试焦虑分数的差异显著性。

第九章 方差分析

方差分析(analysis of variance，ANOVA)是由美国统计学家斯内德克(Snedecor)于1946年提出的一种统计检验方法，其有关工作是在英国统计学家费舍(Fisher)的早期工作基础上完成的。方差分析通过分析数据中不同来源的变异对总变异的贡献大小来检验各因素对因变量影响的显著性，因此，方差分析又称为变异分析。本章主要介绍方差分析的基本原理、单因素完全随机设计和随机区组设计的方差分析，简要介绍事后检验及双因素完全随机设计的方差分析。

第一节 方差分析概述

一、方差分析的基本原理

方差分析的基本思路是把总变异分解为几个不同来源的变异，通过分析这些变异的大小检验各因素对因变量的影响的大小。然而，只有当不同来源的变异可加时，总变异才可以分解为不同来源的变异。因此，方差分析的基本原理是变异的可加性。在方差分析中，分解总变异的具体过程是将总平方和分解为几个不同来源的平方和，这里的平方和不是原始数据的平方和，而是指离均差的平方和。

总变异为总平方和，即所有数据与总平均数 $\overline{X}_t$ 的离差的平方和。第 j 组的第 i 个数据 X_{ij} 与总平均数的离差 $(X_{ij} - \overline{X}_t)$ 由 $(X_{ij} - \overline{X}_j)$ 和 $(\overline{X}_j - \overline{X}_t)$ 两部分组成，其中，$(X_{ij} - \overline{X}_j)$ 是 X_{ij} 与第 j 组平均数的离差，$(\overline{X}_j - \overline{X}_t)$ 是第 j 组的平均数与总平均数的离差，相应关系表示为

$$X_{ij} - \overline{X}_t = (X_{ij} - \overline{X}_j) + (\overline{X}_j - \overline{X}_t)$$

总平方和可分解为组间平方和与组内平方和，相应关系表示为

$$\sum_{i=1}^{n}\sum_{j=1}^{k}(X_{ij} - \overline{X}_t)^2 = \sum_{i=1}^{n}\sum_{j=1}^{k}\left[(X_{ij} - \overline{X}_j) + (\overline{X}_j - \overline{X}_t)\right]^2$$

$$= \sum_{i=1}^{n}\sum_{j=1}^{k}\left[(X_{ij} - \overline{X}_j)^2 + 2(X_{ij} - \overline{X}_j)(\overline{X}_j - \overline{X}_t) + (\overline{X}_j - \overline{X}_t)^2\right]$$

$$= \sum_{i=1}^{n}\sum_{j=1}^{k}(X_{ij} - \overline{X}_j)^2 + 2\sum_{j=1}^{k}\left[(\overline{X}_j - \overline{X}_t)\sum_{i=1}^{n}(X_{ij} - \overline{X}_j)\right] + n\sum_{j=1}^{k}(\overline{X}_j - \overline{X}_t)^2$$

因为

$$\sum_{i=1}^{n}(X_{ij}-\overline{X}_j)^2 = 0$$

所以

$$\sum_{i=1}^{n}\sum_{j=1}^{k}(X_{ij}-\overline{X}_t)^2 = \sum_{i=1}^{n}\sum_{j=1}^{k}(X_{ij}-\overline{X}_j)^2 + n\sum_{j=1}^{k}(\overline{X}_j-\overline{X}_t)^2 \tag{9.1}$$

总平方和(total sum of square)为所有观测数据与总体平均数的离差平方和，其表达式为

$$SS_t = \sum_{i=1}^{n}\sum_{j=1}^{k}(X_{ij}-\overline{X}_t)^2 \tag{9.2}$$

组间平方和(sum of squares between groups)是将各组数据都看作本组平均数，在此情况下所有数据与总体平均数的离差平方和，其表达式为

$$SS_b = n\sum_{j=1}^{k}(\overline{X}_j-\overline{X}_t)^2 \tag{9.3}$$

组内平方和(sum of squares within groups)是指所有数据与其本组的平均值的离差平方和，其表达式为

$$SS_w = \sum_{i=1}^{n}\sum_{j=1}^{k}(X_{ij}-\overline{X}_j)^2 \tag{9.4}$$

因此，公式(9.1)可写为

$$SS_t = SS_b + SS_w \tag{9.5}$$

例 9.1　把 24 名 6 岁幼儿根据性别及生理和心理发展水平分为基本一致的 3 组，让 3 组幼儿分别观看相同内容的动画片、故事片和新闻纪录片。观看结束后，分别测试 3 组幼儿对电视片的理解程度，结果如表 9.1 所示，试检验 6 岁幼儿对 3 种电视片的理解程度的差异显著性。

表 9.1　3 组幼儿对 3 种电视片的理解程度测试结果

	动画片	故事片	新闻纪录片
	84	65	31
	69	64	35
	70	62	33
	81	52	42
	74	56	38
	66	65	36
	76	56	45
	80	68	44
$\overline{X}_j$	75	61	38	$\overline{X}_t=58$
S_j^2	35.75	27.75	23.50	

解：在该例中，被试有 3 个组别，即 $k = 3$，各组的数据个数相等，均为 $n = 8$。

依据题意，各组的平均数分别为

$\overline{X}_1 = 75$，$\overline{X}_2 = 61$，$\overline{X}_3 = 38$

总平均数 $\overline{X}_t = 58$

根据公式(9.2)、公式(9.3)和公式(9.4)分别计算总平方和、组间平方和与组内平方和，分别为

$$SS_t = \sum_{i=1}^{n}\sum_{j=1}^{k}(X_{ij} - \overline{X}_t)^2$$
$= [(84-58)^2 + (69-58)^2 + (70-58)^2 + (81-58)^2 + (74-58)^2 + (66-58)^2 + (76-58)^2 + (80-58)^2]$
$+ [(65-58)^2 + (64-58)^2 + (62-58)^2 + (52-58)^2 + (56-58)^2 + (65-58)^2 + (56-58)^2 + (68-58)^2]$
$+ [(31-58)^2 + (35-58)^2 + (33-58)^2 + (42-58)^2 + (38-58)^2 + (36-58)^2 + (45-58)^2 + (44-58)^2]$
$= 2598 + 294 + 3388$
$= 6280$

$$SS_b = n\sum_{j=1}^{k}(\overline{X}_j - \overline{X}_t)^2$$
$= 8 \times [(75-58)^2 + (61-58)^2 + (38-58)^2]$
$= 5584$

$$SS_w = \sum_{i=1}^{n}\sum_{j=1}^{k}(X_{ij} - \overline{X}_j)^2$$
$= [(84-75)^2 + (69-75)^2 + (70-75)^2 + (81-75)^2 + (74-75)^2 + (66-75)^2 + (76-75)^2 + (80-75)^2]$
$+ [(65-61)^2 + (64-61)^2 + (62-61)^2 + (52-61)^2 + (56-61)^2 + (65-61)^2 + (56-61)^2 + (68-61)^2]$
$+ [(31-38)^2 + (35-38)^2 + (33-38)^2 + (42-38)^2 + (38-38)^2 + (36-38)^2 + (45-38)^2 + (44-38)^2]$
$= 286 + 222 + 188$
$= 696$

组间平方和与组内平方和的和为 6280，等于总平方和，即

$SS_t = SS_b + SS_w = 5584 + 696 = 6280$

二、方差分析的条件

对数据进行方差分析需要满足一定的条件，否则方差分析结果将会存在较大偏差，因此，在方差分析前需要对分析条件进行判断。方差分析的基本假定包括总体正态分布、不同来源的变异的可加性和各组内的方差齐性等。

1. 总体正态分布

方差分析与假设检验中的 Z 检验和 t 检验一样，要求样本总体符合正态分布。在心理与教育科学研究中，大多数变量的总体符合正态分布，所以，许多研究者进行方差分析时并不去检验总体的正态性。但是，如果有关指标的总体符合正态分布，而样本严重偏离正态，则说明样本对总体已经失去代表性，也就是说，样本所代表的总体已经不是研究者想要研究的

总体，根据这样的样本分析结果对总体特征进行推论，会发生较大偏差。因此，对样本分布进行基本考察是必要的。

当总体分布严重偏离正态分布时，不能直接进行方差分析，可以将数据转换为正态分布，然后再进行方差分析，或应用非参数检验对数据进行统计分析。

2. 不同来源的变异的可加性

方差分析所依据的基本原理是变异的可加性。变异的可加性是指来源明确的、相互独立的几部分变异组成总变异。实际上，方差分析应用的是变异的可分解性，即将总变异分解为几部分来源不同的变异，这些变异之间相互独立。在例 9.1 中，总变异分解为组间变异和组内变异，组间变异是由实验处理引起的，组内变异是由被试和实验中的随机因素产生的随机误差引起的，因此，两者是相互独立的。总变异为两部分变异之和。

3. 各组内的方差齐性

在方差分析过程中，需要用到各组内方差之和的估计值，这个过程需要满足的条件是各实验处理的方差差异不显著。如果各组内的方差差异显著，则不能直接进行方差分析，需要对临界值或自由度进行修正。

组内的方差齐性是方差分析的基本条件，因此，在进行方差分析之前需要检验各组内方差的一致性(homogeneity of variances test)。在方差分析中进行方差齐性检验的常用方法是哈特莱(Hartley)检验法，它采用的检验统计量是最大比率(maximum F-ratio)，即各组方差中最大值与最小值之比，检验公式为

$$F_{max} = \frac{S^2_{max}}{S^2_{min}} \tag{9.6}$$

将计算结果与通过附表 5 查得的 F_{max} 临界值进行比较，如果计算结果小于查表所得临界值，表明各组间的方差差异不显著，即方差齐性，从而可以进行方差分析。

在例 9.1 中 3 组被试的方差分别为：$S_1^2 = 35.75$，$S_2^2 = 27.75$，$S_3^2 = 23.50$，将最大值 $S_1^2 = 35.75$ 和最小值 $S_3^2 = 23.50$ 代入公式(9.6)中，得

$$F_{max} = \frac{S^2_{max}}{S^2_{min}} = \frac{35.75}{23.50} \approx 1.521$$

依据 $k = 3$ 和 $df = n-1 = 8-1 = 7$，查附表 3，$F_{max0.05} = 8.44$。

结论：1.521<8.44，即 $F_{max} < F_{max0.05}$，$p > 0.05$，因此，各组方差齐性。

三、方差分析的基本步骤

对存在 k 个实验处理，每组有 n 个数据的研究设计，依据变异的可加性，将总体变异进行分解及完成方差分析的基本步骤如下所述。

1. 求平方和

总平方和、组间平方和与组内平方和可以分别通过公式(9.2)、公式(9.3)和公式(9.4)进行

计算，在该组公式基础上，可以推导出依据原始数据求平方和的公式

$$\mathrm{SS}_t = \sum\sum X^2 - \frac{\left(\sum\sum X\right)^2}{nk} \tag{9.7}$$

$$\mathrm{SS}_b = \sum\frac{\left(\sum X\right)^2}{n} - \frac{\left(\sum\sum X\right)^2}{nk} \tag{9.8}$$

$$\mathrm{SS}_w = \mathrm{SS}_t - \mathrm{SS}_b = \sum\sum X^2 - \sum\frac{\left(\sum X\right)^2}{n} \tag{9.9}$$

此外，还可以推导出仅依据各组统计量计算平方和的公式

$$\mathrm{SS}_b = n\sum(\overline{X}_i - \overline{X}_t)^2 \tag{9.10}$$

$$\mathrm{SS}_w = n\sum S_i^2 \tag{9.11}$$

应用公式(9.7)～公式(9.11)对例9.1进行分析，得出以下结果。

$$\mathrm{SS}_t = \sum\sum X^2 - \frac{\left(\sum\sum X\right)^2}{nk} = 87\,016 - \frac{1392^2}{8\times 3} = 6280$$

$$\mathrm{SS}_b = \sum\frac{\left(\sum X\right)^2}{n} - \frac{\left(\sum\sum X\right)^2}{nk} = \left(\frac{600^2}{8} + \frac{488^2}{8} + \frac{304^2}{8}\right) - \frac{1392^2}{8\times 3} = 5584$$

$$\mathrm{SS}_w = \mathrm{SS}_t - \mathrm{SS}_b = \sum\sum X^2 - \sum\frac{\left(\sum X\right)^2}{n} = 87\,016 - \left(\frac{600^2}{8} + \frac{488^2}{8} + \frac{304^2}{8}\right)$$

$$= 696$$

或

$$\mathrm{SS}_b = n\sum(\overline{X}_i - \overline{X}_t)^2 = 8\times[(75-58)^2 + (61-58)^2 + (38-58)^2] = 5584$$

$$\mathrm{SS}_w = n\sum S_i^2 = 8\times(35.75 + 27.75 + 23.50) = 696$$

2. 求自由度

总自由度的计算公式为

$$\mathrm{df}_t = nk - 1 = N - 1 \tag{9.12}$$

组间自由度和组内自由度的计算公式分别为

$$\mathrm{df}_b = k - 1 \tag{9.13}$$

$$\mathrm{df}_w = k(n-1) = N - k \tag{9.14}$$

总自由度等于组间自由度和组内自由度之和，即

$$\mathrm{df}_t = \mathrm{df}_b + \mathrm{df}_w \tag{9.15}$$

应用公式(9.12)~公式(9.15)对例9.1进行分析,得出以下结果。

$df_t = N - 1 = 24 - 1 = 23$

$df_b = k - 1 = 3 - 1 = 2$

$df_w = k(n-1) = 3 \times (8-1) = 21$

3. 求均方

均方也就是方差,由平方和除以自由度而得。

组间均方的计算公式为

$$MS_b = \frac{SS_b}{df_b} \qquad (9.16)$$

组内均方的计算公式为

$$MS_w = \frac{SS_w}{df_w} \qquad (9.17)$$

应用公式(9.16)、公式(9.17)对例9.1进行分析,得出以下结果。

$MS_b = \frac{SS_b}{df_b} = \frac{5584}{2} = 2792$

$MS_w = \frac{SS_w}{df_w} = \frac{696}{15} = 46.4$

4. 进行 F 检验

组间均方除以组内均方得出检验统计量 F 值,计算公式为

$$F = \frac{MS_b}{MS_w} \qquad (9.18)$$

由于方差分析关注的是组间均方是否显著大于组内均方,对 F 值的显著性进行判断时需要进行单侧检验。

应用公式(9.18)对例9.1进行分析,得出以下结果。

$F = \frac{MS_b}{MS_w} = \frac{2792}{46.4} \approx 60.172$

查附表3,$F_{(2,21)0.01} = 5.78$,$F > F_{0.01}$,$p < 0.01$

结论:6岁幼儿对3种电视片的理解程度有显著差异。

5. 编制方差分析表

将方差分析步骤及计算结果归纳为一个表格,形成方差分析表。方差分析表概括呈现变异来源、平方和、自由度、均方,以及检验统计量 F 值和 p 值等信息。

例9.1的方差分析结果如表9.2所示。

表 9.2　例 9.1 的方差分析结果

变异来源	平方和	自由度	均方	F	p
组　间	5584	2	2792	60.172	<0.01
组　内	696	21	46.4		
总变异	6280	23			

第二节　完全随机设计的方差分析

完全随机设计(complete randomized design)是指将被试随机分配到各个实验处理组,又称组间设计(between-subjects design)。本节介绍单因素完全随机设计的方差分析。

一、各组样本容量相同

在完全随机设计中,如果随机分配到各实验处理组的被试个数是相同的,这种情况称为等组实验设计。在例 9.1 中,每组幼儿均为 8 人,这个设计就是等组实验设计。

例 9.2　某课题组为了研究初中生作业时间与学习态度之间的关系,调查了 30 名学生每天的作业时间,并根据调查结果,将他们分为作业时间短、中、长 3 组,测试 3 组学生的学习态度,结果如表 9.3 所示。

表 9.3　3 组学生的测试结果

| | 作业时间 | | | |
	短	中	长	Σ
	72	89	65	
	76	92	72	
	68	93	73	
	95	75	83	
$n=10$	58	82	55	
	66	85	54	
	86	96	67	
	83	78	72	
	98	83	78	
	57	75	92	
ΣX	759	848	711	2318
ΣX^2	59 467	72 422	51 789	183 678

试检验 3 组学生的学习态度是否有显著差异。

解：H_0：$\mu_1=\mu_2=\mu_3$

　　　H_1：3 组平均数不是全部一致

(1) 计算总平方和、组间平方和与组内平方和。

$$SS_t = \sum\sum X^2 - \frac{(\sum\sum X)^2}{nk} = 183\,678 - \frac{2318^2}{3\times 10} \approx 4573.867$$

$$SS_b = \sum\frac{(\sum X)^2}{n} - \frac{(\sum\sum X)^2}{nk}$$

$$= (\frac{759^2}{10} + \frac{848^2}{10} + \frac{711^2}{10}) - \frac{2318^2}{3\times 10}$$

$$\approx 966.467$$

$$SS_w = SS_t - SS_b = \sum\sum X^2 - \sum\frac{(\sum X)^2}{n}$$

$$= 183\,678 - (\frac{759^2}{10} + \frac{848^2}{10} + \frac{711^2}{10})$$

$$\approx 3607.400$$

(2) 计算自由度。

$df_t = N - 1 = 30 - 1 = 29$

$df_b = k - 1 = 3 - 1 = 2$

$df_w = k(n-1) = 3\times(10-1) = 27$

(3) 计算均方。

$$MS_b = \frac{SS_b}{df_b} = \frac{996.467}{2} \approx 483.234$$

$$MS_w = \frac{SS_w}{df_w} = \frac{3607.400}{27} \approx 133.607$$

(4) 计算 F 值并进行检验。

$$F = \frac{MS_b}{MS_w} = \frac{483.234}{133.607} \approx 3.617$$

查附表 4，$F_{0.05(2,27)} = 3.35$，$F > F_{0.05}$，$p < 0.05$，拒绝 H_0。所以，3 组平均数不是全部相等的，其中至少有 2 组差异显著。

结论：学习态度与作业时间有关。

(5) 列出方差分析表。

总结方差分析过程，列出方差分析表，如表 9.4 所示。

表9.4　例9.2 方差分析结果

变异来源	平方和	自由度	均方	F	p
组间	3607.400	2	483.234	3.617	<0.05
组内	966.467	27	133.607		
总变异	4573.867	29			

二、各组样本容量不同

由于客观条件的限制,在实验设计中,有时各组被试数量不能完全相同,对应的实验设计被称为不等组实验设计。对于各组数据个数不同的实验设计的方差分析,其计算公式可在公式(9.7)~公式(9.10)的基础上,将式中的 n 换成 n_i。

例 9.3 将 28 名小学五年级学生随机分配到 3 种环境不同的阅读场所,让他们在相同的时间内阅读相同的资料,之后测试他们的阅读理解成绩,结果如表 9.5 所示。

表 9.5　28 名小学生的阅读理解成绩

	环境一	环境二	环境三	
	78	90	70	
	83	92	75	
	85	85	72	
	73	83	78	
	72	78	68	
	79	88	74	
	86	86	80	
	72	76	81	
	80	82	71	
		81		
n	9	10	9	28
$\sum X$	708	841	669	2218
$\sum X^2$	55 932	70 963	49 895	176 790

试检验 3 组小学生阅读成绩的差异显著性。

解： H_0：$\mu_1 = \mu_2 = \mu_3$

H_1：3 组平均数中至少有 2 组不一致

(1) 计算总平方和、组间平方和与组内平方和。

$$SS_t = \sum\sum X^2 - \frac{(\sum\sum X)^2}{N} = 176\ 790 - \frac{2218^2}{28} \approx 1092.714$$

$$SS_b = \sum \frac{(\sum X)^2}{n_i} - \frac{(\sum\sum X)^2}{Nk}$$

$$= \left(\frac{708^2}{9} + \frac{841^2}{10} + \frac{669^2}{9}\right) - \frac{2218^2}{28}$$

$$\approx 455.814$$

$$SS_w = SS_t - SS_b = \sum\sum X^2 - \sum\frac{(\sum X)^2}{n_i}$$

$$= 176\,790 - \left(\frac{708^2}{9} + \frac{841^2}{10} + \frac{669^2}{9}\right)$$

$$\approx 636.900$$

(2) 计算自由度。

$df_t = N - 1 = 28 - 1 = 27$

$df_b = k - 1 = 3 - 1 = 2$

$df_w = N - k = 28 - 3 = 25$

(3) 计算均方。

$$MS_b = \frac{SS_b}{df_b} = \frac{455.814}{2} \approx 227.907$$

$$MS_w = \frac{SS_w}{df_w} = \frac{636.900}{25} = 25.476$$

(4) 计算 F 值并进行检验。

$$F = \frac{MS_b}{MS_w} = \frac{227.907}{25.476} \approx 8.946$$

查附表 4，$F_{0.01(2,29)} = 5.52$，$F > F_{0.01}$，$p < 0.01$，拒绝 H_0。所以，3 组平均数不全部相等，至少 2 组差异显著，需要通过多重比较判断具体差异。

结论：在 3 种阅读环境下，小学五年级学生的阅读理解成绩至少有 2 组差异显著。

(5) 列方差分析表。将以上方差分析过程进行总结，列出方差分析表，如表 9.6 所示。

表9.6　例 9.3 方差分析结果

变异来源	平方和	自由度	均方	F	p
组间	455.814	2	227.907	8.946	<0.01
组内	636.900	25	25.476		
总变异	1092.714	27			

第三节　随机区组设计的方差分析

一、随机区组设计的概念和方法

1. 随机区组设计的概念

在农田实验中，为了控制农田品质对农作物长势的影响，研究人员在研究几种农作物种植在同一块试验田的生长状况时，将试验田按土质划分为不同的区域，尽量使每个区域内的土质基本相同，再将每个区域分割成几个小区块，将不同品种的农作物种植在不同的小区块中。通过这样的方式，可使每种农作物在每个区域内都得到种植，这样的实验设计方法就是随机区组设计(randomized block design)，一个区域就叫一个区组(block)。

2. 随机区组设计的方法

随机区组设计是依据与研究有关的本质特性将被试划分为几个区组的，划分原则是区组内的被试尽量同质，区组间的被试差异尽量大。再将每个区组内的被试按实验处理数分成不同的小组，将不同小组的被试随机安排到不同的实验处理。

区组设计基本分为3种情况。

(1) 1个区组只有1个被试。这种设计方法能保证区组内的被试完全同质，因每个被试均接受所有的实验处理，又称组内设计(within-groups design)。

(2) 每一个分区组内的被试数量是实验处理的整数倍。例如，当有3种实验处理时，每一个区组内的被试数为3、6、9等，每种实验处理随机安排1、2、3个被试等。

(3) 区组内的基本实验单位为某种形式的团体。例如，在进行教学方法的实验研究时，可以学校或班级等为基本实验单位，同一所学校或同一个班级接受同一种教学方法。

在实际应用中，不管采用哪种方法设计区组，每个区组都要接受所有的实验处理，并且每个实验处理在不同的区组中重复的次数都相同。这是随机完全区组设计的要求，我们在此介绍的区组设计方法也限于随机完全区组设计。

二、随机区组设计的方差分析步骤

与完全随机设计相比，随机区组设计考虑了被试间的差异。区组间被试的不同引起的实验结果的变异称为区组效应。在完全随机设计的基础上，从组内变异中将区组效应分离出来，这样，区组变异和误差变异共同组成组内变异，总变异分解为组间变异、区组变异和误差变异3个部分，相应的表达式为

$$SS_t = SS_b + SS_w = SS_b + SS_r + SS_e \tag{9.19}$$

式中：总平方和、组间平方和的计算与完全随机设计中的计算方法相同。

区组平方和的计算公式为

$$SS_r = \sum \frac{(\sum R)^2}{k} - \sum \frac{(\sum\sum R)^2}{nk} \tag{9.20}$$

式中：k 表示实验处理数；

n 表示区组数。

误差平方和等于组内平方和减去区组平方和，计算公式为

$$SS_e = SS_w - SS_r$$

$$= \sum\sum X^2 - \sum\frac{(\sum X)^2}{n} - \sum\frac{(\sum R)^2}{k} + \frac{(\sum\sum R)^2}{nk}$$

同样，总自由度也分解为3个部分，表达式为

$$df_t = df_b + df_r + df_e$$

其中

$$df_t = nk - 1$$
$$df_b = k - 1$$
$$df_r = n - 1$$
$$df_e = (k-1)(n-1)$$

随机区组的一般设计形式如表 9.7 所示。

表 9.7　随机区组的一般设计形式

区组	处理 1	处理 2	……	处理 k
区组 1				
区组 2				
……				
区组 n				

例 9.4　为了研究例 9.3 中 3 种阅读环境下的阅读效果，并消除被试之间差异的影响，研究者精心设计了词汇应用频率、应用环境、长短及词性等方面都基本平衡的 3 组阅读材料，并选取 9 名被试进行实验，采用被试内设计，每个被试阅读 3 种材料的实验顺序随机安排，阅读理解测验结果如表 9.8 所示。

表 9.8　阅读理解测验结果

被试	阅读环境			$\sum R$
	一	二	三	
1	82	83	78	243
2	89	89	88	266
3	89	90	90	269
4	78	85	75	238
5	70	75	69	214
6	85	89	86	260
7	89	90	88	267
8	88	90	83	261
9	83	89	80	252
$\sum X$	753	780	737	2270
$\sum X^2$	63 329	67 802	60 743	191 874

试检验 3 种阅读环境下的阅读效果是否存在显著差异。

解：H_0：$\mu_1 = \mu_2 = \mu_3$

　　　H_1：3 组平均数不是全部相等

(1) 计算总平方和、组间平方和、区组平方和和误差平方和。

$$SS_t = \sum\sum X^2 - \frac{(\sum\sum X)^2}{nk} = 191\,874 - \frac{2270^2}{27} \approx 1025.852$$

$$SS_b = \sum\frac{(\sum X)^2}{n_i} - \frac{(\sum\sum X)^2}{nk} \approx 104.963$$

$$SS_r = \sum\frac{(\sum R)^2}{k} - \frac{(\sum\sum R)^2}{nk}$$

$$= \frac{243^2 + 266^2 + 269^2 + 238^2 + 214^2 + 260^2 + 267^2 + 261^2 + 252^2}{3} - \frac{2270^2}{9\times 3}$$

$$\approx 858.519$$

$$SS_e = SS_w + SS_r = SS_t + SS_b + SS_r$$

$$= 1025.852 - 104.963 - 858.519$$

$$= 62.370$$

(2) 计算自由度。

$$df_t = N - 1 = 27 - 1 = 26$$

$$df_b = k - 1 = 3 - 1 = 2$$

$$df_r = n - 1 = 9 - 1 = 8$$

$$df_w = (k-1)(n-1) = (3-1)\times(9-1) = 16$$

(3) 计算均方。

$$MS_b = \frac{SS_b}{df_b} = \frac{104.963}{2} = 52.482$$

$$MS_r = \frac{SS_r}{df_r} = \frac{858.519}{8} \approx 107.315$$

$$MS_e = \frac{SS_e}{df_e} = \frac{62.370}{16} \approx 3.898$$

(4) 计算 F 值及进行检验。

$$F_b = \frac{MS_b}{MS_e} = \frac{52.482}{3.898} \approx 13.464$$

$$F_r = \frac{MS_r}{MS_e} = \frac{107.315}{3.898} \approx 27.531$$

查附表 4，$F_{0.01(2,16)} = 6.23$，$F_b > F_{0.01(2,16)}$，$p < 0.01$，拒绝 H_0。因此，3 组平均数中至少有 2 组差异显著，这表明在 3 种阅读环境下，被试的阅读理解效果差异显著。同时，$F_{0.01(8,16)} = 3.89$，$F_r > F_{0.01(8,16)}$，说明区组间的差异显著。

结论：被试之间的阅读理解成绩差异显著。

(5) 列方差分析表。将以上方差分析过程进行总结，列出方差分析表，如表9.9所示。

表9.9 例9.4方差分析结果

变异来源	平方和	自由度	均方	F	p
组间	104.963	2	52.482	13.464	< 0.01
区组	858.519	8	107.315	27.531	< 0.01
误差	62.370	16	3.898		
总变异	1025.852	26			

第四节 多重比较

方差分析的主要目的是检验多个实验条件下实验结果的差异显著性。从前文的方差分析过程可以看出，如果方差分析结果显示差异不显著，说明各实验条件下的实验效果差异不显著，检验结束。但是，如果方差分析结果显示差异显著，则表明其中至少两组实验结果差异显著，究竟哪些结果之间差异显著，需要继续进行分析。事后检验(post hoc test)可以做出相关分析。因此，当方差分析得出差异显著的结果时，需要进一步进行事后检验，事后检验也称为多重比较(multiple comparison)。

一、应用 t 检验比较多个平均数的差异时 I 型错误的膨胀

当方差分析得出平均数间差异显著的结果时，初学者很可能会认为，可以用两两 t 检验具体分析，以确定哪对平均数之间差异显著，或者不用进行方差分析，直接进行两两 t 检验就可以解决有关问题。事实上，这样会增大检验I型错误的发生概率。当确定显著性水平 α 时，如果应用两两 t 检验进行平均数间的差异比较，有可能将本来达不到显著水平的平均数间的差异判断为差异显著，提高实际显著水平，计算公式为

$$P_N = 1-(1-\alpha)^N \tag{9.21}$$

式中：N 表示进行两两比较的次数。

例如，采用 t 检验分析两个样本平均数的差异显著性，如果 df 等于15，当 α 取0.05时，临界值为2.133。这表明，当检验中 t 值的绝对值大于2.133时，可以得出两个平均数差异显著的结论，此结论犯错误的概率小于0.05。当对3个平均数做比较时，两两比较的次数为3次，这时，t 值的绝对值大于2.133，仍然得出两两平均数差异显著的判断，犯错误的概率为 $1-(1-0.05)^3=0.14$；当对4个平均数进行比较时，两两比较的次数为 $C_4^2=6$ 次，此时仍以2.133作为临界值，I型错误的发生概率为 $1-(1-0.05)^6=0.26$。随着平均数的数量增多，两两比较的次数会快速增加，I型错误的发生概率将更大。因此，当需要对3个或3个以上平均数的差异进行比较时，为防止 I 型错误发生概率的增大，不能用两两 t 检验的方法进行比较。

当方差分析的结果表明拒绝 H_0 时，可采用多重比较检验法进一步确定所有两两平均数之间的差异显著性。多重比较的方法有多种，如费舍提出的最小显著差异法(least significant difference，LSD)、Duncan 提出的多距检验法(multiple range test)、Tukey 提出的可靠显著差异法(honest significant difference，HSD)、Newman-Keuls 检验法、Scheffé 检验法、Bonferroni 检验法。本书重点介绍 N-K 检验法(Newman-Keuls 检验法)在不同情况下的应用，目的仅为说明多重比较的基本思路。

二、N-K 检验法

N-K 检验法是由 Newman 和 Keuls 提出的，也称为 q 检验法。

1. 完全随机设计的 N-K 检验法

在完全随机设计中，N-K 多重比较的基本步骤如下所述。

(1) 由小到大排列各组平均数。

(2) 根据比较等级 r 和自由度 df_w 查 q 表，确定 q 的临界值。比较等级 r 的值为两个等级间跨过的等级，是比较的两个平均数的等级差加 1，即 $r = r_i + r_j + 1$；df_w 为完全随机设计的方差分析中的组内自由度。

(3) 计算样本平均数的标准误。样本平均数的标准误的计算公式为

$$SE_{\bar{X}} = \sqrt{\frac{MS_w}{2}\left(\frac{1}{n_i} + \frac{1}{n_j}\right)} \qquad (9.22)$$

式中：MS_w 表示方差分析中的组内均方；

n_i 和 n_j 分别表示两个样本的容量。当两个样本容量相等时，样本平均数的标准误的计算公式为

$$SE_{\bar{X}} = \sqrt{\frac{MS_w}{n}}$$

(4) 计算平均数差值的临界值。q 的临界值与标准误的乘积 $q_\alpha SE_{\bar{X}}$ 即为对应 r 值的两个平均数差值的临界值。

(5) 确定平均数差值的显著性。比较实际差值与差值临界值的大小。如果差值大于临界值，则这两个平均数差异显著；如果差值小于临界值，则这两个平均数在相应显著性水平上差异不显著。

例 9.5　由例 9.2 的方差分析结果可知，3 个平均数之间差异显著，进一步进行多重比较，具体确定 3 个平均数中两两之间的差异显著性。

解：(1) 3 组平均数分别为 75.9、84.8 和 71.1，按由小到大的顺序排序。

等级	1	2	3
平均数	71.1	75.9	84.8

(2) 确定 q 临界值。

根据 r 值和 $df_w = 27$ 查附表，得出 q 值。

对应 $r = 2$，有 $q_{0.05} = 2.91$，$q_{0.01} = 3.93$

对应 $r = 3$，有 $q_{0.05} = 3.51$，$q_{0.01} = 4.50$

(3) 计算样本平均数的标准误。

由于各组样本容量相等，$n=10$，则有

$$SE_{\bar{X}} = \sqrt{\frac{MS_w}{n}} = \sqrt{\frac{133.607}{10}} \approx 3.655$$

(4) 计算平均数差值的临界值。

当 $r = 2$ 时，$q_{0.05}SE_{\bar{X}} = 2.91 \times 3.655 \approx 10.636$

当 $r = 3$ 时，$q_{0.05}SE_{\bar{X}} = 3.51 \times 3.655 \approx 12.829$

(5) 比较差值和差值临界值的大小，确定差异显著性。

第 1 组与第 3 组的平均数的差值为 4.8，第 2 组与第 1 组的平均数的差值为 8.9，两者均小于临界值 10.65，所以两个差值均不显著。第 2 组与第 3 组的差值的平均值为 13.7，该值大于临界值 12.85，所以两者差异显著。

	$\bar{X}_3$	$\bar{X}_1$	$\bar{X}_2$
$\bar{X}_1$	4.8		
$\bar{X}_2$	13.7*	8.9	

例 9.6 例 9.3 的方差分析结果表明 3 组平均数差异显著，用 N-K 检验法进行多重比较，确定各组平均数间的具体差异情况。

解：(1) 3 组的平均数分别为 78.67、84.10 和 74.33，按由小到大的顺序排列。

	$\bar{X}_3$	$\bar{X}_1$	$\bar{X}_2$
平均数	74.33	78.67	84.10

(2) 确定 q 临界值。

根据 r 值和 $df_w = 25$ 查附表，得出 q 值。

当 $r = 2$ 时，有 $q_{0.05} = 2.92$，$q_{0.01} = 3.96$

当 $r = 3$ 时，有 $q_{0.01} = 3.53$，$q_{0.01} = 4.54$

(3) 计算样本平均数的标准误。

对应 $n_1 = 9$ 和 $n_2 = 10$，$SE_{\bar{X}} = \sqrt{\frac{MS_w}{2}\left(\frac{1}{n_1} + \frac{1}{n_2}\right)} = \sqrt{\frac{25.476}{2} \times \left(\frac{1}{9} + \frac{1}{10}\right)} \approx 1.640$

对应 $n_1 = 9$ 和 $n_3 = 9$，$SE_{\bar{X}} = \sqrt{\frac{MS_w}{2}\left(\frac{1}{n_1} + \frac{1}{n_3}\right)} = \sqrt{\frac{25.476}{2} \times \left(\frac{1}{9} + \frac{1}{9}\right)} \approx 1.682$

对应 $n_2 = 10$ 和 $n_3 = 9$，$SE_{\bar{X}} = \sqrt{\frac{MS_w}{2}\left(\frac{1}{n_2} + \frac{1}{n_3}\right)} = \sqrt{\frac{25.476}{2} \times \left(\frac{1}{10} + \frac{1}{9}\right)} \approx 1.640$

(4) 计算平均数差值的临界值。

第 1 组与第 2 组平均数差值的临界值为

$q_{0.05}\text{SE}_{\bar{X}} = 2.92 \times 1.640 \approx 4.789$

$q_{0.01}\text{SE}_{\bar{X}} = 3.96 \times 1.640 \approx 6.494$

第 2 组与第 3 组差值的临界值为

$q_{0.05}\text{SE}_{\bar{X}} = 3.53 \times 1.640 \approx 5.789$

$q_{0.01}\text{SE}_{\bar{X}} = 4.54 \times 1.640 \approx 7.446$

第 1 组与第 3 组差值的临界值为

$q_{0.05}\text{SE}_{\bar{X}} = 2.92 \times 1.682 \approx 4.911$

$q_{0.01}\text{SE}_{\bar{X}} = 3.96 \times 1.682 \approx 6.661$

(5) 比较差值和差值临界值的大小，确定差异显著性。

第 1 组与第 3 组的平均数差值为 4.34，小于临界值 4.911，两者差异不显著；第 1 组与第 2 组的平均数差值为 5.43，大于临界值 4.789，两者在 0.05 水平上差异显著；第 2 组与第 3 组的平均数差值为 9.77，大于临界值 7.446，两者在 0.01 水平上差异显著。以下为 3 组数据两两之间关系的直观呈现。

	$\bar{X}_3$	$\bar{X}_1$	$\bar{X}_2$
$\bar{X}_1$	4.34		
$\bar{X}_2$	9.77**	5.43*	

2. 随机区组设计的 N-K 检验法

在随机区组设计中，平均数标准误的基本公式与完全随机设计中的公式相同，由于随机区组设计中各组的数据个数相等，平均数标准误的计算公式为

$$\text{SE}_{\bar{X}} = \sqrt{\frac{\text{MS}_e}{n}}$$

随机区组设计的多重比较与完全随机设计的多重比较的基本步骤相同。

例 9.7 例 9.4 得出 3 种阅读环境下的阅读效果差异非常显著，试用多重比较确定每两种环境间的具体差异。

解：(1) 3 组的平均数分别为 83.67、86.67 和 81.89，对其按由小到大的顺序排序。

等级	1	2	3
平均数	81.89	83.67	86.67

(2) 确定 q 临界值。

由 r 值和 $\text{df}_e = 16$ 查附表 6，得出 q 值。

当 $r = 2$ 时，$q_{0.05} = 3.00$，$q_{0.01} = 4.13$

当 $r = 3$ 时，$q_{0.05} = 3.65$，$q_{0.01} = 4.78$

(3) 计算样本平均数的标准误。

各组样本容量相等，$n=10$，因此

$$\mathrm{SE}_{\bar{X}} = \sqrt{\frac{\mathrm{MS}_e}{n}} = \sqrt{\frac{3.898}{10}} \approx 0.624$$

(4) 计算平均数差值的临界值。

当 $r = 2$ 时，$q_{0.05}\mathrm{SE}_{\bar{X}} = 3.00 \times 0.624 = 1.872$，$q_{0.01}\mathrm{SE}_{\bar{X}} = 4.13 \times 0.624 \approx 2.577$

当 $r = 3$ 时，$q_{0.05}\mathrm{SE}_{\bar{X}} = 3.65 \times 0.624 \approx 2.278$，$q_{0.01}\mathrm{SE}_{\bar{X}} = 4.78 \times 0.624 \approx 2.983$

(5) 比较差值和差值临界值的大小，确定平均数差异的显著性。

第三组与第一组平均数的差值为 1.78，小于临界值 1.872，表明两组平均数差异不显著；第二组与第一组平均数的差值为 3.00，大于临界值 2.577，两组平均数差异非常显著；第三组与第二组平均数的差值为 4.78，大于临界值 2.983，两组平均数差异非常显著。以下为 3 组数据两两之间关系的直观呈现。

	$\bar{X}_3$	$\bar{X}_1$	$\bar{X}_2$
$\bar{X}_1$	1.78		
$\bar{X}_2$	4.78**	3.00**	

第五节　多因素方差分析简介

一、多因素方差分析的基本问题

1. 基本概念

1) 因素和水平

因素(factor)是指研究中的自变量。一个因素的不同取值称为这一因素的不同水平(level)。当一个研究中只包含一个自变量时，该实验设计称为单因素实验设计。例如，要研究初中一、二年级学生的抽象思维能力的差异，这项研究的自变量是"年级"，因变量是"抽象思维能力"，该研究设计是单因素实验设计。当一个研究中包含两个自变量时，相应的实验设计称为双因素实验设计。例如，要研究初中一、二年级男生和女生的抽象思维能力的差异，"年级"和"性别"都是自变量，"抽象思维能力"是因变量，有关实验设计就是双因素实验设计。该研究中的"年级"和"性别"因素都有两个水平，因此该研究设计称为 2×2 实验设计。如果某实验有三个自变量 A、B、C，它们分别有 2、2、3 个水平，该实验设计则为 2×2×3 实验设计。在实验设计中，一般用大写英文字母 A、B、C 等表示因素，用小写英文字母 a、b、c 等表示因素的水平数。

2) 主效应与交互作用

假设有两个 2×2 实验设计，实验结果如表 9.10 所示。

表 9.10 2×2 实验设计结果

	研究(1)				研究(2)		
		因素 A				因素 A	
		$a1$	$a2$			$a1$	$a2$
因素 B	$b1$	65	82	因素 B	$b1$	65	80
	$b2$	73	90		$b2$	82	70

在研究(1)中，当 B 因素取 $b1$ 水平，对应 A 因素取 $a1$ 和 $a2$ 水平时，因变量的差值为 82-65=17；当 B 因素取 $b2$ 水平，对应 A 因素取 $a1$ 和 $a2$ 水平时，因变量的差值为 90-73=17。当 A 因素从 $a1$ 变化到 $a2$ 时，不管 B 因素是在 $b1$ 还是 $b2$ 水平上，因变量的变化量相同，都是 17。同样，当 A 因素取 $a1$ 水平时，对应 B 因素的 $b1$ 和 $b2$ 水平的因变量的差值为 73-65=8；当 A 因素取 $a2$ 水平时，对应 B 因素的 $b1$ 和 $b2$ 水平的因变量的差值为 90-82=8。当 B 因素从 $b1$ 变化到 $b2$ 时，不管 A 因素是在 $a1$ 还是 $a2$ 水平上，因变量的变化量相同，都是 8。因此，A、B 两因素不互相产生影响，这种情况称为 A 因素和 B 因素之间不存在交互作用(interaction)。

在研究(2)中，当 B 因素取 $b1$ 水平，对应 A 因素取 $a1$ 和 $a2$ 水平时，因变量的差值为 80-65=15；在 $b2$ 水平上，A 因素取 $a1$ 和 $a2$ 时，因变量的差值为 70-82=-12。当 A 因素从 $a1$ 变化到 $a2$ 时，在 B 因素的不同水平上，因变量的变化量不同，本例中变化方向相反。同样，在 A 因素的 $a1$ 水平上，B 因素取 $b1$ 和 $b2$ 时，因变量的差值为 82-65=17；在 A 因素的 $a2$ 水平上，B 因素取 $b1$ 和 $b2$ 时，因变量的差值为 70-80=-10。当 B 因素从 $b1$ 变化到 $b2$ 时，对应 A 因素的不同水平，因变量的变化量不同，本例中的方向也相反。因此，A 因素对因变量的影响与 B 因素的取值有关，同样，A 因素对因变量的影响也与 B 因素的取值有关，也就是说，A 因素和 B 因素对因变量产生的作用相互影响，这种情况称为 A 因素和 B 因素具有交互作用。

研究(1)和研究(2)的数据结果可以直观地呈现在图 9.1 中。

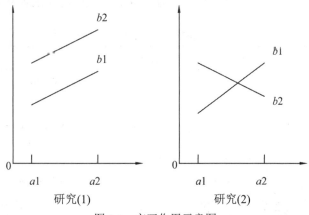

图 9.1 交互作用示意图

在图 9.1 中，直线表明了因变量与 A 因素的两个水平 $a1$ 和 $a2$ 的关系。研究(1)中，$b1$ 水平和 $b2$ 水平下的两条线平行；研究(2)中，$b1$ 水平和 $b2$ 水平下的两条线相交。在双因素实验设计中,可以通过在一个因素不同水平下另一个因素与因变量的关系,观察并确定两个因素之间的关系。如果两条线平行,则表明两个因素之间无交互作用;如果两条线或其延长线相交,则表明两个因素之间有交互作用,交互作用的显著性需要通过方差分析进行检验。

在对双因素实验设计的实验数据进行方差分析时,除交互作用外,还可以分析 A 因素和 B 因素的主效应(main effect)。A 因素的主效应是在不考虑 B 因素的影响时,A 因素的效应;同理,B 因素的主效应是在不考虑 A 因素的影响时,B 因素的效应。因此,A 因素和 B 因素的主效应分别可认为是 A 因素和 B 因素的单因素的效应。对双因素方差分析结果进行解释时,如果交互作用不显著,则需要对两个主效应进行分析;如果交互作用显著,对主效应的分析意义就不大了,因为一个因素的作用与另一个因素的水平有关,这时需要在一个因素的不同水平下考虑另一个因素的具体效应。在 B 因素的不同水平下考虑 A 因素的效应,或在 A 因素的不同水平下考虑 B 因素的效应。一个因素在另一个因素的某一水平下的效应被称为简单效应(simple effect)。

2. 双因素完全随机设计方差分析的基本方法

在双因素完全随机设计的方差分析中,总平方和分解为 A 因素的平方和、B 因素的平方和、A 和 B 两个因素交互作用的平方和以及组内平方和,用公式表示为

$$SS_t = SS_A + SS_B + SS_{AB} + SS_W \tag{9.23}$$

如果把由 A、B 两因素的不同水平组成的实验处理作为组别,则双因素设计成为单因素实验设计,总变异分解为组间平方和与组内平方和。这样,公式(9.23)中的 SS_A、SS_B 和 SS_{AB} 组成组间平方和 SS_b,即

$$SS_b = SS_A + SS_B + SS_{AB}$$

据此可知交互作用平方和为

$$SS_{AB} = SS_b - SS_A - SS_B$$

对平方和进行分解后,自由度计算以及方差分析过程可以通过表 9.11 来体现。

表 9.11 双因素完全随机设计方差分析

变异来源	平方和	自由度	均方	F
A	SS_A	$a-1$	SS_A/df_A	MS_A/MS_e
B	SS_B	$b-1$	SS_B/df_B	MS_B/MS_e
AB	SS_{AB}	$(a-1)(b-1)$	SS_{AB}/df_{AB}	MS_{AB}/MS_e
误差	SS_e	$N-ab$	SS_e/df_e	
总变异	SS_t	$N-1$		

二、双因素方差分析实例

例 9.8 某教研室为了研究小学六年级语文的两套系统教学方法在线上、线下的适用情况,具体测试线上、线下方式($a1$ 和 $a2$)和两种教学方法($b1$ 和 $b2$)组合实施的教学效果,把 40 名被试随机安排到 4 种教学组合方式($a1b1$、$a1b2$、$a2b1$、$a2b2$)中,结果如表 9.12 所示。

试分析两种教学方式和两种教学方法的教学效果。

表9.12　4种教学组合方式

教学方法	教学方式(线上、线下)				∑
	a1		a2		
	b1	b2	b1	b2	
	78	68	88	86	
	89	76	69	89	
	86	80	60	75	
	57	89	63	69	
	88	75	79	96	
	98	83	71	87	
	79	90	81	97	
	66	60	85	95	
	91	53	70	83	
	90	62	72	78	
$\sum X$	822	736	738	855	3151
$\sum X^2$	68 976	55 588	55 226	73 895	253 685

解： 本例是一个 2×2 完全随机设计，对学习成绩进行双因素方差分析。

(1) 计算平方和。

如果对 4 个实验处理组进行单因素方差分析，应将总平方和分解为组间平方和与组内平方和。

$$SS_t = \sum\sum X^2 - \frac{(\sum\sum X)^2}{N} = 253\,685 - \frac{3151^2}{40} \approx 5464.975$$

$$SS_b = \sum\frac{(\sum X)^2}{n} - \frac{(\sum\sum X)^2}{N}$$

$$= \frac{822^2 + 736^2 + 738^2 + 855^2}{10} - \frac{3151^2}{40} \approx 1084.875$$

$$SS_w = SS_t - SS_b = \sum\sum X^2 - \sum\frac{(\sum X)^2}{n}$$

$$= 253\,685 - \frac{822^2 + 736^2 + 738^2 + 855^2}{40} \approx 4380.100$$

只考虑 A 因素，则数据分为两组，组间平方和为

$$SS_A = \sum\frac{(\sum X)^2}{n} - \frac{(\sum\sum X)^2}{N}$$

$$= \frac{(822+736)^2 + (738+855)^2}{20} - \frac{3151^2}{40} \approx 30.625$$

只考虑 B 因素，则数据分为两组，组间平方和为

$$SS_B = \sum \frac{(\sum X)^2}{n} - \frac{(\sum\sum X)^2}{N}$$
$$= \frac{(822+738)^2 + (736+855)^2}{20} - \frac{3151^2}{40} \approx 24.025$$

$$SS_{AB} = SS_b - SS_A - SS_B$$
$$= 1084.875 - 30.625 - 24.025 \approx 1030.225$$

(2) 计算自由度。

$df_A = a - 1 = 2 - 1 = 1$
$df_B = b - 1 = 2 - 1 = 1$
$df_{AB} = (a-1)(b-1) = (2-1) \times (2-1) = 1$
$df_e = N - ab = 40 - 2 \times 2 = 36$
$df_t = N - 1 = 40 - 1 = 39$

(3) 计算均方。

$$MS_A = \frac{SS_A}{df_A} = \frac{30.625}{1} = 30.625$$

$$MS_B = \frac{MS_B}{df_B} = \frac{24.025}{1} = 24.025$$

$$MS_{AB} = \frac{SS_{AB}}{df_{AB}} = \frac{1030.225}{1} = 1030.225$$

$$MS_e = \frac{SS_e}{df_e} = \frac{4380.100}{36} \approx 121.669$$

(4) 求 F 值。

$$F_A = \frac{MS_A}{MS_e} = \frac{30.625}{121.669} \approx 0.252$$

$$F_B = \frac{MS_B}{MS_e} = \frac{24.025}{121.669} \approx 0.197$$

$$F_{AB} = \frac{MS_{AB}}{MS_e} = \frac{1030.225}{121.669} \approx 8.467$$

(5) 确定显著性。

查附表 4，$F_{(1, 36)0.05}$=4.11，$F_{(1, 36)0.01}$=7.39。F_A 与 F_B 均小于 4.11，F_{AB} 大于 7.39。

结论：教学方式与教学方法的主效应均不显著，而两者的交互作用非常显著。具体分析可知，教学方式 a1 适合采用教学方法 b1，教学方式 a2 适合采用教学方法 b2。

(6) 列出方差分析表如表 9.13 所示。

表 9.13　例 9.8 方差分析结果

变异来源	平方和	自由度	均方	F
A	30.625	1	30.625	0.252
B	24.025	1	24.025	0.197
AB	1030.225	1	1030.225	8.467**
误差	4380.100	36	121.669	
总变异	5464.975	39		

【效应量】

在此介绍方差分析对应的主要效应量的计算方法。

1. 单因素完全随机设计中，样本平均数差异检验的效应量计算

在单因素完全随机设计的方差分析中，总体变异分解为组间变异和组内变异两部分，也就是说，总体平方和被分解为组间平方和与组内平方和。样本平均数差异检验的效应量为

$$\eta^2 = \frac{SS_{组间}}{SS_{总}}$$

2. 多因素完全随机设计中，样本平均数差异检验的效应量计算

在多因素完全随机设计中，总变异来源于多个因素的主效应、交互效应和误差。这时，单个因素的效应量仍然按单因素方式计算，但一般排除其他因素的处理效应及因素间的交互效应，计算偏 η^2，公式为

$$\eta_p^2 = \frac{SS_{处理}}{SS_{处理} + SS_{误差}}$$

效应量 η_p^2 的小、中和大对应值分别为 0.01、0.06 和 0.14(Cohen，1969)，具体解释应参考相关研究结果。在 SPSS 软件应用中，可以在方差分析中勾选相应项直接得到效应量的计算结果。

第六节　方差分析的 SPSS 操作与实例分析

一、单因素完全随机设计方差分析的 SPSS 操作

1. 单因素完全随机设计方差分析的实现

单因素完全随机设计方差分析可以通过两种操作方法实现。

(1) Analyze(分析)→Compare Means(比较均值)→One-Way ANOVA(单因素 ANOVA 检验)。

(2) Analyze(分析)→General Linear Model(一般线性模型)→Univarate(单变量)。

通过这两种方法都可以得出方差分析结果的显著性，并进行事后检验。第(2)种方法包含效应量计算的选项，可以在方差分析中勾选相应项目，在检验平均数差异显著性的同时计算效应量。

2. 得出方差分析结果的显著性后对应的操作

(1) $p>0.05$，所有组别的平均值差异不显著，检验结束。

(2) $p<0.05$，至少两组平均值差异显著，需要进行多重比较，继续检验得出具体结果。多重比较时，应根据方差是否齐性选取对应方法。

例9.9 某语文教师在3个学习小组中，分别实施A、B、C 3种学习指导方法。3个小组的初始水平基本一致，在整个学期中，3个小组的其他教学过程基本一致。一个学期后，3个小组的语文成绩如表9.14所示。

表9.14 3个小组的语文成绩

小组	成绩									
A方法组	93	96	92	95	88	91	93	87	93	92
B方法组	91	90	95	89	93	90	95	93	94	87
C方法组	95	95	90	93	92	92	89	90	93	92

试检验3种学习指导方法的效果差异是否显著。

解：建立语文成绩变量 X 和指导方法变量 M，为变量 M 建立数值标签，指导方法A、B和C分别输入数值1、2和3。输入数据，完成数据文件的建立。

按 Analyze(分析)→Compare Means(比较均值)→One-Way ANOVA(单因素ANOVA检验)步骤操作，弹出窗口，如图9.2所示。

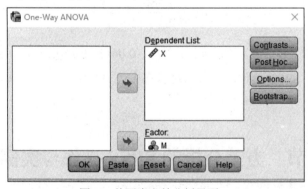

图9.2 单因素方差分析界面(1)

将成绩 X 和方法 M 分别输入因变量列表"Dependent List"和因素"Factor"框，单击选项"Options"，在弹出的窗口中勾选描述"Descriptives"和方差齐性检验"Homogeneity of Variance Test"，继续并确定，输出结果：

Descriptives

X

	N	Mean	Std. Deviation	Std. Error	95% Confidence Interval for Mean		Minimum	Maximum
					Lower Bound	Upper Bound		
Method A	10	92.00	2.789	.882	90.00	94.00	87	96
Method B	10	91.70	2.710	.857	89.76	93.64	87	95
Method C	10	92.10	2.025	.640	90.65	93.55	89	95
Total	30	91.93	2.449	.447	91.02	92.85	87	96

Test of Homogeneity of Variances

X

Levene Statistic	df1	df2	Sig.
.733	2	27	.490

ANOVA

X

	Sum of Squares	df	Mean Square	F	Sig.
Between Groups	.867	2	.433	.068	.935
Within Groups	173.000	27	6.407		
Total	173.867	29			

方差齐性分析结果显示：$p=0.490>0.05$，各组间方差差异不显著，方差齐性。

方差分析结果显示：$F(2,27)=0.068$，$p=0.935>0.05$，各组平均数差异不显著。

例 9.10 在例 9.9 的基础上对未参加学习小组的 9 名学生也进行了测试，以下为测试成绩。

其他学生　90　88　86　91　82　83　85　92　83

试检验 4 组学生平均成绩的差异显著性。

解：在例 9.9 的基础上增加未参加学习小组的 9 名学生的成绩，在方法变量下输入数值 4，定义数值标签为"None"。

按例 9.9 的操作过程得到方差分析结果。本例为了练习前文中提及的操作方法(2)，同时得出效应量值，采用如下操作步骤：Analyze(分析)→General Linear Model(一般线性模型)→Univarate(单变量)，操作后弹出窗口，如图 9.3 所示。

分别将因变量 X 和自变量 M 输入对应项目框，单击选项"Options"，操作后弹出窗口，如图 9.4 所示。

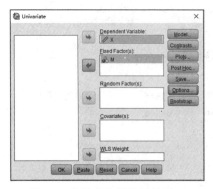

图 9.3 单因素方差分析界面(2)

图 9.4 描述统计、方差齐性、效应量、检验力选项界面

确定后输出结果：

Descriptive Statistics

Dependent Variable: X

M	Mean	Std. Deviation	N
Method A	92.00	2.789	10
Method B	91.70	2.710	10
Method C	92.10	2.025	10
None	86.67	3.742	9
Total	90.72	3.546	39

Levene's Test of Equality of Error Variances[a]

Dependent Variable: X

F	df1	df2	Sig.
2.077	3	35	.121

Tests the null hypothesis that the error variance of the dependent variable is equal across groups.

a. Design: Intercept + M

Tests of Between-Subjects Effects

Dependent Variable: X

Source	Type III Sum of Squares	df	Mean Square	F	Sig.	Partial Eta Squared	Noncent. Parameter	Observed Power[b]
Corrected Model	192.897[a]	3	64.299	7.896	.000	.404	23.689	.981
Intercept	319578.043	1	319578.043	39246.426	.000	.999	39246.426	1.000
M	192.897	3	64.299	7.896	.000	.404	23.689	.981
Error	285.000	35	8.143					
Total	321438.000	39						
Corrected Total	477.897	38						

a. R Squared = .404 (Adjusted R Squared = .353)

b. Computed using alpha = .05

结果显示：各组方差齐性($p=0.121$)，平均数差异极其显著[$F(3, 35)=7.896$，$p<0.001$，$\eta^2 = 0.404$]。因此，需要进行事后检验，在图 9.3 的界面中单击事后检验"Post Hoc"，在弹出的窗口中勾选方差齐性对应的选项，本例选择 Bonferroni 方法，继续并确定后，输出结果：

Multiple Comparisons

Dependent Variable: X
Bonferroni

(I) M	(J) M	Mean Difference (I-J)	Std. Error	Sig.	95% Confidence Interval Lower Bound	95% Confidence Interval Upper Bound
Method A	Method B	.30	1.276	1.000	-3.27	3.87
	Method C	-.10	1.276	1.000	-3.67	3.47
	None	5.33*	1.311	.002	1.67	9.00
Method B	Method A	-.30	1.276	1.000	-3.87	3.27
	Method C	-.40	1.276	1.000	-3.97	3.17
	None	5.03*	1.311	.003	1.37	8.70
Method C	Method A	.10	1.276	1.000	-3.47	3.67
	Method B	.40	1.276	1.000	-3.17	3.97
	None	5.43*	1.311	.001	1.77	9.10
None	Method A	-5.33*	1.311	.002	-9.00	-1.67
	Method B	-5.03*	1.311	.003	-8.70	-1.37
	Method C	-5.43*	1.311	.001	-9.10	-1.77

Based on observed means.
The error term is Mean Square(Error) = 8.143.
*. The mean difference is significant at the .05 level.

结果显示：指导方法 A 和 B、指导方法 A 和 C、指导方法 B 和 C 的效果均有显著差异($p=1.000>0.05$)，而采用指导方法 A、B 和 C 的 3 组平均成绩与未参加学习小组的学生的平均成绩的差异均非常显著($p=0.002<0.01$；$p=0.003<0.01$；$p=0.001<0.01$)。

二、随机区组设计方差分析的 SPSS 操作

随机区组设计的 SPSS 操作步骤：Analyze(分析)→General Linear Model(一般线性模型)→Repeated Measures(重复测量)。

依据球形检验(Mauchly's test of sphericity)结果的显著性读取主体内结果，如果球形检验结果不显著，读取主体内结果第一行；如果球形检验显著，表示违反球形假定，读取主体内校正结果，如 Greenhouse-Geisser、Huynh-Feldt 等方法的结果，这时，通常采用 Greenhouse-Geisser 结果。

例 9.11 某本科生导师为了了解大学生的校园适应情况，对 10 名新生在入学一个月、两个月和一个学期时进行了校园适应相关测试，10 名新生的校园适应测试结果如表 9.15 所示。

表 9.15　10 名新生的校园适应测试结果

学生	测验时间		
	入学一个月(a1)	入学两个月(a1)	入学一个学期(a3)
1	42	53	55
2	53	55	62
3	46	48	46
4	57	55	60
5	60	62	65
6	62	60	64
7	58	63	60
8	54	62	63
9	63	65	66
10	61	67	65

试检验 3 次测试结果的差异是否显著。

解：建立变量 $a1$、$a2$ 和 $a3$，分别表示 10 名大学生入学一个月、入学两个月和入学一个学期时校园适应测试结果，输入 3 次测试数据。

按 Analyze(分析)→General Linear Model(一般线性模型)→Repeated Measures(重复测量)步骤操作，弹出对话窗口，如图 9.5 所示。

将测试因素定义为"A"，水平数输入"3"，单击"Add"，显示 A(3)，表示被试内因素 A 有 3 个测试水平。然后单击"Define"，弹出变量定义窗口，如图 9.6 所示。

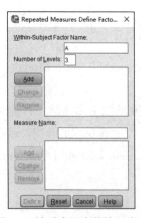
图 9.5　被试内因素数输入窗口

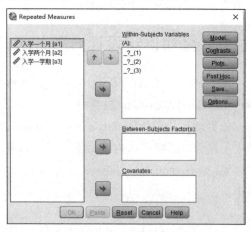
图 9.6　重复测量方差分析界面

将 a1、a2 和 a3 分别输入被试内因素 A 项目框，定义为其 3 个水平，单击选项"Options"，勾选描述统计、方差齐性检验、效应量等项目，继续并确定后，输出检验结果：

Descriptive Statistics

	Mean	Std. Deviation	N
入学一个月	55.60	6.979	10
入学两个月	59.00	6.000	10
入学一学期	60.60	6.077	10

Mauchly's Test of Sphericity[a]

Measure: MEASURE_1

Within Subjects Effect	Mauchly's W	Approx. Chi-Square	df	Sig.	Epsilon[b] Greenhouse-Geisser	Huynh-Feldt	Lower-bound
A	.924	.635	2	.728	.929	1.000	.500

Tests the null hypothesis that the error covariance matrix of the orthonormalized transformed dependent variables is proportional to an identity matrix.

a. Design: Intercept
   Within Subjects Design: A

b. May be used to adjust the degrees of freedom for the averaged tests of significance. Corrected tests are displayed in the Tests of Within-Subjects Effects table.

Tests of Within-Subjects Effects

Measure: MEASURE_1

Source		Type III Sum of Squares	df	Mean Square	F	Sig.	Partial Eta Squared	Noncent. Parameter	Observed Power[a]
A	Sphericity Assumed	130.400	2	65.200	8.828	.002	.495	17.657	.942
	Greenhouse-Geisser	130.400	1.858	70.175	8.828	.003	.495	16.405	.928
	Huynh-Feldt	130.400	2.000	65.200	8.828	.002	.495	17.657	.942
	Lower-bound	130.400	1.000	130.400	8.828	.016	.495	8.828	.753
Error (A)	Sphericity Assumed	132.933	18	7.385					
	Greenhouse-Geisser	132.933	16.724	7.949					
	Huynh-Feldt	132.933	18.000	7.385					
	Lower-bound	132.933	9.000	14.770					

a. Computed using alpha = .05

结果显示：$\chi^2_{(2)} = 0.635$，$p=0.728>0.05$，符合球形假设。读取组内效应检验的第一行结果，$F(2, 18)=8.828$，$p=0.002<0.01$，3 个入学时间的学校适应测试结果差异显著。

继续进行多重比较，在"Options"选项中将被试内因素"A"导入平均数显示项目"Display means for"中，"Compare main effects"选择多重比较方法，继续并确定后即输出检验结果：

Pairwise Comparisons

Measure: MEASURE_1

(I) A	(J) A	Mean Difference (I-J)	Std. Error	Sig.[b]	95% Confidence Interval for Difference[b]	
					Lower Bound	Upper Bound
1	2	-3.400	1.310	.087	-7.242	.442
	3	-5.000*	1.282	.011	-8.762	-1.238
2	1	3.400	1.310	.087	-.442	7.242
	3	-1.600	1.035	.470	-4.636	1.436
3	1	5.000*	1.282	.011	1.238	8.762
	2	1.600	1.035	.470	-1.436	4.636

Based on estimated marginal means
*. The mean difference is significant at the .05 level.
b. Adjustment for multiple comparisons: Bonferroni.

结果显示：入学一个月和入学两个月的校园适应差异不显著($p=0.087$)；入学一个月与入学一个学期的校园适应差异显著($p=0.011$)；入学两个月与入学一个学期的校园适应差异不显著($p=0.470$)。

三、双因素完全随机设计方差分析的 SPSS 操作

双因素完全随机设计方差分析的基本步骤：Analyze(分析)→General Linear Model(一般线性模型)→Univarate(单变量)。

在运行结果的方差分析表中，首先看交互作用 p 值，如果 $p>0.05$，然后看 A、B 因素主效应的显著性；如果交互作用 $p<0.05$，继续检验简单效应，可以通过平均数和图形进行基本分析。

例 9.12 某研究者欲了解 3 种教学方法和学习态度对初中生学习效果的影响，$a1$、$a2$ 和 $a3$ 为 3 种教学方法，将学习态度 B 根据测试结果分成端正($b1$)和有些欠缺($b2$)两个水平。选取学习态度处于 $b1$ 和 $b2$ 的学生各 45 名，分别分配成 3 个小组接受不同的教学方法，经过一段时间的教学，这 90 名学生的学习综合成绩如表 9.16 所示。

表 9.16　90 名学生的综合成绩

组内序号	学习态度					
	b1			b2		
	a1	a2	a3	a1	a2	a3
1	92	97	87	80	85	80
2	88	96	90	82	80	83
3	85	92	85	75	81	78
4	90	90	80	78	86	85
5	93	88	86	73	83	77
6	89	92	92	77	77	76
7	92	96	86	85	87	86
8	86	98	81	81	81	85
9	93	91	83	86	82	80
10	90	87	85	77	85	82
11	89	95	91	76	88	78
12	91	92	85	77	79	77
13	95	97	83	80	80	84
14	86	99	92	78	84	76
15	96	93	82	85	88	79

试检验教学方法和学习态度对学习效果的影响。

解：建立学生综合成绩、教学方法和学习态度变量，分别为 X、A 和 B，输入数据，建立数据文件，如图 9.7 所示。

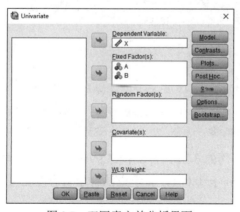

图 9.7　双因素方差分析界面

按 Analyze(分析)→General Linear Model(一般线性模型)→Univarate(单变量)操作，在弹出的窗口中，将 X 输入因变量"Dependent Variable"，将 A 和 B 导入固定因子栏"Fixed Factor(s)"，确定后输出结果：

Descriptive Statistics

Dependent Variable: X

A	B	Mean	Std. Deviation	N
1	1	90.33	3.266	15
	2	79.33	3.867	15
	Total	84.83	6.608	30
2	1	93.53	3.662	15
	2	83.07	3.411	15
	Total	88.30	6.358	30
3	1	85.87	3.889	15
	2	80.40	3.501	15
	Total	83.13	4.577	30
Total	1	89.91	4.752	45
	2	80.93	3.858	45
	Total	85.42	6.237	90

Tests of Between-Subjects Effects

Dependent Variable: X

Source	Type III Sum of Squares	df	Mean Square	F	Sig.	Partial Eta Squared	Noncent. Parameter	Observed Power[b]
Corrected Model	2369.289[a]	5	473.858	36.428	.000	.684	182.142	1.000
Intercept	656726.044	1	656726.044	50486.566	.000	.998	50486.566	1.000
A	416.022	2	208.011	15.991	.000	.276	31.982	.999
B	1813.511	1	1813.511	139.416	.000	.624	139.416	1.000
A * B	139.756	2	69.878	5.372	.006	.113	10.744	.830
Error	1092.667	84	13.008					
Total	660188.000	90						
Corrected Total	3461.956	89						

a. R Squared = .684 (Adjusted R Squared = .666)
b. Computed using alpha = .05

结果显示：教学方法不同的 3 组 $F(2, 84)=15.991$，$p<0.001$；学习态度不同的两组的成绩差异显著，$F(1, 84)=139.416$，$p<0.001$；教学方法与学习态度交互作用显著，$F(2, 84)=5.372$，$p<0.01$。

在图 9.7 的界面单击"Plots"，在弹出的对话框中，分别将变量 A 和 B 作为单图变量和水平轴变量，单击"Add"加入绘图框，继续并确定后，输出交互作用图，如图 9.8 所示，双击可以对其进行编辑。

从交互作用图可以看出，在 3 种教学方法下，学习态度端正组的成绩明显高于学习态度非端正组。图中表示教学方法 1 和教学方法 2 的两条线基本平行，学习态度不同的两组差异基本一致。在采用教学方法 3 的两组中，也是学习态度端正组成绩高，但两组的差异程度比前两种方法下学习态度引起的差异稍小，图中表示教学方法 1 和教学方法 2 的两条线出现交叉。在学习方法端正的 3 组中，教学方法 2 的效果最好，教学方法 1 的效果略差，教学方法 3 的效果最差；在学习态度不够端正的 3 组中，教学方法 2 的效果最好，其次是教学方法 3，教学方法 1 的效果最差。

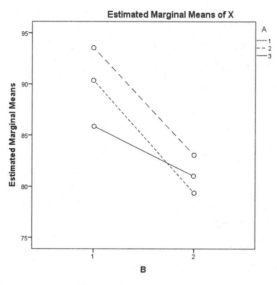

图 9.8　教学方法和学习态度的交互作用

由于交互作用显著，需要检验简单效应。简单效应分析可以通过语法 MANOVA 调用 SPSS 方差分析软件包，语法程序：

```
MANOVA X BY A(1,3) B(1,2)
    /DESIGN
    /DESIGN=B WITHIN A(1)
        B WITHIN A(2)
        B WITHIN A(3)
```

打开数据文件，单击 File(文件)→New(新建)→Syntax(语法)，输入上述语法程序，单击 RUN(运行)→ALL(全部)，即可在输出结果中看到简单效应分析结果：

```
*****Analysis   of   Variance--Design   2****
Tests of Significance for X using UNIQUE sums of squares
Source of Variation        SS         DF       MS         F        Sig of F
WITHIN+RESIDUAL          1508.69      86       17.54
B WITHIN A(1)             907.50       1      907.50     51.73      .000
B WITHIN A(2)             821.63       1      821.63     46.84      .000
B WITHIN A(3)             224.13       1      224.13     12.78      .001
(Model)                  1953.27       3      651.09     37.11      .000
(Total)                  3461.96      89       38.90
R-Squared =                .564
Adjusted R-Squared =       .549
-----------------------------------
```

结果显示：采用 3 种教学方法，学习态度的差异水平不完全相同。

MANOVA 语法的误差默认采用 WITHIN＋RESIDUAL，如果误差采用 WITHIN，在"/DESIGN"后增加"/ERROR=WITHIN"语句，即可完成对应的简单效应分析。

本章术语

方差分析(analysis of variance, ANOVA)
组间平方和(sum of squares between groups)
组内平方和(sum of squares within groups)
完全随机设计(complete randomized design)
随机区组设计(randomized block design)
区组(block)
方差齐性检验(homogeneity of variances test)
事后检验(post hoc test)
因素(factor)
交互作用(interaction)
主效应(main effect)
简单效应(simple effect)

思考题

1. 方差分析的基本原理是什么？以单因素完全随机设计为例具体说明。
2. 简述方差分析的基本步骤。
3. 可以通过两两 t 检验分析多个平均数的差异显著性吗？为什么？
4. 一个双因素方差分析和两个单因素方差分析有什么不同？
5. 说明完全随机设计与随机区组设计的主要区别。
6. 从某中学高中 3 个年级中各随机抽取 12 名学生参加学习自我效能感测试，测试结果如表 9.17 所示。

表 9.17　12 名学生的学习自我效能感测试结果

高一	83	76	82	89	90	69	72	79	85	87	76	87
高二	88	90	78	82	80	85	76	73	70	82	86	72
高三	76	87	83	80	75	71	87	83	80	72	76	83

试检验该中学高中 3 个年级学生的自我效能感水平差异是否显著。计算后再用 SPSS 运行，检验计算结果是否正确。

7. 研究者对某小学四、五、六年级的学生进行调查，了解其对家长参与学习辅导的满意程度，结果如表 9.18 所示。

表9.18 学生对家长参与学习辅导的满意程度调查结果

四年级	五年级	六年级
85	82	75
95	70	83
90	78	76
76	88	68
87	83	76
73	72	66
89	77	75
93	82	
	76	

试检验 3 个年级学生对家长辅导的满意度差异是否显著。计算后在 SPSS 中运行，确认计算结果是否正确。

8. 为了研究在 3 种背景下，某个视觉刺激信号的刺激敏锐程度，研究者选取 7 名被试，随机安排 3 种背景的测试顺序，测试结果如表 9.19 所示，试检验在 3 种不同背景下，被试对该刺激信号的反应时是否有显著差异。

表9.19 7 名被试的反应时测试结果

被试	反应时/ms		
	背景 A	背景 B	背景 C
1	182	170	184
2	171	167	176
3	153	172	157
4	165	173	179
5	179	162	162
6	157	179	169
7	162	168	176

试检验被试对 3 种不同背景下的刺激信号的反应时有无显著差异。计算后通过 SPSS 检查计算结果是否正确。

9. 某心理学家为了研究中学生在 3 种课程状态下的时间估计差异情况，随机选取 9 名中学生，分别在讲授新课、教师监督的自习课、教师不在场的自习课中选取相同的时间让学生估计时长，学生的时间估计误差测试结果如表 9.20 所示。

表 9.20 9 名学生对不同课程状态的时间估计测试结果

被试	课程状态 1	课程状态 2	课程状态 3
1	1.5	1.8	0.3
2	0.8	2.3	0.8
3	0.4	3.0	-1.2
4	-0.6	1.9	-0.8
5	-1.2	2.4	-2.6
6	0.9	-0.2	0.9
7	-0.8	0.8	1.3
8	-2.1	1.0	0.2
9	0.2	-0.5	-0.3

试检验被试在 3 种课程状态下的时间估计误差有无显著差异。计算后通过 SPSS 检查计算结果是否正确。

10. 为了考察某学校 4 个专业男、女大学生的学习动机水平的差异，研究者随机抽取各专业男、女同学各 8 名，测试结果如表 9.21 所示。

表 9.21 男、女大学生的学习动机测试结果

专业	性别	
	男	女
一	72, 83, 76, 77, 78, 75, 80, 82	72, 63, 69, 70, 74, 78, 86, 66, 72
二	85, 71, 82, 75, 77, 72, 78, 81	78, 72, 74, 79, 83, 65, 77, 63, 70
三	69, 78, 80, 82, 79, 66, 73, 78	69, 85, 73, 76, 65, 63, 78, 74, 75
四	73, 67, 65, 69, 80, 76, 82, 72	72, 81, 72, 69, 78, 83, 79, 77, 80

试检验不同专业男、女大学生学习动机水平的差异情况。计算后运行 SPSS 得出有关结果并对结果进行解释。

第十章 卡方检验

在心理与教育领域的实验、调查和研究中,经常涉及人数、班级数、字词数、天数等包含有关个数信息的计数数据。这些数据一般是通过将所研究的指标按一定的性质或标准划分为不同的类别,然后将调查结果按类别统计出来的。由于计数数据与测量数据具有不同的特性,其适用的检验方法也与测量数据的检验方法不同。本章介绍的卡方检验是适用于对计数数据进行分析检验的一种统计方法,有关检验属于非参数检验,其内容主要包括配合度检验、独立性检验等。

第一节 卡方检验概述

一、卡方检验的基本认识

1. 卡方检验的定义及特点

卡方(chi-square, χ^2)检验是用于检验计数数据样本总体分布是否服从某种理论分布或某种假设分布的一种非参数检验。与前文所讲的假设检验、方差分析等参数检验相比,卡方检验与这些对总体分布和总体参数有严格要求的检验存在以下几点不同。

(1) 假设检验和方差分析等参数检验涉及的数据属于连续数据,即为等距或等比数据;而卡方检验的数据属于计数数据,是离散数据。

(2) 参数检验的数据总体要求符合正态分布或分布形态已知;而卡方检验的数据总体分布是未知的。

(3) 参数检验是对总体参数或几个总体参数之差所进行的假设检验;而卡方检验在多数情况下不是对总体参数的检验,而是对总体分布的检验。

2. 卡方检验应注意的问题

由于卡方检验涉及的数据为计数数据,数据形式很简单,容易被认为检验容易进行,一般不会出现问题。而在实际应用中,卡方检验经常会因为方法选择错误或检验不规范而使结果出现错误或偏差,是出错较多的一种检验方法。在实际应用中,通常需要注意以下几个方面。

(1) 应用卡方检验应注意取样的代表性。卡方检验的数据是计数数据,包含信息较简单,在搜集计数数据时,比较容易出现有偏样本而又易被忽视。而其统计分析过程和其他统计方法一样,是依据样本所提供的信息来推断总体的情况,如缺乏对总体具有代表性的样本,是不能准确推断总体特性的。因此，在应用卡方检验分析计数数据资料时，要防止样本的偏倚性。例如，有研究者想了解大学四年级学生的就业环境倾向，包括政府机关、企业、中小学、大学、科研院所等，到考研自习室对学生进行调查。但通过这个方法得到的数据只能代表有深造计划的学生的意愿，不能代表全体大四学生的指标信息。

(2) 当 df 等于 1 时，如果单元格的理论次数大于 5、小于 10，进行卡方检验时需要考虑进行耶茨连续性校正(Yates'correction for continuity)。

(3) 在进行卡方检验时，如果理论频数小于 5 的数据分类项数占全部理论频数分类项数的 20%以上，或有的理论次数小于 1，需要将分类项进行合理的合并，或取消某些包含数据个数极少的组别。

① 合并单元格。当一个分类指标为顺序变量时，如果出现理论次数过小的情况，将单元格与相邻组合并，从而达到调整分类项数据，使其满足卡方检验理论频数的目的。例如，当学生成绩分为优、良、中、差时，如果成绩为"差"的学生极少，导致卡方检验关于理论次数的条件不能得到满足，则可以把"差"与"中"两组合并为"中及以下"。

② 取消部分分类项。当分类指标为称名变量时，如果出现理论次数过小的情况，这时采用合并单元格的方法，应该合并到哪个分类项及合并后类别的实际意义将不明确，正确做法是缩小研究范围，去除这些分类项。当然，如果研究者可以补充有效样本，则可以更好地解决问题。

(4) 当总数小于或等于 20 时，如果出现理论次数小于 5 的情况，不能采用卡方检验对有关数据进行分析，可以采用费舍精确概率(Fisher's exact probability)检验法。

二、卡方检验的基本公式

卡方检验的计算公式是由英国统计学家皮尔逊(Pearson)于 1899 年提出的。他通过推导得出配合度检验(goodness-of-fit test)的理论公式，计算各分类项的实际观测次数(observed frequencies，以 f_o 表示)与期望次数(expected frequencies，以 f_e 表示)之差的平方再除以期望次数，然后将各分类项的计算结果相加求和，从而得到检验统计量的计算结果。皮尔逊配合度检验统计量的分布与卡方分布非常接近。f_e 越大，表示接近程度越高；当 $f_e \geq 5$ 时，与卡方分布较好符合。卡方检验的计算公式为

$$\chi^2 = \sum \frac{(f_o - f_e)^2}{f_e} \tag{10.1}$$

式中：f_o 表示实际观测次数，即实计数；

f_e 表示期望次数，也称理论次数。

第二节 配合度检验

配合度检验适用于一个因素多项分类的计数资料，故又称为单因素分类卡方检验。它主要用来检验一个因素多项分类的计数数据分布是否符合某个理论分布，具体包括以下几种情况。

一、各分类项分布次数的无差检验

各分类项分布次数的无差检验是指检验各项分类的实际计数之间没有差异,也就是假设各项分类的机会相等,或概率相等。因此,各分类项的理论次数按概率相等的条件计算,即

$$\text{理论次数}=\text{总数}\times (1/\text{分类项数})$$

例 10.1 从某中学随机抽取 60 名初中一年级学生,调查他们每天完成学校各科老师布置的作业后是否还有自主学习的时间。其中 36 人有自主学习时间,24 人没有自主学习时间。试检验学生完成作业后有无自主学习时间的人数差异是否显著。

解:

1. 提出假设

该问题的 H_0 是做完作业后,有自主学习时间和无自主学习时间的人数一致,据此做出假设。

H_0: $f_o = f_e$
H_1: $f_o \neq f_e$

2. 计算 χ^2 值

计算 χ^2 值之前,首先计算理论次数。根据 H_0,回答有自主学习时间和无自主学习时间的概率均为 1/2,故理论频数 $f_{e1} = f_{e2} = 60 \times 1/2 = 30$。根据公式(10.1)得

$$\chi^2 = \sum \frac{(f_o - f_e)^2}{f_e} = \frac{(36-30)^2}{30} + \frac{(24-30)^2}{30} = 2.4$$

3. 统计推断

在做统计推断之前,应先确定 df。由于受到 $\sum f_o = \sum f_e$ 条件的限制,无差检验的 df 为分类项数减 1,即 df=K-1。本例 df=K-1=2-1=1,查附表 11,$\chi^2_{0.05(1)}$=3.84。由于 χ^2=2.4<3.84=$\chi^2_{0.05(1)}$,则 p>0.05,不能拒绝 H_0。

结论:该校初一学生完成学校布置的作业后仍有自主学习时间的学生和没有自主学习时间的学生人数无显著差异。

二、各分类项分布次数是否符合一定比率的检验

例 10.2 某机构欲调查某一职业女性生育 1~3 个孩子的意愿。在被调查的 150 名有生育意愿的育龄妇女中,希望生育 1、2、3 个孩子的人数分别为 53、68 和 29 人。试检验这些职业女性中希望生育孩子的数量为 1、2、3 个的育龄妇女的人数比率是否符合 2:2:1?

解:

1. 提出假设

H_0: 这些职业女性中希望生育孩子数量为 1、2、3 个的育龄妇女的人数比率符合 2:2:1。
H_1: 这些职业女性中希望生育孩子数量为 1、2、3 个的育龄妇女的人数比率不符合 2:2:1。

2. 计算 χ^2 值

计算 χ^2 值之前，应先计算理论次数。根据 H_0，在 150 名被调查者中，希望生育 1、2、3 个孩子的育龄妇女的理论人数 f_e 分别为：150×2/5=60，150×2/5=60，150×1/5=30。根据公式 (10.1) 得

$$\chi^2 = \sum \frac{(f_o - f_e)^2}{f_e} = \frac{(53-60)^2}{60} + \frac{(68-60)^2}{60} + \frac{(29-30)^2}{30} \approx 1.917$$

3. 统计推断

在做统计推断之前，应先确定 df。与无差假设情况相同，当理论分布为一定比率分布时，因为受到 $\sum f_o = \sum f_e$ 条件的限制，有关配合度检验的 df 为分类项数减 1，即 df=K-1。本例 df=K-1=3-1=2，查附表 11，$\chi^2_{0.05(2)}$=5.99，再将实际计算出的 χ^2 值与该临界值比较。由于 χ^2=1.917<5.99=$\chi^2_{0.05(2)}$，则 p>0.05，拒绝 H_0。

结论：这些职业女性中希望生育孩子数量为 1、2、3 个的育龄妇女的人数比率基本符合 2：2：1。

三、计数数据分布是否符合正态分布的检验

检验各分类项的实际频数分布是否符合正态分布，即检验实际分布与正态分布之间是否差异显著。由于假定观测结果符合正态分布，即理论分布为正态分布，可依据正态分布的概率和总次数计算各项理论次数。在此基础上，通过配合度检验分析实际频数与正态分布的理论频数之间的差异是否显著。

例 10.3 某教师按一定标准，将其所教班级 100 名学生的平时表现评定为优、良、合格 3 个等级，各等级人数分别为：优 28 人，良 50 人，合格 22 人。该教师对学生平时表现的评定结果是否符合正态分布？

解：

1. 提出假设

H_0：该教师对学生平时表现的评定结果符合正态分布。
H_1：该教师对学生平时表现的评定结果不符合正态分布。

2. 计算 χ^2 值

要计算 χ^2 值，首先计算各等级的理论频数。根据 H_0，理论频数应按正态分布计算。在正态分布中，平均数加减 3 个标准差之间的概率是 0.9987，也就是说，99.87%的数据分布在平均数加减 3 个标准差之间。在数据总数量不是极大的情况下，$\mu \pm 3\sigma$ 范围可以认为包括全部数据，这样，各等级所占的横坐标跨度相同。本例中，等级数为 3，$6\sigma \div 3 = 2\sigma$，据此求得各等级的理论人数。

优：$1\sigma \sim 3\sigma$ 之间的人数为 100×(0.5-0.3413)≈16(人)
良：$-1\sigma \sim 1\sigma$ 之间的人数为 100×(0.3413×2)≈68(人)

合格：$-3\sigma \sim -1\sigma$ 之间的人数为 $100×(0.5-0.3413)≈16$(人)

根据公式(10.1)得

$$\chi^2 = \sum \frac{(f_o - f_e)^2}{f_e} = \frac{(28-16)^2}{16} + \frac{(50-68)^2}{68} + \frac{(22-16)^2}{16} \approx 16.015$$

3. 统计推断

在做出统计推断之前，首先确定 df。检验计数数据分布是否符合正态分布时，配合度检验的 df 和其他分类情况一样，为分类组数减 1，即 df=K-1。本例中，df=K-1=3-1=2，查附表 11，$\chi^2_{0.01(2)}$=9.21。再将实际计算出的 χ^2 值与之相比较。由于 χ^2=16.015>9.21=$\chi^2_{0.01}$，则 $p<0.01$，从而拒绝 H_0。

结论：该教师对其学生平时表现的评定结果不符合正态分布，此结论犯错误的概率小于0.01。

四、连续变量分布的正态配合度检验

检验连续变量的分布是否符合正态分布可以通过卡方检验来实现。具体过程是将连续变量的数据编制成次数分布表，统计出各组对应的实际频数，再通过正态分布计算出各分组区间的理论次数，最后采用公式(10.1)进行卡方检验。

例 10.4 研究者从某中学随机抽取 100 名学生，调查家长对他们在家里整体表现的了解程度，家长填写调查表对孩子的表现进行评价。100 名家长的评价结果如表 10.1 所示，试检验评价结果是否符合正态分布。

表 10.1 100 名家长对孩子在家表现的评价结果

组限	频数	各组上限的 Z 分数	各组上限与平均数之间的面积	每组内所包含的面积	各组的理论频数	$(f_o-f_e)^2/f_e$
90～100	5	2.12	0.48300	0.07214	7	0.57143
80～90	18	1.46	0.42786	0.13972	14	1.14286
70～80	25	0.80	0.28814	0.22852	23	0.17391
60～70	22	0.15	0.05962	0.25459	25	0.36000
50～60	17	-0.51	0.19497	0.18403	18	0.05556
40～50	9	-1.17	0.37900	0.08738	9	0.00000
30～40	3	-1.83	0.46638	0.02723	3	
20～30	1	-2.49	0.49361	0.00639	1	
合计	100					2.30375

解：

1. 提出假设

H_0：该校家长对孩子在家表现的评价符合正态分布。

H_1：该校家长对孩子在家表现的评价不符合正态分布。

2. 计算 χ^2 值

根据零假设，运用正态曲线下面积计算各组理论频数，具体步骤如下所述。

(1) 依据表 10.1 中的数据求得平均数为 67.3，标准差为 15.17。

(2) 求各组上限与平均数之差再除以标准差，及各组上限的 Z 分数，结果记入表 10.1 第 3 栏。

(3) 在正态分布表中，查出各组上限与平均数之间包含的曲线下面积，记入表 10.1 第 4 栏。

(4) 求各组内包含的面积。

(5) 各组面积乘总人数即为正态分布中每组的理论频数，最低两组的理论频数小于 5，与倒数第 3 组合并。

(6) 计算 χ^2 值。

$$\chi^2 = \sum \frac{(f_o - f_e)^2}{f_e} = 2.30$$

3. 统计推断

正态卡方检验的自由度 df=K-3。在确定理论频数时，受到总频数、平均数和标准差 3 个统计量的限制。值得注意的是，这里的组数是合并后保留下来的组数。所以，df = K-3=6-3=3，查附表 11，$\chi^2_{0.05(3)}$=7.81。将实际计算出的 χ^2 值与之相比较，由于 χ^2=2.30<7.81=$\chi^2_{0.05(3)}$，则 p>0.05，不能拒绝 H_0。

结论：该校家长对学生在家表现的评价符合正态分布。

五、理论频数大于 5 而小于 10 时的连续性校正

卡方检验建立在渐近分布理论的基础上，因此要求样本容量足够大，对计数资料分类的组数也应较多，各组理论频数不得小于 5。由于应用于卡方检验的资料大多数属于非连续分布，用连续分布的概率与非连续性资料计算所得的结果只是一个近似值。当样本较大时，所求得的概率结果接近真正的数值；但在小样本的情况下，所得的概率偏低，df=1 时更为突出，所以要运用耶茨连续性校正法，即在计算每一组实际频数与理论频数差数的绝对值平方之前，各减去 1/2，其校正公式为

$$\chi^2 = \sum \frac{(|f_o - f_e| - 1/2)^2}{f_e} \tag{10.2}$$

例 10.5　某学院推荐 12 名学生参加技能大赛，其中男生 5 名、女生 7 名。参赛人员的男女生比例是否符合 1∶2 的比例？

解：

1. 提出假设

H_0：推荐参赛的男女生人数符合 1∶2 的比例。

H_1：推荐参赛的男女生人数不符合 1∶2 的比例。

2. 计算 χ^2 值

计算 χ^2 值之前，先计算理论频数。根据零假设，男生和女生的参赛人数比例为 1：2，故理论频数 $f_{e1}=12\times1/3=4$；$f_{e2}=12\times2/3=8$。由于 $f_{e1}=4<5$，在计算 χ^2 值时需要进行耶茨连续性校正。根据公式(10.2)得

$$\chi^2 = \frac{(|5-4|-0.5)^2}{4} + \frac{(|7-8|-0.5)^2}{8} \approx 0.094$$

3. 统计推断

自由度 $df=K-1=2-1=1$。查附表 11，$\chi^2_{0.05(1)}=3.84$。将计算所得 χ^2 值与临界值比较，$\chi^2=0.094<3.84=\chi^2_{0.05(2)}$，则 $p>0.05$，不能拒绝 H_0。

结论：该学院推荐参加技能大赛的男女生人数符合 1：2 的比例。

第三节 独立性检验

一、独立性检验的适用资料

除配合度检验外，卡方独立性检验(test of independence)应用更为广泛。它主要用于检验依据两个因素进行多组分类的列联表计数数据资料。如果要研究两个因素之间是否具有独立性，或者有无"交互作用"存在，就要应用卡方独立性检验。如果两个自变量是相互独立的，就意味着对其中一个因素的不同水平来说，另一个因素的分类次数分布是一致的；如果两个自变量不独立，则这两个因素之间有关联或两者之间有交互作用存在。这时，对于其中一个因素的不同水平而言，另一个因素多组分类次数的分布不一致。

独立性检验一般采用列表的形式记录观测结果，表格中行和列的标目分别是两个因素的分类项，从而使有关数据可以反映两个因素的关联程度，这种表格又称为列联表(contingency table)，对有关资料进行的独立性检验又称为列联表分析。每一个因素可以分为两个或两个以上类别，因为分类数目不同，列联表有多种形式。两个因素各有两组分类，称为 2×2 列联表或四格表。一个因素分 r 类，另一个因素分 c 类，列联表为 r 行 c 列，称为 $r\times c$ 列联表。另外，因素数目也可以在 2 个以上，这种列联表称为多维列联表。这里所讨论的独立性检验只针对二维列联表。

二、独立性检验的检验方法

为了更清晰地说明独立性检验的方法，我们以 $r\times c$ 列联表的卡方检验为例。

例 10.6 某教师为了了解高中生在学校遇到问题时愿意与谁交流，分别抽取男女生各 60 人，调查结果如表 10.2 所示。试检验男女生选择交流对象有无显著差异。

表 10.2 男女生选择交流对象的调查结果

性别	交流对象			f_x
	班主任	任课教师	同学	
男生	21 (24.5)	20 (15)	19 (20.5)	60
女生	28 (24.5)	10 (15)	22 (20.5)	60
f_y	49	30	41	$N=120$

解：

1. 提出假设

H_0：该校男女生选择的交流对象无显著差异。

H_1：该校男女生选择的交流对象差异显著。

2. 计算 χ^2 值

计算 χ^2 值之前，先计算各单元格的理论频数。

独立性检验的理论频数是依据虚无假设由列联表的数据计算出来的。f_e 的计算公式为

$$f_{ei} = \frac{f_{xi} f_{yi}}{N} \tag{10.3}$$

式中：f_{xi} 表示各横行实际频数的和；

f_{yi} 表示各纵列实际频数的和；

N 表示样本容量的总和。

例如，男生遇事愿意与班主任和任课教师交流的理论频数分别为

$$f_{e1} = \frac{f_{x1} f_{y1}}{N} = \frac{60 \times 49}{120} = 24.5$$

$$f_{e2} = \frac{f_{x2} f_{y2}}{N} = \frac{60 \times 30}{120} = 15$$

其他结果见表 10.2 的括号内数据。

根据公式(10.1)得

$$\chi^2 = \sum \frac{(f_o - f_e)^2}{f_e}$$
$$= \frac{(21-24.5)^2}{24.5} + \frac{(20-15)^2}{15} + \frac{(19-20.5)^2}{20.5} + \frac{(28-24.5)^2}{24.5} + \frac{(10-15)^2}{15} + \frac{(22-20.5)^2}{20.5}$$
$$\approx 4.553$$

在独立性卡方检验中，用理论频数方法计算比较麻烦。为了方便计算，可用公式(10.4)直接计算卡方值

$$\chi^2 = N \left(\sum \frac{f_{oi}^2}{f_{xi} f_{yi}} - 1 \right) \tag{10.4}$$

式中：f_{oi} 表示每一格的实际频数；

f_{xi} 表示各横行实际频数的和；

f_{yi} 表示各纵列实际频数的和；

N 表示样本容量的总和。

本例根据公式(10.4)得

$$\chi^2 = 120 \times \left(\frac{21^2}{60 \times 49} + \frac{20^2}{60 \times 30} + \frac{19^2}{60 \times 41} + \frac{28^2}{60 \times 49} + \frac{10^2}{60 \times 30} + \frac{22^2}{60 \times 41} - 1 \right)$$

$$\approx 4.553$$

3. 统计推断

$r \times c$ 列联表自由度与行和列两因素各自的分类项数有关，则

$$\mathrm{df} = (r-1)(c-1) \tag{10.5}$$

式中：r 表示横行所分的类别数；

c 表示纵列所分的类别数。

根据 $\mathrm{df} = (r-1)(c-1) = (3-1) \times (2-1) = 2$，查附表11，$\chi^2_{0.05} = 5.99$，$\chi^2_{0.01} = 9.21$。由于 $\chi^2 = 4.553 < 5.99 = \chi^2_{0.05}$，则 $p > 0.05$，不能拒绝 H_0。

结论：该校男女生选择的交流对象无显著差异。

如果 $r \times c$ 列联表卡方检验得出的结论为差异显著，并不意味着各组之间的差异都显著。当需要进一步探究哪些组别之间差异显著、哪些组别之间差异不显著时，应做进一步检验，常用的方法是通过 $Z = \dfrac{f_o - f_e}{\sqrt{f_e}}$ 进一步检验各小格的显著性，或做相关源分析。

第四节 四格表的卡方检验

当只有两个因素并且两个因素均为两个水平时，依据这两个因素所列的列联表就是四格表。四格表是最简单的列联表，在心理与教育调查中应用较多。依据两个因素的关系和研究目的，四格表又分为独立四格表和相关四格表。

一、独立四格表的卡方检验

从总体中随机取样，然后按两个因素的不同水平的组合对总体进行分类，将有关结果分别填入四格表内，便得到独立四格表。对于独立四格表而言，当各单元格的理论频数 $f_e \geq 5$ 时，可应用卡方检验基本公式来计算卡方值，也可应用由公式(10.1)推导得出的公式

$$\chi^2 = \frac{N(AD-BC)^2}{(A+B)(C+D)(A+C)(B+D)} \tag{10.6}$$

式中：A、B、C、D 分别表示四格表内各单元格的实际频数；

N 表示四格数据 A、B、C、D 的总和。

当四格表中任一格的理论频数 $f_e<5$ 时,就要采用耶茨连续性校正公式计算卡方统计量,其校正公式为

$$\chi^2 = \frac{N\left(|AD-BC|-\frac{N}{2}\right)^2}{(A+B)(C+D)(A+C)(B+D)} \tag{10.7}$$

例 10.7 某中学为了提高教学质量,加强了过程化测验。在一次阶段性综合测验中,某教师随机抽取 100 名学生,记录学生性别和测验成绩,并将成绩按一定标准划分为及格和不及格,结果整理后如表 10.3 所示,试问这次阶段性综合测验成绩是否与性别有关。

表 10.3 100 名学生测验成绩四格表

性别	阶段综合测验成绩		
	及格	不及格	
男	40(A)	8(B)	48(A+B)
女	47(C)	5(D)	52(C+D)
	87(A+C)	13(B+D)	100

解:

1. 提出假设

H_0:测验成绩与性别无关。

H_1:测验成绩与性别有关。

2. 计算 χ^2 值

第一种方法:采用公式(10.1)计算。

计算各单元格的理论频数:f_{e1} = 48×87/100=41.76,因为 df=1,只要按公式计算出一个理论频数之后,其余各单元格的理论频数可用相应的边缘次数减去所计算的理论频数得到:f_{e2}=48-41.76=6.24,f_{e3}=87-41.76=45.24,f_{e4}=13-6.24=6.76。也可以采用理论频数的计算公式逐一计算,然后将理论频数代入公式(10.1),则有

$$\chi^2 = \frac{(40-41.76)^2}{41.76} + \frac{(8-6.24)^2}{6.24} + \frac{(47-45.24)^2}{45.24} + \frac{(5-6.76)^2}{6.67}$$
$$\approx 1.097$$

第二种方法:采用公式(10.6)计算。

$$\chi^2 = \frac{(40\times5-47\times8)^2 \times 100}{87\times13\times48\times52} \approx 1.097$$

3. 统计推断

由 df=1 查附表 11,$\chi^2_{0.05}$ = 3.84。由于 χ^2=1.097<3.84=$\chi^2_{0.05}$,则 $p>0.05$,不能拒绝 H_0。

结论:测验成绩与性别不存在显著相关,或者男女生的测验成绩差异不显著。

二、相关四格表的卡方检验

相关四格表涉及的数据来自同一组被试前后两次相同或有关的实验或调查，这时前后两次结果则存在联系，而不是相互独立，这样的四格表称为相关四格表。相关四格表卡方检验公式(McNemar 检验)为

$$\chi^2 = \frac{(A-D)^2}{(A+D)} \tag{10.8}$$

式中：A、D 表示四格表中两次实验或调查结果不同的两个格的实际频数。

当四格表中任一格的理论频数小于 5 时，应用耶茨连续性校正公式计算卡方值，其校正公式为

$$\chi^2 = \frac{(|A-D|-1)^2}{(A+D)} \tag{10.9}$$

例 10.8 某校对 100 名男大学生进行体能测验，训练一学期后再测验一次，训练前后两次测验的达标情况如表 10.4 所示，试检验一个学期的训练效果是否显著。

表 10.4　100 名男大学生前后两次测验结果

		测验 1		
		未达标	达标	
测验 2	达标	5(*A*)	55(*B*)	60
	未达标	25(*C*)	15(*D*)	40
		30	70	100

解：

1. 提出假设

H_0：一学期的训练没有效果。

H_1：一学期的训练有显著效果。

2. 计算 χ^2 值

同一组学生两次测验结果涉及 A(第一次未达标而第二次达标)、D(第一次达标而第二次未达标)。根据零假设，A 和 D 的理论频数均为 $f_e=(A+D)/2=(5+15)/2=10$，将计算得到的理论频数代入公式(10.1)，则

$$\chi^2 = \sum \frac{(f_o-f_e)^2}{f_e} = \frac{(5-10)^2}{10} + \frac{(15-10)^2}{10} = 5$$

根据公式(10.8)计算

$$\chi^2 = \frac{(A-D)^2}{A+D} = \frac{(5-15)^2}{5+15} = 5$$

通过两种方法计算得出的卡方值相同。

3. 统计推断

根据 df=1，查附表 11，$\chi^2_{0.05}=3.84$，$\chi^2_{0.01}=6.63$，再将计算所得的 χ^2 值与之比较。由于 $\chi^2_{0.05}=3.84<\chi^2=5<6.63=\chi^2_{0.01}$，则 $0.01<p<0.05$，在 0.05 水平上拒绝 H_0。

结论：经过一个学期的训练，学生的体能有了显著提高，该结论犯错误的概率为 1%～5%。

【知识扩展：效应量分析】

卡方检验效应量 Φ 的计算公式为

$$\Phi=\sqrt{\frac{\chi^2}{n}}$$

式中：Φ 取值为 0.1、0.3、0.5，分别对应效应量的小、中和大值。

效应量 Cramer's V 的计算公式为

$$V=\sqrt{\frac{\chi^2}{n(k-1)}}$$

式中：k 表示行和列中的较小值。

V 是用于度量列联表的关联程度的效应量。对于四格表和两行多列及两列多行列联表，Cramer's V 值与 Φ 值相同。对应 0.1、0.3、0.5，分别为效应量 V 的小、中和大值，其他列联表对应效应量 V 值的小、中、大值分别为 $0.1/\sqrt{k-1}$、$0.3/\sqrt{k-1}$ 和 $0.5/\sqrt{k-1}$。例如，对于 3 行多列或多行 3 列的列联表，对应效应量为大、中、小的 Cramer's V 值分别为 $0.1/\sqrt{3-1}$、$0.3/\sqrt{3-1}$ 和 $0.5/\sqrt{3-1}$，即 0.07、0.21 和 0.35。

特别说明，在国内外有关统计著作中，相关四格表检验采用的主要方法为 McNemar 检验，基本公式为公式(10.8)。只有两次测试结果不同的数据 A 和 D 影响统计检验结果，两次测试结果一致的数据 B 和 C 未出现在公式中，不能对检验结果产生任何影响，因此，B 和 C 的取值发生变化时，检验结果不可能发生任何变化。例如，有两种治疗某种传染疾病的药物进入临床试验阶段，第一种药物治疗了 100 人，对 20 人有效；第二种药物治疗了 20 人，全部有效。用公式(10.8)检验两种药物的治疗效果，因为两组数据均有 A=20 和 D=0，检验结果均为 $\chi^2=20$。检验结果没有反映两种药物疗效的差异，而两种药物的疗效明显不一致。McNemar 检验依据不完整的数据信息致使分析结果产生偏差的问题应当引起注意。

统计学研究者于 2010 年通过重新分组的方法实现了依据全样本分析信息，并基于二项分布和卡方分布推导出检验公式，在 McNemar 检验公式上加权 $1/[2-(A+D)/n]$ 或 $1/[1+(B+C)/n]$ (Lu, 2010)，两项权重可以统一为 $n/(A+D+2B+2C)$，对应的检验公式为

$$\chi^2=\frac{n(A-D)^2}{(A+D)(A+D+2B+2C)} \tag{10.10}$$

当 A 和 D 一定时，随着 B+C 值的增大，检验统计量卡方值减小，趋势合理。

进一步探究发现，在全样本信息基础上分别依据两次测试数据对样本重新分组，并对 B 和 C 加以区分，从而得到进一步充分修正 McNemar 检验的公式(Lu, 2017)。

$$\chi^2 = \frac{n(A-D)^2}{(A+D+2B)(A+D+2C)} \tag{10.11}$$

当 $B+C=0$ 时，公式(10.10)和公式(10.11)及公式(10.8)完全一致；当 $B=0$ 或 $C=0$ 时，公式(10.10)和公式(10.11)相同；当 B 和 C 都不等于 0 时，公式(10.11)的值小于公式(10.10)的值，两者均小于 McNemar 检验的值。

第五节 卡方检验的 SPSS 操作及实例分析

一、卡方检验的 SPSS 基本操作

1. 配合度检验的基本操作

操作步骤：Analyze(分析)→Nonparametric Tests(非参数检验)→Legacy Dialogs(旧对话框)→卡方(Chi-square)，如图 10.1 所示。

图 10.1 配合度检验 SPSS 操作步骤

判断要检验的问题属于无差假设问题还是按不等比率分布的假设问题，前者选择所有类别相等，后者选择"Value"并输入各类别所占的比率(或输入各类别的实际数值)，确定后得到检验结果及对应 p 值。

2. 独立性检验的基本操作

步骤：Analyze(分析)→Descriptive Statistics(描述统计)→Crosstabs(交叉表)，如图 10.2 所示。

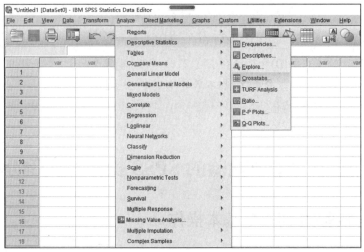

图 10.2　独立性检验 SPSS 操作步骤

将两个分类变量分别导入行和列，勾选"卡方"及所列项目中的"Phi and Cramer's V"，确定后即可得到卡方检验结果，包括 χ^2、df 和 p 值，以及效应量 Φ 和 Cramer's V 的值。

二、卡方检验的 SPSS 实例分析

例 10.9　某研究者为了调查二年级学生对音乐、美术和体育 3 个科目的喜好情况，随机抽取 28 名学生，以下为调查结果。

学生：	1	2	3	4	5	6	7	8	9	10
科目：	体育	美术	体育	音乐	美术	体育	美术	美术	音乐	体育
学生：	11	12	13	14	15	16	17	18	19	20
科目：	美术	体育	音乐	美术	体育	体育	美术	音乐	体育	音乐
学生：	21	22	23	24	25	26	27	28		
科目：	体育	音乐	美术	体育	音乐	美术	体育	体育		

试检验爱好 3 个科目的学生人数是否有显著差异。

解：爱好音乐、体育、美术 3 个科目的学生人数是计数数据，检验爱好 3 个科目的人数是否有显著差异，是配合度检验中的无差假设检验。

首先，建立数据文件。分别建立"Subject"变量，在数值标签中分别定义 1、2、3 为音乐、体育和美术科目，输入每个学生爱好科目的对应数据，建立数据文件。

其次，分析 3 个科目爱好人数的差异显著性。有关卡方检验的操作过程：Analyze(分析)→Descriptive Statistics(描述统计)→Crosstabs(交叉表)。

再次，将两个分类变量分别导入行和列，勾选"Chi-square"及所列项目中的"Phi and Cramer's V"。

最后，将"Subject"变量导入"Test Variable List"中，"Expected Values"保持默认值"All categories equal"选项，如图 10.3 所示。

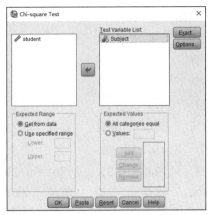

图 10.3　配合度检验期望值选项界面

单击"OK",即得到 SPSS 的运行结果:

Subject

	Observed N	Expected N	Residual
音乐	7	9.3	-2.3
体育	12	9.3	2.7
美术	9	9.3	-.3
Total	28		

Subject

	Observed N	Expected N	Residual
音乐	7	9.3	-2.3
体育	12	9.3	2.7
美术	9	9.3	-.3
Total	28		

Test Statistics

	Subject
Chi-Square	1.357[a]
df	2
Asymp. Sig.	.507

a. 0 cells (0.0%) have expected frequencies less than 5. The minimum expected cell frequency is 9.3.

结果显示:$\chi^2=1.357$,$p=0.507$。

结论:二年级学生爱好音乐、体育和美术 3 个科目的学生人数没有显著差异。

例 10.10 基于例 10.9 的数据，研究者同时记录了学生的性别，以下为相关调查结果。

学生：	1	2	3	4	5	6	7	8	9	10
科目：	体育	美术	体育	音乐	美术	体育	美术	美术	音乐	体育
性别：	男	女	男	男	男	男	女	女	女	男
学生：	11	12	13	14	15	16	17	18	19	20
科目：	美术	体育	音乐	美术	体育	体育	美术	音乐	体育	音乐
性别：	女	男	男	男	男	男	女	女	女	男
学生：	21	22	23	24	25	26	27	28		
科目：	体育	音乐	美术	体育	音乐	美术	体育	体育		
性别：	男	女	女	女	女	男	男	男		

试检验学生爱好科目的种类与性别是否显著相关。

解： 爱好音乐、体育、美术 3 个科目的男女生人数是计数数据，检验学生爱好的科目是否与性别有关，是卡方检验的独立性检验问题。

首先，建立数据文件，在例 10.8 的数据的基础上增加性别"Gender"变量，在数值标签中定义 1、2 分别表示男生和女生，输入每个学生爱好科目和性别的对应数据，完成数据文件的建立。

其次，进行学生爱好科目的种类与性别的独立性检验。有关卡方检验的操作过程：Analyze(分析)→Descriptive Statistics(描述统计)→Crosstabs(交叉表)。

再次，将"Gender"和"Subject"两个分类变量分别导入行和列，单击"Crosstabs Statistics"，勾选"Chi-square"及所列项目中的"Phi and Cramer's V"，如图 10.4 所示。

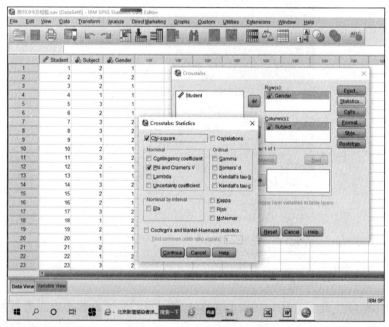

图 10.4 独立性检验对话框

最后，确定即可得到卡方检验结果，包括 χ^2、df 和 p 值，以及效应量 Φ 和 Cramer's V 的值：

Gender * Subject Crosstabulation

			Subject			Total
			音乐	体育	美术	
Gender	男	Count	3	10	2	15
		Expected Count	3.8	6.4	4.8	15.0
	女	Count	4	2	7	13
		Expected Count	3.3	5.6	4.2	13.0
Total		Count	7	12	9	28
		Expected Count	7.0	12.0	9.0	28.0

Chi-Square Tests

	Value	df	Asymptotic Significance (2-sided)
Pearson Chi-Square	8.153[a]	2	.017
Likelihood Ratio	8.764	2	.012
Linear-by-Linear Association	1.049	1	.306
N of Valid Cases	28		

a. 4 cells (66.7%) have expected count less than 5. The minimum expected count is 3.25.

Symmetric Measures

		Value	Approximate Significance
Nominal by Nominal	Phi	.540	.017
	Cramer's V	.540	.017
N of Valid Cases		28	

结果显示：χ^2=8.153，p=0.017，表明男女生的科目爱好差异显著。

结论：科目爱好与性别相关显著。效应量 Φ=0.540>0.5，为高效应。

本章术语

卡方检验(chi-square test)　　　　　列联表(contingency table)
理论频数(theoretical frequencies)　　期望次数(expected frequencies)
实际频数(actual frequencies)　　　　观测次数(observed frequencies)
配合度检验(goodness-of-fit test)　　　独立性检验(test of independence)

思考题

1. 卡方检验适用于什么数据资料？
2. 举例说明卡方检验的主要用途。

3. 随机抽取 100 名教师，针对教师是否使用某线上教学平台征求意见，结果赞成者 61 人、反对者 39 人。试检验该校教师对使用该线上教学平台持赞成和反对意见的人数有无显著差异。

4. 研究者对随机抽取的 500 名高中一年级学生进行学校适应测验，按某一标准将测验分数划分为高、中、低 3 个类别，各类别人数分别为 138 人、260 人、102 人。试检验该划分结果是否符合正态分布。

5. 某学校教务处随机抽取 100 名学生，其中包括 40 名男生和 60 名女生，对他们进行宿舍管理情况的调查，结果如表 10.5 所示。试检验不同性别的学生对宿舍管理评价结果有无显著差异。

表 10.5　100 名学生对宿舍管理的评价结果

性别	评价结果		
	好	中	差
男	15	30	40
女	20	25	60
合计	35	55	100

6. 某校高三年级有 521 名学生，报考文科的 137 人中有 116 人被录取，报考理科的 384 人中有 353 人被录取。试检验该校文理科学生的升学率是否有显著差异。

7. 100 名学生参加跳远训练，训练前后均达标的有 55 人，训练前后均未达标的有 19 人，训练前不达标而训练后达标的有 23 人，训练前达标而训练后不达标的有 3 人。试检验训练是否有显著效果。

8. 某校高中抽取 30 名学生调查他们对自然学科、社会学科和人文学科的喜好，以下为调查结果。

学生：	1	2	3	4	5	6	7	8	9	10
学科：	自然	自然	社会	自然	人文	社会	社会	自然	自然	自然

学生：	11	12	13	14	15	16	17	18	19	20
学科：	自然	社会	社会	人文	社会	自然	自然	自然	自然	社会

学生：	21	22	23	24	25	26	27	28	29	30
学科：	社会	人文	人文	社会	社会	自然	社会	社会	人文	人文

试检验喜好 3 个学科的学生人数是否有显著差异。

9. 某研究者随机选择 4 个时间段调查期刊文献阅览室的学生人数，结果分别为 25、30、22、38 人。试检验这 4 个时间段的人数是否有显著差异。

10. 在第 8 题中，研究者同时记录了 30 名学生的所在年级，以下为有关结果。

学生：	1	2	3	4	5	6	7	8	9	10
学科：	自然	自然	社会	自然	人文	社会	社会	自然	自然	自然
年级：	高三	高三	高二	高二	高二	高二	高二	高三	高三	高二

学生：	11	12	13	14	15	16	17	18	19	20
学科：	自然	社会	社会	人文	社会	自然	自然	自然	自然	社会
年级：	高二	高二	高二	高二	高二	高三	高三	高二	高二	高三

学生：	21	22	23	24	25	26	27	28	29	30
学科：	社会	人文	人文	社会	社会	自然	社会	社会	人文	人文
年级：	高三	高三	高三	高三	高二	高二	高二	高三	高二	高二

试检验学生对学科的喜好是否与所在年级有关。

第十一章 线性回归分析

在研究变量之间的关系时，经常涉及两个或多个变量，如果能够依据这些变量之间的关系建立数学模型，就可以应用有关模型对变量进行预测和控制，回归分析(regression analysis)就是实现这一目的的常用统计分析方法。例如，基于小学生二年级的语文成绩和数学成绩以及三年级的数学成绩，可以建立小学生三年级的数学成绩与二年级的语文成绩和数学成绩之间的关系。根据该关系，当已知某学生二年级的语文成绩和数学成绩时，可以预测该学生三年级的数学成绩。这种方法在心理与教育科学研究中广泛应用。

第一节 一元线性回归方程的建立

一、线性回归的概念

在变量之间逻辑关系的基础上，依据大量观测数据，通过回归分析可以发现变量之间的数量关系的规律性，从而建立变量之间的数量关系模型。如果变量之间的数量关系满足一次函数的关系，则变量之间存在的关系是线性关系，对这种线性关系的回归分析称为线性回归(linear regression)分析。如果线性回归分析中只有一个自变量，这时的线性回归分析称为一元线性回归(simple linear regression)分析。

回归分析和相关分析都是研究两个或多个变量之间关系的统计分析方法，两者既有明确的联系又有典型的区别。回归分析和相关分析都可用于分析变量之间的数量关系，包括变量之间数量变化的紧密程度和两者变化的方向是一致还是相反的，这是两者的共同点。相关分析和回归分析也有区别。相关分析用于研究变量之间的关系，这种关系是双向的，即 A 和 B 的相关和 B 和 A 的相关是等同的；而回归分析的目的则是找出变量之间关系的数学表达式，这种关系是单向的，A 对 B 的回归反映 A 随 B 的变化而变化的关系，B 对 A 的回归反映 B 随 A 的变化而变化的关系，通常情况下，两者只有其中之一具有实际意义。

一元线性回归的基本模型是 $Y = a + bX + e$。依据该数学关系式，在直角坐标系中，Y 与 X 的关系呈现为一条直线，X 每取一个值，Y 仅有唯一的值与之对应。由于个体差异和测量中随机误差的存在，变量的实际观测值对应的线性关系一般不会严格符合这种一对一的关系，只是说明大量观测数据在总体上基本呈现线性变化规律。也就是说，在实际研究中，具有线性关系的两列观测变量，它们的数量关系并不是完全的直线关系，而它们的数量关系具有线性的基本趋势。反映有关趋势的直线可以表示为

$$\hat{Y} = a + bX \tag{11.1}$$

这个方程称为变量 Y 对变量 X 的一元线性回归方程(simple linear regression equation)。一元线性回归方程代表变量 Y 与 X 的线性关系，式中 $\hat{Y}$ 是与 X 对应的 Y 的估计值，它并不一定存在于实际观测值之中。a 表示回归直线与 Y 轴交点的取值，是回归直线的截距；b 表示 X 每增加 1 个单位时 $\hat{Y}$ 的变化量，是回归直线的斜率。在回归方程中，b 表示 Y 对 X 的回归系数(coefficient of regression)，通常用 $b_{Y \cdot X}$ 表示。如果根据 X 和 Y 的逻辑关系需要建立 X 对 Y 的回归方程 $\hat{X} = a' + b'Y$，则 b' 表示 X 对 Y 的回归系数，通常用 $b_{X \cdot Y}$ 表示。

二、一元线性回归系数的计算

在明确变量之间的基本关系后，回归方程的建立就是回归系数的确定过程。对于存在线性关系的两个变量，建立回归方程就是确定公式(11.1)中的 a 和 b。确定 a 和 b 的基本方法有平均数法和最小二乘法等。

1. 平均数法

平均数法是确定回归系数的一种简单、粗略的方法。基本过程是先将 X 和 Y 的每组观测值代入回归方程(11.1)，得到 n 个关于 a 和 b 的方程；再将这 n 个方程分为两组，通常按奇偶法分组，每组的几个方程对应项相加得到一个方程，共得到两个关于 a 和 b 的二元一次方程；最后解这个二元一次方程组，则得到 a 和 b 的值。将 a 和 b 的值代入方程(11.1)，则建立了变量 Y 对变量 X 的一元一次回归方程。

例 11.1　某教师对 10 名大学生每天看手机视频的时间进行了测查，同时测试了他们的核心自我评价，结果如表 11.1 所示。

表 11.1　10 名大学生测查结果

学生	1	2	3	4	5	6	7	8	9	10
看手机视频的时间 X /分钟/天	100	80	50	60	0	120	10	70	60	20
核心自我评价结果 Y	15	20	35	35	50	10	45	25	25	40

如果大学生的核心自我评价分数与其看手机视频时间之间为线性关系，试在这组数据的基础上建立核心自我评价对看手机视频时间的线性回归方程。

解：将各组数据代入回归方程 $\hat{Y} = a + bY$ 中，并按奇偶顺序分成两组。

奇数组：

$15 = a + 100b$

$35 = a + 50b$

$50 = a + 0b$

$45 = a + 10b$

$25 = a + 60b$

$170 = 5a + 220b$……(1)

偶数组：
$20 = a + 80b$
$35 = a + 60b$
$10 = a + 120b$
$25 = a + 70b$
$40 = a + 20b$
_____

$130 = 5a + 350b$……(2)

方程(1)和(2)组成二元一次方程组，解该方程组得
$a=47.560$，$b=-0.308$
回归方程为
$\hat{Y} = 47.560 - 0.308X$

2. 最小二乘法

最小二乘法(method of least squares)的原理是误差平方和取最小值，在此基础上计算的回归系数比较精确，因此，在实际应用中，常采用最小二乘法建立回归方程。

误差平方和是各实际观测值与其对应的回归值之差的平方和，计算公式为

$$\sum_{i=1}^{n}(Y_i - \hat{Y})^2 = \sum_{i=1}^{n}(Y_i - a - bX_i)^2 \tag{11.2}$$

用最小二乘法求回归系数，就是要在式(11.2)的值为最小值时求 a 和 b 的值。这时，需要满足公式(11.2)对 a 和 b 的偏导数等于 0，即

$$\frac{\partial[\sum(Y_i - a - bX_i)^2]}{\partial a} = 0 \tag{11.3}$$

$$\frac{\partial[\sum(Y_i - a - bX_i)^2]}{\partial b} = 0 \tag{11.4}$$

整理得

$$\sum_{i=1}^{n} Y = na + b\sum_{i=1}^{n} X_i \tag{11.5}$$

$$\sum_{i=1}^{n} X_i Y_i = a\sum_{i=1}^{n} X_i + b\sum_{i=1}^{n} X_i^2 \tag{11.6}$$

解关于 a 和 b 的方程组(11.5)和(11.6)得

$$a = \bar{Y} - b\bar{X} \tag{11.7}$$

将公式(11.7)代入公式(11.5)，解得

$$b = \frac{\sum_{i=1}^{n}(X - \bar{X})(Y - \bar{Y})}{\sum_{i=1}^{n}(X - \bar{X})^2}$$

简写为

$$b = \frac{\sum(X-\bar{X})(Y-\bar{Y})}{\sum(X-\bar{X})^2} \tag{11.8}$$

或

$$b = \frac{\sum xy}{\sum x^2} \tag{11.9}$$

例 11.2 采用最小二乘法，根据例 11.1 的 10 对数据建立 Y 对 X 的回归方程。

解：计算 X 和 Y 两列数据的平均数，分别为

$\bar{X} = 57$，$\bar{Y} = 30$

将两个平均数的值代入公式(11.8)，得

$$b = \frac{\sum(X-\bar{X})(Y-\bar{Y})}{(X-\bar{X})^2}$$

$$= \frac{(100-57)\times(15-30)+(80-57)\times(20-30)+\cdots+(20-57)\times(40-30)}{(100-57)^2+(80-57)^2+\cdots+(20-57)^2}$$

$$= -\frac{4450}{13410} \approx -0.332$$

将 b 值代入公式(11.7)，得

$a = \bar{Y} - b\bar{X} = 30 - (-0.332) \times 57 = 48.924$

由最小二乘法得到的回归方程为

$\hat{Y} = 48.924 - 0.332X$

三、回归系数与相关系数的关系

回归分析与相关分析用不同的方法研究变量之间的数量关系。那么，回归系数与相关系数之间是否存在一定的数量关系呢？

相关系数的计算公式为

$$r = \frac{\sum xy}{\sqrt{\sum x^2 \cdot \sum y^2}}$$

由此可得

$$\sum xy = r\sqrt{\sum x^2 \cdot \sum y^2}$$

回归系数为

$$b_{Y \cdot X} = \frac{\sum xy}{\sum x^2} = \frac{r\sqrt{\sum x^2 \cdot \sum y^2}}{\sum x^2} = r\sqrt{\frac{\sum y^2}{\sum x^2}} = r\sqrt{\frac{\sum y^2}{N} \cdot \frac{N}{\sum x^2}} = r\frac{s_Y}{s_X} \tag{11.10}$$

同理可得

$$b_{X \cdot Y} = r \frac{s_X}{s_Y} \tag{11.11}$$

由公式(11.10)和公式(11.11)得

$$b_{Y \cdot X} b_{X \cdot Y} = r^2$$

$$r = \sqrt{b_{Y \cdot X} b_{X \cdot Y}} \tag{11.12}$$

由公式(11.12)可知，相关系数是两个回归系数的几何平均数。

第二节 一元线性回归方程的检验与应用

一、一元线性回归方程的检验

1. 回归方程的显著性检验

1) 离差平方和的分解

线性回归方程的显著性检验应用的是方差分析。将因变量的总体变异分解为来源不同的部分，通过比较回归变异与误差实现对回归方程的显著性检验。具体过程是把散点图中任意一点(X, Y)到因变量的平均值$\bar{Y}$的距离分为两部分，如图11.1所示：一是点(X, Y)到回归估计值的距离，二是该点的估计值到$\bar{Y}$的距离，用公式表示为

$$Y - \bar{Y} = (Y - \hat{Y}) + (\hat{Y} - \bar{Y}) \tag{11.13}$$

所有点的离差平方和为

$$\sum (Y - \bar{Y})^2 = \sum [(Y - \hat{Y}) - (\hat{Y} - \bar{Y})]^2$$
$$= \sum (Y - \hat{Y})^2 + 2\sum (Y - \hat{Y})(\hat{Y} - \bar{Y}) + \sum (\hat{Y} - \bar{Y})^2$$

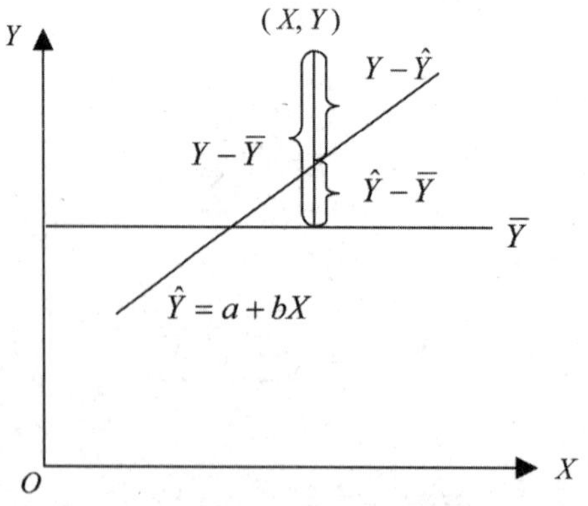

图11.1 线性回归变异分解

由 $\hat{Y} = a + bX$ 和 $a = \bar{Y} - b\bar{X}$ 得

$$\hat{Y} = \bar{Y} - b(X - \bar{X})$$

又由 $b = \dfrac{\sum(Y - \bar{Y})(X - \bar{X})}{\sum(X - \bar{X})^2}$ 得

$$\sum(Y - \bar{Y})(X - \bar{X}) = b\sum(X - \bar{X})^2$$

所以

$$\begin{aligned}
2\sum(Y - \hat{Y})(\hat{Y} - \bar{Y}) &= 2\sum[Y - \bar{Y} - b(X - \bar{X})][\bar{Y} + b(X - \bar{X}) - \bar{Y}] \\
&= 2\sum[(Y - \bar{Y}) - b(X - \bar{X})][b(X - \bar{X})] \\
&= 2\sum(Y - \bar{Y})b(X - \bar{X}) - 2b^2\sum(X - \bar{X})^2 \\
&= 2b\sum(Y - \bar{Y})(X - \bar{X}) - 2b^2\sum(X - \bar{X})^2 \\
&= 2b^2\sum(X - \bar{X})^2 - 2b^2\sum(X - \bar{X})^2 \\
&= 0
\end{aligned}$$

因此，总的离差平方和为

$$\sum(Y - \bar{Y})^2 = \sum(\hat{Y} - \bar{Y})^2 + \sum(Y - \hat{Y})^2 \tag{11.14}$$

即

$$\text{总平方和} = \text{回归平方和} + \text{误差平方和}$$

用符号表示为

$$\mathrm{SS}_t = \mathrm{SS}_r + \mathrm{SS}_e$$

2) 回归方程的显著性检验应用

将回归分析的总平方和、回归平方和与误差平方和的表达式转化为不含统计量的形式，可以表示为

$$\mathrm{SS}_t = \sum(Y - \bar{Y})^2 = \sum Y^2 - \frac{(\sum Y)^2}{N}$$

$$\mathrm{SS}_r = \sum(\hat{Y} - \bar{Y})^2 = b^2\left[\sum X^2 - \frac{(\sum X)^2}{N}\right]$$

$$\mathrm{SS}_e = \sum(Y - \hat{Y})^2 = (\sum Y^2 - b^2\sum X^2) - \frac{(\sum Y)^2 - b^2(\sum X)^2}{N}$$

SS_e 也可以在计算出 SS_t 和 SS_r 后，通过 $\mathrm{SS}_t = \mathrm{SS}_r + \mathrm{SS}_e$ 计算。

同样，总自由度与回归自由度和误差自由度存在一致的关系，可以表示为

$$\mathrm{df}_t = \mathrm{df}_r + \mathrm{df}_e$$

在计算总平方和时，用到因变量的所有观测值的平均值 $\bar{Y}$，失去一个自由度，所以

$$df_t = N - 1$$

在计算误差平方和时用到 $\hat{Y}$，而 $\hat{Y}$ 的计算需要用到 $\bar{Y}$ 和 $\bar{X}$，或 $\bar{Y}$ 和 b，此时 Y 失去两个自由度，所以

$$df_e = N - 2$$

回归自由度的计算公式为

$$df_r = df_t + df_e = (N-1) - (N-2) = 1$$

在平方和与自由度的基础上，计算回归均方和误差均方，计算公式为

$$MS_r = \frac{SS_r}{df_r}, \quad MS_e = \frac{SS_e}{df_e}$$

进而求出回归方程检验的方差分析统计量 F 为

$$F = \frac{MS_r}{MS_e}$$

然后将计算所得的 F 值与临界值比较，即可得到检验结果。

例 11.3 对例 11.2 所得回归方程的显著性进行检验。

解：(1) 计算总平方和及其分解项回归平方和与误差平方和。

$$SS_t = \sum Y^2 - \frac{(\sum Y)^2}{N} = 10\,550 - \frac{300^2}{10} = 1550$$

$$SS_r = b^2 \left[\sum X^2 - \frac{(\sum X^2)}{N} \right] = 0.332^2 \times \left[45\,900 - \frac{570^2}{10} \right] \approx 1478.104$$

$$SS_e = SS_t - SS_r = 1550 - 1478.104 = 71.896$$

(2) 计算总自由度、回归自由度及误差自由度。

$$df_t = N - 1 = 10 - 1 = 9$$

$$df_e = N - 2 = 10 - 2 = 8$$

$$df_r = df_t - df_e = 9 - 8 = 1$$

(3) 计算回归均方和误差均方。

$$MS_r = \frac{SS_r}{df_r} = \frac{1478.104}{1} = 1478.104$$

$$MS_e = \frac{SS_e}{df_e} = \frac{71.896}{8} = 8.987$$

(4) 由回归均方和误差均方计算方差分析统计量，可得

$$F = \frac{MS_r}{MS_e} = \frac{1478.104}{8.987} \approx 164.471$$

(5) 查 F 值表，$F_{0.01(1,8)} = 14.69$，$F > F_{0.01}$，$p < 0.01$

整理各步骤的分析结果，如表 11.2 所示。

表 11.2　例 11.3 方差分析结果

变异来源	平方和	自由度	均方	F	$F_{0.01(1,8)}$
回归	1478.104	1	1478.104	164.471	14.69
误差	71.896	8	8.987		
总计	1550.00	9			

结论：该回归模型非常显著($p<0.01$)。

2. 回归系数的显著性检验

回归方程的显著性还可以通过回归系数的显著性来反映，因此，可以采用检验回归系数显著性的方法来检验回归方程的显著性。如果回归系数显著，表明回归方程是显著的，即 X 与 Y 之间存在显著的线性关系，并且该回归方程能很好地表达这种关系。

回归系数的显著性是指回归系数 b 与总体回归系数 $\beta = 0$ 的差异显著性，即检验的虚无假设为 $\beta = 0$。基本检验公式为

$$t = \frac{b - \beta}{\mathrm{SE}_b} \tag{11.15}$$

式中：SE_b 表示回归系数的标准误差，它是在回归误差标准差 S_{YX} 的基础上计算出来的，其计算公式为

$$\mathrm{SE}_b = \sqrt{\frac{S_{YX}^2}{\sum(X - \bar{X})^2}} \tag{11.16}$$

回归误差的标准差 S_{YX} 的计算公式为

$$S_{YX} = \sqrt{\frac{\sum(Y - \hat{Y})^2}{N - 2}} \tag{11.17}$$

从公式(11.17)可以看出，$S_{YX}^2 = \dfrac{\sum(Y - \hat{Y})^2}{N - 2}$ 实际上是回归方程显著性检验中的误差均方 MS_E，那么，则有

$$t^2 = \frac{b^2}{(\mathrm{SE}_b)^2} = \frac{b^2}{\dfrac{S_{YX}^2}{\sum(X - \bar{X})^2}} = \frac{b^2 \sum(X - \bar{X})^2}{S_{YX}^2} = \frac{\mathrm{MS}_R}{\mathrm{MS}_E} = F$$

因此，对回归系数的显著性检验结果与对回归方程的显著性检验结果是一致的。

例 11.4　对例 11.2 中采用最小二乘法所建立的回归方程的回归系数进行显著性检验。

解：例 11.2 所建立的回归方程为

$\hat{Y} = 48.924 - 0.332X$

$$S_{YX}^2 = MS_E = 9.16$$

$$\sum(X-\bar{X})^2 = \sum X^2 - \frac{(\sum X)^2}{N} = 45\,900 - \frac{570^2}{10} = 13\,410$$

$$SE_b = \sqrt{\frac{S_{YX}^2}{\sum(X-\bar{X})^2}} = \sqrt{\frac{9.16}{13\,410}} \approx 0.026$$

$$t = \frac{b}{SE_b} = \frac{0.332}{0.026} \approx 12.769$$

查 t 值表(附表2)，$t_{0.001(8)} = 5.041$，$t > t_{0.001}$，$p < 0.001$，回归系数 0.332 极其显著。

3. 测定系数

测定系数(coefficient of determination)是通过变量 X 对变量 Y 的解释程度来反映回归效果的统计指标，其数值是回归平方和在总平方和中所占的比例的大小，表示回归平方和对总平方和的贡献率。测定系数越大，表明变量 X 对变量 Y 的解释程度越高，回归建立的变量之间的关系越显著。测定系数是相关系数的平方，具体推导过程为

$$\begin{aligned}
\frac{SS_r}{SS_t} &= \frac{\sum(\hat{Y}-\bar{Y})^2}{\sum(Y-\bar{Y})^2} \\
&= \frac{\sum[(a+bX)-(a+b\bar{X})]^2}{\sum(Y-\bar{Y})^2} \\
&= \frac{b^2\sum(X-\bar{X})^2}{\sum(Y-\bar{Y})^2} \\
&= \left[\frac{\sum(X-\bar{X})(Y-\bar{Y})}{\sum(X-\bar{X})^2}\right]^2 \cdot \frac{\sum(X-\bar{X})^2}{\sum(Y-\bar{Y})^2} \\
&= \left[\frac{\sum(X-\bar{X})(Y-\bar{Y})}{\sqrt{\sum(X-\bar{X})^2 \cdot \sum(Y-\bar{Y})^2}}\right]^2 \\
&= r^2
\end{aligned}$$

故有

$$r^2 = \frac{SS_r}{SS_t} \tag{11.18}$$

由此得出，相关系数的平方等于回归平方和与总平方和的比，因此，相关系数的平方就是测定系数，如图 11.2 所示。

测定系数的取值范围是 [0, 1]，即 $0 \leqslant r^2 \leqslant 1$。当相关系数为 0.7 时，测定系数为 $0.7^2 = 0.49$，

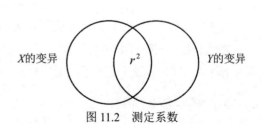

图 11.2 测定系数

即变量 X 对 49%的变量 Y 的变异做出解释,也就是变量 X 与变量 Y 的共变比例为 49%。

二、一元线性回归方程的应用

在实际应用中,当回归方程的显著性检验结果表明回归模型拟合较好时,就可以利用回归方程进行估计和预测,这是回归分析的主要目的。具体过程:依据回归方程,当自变量 X 取一定值时,计算因变量 Y 的值,所得结果即为因变量 Y 对应此 X 值的估计值或预测值。

例 11.5 某教师记录了 20 名学生平面几何和解析几何的成绩,结果如表 11.3 所示。试根据这些数据建立解析几何成绩对平面几何成绩的回归方程。某学生的平面几何成绩为 80 分,试预测其解析几何成绩。

表 11.3 20 名学生平面几何和解析几何的成绩

学生	1	2	3	4	5	6	7	8	9	10
平面几何成绩(X)	85	60	77	71	91	82	73	72	50	85
解析几何成绩(Y)	65	48	94	87	94	69	64	91	47	85
学生	11	12	13	14	15	16	17	18	19	20
平面几何成绩(X)	59	68	63	35	82	66	74	61	69	81
解析几何成绩(Y)	60	80	61	31	75	76	96	83	87	91

解:计算 20 名学生的平面几何成绩和解析几何成绩的相关系数,$r = 0.71$,$p < 0.001$,表明两者具有线性关系,因此可以建立线性回归方程。

计算得

$\overline{X} = 70.20$,$\overline{Y} = 74.20$,$S_X = 13.33$,$S_Y = 18.16$

$$b_{YX} = \frac{\sum(X - \overline{X})(Y - \overline{Y})}{\sum(X - \overline{X})^2} \approx 0.970$$

$a = \overline{Y} - b\overline{X} = 74.20 - 0.971 \times 70.20 = 6.106$

所以,回归方程为 $\hat{Y} = 6.106 + 0.970X$

当 $X = 80$ 时,$Y = 6.106 + 0.970 \times 80 = 83.706$

答:学生平面几何成绩为 80 分时,解析几何的预测成绩为 83.706 分。

第三节 多元线性回归简介

一、多元线性回归方程

在一元线性回归分析中,只有一个因变量和一个自变量,通过建立一元线性回归方程可以分析因变量随着自变量的线性变化规律。但是,在实际问题中,某个现象往往受多个因素的共同影响,在对这种问题进行研究时,回归分析涉及的是多个自变量和一个因变量的回归模型，这样的回归模型称为多元线性回归(multivariate linear regression)。

多元线性回归的基本原理与一元线性回归基本一致，但计算过程要复杂得多。在此，对建立二元线性回归方程的基本过程予以说明。

二元线性回归方程的基本形式为

$$\hat{Y} = a + b_1 X_1 + b_2 X_2 \tag{11.19}$$

式中：X_1 和 X_2 是两个自变量；

$\hat{Y}$ 表示由自变量组合 X_1 和 X_2 对因变量 Y 的估计值；

a 是常数；

b_1 和 b_2 是 Y 对 X_1 和 X_2 的偏回归系数(partial regression coefficient)。

偏回归系数是指当控制其他自变量不变时，对应自变量增加一个单位时因变量的变化量。比如，对应自变量 X_1 的偏回归系数为 b_1，表明在 X_2 不变时，X_1 增加一个单位引起的因变量 Y 的变化量为 b_1；偏回归系数为 b_2，表明在 X_1 不变时，X_2 增加一个单位引起的因变量 Y 的变化量为 b_2。

二元线性回归方程的建立与一元线性回归方程类似，在此介绍采用最小二乘法建立二元线性回归方程的基本过程。回归方程满足回归误差平方和 $\sum(Y-\hat{Y})^2$ 取最小值的条件。

$$\sum(Y-\hat{Y})^2 = \sum(Y - a - b_1 X_1 - b_2 X_2)^2$$

回归误差对 b_1 和 b_2 的偏导数等于 0，即

$$\frac{\partial \left[\sum(Y - a - b_1 X_1 - b_2 X_2)^2\right]}{\partial b_1} = 0$$

$$\frac{\partial \left[\sum(Y - a - b_1 X_1 - b_2 X_2)^2\right]}{\partial b_2} = 0$$

由以上两式得

$$\begin{cases} a\sum X_1 + b_1 \sum X_1^2 + b_2 \sum X_1 X_2 = \sum X_1 Y \\ a\sum X_2 + b_1 \sum X_1 X_2 + b_2 \sum X_2^2 = \sum X_2 Y \end{cases}$$

将 $a = \bar{Y} - b_1 \bar{X}_1 - b_2 \bar{X}_2$ 代入方程组，整理得

$$\begin{cases} b_1 \sum(X_1 - \bar{X}_1)^2 + b_2 \sum(X_1 - \bar{X}_1)(X_2 - \bar{X}_2) = \sum(X_1 - \bar{X}_1)(Y - \bar{Y}) \\ b_1 \sum(X_1 - \bar{X}_1)(X_2 - \bar{X}_2) + b_2 \sum(X_2 - \bar{X}_2)^2 = \sum(X_2 - \bar{X}_2)(Y - \bar{Y}) \end{cases}$$

用离均差表示为

$$\begin{cases} b_1 \sum x_1^2 + b_2 \sum x_1 x_2 = \sum x_1 y \\ b_1 \sum x_1 x_2 + b_2 \sum x_2^2 = \sum x_2 y \end{cases}$$

解方程组，得到两个回归系数

$$b_1 = \frac{\sum x_2 y \cdot \sum x_1 x_2 - \sum x_1 y \cdot \sum x_2^2}{\left(\sum x_1 x_2\right)^2 - \sum x_1^2 \cdot \sum x_2^2}$$

$$b_2 = \frac{\sum x_1 y \cdot \sum x_1 x_2 - \sum x_2 y \cdot \sum x_1^2}{\left(\sum x_1 x_2\right)^2 - \sum x_1^2 \cdot \sum x_2^2}$$

例 11.6 10 名学生高中三年级的平时成绩、高考成绩和大学一年级第一学期的成绩如表 11.4 所示，试依据这些数据建立学生大学一年级成绩对高三的平时成绩和高考成绩的回归方程。

表 11.4　10 名学生三个时期的成绩

学生	1	2	3	4	5	6	7	8	9	10
高三成绩 X_1	81	87	81	73	89	92	72	76	82	78
高考成绩 X_2	592	606	561	558	627	658	532	593	602	569
大一成绩 Y	86	90	85	82	95	95	80	85	88	84

解： 由这 10 名学生的成绩计算得出下列各项结果

$\sum X_1 = 811$，$\sum X_1^2 = 66173$，$\sum X_2 = 5898$，$\sum X_2^2 = 3\,490\,716$

$\sum X_1 X_2 = 480\,306$，$\sum X_1 Y = 70\,850$，$\sum X_2 Y = 514\,705$

$\overline{X}_1 = 81.10$，$\overline{X}_2 = 589.80$，$\overline{X}_3 = 87.00$

将各量代入方程组

$$\begin{cases} a\sum X_1 + b_1 \sum X_1^2 + b_2 \sum X_1 X_2 = \sum X_1 Y \\ a\sum X_2 + b_1 \sum X_1 X_2 + b_2 \sum X_2^2 = \sum X_2 Y \end{cases}$$

及 $a = \overline{Y} - b_1 \overline{X}_1 - b_2 \overline{X}_2$ 中，得

$811a + 66\,173 b_1 + 480\,306 b_2 = 70\,850$

$5898a + 480\,306 b_1 + 3\,490\,716 b_2 = 514\,705$

$a = 87 - 81.1 b_1 - 589.8 b_2$

解得

$a = 16.813$，$b_1 = 0.447$，$b_2 = 0.058$

将回归系数代入，得到回归方程为

$\hat{Y} = 16.813 - 0.447 X_1 + 0.058 X_2$

回归方程或回归系数的显著性需要进一步检验。

二、多元线性回归的显著性检验

多元线性回归的显著性检验可以通过检验回归方程、复相关系数及偏回归系数的显著性来实现。

1. 回归方程的显著性检验

和一元线性回归方程的显著性相同，多元线性回归方程的显著性检验也是通过方差分析实现的。总平方和、回归平方和、误差平方和及相应自由度分别为

$$SS_t = \sum(Y - \bar{Y})^2$$

$$SS_r = \sum(\hat{Y} - \bar{Y})^2$$

$$SS_e = SS_t - SS_R$$

$$df_t = N - 1$$

$$df_r = k$$

$$df_e = N - k - 1$$

在例 11.6 中，总平方和、回归平方和、误差平方和及对应的自由度分别为

$$SS_t = \sum(Y - \bar{Y})^2 = 230$$

$$SS_r = \sum(\hat{Y} - \bar{Y})^2 = 221.809$$

$$SS_e = SS_t - SS_r = 230.00 - 221.809 = 8.191$$

$$df_t = N - 1 = 10 - 1 = 9$$

$$df_r = k = 2$$

$$df_e = N - k - 1 = 10 - 2 - 1 = 7$$

回归平方和与误差平方和分别为

$$MS_r = \frac{SS_r}{df_r} = \frac{221.809}{2} \approx 110.905$$

$$MS_e = \frac{SS_e}{df_e} = \frac{8.191}{7} \approx 1.170$$

检验统计量 F 为

$$F = \frac{MS_r}{MS_e} = \frac{110.905}{1.170} \approx 94.790$$

$F_{0.05}(2, 7) = 10.92$

$F > F_{0.01}$，$p < 0.01$

结论：该回归方程在 0.01 显著性水平上显著。

将以上过程总结呈现在方差分析表中，如表 11.5 所示。

表 11.5　方差分析表

变异来源	平方和	自由度	均方	F	$F_{0.05}$
回归	221.809	2	110.905	94.790	10.92
误差	8.191	7	1.170		
总变异	230.000	9			

2. 多元测定系数与复相关系数的显著性检验

在多元线性回归中，回归平方和与总平方和之比称为多元测定系数，其表达式为

$$R^2 = \frac{SS_r}{SS_t} = \frac{\sum(\hat{Y}-\overline{Y})^2}{\sum(Y-\overline{Y})^2}$$

多元测定系数的平方根 R 是复相关系数，其表示因变量 Y 与多个自变量之间的相关程度。在例 11.6 中，多元测定系数 $R^2 = 0.835$，说明大一成绩总变异的 8.35% 是由高三成绩和高考成绩的变异引起的。多元测定系数值 0.835 的平方根为 0.914，因此，大一成绩与高三成绩及高考成绩的复相关系数 $R = 0.914$。依据自变量个数 $k = 2$ 和残差自由度 df = 7，查询复相关系数显著性临界值表，查得 0.01 水平上对应复相关系数 R 的临界值为 0.798，实得数值 0.914>0.798，所以复相关系数非常显著。

3. 偏回归系数的显著性检验

在多元线性回归分析中，对偏回归系数显著性的检验公式为

$$t = \frac{b_i - 0}{\text{SE}_{bi}}$$

$$\text{SE}_{bi} = \sqrt{\frac{\sum(Y-\hat{Y})^2}{N-k-1}C_{ii}}$$

在二元线性回归中

$$C_{11} = \frac{\sum x_2^2}{(\sum x_1^2)(\sum x_2^2)-(\sum x_1 x_2)^2}$$

$$C_{22} = \frac{\sum x_1^2}{(\sum x_1^2)(\sum x_2^2)-(\sum x_1 x_2)^2}$$

式中：C_{11} 和 C_{22} 分别表示二元线性回归方程中求解回归系数矩阵的主对角线上对应 X_1 和 X_2 的两个元素。

其中

$$x_1 = X_1 - \overline{X}_1, \quad x_2 = X_2 - \overline{X}_2$$

通过 t 检验，检验每个偏回归系数的显著性。

在例 11.6 中，$C_{11} = 0.00185$，$\text{SE}_{b1} = \sqrt{8.191 \times 0.00185} \approx 0.123$；$C_{22} = 0.0000591$，$\text{SE}_{b2} =$

$\sqrt{8.191 \times 0.0000591} \approx 0.022$,则

$$t_1 = \frac{b_1}{SE_{b1}} = \frac{0.477}{0.123} \approx 3.878$$

$$t_2 = \frac{b_2}{SE_{b2}} = \frac{0.058}{0.022} \approx 2.636$$

$$t_{0.05}(7) = 2.365$$

$$t_1 > t_{0.05}(7),\quad t_2 > t_{0.05}(7)$$

因此，两个偏回归系数 b_1 和 b_2 均显著。

回归方程、复相关系数及回归系数的显著性检验均表明，回归方程的预测效果显著。

回归方程为

$$\hat{Y} = 16.813 - 0.447X_1 + 0.058X_2$$

第四节　线性回归分析的 SPSS 操作及实例分析

一、一元线性回归分析的 SPSS 基本操作

按 Analyze(分析)→Regression(回归)→Linear(线性回归)的步骤操作，将因变量 Y 导入 Dependent(因变量)项目栏，将自变量 X 导入 Independents(自变量)项目栏。在"Method"中选择默认的方法"Enter"(进入法)。

按"Statistics"(统计)按钮，除了"Estimates"(估计值)和"Model Fit"(模型拟合)默认项之外，另外选择"Descriptives"(描述)。

例 11.7　某研究者想了解小学生毕业考试的阅读理解成绩对学生进入初中一年级后第一学期的综合学习成绩的预测结果，抽取了 20 名学生，有关调查结果如表 11.6 所示。

表 11.6　20 名小学生的阅读理解成绩和综合学习成绩

学生	1	2	3	4	5	6	7	8	9	10
阅读理解成绩 X	26	25	20	30	18	22	23	17	26	21
综合学习成绩 Y	86	83	80	98	72	78	80	69	93	88
学生	11	12	13	14	15	16	17	18	19	20
阅读理解成绩 X	28	24	19	16	26	25	20	28	22	25
综合学习成绩 Y	92	93	86	68	95	95	81	96	84	90

试建立由小学毕业考试的阅读理解成绩 X 预测初一第一学期的综合学习成绩的回归方程。

解：建立变量 X 和 Y，输入 20 名学生的成绩数据。

执行 Analyze→Regression→Linear 操作步骤，在弹出的窗口中将初一第一学期综合学习成绩 Y 导入"Dependent"(因变量)栏目，将小学六年级毕业考试的阅读理解成绩 X 导入

"Independents"(自变量)栏目。在"Method"中保持默认方法"Enter"(进入法)。

单击"Statistics",在弹出的窗口中勾选"Descriptive"选项,继续并确定后,除平均数、标准差外,输出结果:

Correlations

		Y	X
Pearson Correlation	Y	1.000	.866
	X	.866	1.000
Sig. (1-tailed)	Y	.	.000
	X	.000	.
N	Y	20	20
	X	20	20

Model Summary

Model	R	R Square	Adjusted R Square	Std. Error of the Estimate
1	.866[a]	.750	.736	4.61727

a. Predictors: (Constant), X

ANOVA[a]

Model		Sum of Squares	df	Mean Square	F	Sig.
1	Regression	1150.805	1	1150.805	53.980	.000[b]
	Residual	383.745	18	21.319		
	Total	1534.550	19			

a. Dependent Variable: Y
b. Predictors: (Constant), X

Coefficients[a]

Model		Unstandardized Coefficients		Standardized Coefficients	t	Sig.
		B	Std. Error	Beta		
1	(Constant)	39.350	6.346		6.201	.000
	X	1.996	.272	.866	7.347	.000

a. Dependent Variable: Y

结果显示:X 和 Y 的相关极其显著,$r=0.866$,$p<0.001$。因为只有一个自变量,复相关系数 R 和 r 相同,均为 0.866。自变量对因变量的解释率为 $R^2=75.0\%$。回归方差分析结果表明,回归方程显著[$F(1, 18)=53.980$,$p<0.001$]。非标准化回归系数 1.996 和斜距 36.350 均极其显著($p<0.001$),回归方程为

$$\hat{Y} = 39.350 + 1.996X$$

应用该方程,可以通过学生小学毕业考试的阅读理解成绩 X 预测初一第一学期的综合学习成绩 Y 的值。

标准化回归系数为 0.866,标准回归方程为

$$\hat{Z}_Y = 0.886 Z_X$$

标准回归方程表明,X 每增加一个标准差,按回归规律,Y 增加 0.866 个标准差。

二、多元线性回归分析的 SPSS 基本操作

多元线性回归按 Analyze(分析) →Regression(回归)→Linear(线性回归)的步骤操作,将因变量 Y 导入"Dependent"(因变量)栏目,将自变量 X 导入"Independents"(自变量)栏目。在"Method"中选择逐步回归方法"Stepwise"。

按"Statistics"(统计)按钮,除了"Estimates"(估计值)和"Model Fit"(模型拟合)默认项之外,另外选择"Descriptives"(描述)和"R squared change"(R^2 变化)。

在回归分析方法中,逐步回归法常用于建立回归方程。

Enter(进入法):将所有变量引入回归方程。

Forward(向前引入法):将与因变量相关显著的自变量逐个引入回归方程,直到不能按标准引入新的变量为止。

Backward(向后剔除法):将与因变量相关不显著的自变量逐个从方程中剔除,直到按标准不能再剔除为止。

Stepwise(逐步回归法):将向前引入和向后剔除两种方法结合起来的一种常用方法,按自变量对因变量作用的显著程度将其逐个引入回归方程,在每次引入的同时,对已经引入回归方程的自变量进行检验,剔除那些原来显著而当引入新的自变量后又不再显著的自变量,直至没有新变量满足引入标准,方程中的自变量都不能被剔除为止。

例 11.8 某教师评价了高二年级 20 名学生的学习基础水平、学习态度和学业综合成绩,并通过心理学老师测试了他们的智商,结果如表 11.7 所示。

表 11.7 20 名学生的调查数据

学生	1	2	3	4	5	6	7	8	9	10
学习基础 X_1	23	25	20	29	18	22	23	17	26	21
智商 X_2	120	103	104	120	118	109	111	96	102	109
学习态度 X_3	76	82	65	95	72	68	78	86	97	75
综合成绩 Y	72	70	52	96	40	56	64	42	86	76
学生	11	12	13	14	15	16	17	18	19	20
学习基础 X_1	28	24	19	17	22	25	20	23	22	25
智商 X_2	125	108	98	95	110	128	116	116	97	106
学习态度 X_3	80	90	97	80	89	85	79	98	90	83
综合成绩 Y	84	86	72	40	84	90	62	92	68	80

试建立通过学习基础、智商和学习态度预测综合成绩的回归方程。

解:建立学习基础、智商、学习态度和综合成绩 4 个变量 X_1、X_2、X_3 和 Y,输入数据。

按 Analyze →Regression→Linear 步骤操作,将因变量 Y 导入"Dependent"(因变量)栏目,将自变量 X_1、X_2 和 X_3 导入"Independents"(自变量)栏目。在"Method"中选择逐步回归方法"Stepwise"。

按"Statistics"按钮，除了"Estimates"(估计值)和"Model Fit"(模型拟合)默认项之外，选择"Descriptives"(描述)、"R squared change"(R^2变化)和"Collinearity Diagnostics"。

单击继续和确认后，输出结果：

Descriptive Statistics

	Mean	Std. Deviation	N
综合成绩	70.60	17.485	20
基础	22.45	3.364	20
智商	109.55	9.698	20
学习态度	83.25	9.596	20

Correlations

		综合成绩	基础	智商	学习态度
Pearson Correlation	综合成绩	1.000	.819	.451	.609
	基础	.819	1.000	.510	.316
	智商	.451	.510	1.000	-.129
	学习态度	.609	.316	-.129	1.000
Sig. (1-tailed)	综合成绩	.	.000	.023	.002
	基础	.000	.	.011	.087
	智商	.023	.011	.	.294
	学习态度	.002	.087	.294	.
N	综合成绩	20	20	20	20
	基础	20	20	20	20
	智商	20	20	20	20
	学习态度	20	20	20	20

结果显示：综合成绩与学习基础、智商和学习态度 3 个变量的相关均显著($r=0.819$，$p<0.001$；$r=0.451$，$p=0.023$；$r=0.609$，$p=0.002$)，学习基础与智商的相关显著($r=0.510$，$p=0.011$)，学习态度与智商及学习基础相关不显著($r=0.316$，$p=0.087$；$r=-0.129$，$p=0.294$)。

逐步回归过程中，第 1 步 R^2 的变化量为 0.670，极其显著($\Delta R^2 = 0.670$，$p<0.001$)；第 2 步的变化量为 0.136，非常显著($\Delta R^2 = 0.136$，$p<0.003$)。从结果可以看出，第 1 步进入回归方程的是学习基础，第 2 步增加的是学习态度，输出结果：

Model Summary

Model	R	R Square	Adjusted R Square	Std. Error of the Estimate	R Square Change	F Change	df1	df2	Sig. F Change
1	.819[a]	.670	.652	10.321	.670	36.536	1	18	.000
2	.898[b]	.806	.783	8.137	.136	11.954	1	17	.003

a. Predictors: (Constant), 基础
b. Predictors: (Constant), 基础, 学习态度

结果显示：回归方程显著[$F(2，17)=35.363$，$p<0.001$]。

ANOVA[a]

Model		Sum of Squares	df	Mean Square	F	Sig.
1	Regression	3891.571	1	3891.571	36.536	.000[b]
	Residual	1917.229	18	106.513		
	Total	5808.800	19			
2	Regression	4683.139	2	2341.570	35.363	.000[c]
	Residual	1125.661	17	66.215		
	Total	5808.800	19			

a. Dependent Variable: 综合成绩
b. Predictors: (Constant), 基础
c. Predictors: (Constant), 基础, 学习态度

由回归系数可知，回归方程为

综合学习成绩 = −69.595+3.616×基础水平 + 0.709×学习态度

Coefficients[a]

Model		Unstandardized Coefficients		Standardized Coefficients	t	Sig.	Collinearity Statistics	
		B	Std. Error	Beta			Tolerance	VIF
1	(Constant)	−24.923	15.971		−1.561	.136		
	基础	4.255	.704	.819	6.045	.000	1.000	1.000
2	(Constant)	−69.595	18.041		−3.857	.001		
	基础	3.616	.585	.696	6.181	.000	.900	1.111
	学习态度	.709	.205	.389	3.458	.003	.900	1.111

a. Dependent Variable: 综合成绩

智商未进入回归方程。需要分析未进入回归方程的变量是否与进入回归方程的变量存在严重的共线性问题。

容差(tolerance)与方差膨胀系数 VIF 有互为倒数的关系，当容差小于 0.1 时，说明自变量之间存在严重的共线性。当 VIF 小于 3 时，不存在共线性问题；当 VIF 介于 3 和 10 之间时，存在中等程度的共线性；当 VIF 大于 10 时，存在严重的共线性问题。输出结果：

Excluded Variables[a]

Model		Beta In	t	Sig.	Partial Correlation	Collinearity Statistics		Minimum Tolerance
						Tolerance	VIF	
1	智商	.046[b]	.282	.781	.068	.740	1.351	.740
	学习态度	.389[b]	3.458	.003	.643	.900	1.111	.900
2	智商	.227[c]	1.819	.088	.414	.647	1.547	.592

a. Dependent Variable: 综合成绩
b. Predictors in the Model: (Constant), 基础
c. Predictors in the Model: (Constant), 基础, 学习态度

除了依据容差与 VIF 值判断自变量之间的共线性外，还可以参考输出结果中的特征值(Eigenvalue)、条件指标(Condition Index)和方差比例(Variance Proportions)进行分析。当存在特征值接近 0、条件指标大于 10、方差比例接近 1 这三者之一时，即表明自变量之间存在比

较严重的共线性。输出结果：

Model	Dimension	Eigenvalue	Condition Index	Variance Proportions		
				(Constant)	基础	学习态度
1	1	1.990	1.000	.01	.01	
	2	.010	13.769	.99	.99	
2	1	2.981	1.000	.00	.00	.00
	2	.013	15.324	.09	.98	.20
	3	.006	21.944	.91	.02	.80

a. Dependent Variable: 综合成绩

本例通过容差和 VIF 判断，自变量之间不存在共线性；但从特征值和条件指标看，学习基础和智商之间存在一定的共线性。

在心理与教育科学研究中，共线性是一个容易引起困扰的问题，在多个自变量问题的研究中，要特别注意自变量之间的共线性，谨慎解释每个自变量和因变量的关系。

本章术语

回归分析(regression analysis) 线性回归(linear regression)
一元线性回归(simple linear regression) 回归系数(coefficient of regression)
最小二乘法(method of least squares) 测定系数(coefficient of determination)
多元线性回归(multivariate linear regression) 偏回归系数(partial regression coefficient)

思考题

1. 相关分析与回归分析有什么联系和区别？
2. 什么是测定系数？它与复相关系数有什么数量关系？
3. 表 11.8 是 10 名中学生每周参加家务劳动时间与独立性测试分数，试建立独立性测试分数对参加家务劳动时间的回归方程，并检验回归方程或回归系数的显著性。

表 11.8 10 名中学生每周参加家务劳动时间与独立性测试分数

学生	1	2	3	4	5	6	7	8	9	10
每周劳动时间 X/分钟	60	70	10	90	20	0	50	30	0	10
独立性测试分数 Y/分钟	83	90	50	92	70	30	80	75	50	60

4. 研究者根据 10 名小学生的阅读量和阅读效果综合评定阅读评价分数，在小学生坚持阅读习惯半年后，对他们进行逻辑思维测评，两次测评结果如表 11.9 所示。

表 11.9 10 名小学生的阅读和逻辑思维测评结果

学生	1	2	3	4	5	6	7	8	9	10
阅读成绩		93	89	99	94	62	78	62	82	89
逻辑思维成绩	83	88	78	98	85	75	90	86	75	87

试建立逻辑思维成绩对阅读成绩的回归方程,并检验该回归方程的显著性。

5. 某大学同一专业的12名应届毕业生到某用人单位应聘,这12名学生大学四年平均成绩、学校综合能力评价成绩以及用人单位评价成绩如表11.10所示。

表11.10 12名大学生的3项成绩

被试	1	2	3	4	5	6	7	8	9	10	11	12
大学四年平均成绩	83	85	66	72	68	86	92	90	70	78	83	88
学校综合能力评价成绩	88	76	72	80	77	82	83	78	88	76	86	79
用人单位评价成绩	89	81	70	76	73	87	93	80	88	75	90	90

试建立用人单位评价成绩对大学四年平均成绩和学校综合能力评价成绩的回归方程,并检验回归方程及回归系数的显著性。

第十二章 非参数检验

多数统计分析方法对总体分布和总体参数有明确的条件要求。例如，在方差分析中，需要满足总体分布为正态分布、变异具有可加性以及各组方差齐性等基本假设。这类总体分布和总体参数需要满足一定假设条件的检验称为参数检验(parametric test)。在实际研究中，有时总体分布和总体参数不能满足参数检验的基本假设，或科研人员不能根据已知条件对所研究的总体分布和参数做出明确判断，这时，参数检验就不适用了。当参数检验的条件不能满足要求时，需要采用对总体分布和总体参数没有严格假设前提，一般依据数据顺序信息对有关资料进行分析的统计检验，这种统计检验方法称为非参数检验(nonparametric test)。

我们在 χ^2 检验及相关分析部分介绍过的斯皮尔曼等级相关、肯德尔等级相关等都是非参数检验。由于参数检验的条件在实际应用中时常得不到满足，非参数检验的应用越来越广泛，其有关理论与具体方法也正在迅速发展。本章介绍几种常用的非参数检验方法。

第一节 非参数检验的特点

相较于参数检验，非参数检验具有典型的优点和缺点。

一、非参数检验的优点

(1) 非参数检验对总体分布和总体参数没有严格的假设要求。由于参数检验有较严格的假设条件，当这些条件得不到满足时，参数检验就不适用。这时如果不考虑假设条件，仍然应用参数检验对数据进行统计分析，得出的统计结果出现错误的概率会增加，从而提高结论不准确以及决策不恰当的可能性。而非参数检验没有严格的条件限制，因此，其适用范围更广。

(2) 非参数检验方法简单，适用于小样本。参数检验要求样本容量足够大，而在心理与教育科学研究中，经常涉及一些小样本的数据资料，这时用非参数检验方法可以方便迅速地得出结果。在对研究现象或变量之间的关系进行初步探究时，或涉及特殊被试时，时常遇到小样本数据的情况。

(3) 多数非参数检验适用于顺序数据。通过心理与教育实验和测量获得的数据有很多属于顺序数据，有些属于等距或比率数据，由于总体不符合正态分布，在分析过程中也需要转化成顺序数据，这些资料的统计分析都需要采用非参数检验。

(4) 非参数检验的风险较小。由于参数检验要求总体分布与总体参数符合一定条件，如果在这些条件没有得到满足的情况下仍然进行相应的检验，将出现结果错误的风险。非参数检验对总体分布及总体参数没有严格要求，应用中一般不会出现违反检验条件的情况，发生因不符合检验要求而产生检验结果错误的风险较小。

二、非参数检验的缺点

(1) 非参数检验利用的数据信息较少。非参数检验是通过分析数据的等级及相对大小进行有关处理的，因此数据的信息量利用得较少。如果数据的条件满足参数检验要求但仍采用非参数检验分析有关数据，就会浪费数据的部分信息。

(2) 非参数检验不能分析交互作用。在处理多因素的研究设计数据时，参数检验可以分析两个以及两个以上因素的交互作用，从而可以得到准确、详细的研究结果。非参数检验目前还不能分析交互作用，这对于多因素设计的研究来说是一个缺憾。

第二节 两个相关样本的非参数检验

一、符号检验

符号检验(sign test)是以正负号作为统计资料的一种检验方法。它用于两个相关样本的差异显著性检验，与参数检验中相关样本的 t 检验相对应。在心理与教育研究中，在很多情况下，研究者会通过观测两次同一组被试，或同时观测两个配对组来获取数据，在对这些数据进行差异显著性检验时，如果数据特性不能满足相关样本 t 检验的条件，则可考虑用符号检验法。符号检验法是符合这种数据资料条件的最简单的一种非参数检验法。

符号检验法的基本思想：为了检验由成对数据组成的 A、B 两个样本的平均水平有无显著差异，先用符号"+""-"和"0"分别表示"A 比 B 大""B 比 A 大"和"A 与 B 相等"的情况，并且分别用 n^+、n^-、n^0 表示各种情况出现的次数。符号检验就是通过检验 n^+ 与 n^- 的差异来检验 A、B 两组数据的平均水平的差异情况。

1. 当样本容量 $N \leqslant 25$ 时

符号检验法的具体过程与样本容量的大小有关。当样本容量 $n \leqslant 25$ 时，具体检验过程如下所述。

(1) 比较每对数据的大小，统计出 n^+、n^- 的数值。

(2) 选定显著性水平 α，由 $N=n^++n^-$ 及 α 查得 r_α。

(3) 比较 $r=\min(n^+, n^-)$ 与 r_α 的大小。如果 $r \geqslant r_\alpha$，两个样本差异不显著；如果 $r < r_\alpha$，则两个样本有显著差异。

例 12.1 某研究者对 15 名被试在轻音乐和流行音乐两种背景下记忆图片的效果进行比较，15 名被试的测试成绩如表 12.1 所示，试用符号检验法检验两种音乐背景下的图片记忆效果有无显著差异。

表 12.1　15 名被试在轻音乐和流行音乐背景下的图片记忆成绩

儿童	轻音乐背景(A)	流行音乐背景(B)	(A-B)符号
1	75	27	+
2	65	18	+
3	76	42	+
4	49	10	+
5	68	14	+
6	56	20	+
7	37	48	−
8	72	26	+
9	64	12	+
10	47	4	+
11	80	45	+
12	70	32	+
13	72	28	+
14	66	21	+
15	78	78	0

解：首先把两种音乐背景下的图片记忆成绩的差数符号填入表 12.1，然后统计正、负号的个数，得出：$n^+=13$，$n^-=1$。

$r = \min\{13，1\} = 1$

查符号检验表，当 $n=14$ 时，$r_{0.05}=2$，$r_{0.01}=1$，因此 $r=r_{0.01}$

结论：15 名被试在两种音乐背景下的图片记忆效果有显著差异。

2. 当样本容量 $N > 25$ 时

当 $N > 25$ 时，一般不用查符号检验表的方法进行检验，而是使用近似正态法进行 Z 检验。

计算 $p=q=1/2$ 的二项分布的平均数和标准差，近似正态分布的平均数和标准差采用该二项分布的计算结果

$$\mu = np = \frac{N}{2} \tag{12.1}$$

$$\sigma = \sqrt{npq} = \sqrt{N\frac{1}{2} \times \frac{1}{2}} = \sqrt{\frac{N}{4}} = \frac{\sqrt{N}}{2} \tag{12.2}$$

相应的检验公式为

$$Z = \frac{(K \pm \frac{1}{2}) - \frac{N}{2}}{\frac{\sqrt{N}}{2}} \tag{12.3}$$

式中：K 表示出现正号的次数。

当 $K > \dfrac{N}{2}$ 时，括号内取 $K - \dfrac{1}{2}$；当 $K < \dfrac{N}{2}$ 时，括号内取 $K + \dfrac{1}{2}$。

例 12.2　高三某班的两名任课教师分别对该班 26 名学生的课堂表现进行了综合评价，成绩如表 12.2 所示，试用符号检验法检验两名教师的评价成绩有无显著差异。

表 12.2　两名任课教师对 26 名高三学生课堂表现的综合评价成绩

学生	期中成绩	期末成绩	(A−B)符号
1	72	88	−
2	81	73	+
3	82	88	−
4	77	88	−
5	89	90	−
6	77	83	−
7	80	86	0
8	93	79	+
9	96	76	+
10	88	86	+
11	83	87	−
12	79	81	−
13	83	79	+
14	85	74	+
15	85	85	0
16	83	91	
17	92	84	+
18	83	81	+
19	79	83	−
20	91	81	+
21	93	84	+
22	80	88	−
23	88	90	−
24	82	82	0
25	81	82	−
26	95	91	+

解：正号个数 $K = 11$ 个，$\dfrac{N}{2} = \dfrac{26}{2} = 13$。

$K < \dfrac{N}{2}$，因此采用公式 (12.3) 进行检验。

$$Z = \frac{(K+\frac{1}{2}) - \frac{N}{2}}{\frac{\sqrt{N}}{2}}$$

代入各量，则

$$Z = \frac{(11+\frac{1}{2}) - \frac{26}{2}}{\frac{\sqrt{26}}{2}} \approx -0.588$$

$|Z| = 0.588 < 1.96 = Z_{0.05}, \quad p > 0.05$

结论：两名教师的评价成绩无显著差异。

二、符号秩次检验

符号检验法依据两个样本对应数据差值的正负号分析数据，忽略了有关差数的大小，无论差数多大，只要符号一致都做相同处理，因此，没有充分利用差值大小的信息，检验精确度不够高。符号秩次检验法(signed-ranked test)在一定程度上克服了这个缺点，相对符号检验法而言，符号秩次检验法不仅注意到差值的正负号，还利用了差值绝对值大小的等级信息，因此，检验精确度比符号检验法要高。

与符号检验法一样，通常情况下，应用符号秩次检验法的具体过程随样本容量大小的不同而不同。

1. 当样本容量 $N \leqslant 25$ 时

当样本容量 $N \leqslant 25$ 时，符号秩次检验法的具体步骤如下所述。

(1) 计算两个样本各对数据的差数。

(2) 排出等级。根据差数绝对值由小到大排列，得出对应等级。

(3) 确定统计量 T。分别计算对应正、负差数的等级之和 T^+ 和 T^-，取两者绝对值较小者为统计量 T。

(4) 确定临界值 T_α。首先确定显著性水平 α，再根据显著性水平 α 和样本容量 N 查符号秩次检验表，得出临界值 T_α。

(5) 做出统计推断。如果 $T < T_\alpha$，两个样本的等级均值有显著差异；如果 $T > T_\alpha$，两个样本的等级均值无显著差异。

例 12.3 从某小学随机抽取 12 名学生在两种环境条件下分别进行口算测验，测验顺序随机安排，测验结果如表 12.3 所示，试用符号秩次检验法检验两次测验结果是否有显著差异。

表 12.3　12 名学生的口算测验结果

被试	成绩 A	成绩 B	D=B−A	|D|	|D|等级
1	75	78	3	3	4.5
2	71	69	−2	2	2.5
3	64	79	15	15	12
4	58	65	7	7	9
5	72	74	2	2	2.5
6	67	77	10	10	11
7	69	72	3	3	4.5
8	65	60	−5	5	7
9	76	83	7	7	9
10	78	79	1	1	1
11	63	70	7	7	9
12	74	70	−4	4	6

解：$T^+ = 4.5 + 12 + 9 + 2.5 + 11 + 4.5 + 9 + 1 + 9 = 62.5$

$T^- = 2.5 + 7 + 6 = 15.5$

$T = T^- = 15.5$

查附表 13 得：$T_{0.05} = 14$

$T = 15.5 > 14 = T_{0.05}$，$p > 0.05$

结论：两次测验结果差异不显著。

2. 当样本容量 $N > 25$ 时

当样本容量 $N > 25$ 时，统计量 T 的分布接近正态分布，相应的平均数和标准差分别为

$$\mu_T = \frac{N(N+1)}{4} \tag{12.4}$$

$$\sigma_T = \sqrt{\frac{N(N+1)(2N+1)}{24}} \tag{12.5}$$

检验统计量 Z 的计算公式为

$$Z = \frac{T - \mu_T}{\sigma_T} = \frac{T - \frac{N(N+1)}{4}}{\sqrt{\frac{N(N+1)(2N+1)}{24}}} \tag{12.6}$$

例 12.4　在例 12.3 中，如果被试人数为 26 人，有关测验结果如表 12.4 所示，试用符号秩次检验法检验两次测验结果是否有显著差异。

表 12.4 26 名学生的口算测验结果

被试	成绩 A	成绩 B	D (B−A)	|D|	|D|等级	被试	成绩 A	成绩 B	D (B−A)	|D|	|D|等级
1	75	78	3	3	10.5	14	72	78	6	6	18.5
2	71	69	−2	2	5	15	68	70	2	2	5
3	64	71	7	7	22	16	78	80	2	2	5
4	58	65	7	7	22	17	63	68	5	5	16
5	72	74	2	2	5	18	68	66	−2	2	5
6	67	77	10	10	25	19	75	78	3	3	10.5
7	69	72	3	3	10.5	20	56	62	6	6	18.5
8	65	60	−5	5	16	21	65	76	11	11	26
9	76	83	7	7	22	22	68	75	7	7	22
10	78	79	1	1	1	23	70	65	−5	5	16
11	63	70	7	7	22	24	76	78	2	2	5
12	74	70	−4	4	13.5	25	65	68	3	3	10.5
13	72	76	4	4	13.5	26	67	65	−2	2	5

解：正项秩和与负项秩和分别为

$T^+ = 290.5$

$T^- = 60.5$

$T = T^- = 60.5$

$$\mu_T = \frac{N(N+1)}{4} = \frac{26\times(26+1)}{4} = 175.5$$

$$\sigma_T = \sqrt{\frac{N(N+1)(2N+1)}{24}} = \sqrt{\frac{26\times(26+1)\times(2\times 26+1)}{24}} \approx 39.373$$

$$Z = \frac{T-\mu_T}{\sigma_T} = \frac{60-175.5}{39.373} \approx -2.933$$

$|Z| > 2.58$，$p < 0.01$

结论：两次测验结果差异显著。

第三节 两个独立样本的非参数检验

一、秩和检验法

秩和检验(rank sum test)法是由维尔克松(Wilconxon)于 1945 年首先提出的用于比较两个总体分布的非参数检验方法。秩和检验是一种秩检验法，秩检验法是建立在数据等级及等级统计量基础上的非参数检验方法。秩和检验法又叫维尔克松两样本检验法，后来曼-惠特尼(Mann-Whitney)将其应用于容量不等的两个样本，因而，秩和检验又称为曼-惠特尼-维尔克松秩和检验(Mann-Whitney-Wilcoxon rank sum test)。秩和检验法是一种依据样本等级信息检验两个样本平均水平差异的检验法。

秩和即等级之和。秩和检验的基本过程：首先，把两个样本数据合并在一起，按从小到大的顺序排列起来，并标出每个数据的等级。其次，计算容量较小的那个样本的各个数据的等级之和，将这个等级和作为秩和统计量 T。最后，根据这个统计量 T 和临界值的比较结果来判断两个样本差异是否显著。如果 T 值在两个临界值之间，则认为两个样本有显著差异，否则判断两个样本无显著差异。

秩和检验法的具体检验过程随样本容量大小的不同而不同。

1. 当两个样本容量均小于 10($n_1 \leq 10$, $n_2 \leq 10$) 时

当两个样本容量均小于 10 时，即当 $n_1 \leq 10$，$n_2 \leq 10$ 时，秩和检验的检验过程如下所述。

(1) 将两个样本数据合并成一组，将所有数据由小到大排列等级。
(2) 把容量较小的样本数据的等级相加，求得等级和并用 T 表示。
(3) 比较 T 值与秩和检验中的临界值 T_1 和 T_2 的大小，若 $T \leq T_1$ 或 $T \geq T_2$，则表明两个样本平均等级差异显著；若 $T_1 < T < T_2$，则认为两个样本平均等级无显著差异。

例 12.5 从某班随机抽取 6 名女生和 9 名男生进行图片识记测验，得出如下成绩。

女生组：50，64，58，76，72，68
男生组：69，57，53，65，78，74，77，70，73

试用秩和检验法检验该班男生和女生的图片识记成绩有无显著差异。

解：由于该班男生和女生的图片识记成绩是否符合正态分布并不明确，且男生和女生两组被试相互独立，采用秩和检验法进行差异检验。

(1) 将男生和女生成绩合并，并按从小到大的顺序排列等级。

等级：	1	2	3	4	5	6	7	8	9	10	11	12	13	14	15
女生组：	50			58	64		68			72			76		
男生组：		53	57			65		69	70		73	74		77	78

(2) 计算等级和。

$T_{女} = 1+4+5+7+10+13 = 40$

$T_{男} = 2+3+6+8+9+11+12+14+15 = 80$

由于女生人数少于男生人数，$T = T_{女} = 40$

(3) 查附表 4。

由 $n_1=6$，$n_2=9$，查得：$T_1=31$，$T_2=65$（附表中为单侧检验值，本题需要双侧检验，故选附表中对应 0.025 的临界值，即取显著性水平为 $\alpha=0.05$）。

结论：31<40<65，即 $T_1<T<T_2$，男生和女生的图片识记成绩差异不显著。

2. 当两个样本容量均大于 10($n_1>10$, $n_2>10$) 时

当两个样本容量 n_1 和 n_2 都大于 10 时，秩和 T 的分布接近正态分布，其平均数和标准差

分别为

$$\mu_T = \frac{n_1(n_1 + n_2 + 1)}{2} \tag{12.7}$$

$$\sigma_T = \sqrt{\frac{n_1 n_2(n_1 + n_2 + 1)}{12}} \tag{12.8}$$

式中：n_1 表示较小的样本容量；

n_2 表示较大的样本容量。

按两个样本容量均小于 10 时的方法计算出秩和 T，然后进行 Z 检验，检验公式为

$$Z = \frac{T - \mu_T}{\sigma_T} \tag{12.9}$$

例 12.6 从某小学二、三年级分别抽取 12 名和 15 名学生进行注意稳定性测验，得出以下测验结果。

三年级：25，30，34，25，23，27，35，30，29，33，35，37，24，34，32

二年级：19，32，21，34，25，31，31，27，22，26，26，29

由于两个样本总体均为非正态分布，样本容量较小，可应用秩和检验法检验二年级和三年级学生的注意稳定性有无显著差异。

解：首先排列等级。

等级：	1	2	3	4	5	6	7	8	9	10	11	12	13	14	15	16
三年级：				23	24		25					27		29	30	
							25								30	
二年级：	19	21	22				25			26		27		29		
										26						

等级：	17	18	19	20	21	22	23	24	25	26	27
三年级：			32		33		34		35		37
							34		35		
二年级：		31		32			34				
		31									

由于三年级学生的样本容量多于二年级学生的样本容量，秩和 T 为二年级学生成绩的等级和。

$T = 1+2+3+7+9.5+9.5+11.5+13.5+17.5+17.5+19.5+23 = 134.5$

$$\mu_T = \frac{n_1(n_1 + n_2 + 1)}{2} = \frac{12 \times (12 + 15 + 1)}{2} = 168$$

$$\sigma_T = \sqrt{\frac{n_1 n_2(n_1 + n_2 + 1)}{12}} = \sqrt{\frac{12 \times 15 \times (12 + 15 + 1)}{12}}$$

≈ 20.494

代入检验公式得

$$Z = \frac{T - \mu_T}{\sigma_T} = \frac{134.5 - 168}{20.494} \approx -1.635$$

选定显著性水平 $\alpha = 0.05$，单侧检验的临界值为 $Z_{0.05} = 1.645$，$|Z|=1.635<1.645$，$p>0.05$。

结论：二年级和三年级学生的注意稳定性无显著差异。

当有等秩现象存在时，相同等级引起的偏差需要校正，使用下面一组校正公式可以得出更精确的检验结果。

$$\mu_T = \frac{n_1(n_1 + n_2 + 1)}{2} = \frac{12 \times (12 + 15 + 1)}{2} = 168$$

$$\sigma_T = \sqrt{\frac{n_1 n_2 (n_1 + n_2 + 1)}{12}\left[1 - \frac{\sum(t^3 - t)}{(n_1 + n_2)^3 - (n_1 + n_2)}\right]}$$

$$= \sqrt{\frac{12 \times 15 \times (12 + 15 + 1)}{12}\left[1 - \frac{2 \times 3^3 + 6 \times 2^3 - 2 \times 3 - 6 \times 2}{(12 + 15)^3 - (12 + 15)}\right]}$$

$$\approx 20.450$$

代入检验公式，则

$$Z = \frac{|T - \mu_T| - 0.5}{\sigma_T} = \frac{|134.5 - 168| - 0.5}{20.450} \approx 1.614$$

1.645>1.614，$p>0.05$，差异不显著。

二、中位数检验

与秩和检验法相同，中位数检验(median test)法也是用于检验两个独立样本差异显著性的非参数检验方法。中位数检验法与参数检验中的独立样本 t 检验相对应，不过，两个独立样本 t 检验是检验两个样本对应的两个总体平均数的差异显著性，中位数检验法是检验两个独立样本总体中位数的差异显著性。中位数检验法是一种思路很简单的统计方法，它以两组数据的中位数为界，分别统计两组数据中位数以上和以下的数据个数。两组数据中位数无差异的假设对应的理论次数是中位数以上和以下的数据个数相等，并借助卡方检验来检验实际次数与理论次数的差异显著性。

中位数检验法的具体步骤如下所述。

(1) 将两个样本数据合并在一起并由小到大排列，求出这个数列的中位数。

(2) 分别求出两个样本中位于这个中位数以上及以下的数据个数，列成四格表。

(3) 在四格表的基础上进行独立性卡方检验。若卡方检验结果显著，则表明两个样本中位数差异显著；若卡方检验结果不显著，则说明两个样本中位数差异不显著。

例 12.7 应用中位数检验法检验例 12.6 中二年级和三年级儿童的注意稳定性有无显著差异。

解：(1) 将两组数据合并成一组，并求出这组数据的中位数，M_d=29。

(2) 将两组数据分别按大于和小于中位数 29 进行分类，列出四格表，如表 12.5 所示。

表 12.5 四格表

项目	大于中位数	小于中位数	合计
三年级	9	6	15
二年级	4	8	12
合计	13	14	27

(3) 进行卡方检验。

$$\chi^2 = \frac{N(AD-BC)^2}{(A+B)(B+C)(C+D)(A+D)}$$

$$= \frac{27\times(9\times8-4\times6)^2}{15\times14\times12\times13}$$

$$\approx 1.899$$

当 df = 1 时，$\chi^2_{0.05}$ = 3.84，1.899<3.84，p>0.05

结论：两个年级学生的注意稳定性中位数差异不显著。

第四节 多个相关样本的非参数检验

一、Cochran Q 检验

1. Cochran Q 检验的适用和公式

Cochran Q 检验(Cochran's Q test)是统计学家 Cochran 于 1950 年提出的一种非参数检验方法，它适用于多个相关二分变量的差异显著性检验。Cochran Q 检验是 McNemar 检验的扩展，当用 Cochran Q 检验分析两个二分样本的差异显著性时，结果与 McNemar 检验结果相同。二分变量通常取值 0 和 1。

Cochran Q 检验的基本公式为

$$Q = \frac{(K-1)\left[K\sum_{j=1}^{k}G_j^2 - (\sum_{j=1}^{k}G_j)^2\right]}{K\sum_{i=1}^{n}L_i - \sum_{i=1}^{n}L_i^2} \tag{12.10}$$

式中：K 表示相关样本数，即组数；

n 表示样本容量；

L_i 表示第 i 个被试对应各组数据的总和；

G_j 表示第 j 组各数据的总和。

2. Cochran Q 检验的基本过程

(1) 确定样本容量 n 以及组数 K。
(2) 计算每个被试对应各组数据的总和 L_i。
(3) 计算每组所有被试数据的总和 G_j。
(4) 计算 L_i^2 及 G_j^2。
(5) 计算 $\sum L_i$、$\sum L_i^2$、$\sum G_j$ 及 $\sum G_j^2$。
(6) 将有关量代入公式(12.10)，计算统计量 Q。
(7) 统计量 Q 符合 $df = k-1$ 的 χ^2 分布，根据卡方临界值确定 Q 的显著性。

例 12.8 18 名学生参加夏令营活动，活动方案有 3 种，带队老师争取学生意见，1 表示赞成，0 表示不倾向于该方案，调查结果如表 12.6 所示。

表 12.6　18 名学生的夏令营活动方案调查结果

被试	方案 1	方案 2	方案 3	L_i	L_i^2
1	0	0	0	0	0
2	1	1	0	2	4
3	0	1	0	1	1
4	0	0	0	0	0
5	1	0	0	1	1
6	1	1	0	2	2
7	1	1	0	2	2
8	0	1	0	1	1
9	1	0	0	1	1
10	0	0	0	0	0
11	1	1	1	3	9
12	1	1	1	3	9
13	1	1	0	2	4
14	1	1	0	2	4
15	1	1	0	2	4
16	1	1	1	3	9
17	1	1	0	2	4
18	1	1	0	2	4
总和	13	13	3	29	63

试检验 18 名学生对 3 种方案的选择结果是否有显著差异。

解：3 组数据为同一学生对 3 种方案的意愿结果，这是 3 个相关样本；判断结果是赞成与不倾向，这是二分数据，符合 Cochran Q 检验的条件。

计算 $\sum L_i$、$\sum L_i^2$、$\sum G_j$ 及 $\sum G_j^2$，列于表中，代入公式(12.10)得

$$Q = \frac{(K-1)\left[K\sum_{j=1}^{k}G_j^2 - (\sum_{j=1}^{k}G_j)^2\right]}{K\sum_{i=1}^{n}L_i - \sum_{i=1}^{n}L_i^2}$$

$$= \frac{(3-1)\times\left[3\times(13^2+13^2+3^2)-(13+13+3)^2\right]}{3\times 29 - 63}$$

$$\approx 16.667$$

df = $k - 1 = 3 - 1 = 2$

查附表11，$\chi^2_{0.005(2)} = 10.6$，

16.667>10.6，$p<0.005$

结论：学生对3种方案的选择意愿差异显著。

二、弗里德曼双向等级方差分析

1. 弗里德曼双向等级方差分析的适用和公式

在随机区组设计中，有时数据不能满足参数检验中方差分析的条件，如数据为顺序数据，或数据为等距或等比数据，但总体分布严重偏态。在这些情况下，可以用弗里德曼双向等级方差分析(Friedman's two-way analysis of variance by ranks)进行有关分析。

用弗里德曼双向等级方差分析进行数据分析，应先对每个区组内的观测值赋予相应等级，在此基础上计算检验统计量 F_r 值，其计算公式为

$$F_r = \frac{12}{nK(K+1)}\sum R_i^2 - 3n(K+1) \tag{12.11}$$

F_r 近似服从自由度为 $(k-1)$ 的 χ^2 分布。

2. 弗里德曼双向等级方差分析的具体过程

(1) 确定处理数 K 及区组数 n。
(2) 对每个区组内的数据进行等级排列。
(3) 计算每个区组内的等级和 $\sum R_i^2$。
(4) 把有关量代入公式(12.11)，计算 F_r。
(5) 查 χ^2 临界值表(附表11)，根据统计量 F_r 与临界值的关系确定区组平均等级的差异显著性。

例 12.9 向18名学生调查3种奖励方式对学生学习的激励效果，每个学生都对3种奖励方式排序，结果如表12.7所示，试检验3种奖励方式的激励效果是否有显著差异。

表 12.7　3 种奖励方式对 18 名学生的学习激励效果

学生	奖励方式		
	方式 1	方式 2	方式 3
1	1	3	2
2	2	3	1
3	1	3	2
4	1	2	3
5	3	1	2
6	2	3	1
7	3	2	1
8	1	3	2
9	3	1	2
10	3	1	2
11	2	3	1
12	2	3	1
13	3	2	1
14	2	3	1
15	2.5	2.5	1
16	3	2	1
17	3	2	1
18	2	3	1
R_j	39.5	42.5	26.0

解：$F_r = \dfrac{12}{nK(K+1)} \sum R_i^2 - 3n(K+1)$

$= \dfrac{12}{18 \times 3 \times (3+1)} \times (39.5^2 + 42.5^2 + 26^2) - 3 \times 18 \times (3+1)$

≈ 8.583

$df = k - 1 = 3 - 1 = 2$

查附表 11，$\chi^2_{0.02(2)} = 7.82$，

8.583>7.82，P<0.002

结论：3 种奖励方式的激励效果差异显著。

公式(12.11)适用于不考虑相同等级影响的情况，如果要对相同等级的影响进行校正，相应的检验公式为

$$F_r = \dfrac{12\sum_{j=1}^{k} R_j^2 - 3n^2 K(K+1)^2}{nK(K+1) + \dfrac{(nK - \sum_{i=1}^{n}\sum_{j=1}^{k} t_{ij}^2)}{K-1}} \tag{12.12}$$

式中：t_{ij} 表示与第 i 个被试第 j 个测试相同的等级数。

例 12.9 中，$\sum_{i=1}^{18}\sum_{j=1}^{3} t_{ij}^3 = 1^3 + 1^3 + 1^3 + \cdots + 1^3 + 2^3 + 1^3 + \cdots + 1^3 = 60$

由公式(12.12)得

$$F_r = \frac{12\sum_{j=1}^{k} R_j^2 - 3n^2 K(K+1)^2}{nK(K+1) + \dfrac{(nK - \sum_{i=1}^{n}\sum_{j=1}^{k} t_{ij}^2)}{K-1}}$$

$$= \frac{12\times(39.5^2 + 42.5^2 + 26^2) - 3\times 18^2 \times 3 \times (3+1)^2}{18\times 3\times(3+1) + \dfrac{(18\times 3 - 60)}{3-1}}$$

≈ 8.704

查附表 11，$\chi^2_{0.002}(2) = 7.82$，$8.704 > 7.82$，$p<0.02$

结论：3 种奖励方式的激励效果存在显著差异。

第五节　多个独立样本的非参数检验

在进行方差分析时，需要满足总体分布为正态分布、各组方差齐性等条件。如果这些条件不能满足，就需要进行相应的非参数检验。

一、单向秩次方差分析

单向秩次方差分析，又称克-瓦氏 H 检验(Kruskal-Wallis H test)或克-瓦氏单向秩次方差分析(Kruskal-Wallis one-way analysis of variance by ranks)。它与参数检验中的完全随机设计的方差分析相对应，当完全随机设计方差分析的条件得不到满足时，可以用单向秩次方差分析检验几组数据间的差异显著性。

1. 当样本容量较小或组数较少时

当组数 $K=3$ 且各组数据个数不大于 5 时，单向秩次方差分析的基本步骤如下所述。
(1) 将各组数据混合，并按从小到大的顺序排列等级。
(2) 分别求出各组数据的等级之和。
(3) 将有关量代入公式，计算检验统计量 H，计算公式为

$$H = \frac{12}{N(N+1)} \sum \frac{R_i^2}{n_i} - 3(N+1) \tag{12.13}$$

(4) 由各组数据个数查附表 15 中对应的临界值及 p 值。
(5) 比较计算值与临界值，得出检验结果。

例 12.10　某学校 1~3 年级分别有 3、4、5 个班，学校对各班的精神面貌评定结果如表 12.8 所示，试检验 3 个年级的精神面貌评定结果是否有显著差异。

表 12.8 3 个年级的精神面貌评定结果

一年级		二年级		三年级	
评定成绩	等级	评定成绩	等级	评定成绩	等级
99	12	92	5	95	8
91	4	88	2	94	7
87	1	98	11	93	6
		90	3	96	9
				97	10
$R_1 = 17$		$R_2 = 21$		$R_3 = 40$	

解：
$$H = \frac{12}{N(N+1)} \sum \frac{R_i^2}{n_i} - 3(N+1)$$
$$= \frac{12}{12 \times (12+1)} \times \left[\frac{17^2}{3} + \frac{21^2}{4} + \frac{40^2}{5} \right] - 3 \times (12+1)$$
$$\approx 1.547$$

查附表 15，$H_{0.05}=5.63$，$H<H_{0.05}$，$p>0.05$

结论：3 个年级的精神面貌评定结果没有显著差异。

2. 当样本容量较大或组数较多时

当组数 $K>3$，或各组数据个数 $n_i>5$ 时，仍用公式(12.13)计算检验统计量，计算结果与 df=$k-1$ 的卡方临界值进行比较。

当样本容量较大或组数较多时，有相同数据的机会较大，或相同数据的个数可能会更多，这时，对应的校正公式为

$$H_C = \frac{H}{1 - \frac{\sum T}{N^3 - N}} \quad (12.14)$$

式中：$T = t^3 - t$，t 表示某相同等级所含数据的个数。

例 12.11 4 所大学分别选拔 6 名学生参加古诗词诵读比赛，成绩如表 12.9 所示。

表 12.9 24 名学生的古诗词诵读比赛成绩

学校 1		学校 2		学校 3		学校 4	
成绩	等级	成绩	等级	成绩	等级	成绩	等级
88	14	87	9.5	84	1	92	24
85	2.5	88	14	85	2.5	89	18
90	21.5	89	18	86	5.5	87	9.5
88	14	86	5.5	86	5.5	90	21.5
87	9.5	87	9.5	89	18	86	5.5
90	21.5	90	21.5	88	14	88	14
$R_1=83$		$R_2=78$		$R_3=46.5$		$R_4=92.5$	

解：$H = \dfrac{12}{N(N+1)} \sum \dfrac{R_i^2}{n_i} - 3(N+1)$

$= \dfrac{12}{24\times(24+1)} \times \left(\dfrac{83^2}{6} + \dfrac{78^2}{6} + \dfrac{46.5^2}{6} + \dfrac{92.5^2}{6}\right) - 3\times(24+1)$

≈ 3.972

24 名参赛选手成绩的相同等级为：2 个 2.5 等级($T_1=2^3-2=6$)，4 个 5.5 等级($T_2=4^3-4=60$)，4 个 9.5 等级($T_3=4^3-4=60$)，5 个 14 等级($T_4=5^3-5=120$)，3 个 18 等级($T_5=3^3-3=24$)，4 个 21.5 等级($T_6=4^3-4=60$)。

$\sum T_i = T_1 + T_2 + T_3 + T_4 + T_5 + T_6$

$= 6 + 60 + 60 + 120 + 24 + 60$

$= 330$

$H_C = \dfrac{H}{1 - \dfrac{\sum T}{N^3 - N}} = \dfrac{3.972}{1 - \dfrac{330}{24^3 - 24}} \approx 4.069$

$df = k - 1 = 4 - 1 = 3$

因为 4 所大学中每所学校的参赛人数为 6 人，即 $k=4$，$n=6$，此时附表 15 不显示相应临界值，需要查附表 11 确定临界值。

$\chi^2_{0.05(3)} = 7.81$，$p > 0.05$

结论：4 所大学的参赛选手的成绩差异不显著。

由于校正后的 H_c 大于未校正值 H，如果未校正值 H 达到显著水平，可以不计算校正值 H_c，而直接依据 H 得出结论。

二、中位数检验法

在两个独立样本的非参数检验中，我们已经介绍了中位数检验法。如果扩展到 K 个样本，这时的中位数检验以 K 组数据的中位数为界，分别统计各组数据中位数以上和以下的数据个数，再借助卡方检验，在 $2\times K$ 列联表基础上，检验其与理论次数(中位数以上和以下的数据个数相等)的差异情况。

例 12.12 某研究者欲研究 3 种记忆方式与记忆效果的关系，其随机安排 27 名被试分别采用 3 种记忆方式之一进行测试，以下为测试结果。

记忆方式 A：89，78，76，87，90，78，81，83，76
记忆方式 B：88，86，89，78，85，91，82，80，87
记忆方式 C：90，87，92，88，86，79，89，91，75

试用中位数检验法检验 3 种记忆方式的效果差异是否显著。

解：3 组数据合并后的中位数为 86。

	记忆方式 A	记忆方式 B	记忆方式 C
大于中位数	3(4.3)	4(4.3)	6(4.3)

| 小于中位数 | 6(4.7) | 5(4.7) | 3(4.7) |

$$\chi^2 = \sum \frac{(f_o - f_e)^2}{f_e} = \frac{(3-4.3)^2}{4.3} + \frac{(4-4.3)^2}{4.3} + \frac{(6-4.3)^2}{4.3} + \frac{(6-4.7)^2}{4.7} + \frac{(5-4.7)^2}{4.7} + \frac{(3-4.7)^2}{4.7}$$
$$\approx 2.078$$

df $= (r-1)(c-1) = (2-1) \times (3-1) = 2$

查附表 11，$\chi^2_{0.05(2)} = 5.99$，2.078<5.99，$p > 0.05$

结论：3 种记忆方式的效果差异不显著。

第六节　非参数检验的 SPSS 操作及实例分析

一、两个相关样本非参数检验的 SPSS 操作

两个相关样本非参数检验的 SPSS 基本操作过程：Analyze(分析)→Nonparametric Tests(非参数检验)→Legacy Dialogs(旧对话框)→2 Related Samples(两个相关样本)。

例 12.13　15 对夫妻对孩子学校满意度的评价结果如表 12.10 所示。

表 12.10　15 对夫妻对孩子学校的满意度评价

编号	1	2	3	4	5	6	7	8
丈夫分数	75	63	68	40	81	66	79	57
妻子分数	62	60	45	67	72	82	53	78
编号	9	10	11	12	13	14	15	16
丈夫分数	74	69	55	38	63	78	67	74
妻子分数	65	52	69	62	44	56	78	65

已知丈夫和妻子的总体评价结果都不符合正态分布，试检验夫妻评价结果的差异显著性。

解：因为丈夫和妻子的总体评价结果非正态分布，如果采用参数检验，需要样本容量大于 30，但该例样本容量 $n=15<30$，所以，要采用非参数检验。分别用符号检验法和符号秩次检验法推断两个总体的差异显著性。

分别建立丈夫和妻子的评价分数变量 H 和 W，输入数据。

按 Analyze→Nonparametric Tests→Legacy Dialogs→2 Related Samples 步骤操作，在弹出的对话框中，分别将丈夫的评价分数 H 和妻子的评价分数 W 导入配对变量列表中的变量 1 和变量 2 位置，勾选符号检验"Sign"和符号秩次检验"Wilcoxon"如图 12.1 所示。

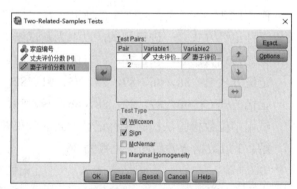

图 12.1　两个独立样本非参数检验操作界面

确定后输出结果。

符号检验法输出结果：

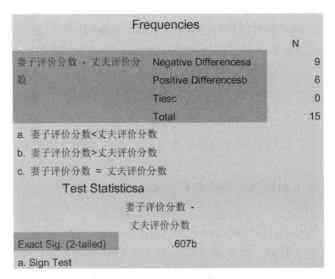

结果显示：在 15 对夫妻中，其中 9 对夫妻中的妻子评价分数低于丈夫评价分数，6 对夫妻中的妻子评价分数高于丈夫评价分数，两者相等的为 0。符号检验的结果为 $p=0.607>0.05$，夫妻评价结果差异不显著。

符号秩次检验法输出结果：

Ranks		N	Mean Rank	Sum of Ranks
妻子评价分数 - 丈夫评价分数	Negative Ranks	9[a]	7.22	65.00
	Positive Ranks	6[b]	9.17	55.00
	Ties	0[c]		
	Total	15		

a. 妻子评价分数 < 丈夫评价分数
b. 妻子评价分数 > 丈夫评价分数
c. 妻子评价分数 = 丈夫评价分数

Test Statistics[a]

	妻子评价分数 - 丈夫评价分数
Z	-.284[b]
Asymp. Sig. (2-tailed)	.776

a. Wilcoxon Signed Ranks Test
b. Based on positive ranks.

结果显示：妻子评分低于丈夫评分的 9 对夫妻数据差值的等级和为 65，平均等级为 7.22；妻子评分高于丈夫评分的 6 对夫妻数据差值的等级和为 55，平均等级为 9.17。检验统计量 $Z=0.284$，$p=0.776>0.05$，妻子评价分数低于丈夫评价分数，差异不显著。

二、两个独立样本非参数检验的 SPSS 操作

两个独立样本非参数检验的 SPSS 基本操作过程：Analyze(分析)→Nonparametric Tests(非参数检验)→Legacy Dialogs(旧对话框)→2 Independent Samples(两个独立样本)。

例 12.14 研究者选拔某小学五年级和六年级学生各 12 名，调查其平均每天的锻炼时间，以下为调查结果。

五年级：25　　30　　50　　25　　60　　15　　35　　55　　50　　45　　55　　70
六年级：35　　20　　15　　80　　50　　30　　60　　20　　10　　35　　25　　40

假设两个年级学生的锻炼时间均为非正态分布，试检验两个年级学生每天的锻炼时间差异是否显著。

解： 建立锻炼时间 X 和年级 G 两个变量，输入数据，五、六年级分别输入 1 和 2，完成数据文件的建立。

秩和检验法：按 Analyze →Nonparametric Tests→ Legacy Dialogs→2 Independent Samples 步骤操作。在弹出的对话框中，将锻炼时间 X 导入检验变量列表中，将年级变量导入分组变量，并定义分组值为 1 和 2，勾选"Mann-Whitney"秩和检验法，确定后输出结果：

Ranks

	年级组	N	Mean Rank	Sum of Ranks
锻炼时间	五年级	12	14.21	170.50
	六年级	12	10.79	129.50
	Total	24		

Test Statistics[a]

	锻炼时间
Mann-Whitney U	51.500
Wilcoxon W	129.500
Z	-1.188
Asymp. Sig. (2-tailed)	.235
Exact Sig. [2*(1-tailed Sig.)]	.242[b]

a. Grouping Variable: 年级组
b. Not corrected for ties.

结果显示：12 名五年级学生锻炼时间的等级和为 170.50，平均值为 14.21；12 名六年级学生锻炼时间的等级和为 129.50，平均值为 10.79。两个年级学生的锻炼时间差异不显著（$Z=1.188$，$p=0.235>0.05$）。

中位数检验法：按 Analyze(分析)→Nonparametric Tests(非参数检验)→Legacy Dialogs(旧对话框)→K Independent Samples(K 个独立样本)操作。在弹出的对话框中输入检验变量锻炼时间，将年纪输入分组变量，并定义分组变量的范围最小值为 1，最大值为 2，继续并确定后，输出结果：

	Frequencies		
		年级组	
		五年级	六年级
锻炼时间	> Median	7	4
	<= Median	5	8

Test Statistics^a

	锻炼时间
N	24
Median	35.00
Exact Sig.	.414

a. Grouping Variable: 年级组

结果显示：12 名五年级学生中，锻炼时间长于中位数的有 7 人，短于中位数的有 5 人；12 名六年级学生中，锻炼时间长于中位数的有 4 人，短于中位数的有 8 人。两个年级学生锻炼时间差异不显著($p=0.414>0.05$)。

三、K 个相关样本非参数检验的 SPSS 操作

K 个相关样本非参数检验的 SPSS 基本操作过程：Analyze(分析)→Nonparametric Tests(非参数检验)→Legacy Dialogs(旧对话框)→K Related Samples(K 个相关样本)。

例 12.15　15 名学生对 3 种教学风格教师的喜好进行排序，结果如表 12.11 所示。

表 12.11　15 名学生对 3 种教学风格教师的喜好排序

学生	风格一	风格二	风格三
1	3	1	2
2	2	1	3
3	1	3	2
4	3	1	2
5	3	2	1
6	2	3	1
7	1	3	2
8	3	1	2
9	3	1	2
10	3	2	1
11	2	3	1
12	3	2	1
13	3	1	2
14	2	3	1
15	3	1	2

解：建立风格一、风格二和风格三变量 X_1、X_2 和 X_3，输入数据，建立数据文件。

按 Analyze → Nonparametric Tests → Legacy Dialogs → K Related Samples 步骤操作，在弹出的对话框中，将 X_1、X_2 和 X_3 导入检验变量列表，勾选"Fridman"和"Kendell's W"，输出结果。

弗里德曼双向等级方差分析输出结果：

Ranks

	Mean Rank
风格一	2.60
风格二	1.60
风格三	1.80

Test Statistics a

N	15
Chi-Square	8.400
df	2
Asymp. Sig.	.015

a. Friedman Test

结果显示：学生对 3 种教学风格的评价等级平均值分别为 2.60、1.60 和 1.80，差异显著（$\chi^2_{(2)} = 8.40$，$p=0.015$）。

肯德尔等级检验输出结果：

Ranks

	Mean Rank
风格一	2.60
风格二	1.60
风格三	1.80

Test Statistics

N	15
Kendall's W a	.280
Chi-Square	8.400
df	2
Asymp. Sig.	.015

a. Kendall's Coefficient of Concordance

结果显示：$W=0.280$，$p=0.015$，学生对 3 种教学风格的评价结果差异显著，与弗里德曼双向等级方差分析结果相同。

四、K 个独立样本非参数检验的 SPSS 操作

K 个独立样本非参数检验的 SPSS 基本操作过程：Analyze(分析)→Nonparametric Tests(非参数检验)→Legacy Dialogs(旧对话框)→K Independent Samples(K 个独立样本)。

例 12.16 某研究者依据权威型、民主型和忽视型 3 种家庭教养方式，各选取小学三年级 10 名学生进行创造力测试，以下为测试结果。

权威型： 68　72　56　62　80　71　81　48　76　70
民主型： 88　86　89　77　85　91　78　90　67　75
忽视型： 85　63　55　66　41　71　50　72　65　63

试分别用克-瓦氏单向秩次方差分析法和中位数检验法检验在 3 种家庭教养方式下，三年级学生的创造力差异是否显著。

解：建立创造力变量 X 和家庭教养方式变量 G，3 个家庭类型分别定义数值为 1、2 和 3，输入数据，建立数据文件。

按 Analyze → Nonparametric Tests → Legacy Dialogs → K Independent Samples 步骤操作，在弹出的对话框中，将创造力变量 X 导入检验变量框，将家庭教养方式变量 G 导入分组变量，比昂定义取值范围最小值为 1，最大值为 3。

勾选克-瓦氏单向秩次方差分析方法 "Kruskal-Wallis" 和中位数检验法 "Median"，确定后输出结果。

克-瓦氏单向秩次方差分析输出结果：

Ranks

	家庭教养方式	N	Mean Rank
创造力	权威型	10	13.30
	民主型	10	23.45
	忽视型	10	9.75
	Total	30	

Test Statistics[a,b]

	创造力
Chi-Square	13.057
df	2
Asymp. Sig.	.001

a. Kruskal Wallis Test
b. Grouping Variable: 家庭教养方式

结果显示：在民主型、权威型和忽视型家庭教养方式下，学生的创造力平均值分别为 23.45、13.30 和 9.75，3 种教养方式下学生的创造力平均值差异显著[$\chi^2_{(2)}=13.057$，$p=0.001$]。

中位数检验法输出结果：

		家庭教育类型		
		权威型	民主型	忽视型
创造力	> Median	4	9	2
	<= Median	6	1	8

Test Statistics a

	创造力
N	30
Median	71.50
Chi-Square	10.400b
df	2
Asymp. Sig.	.006

a. Grouping Variable: 家庭教育类型
b. 0 cells (0.0%) have expected frequencies less than 5. The minimum expected cell frequency is 5.0.

结果显示：在民主型、权威型和忽视型家庭教养方式下，学生的创造力在中位数以上的人数分别为 9、4 和 2；在中位数以下的人数分别为 1、6 和 8。3 种教养方式下，学生的创造力平均值差异显著 [$\chi^2_{(2)} = 10.400$，$p=0.006$]。

本章术语

参数检验(parametric test)
非参数检验(nonparametric test)
符号检验(sign test)
符号秩次检验(signed-ranked test)
曼-惠特尼-维尔克松秩和检验(Mann-Whitney-Wilcoxon rank sum test)
中位数检验(median test)
Cochran Q 检验(Cochran's Q test)
弗里德曼双向等级方差分析(Friedman's two-way analysis of variance by ranks)
克-瓦氏单向秩次方差分析(Kruskal-Wallis one-way analysis of variance by ranks)

思考题

1. 参数检验与非参数检验有什么区别？试举例说明。
2. 符号检验法和符号秩次检验法有什么不同？哪种检验依据的信息更充分？

3. 针对两个相关样本、两个独立样本、多个相关样本、多个独立样本的非参数检验各举一例，并说明适合采用的分析方法。

4. 某中学心理学教师对学生进行考试焦虑测试，发现 10 名学生存在较严重的考试焦虑倾向。该教师制定了详细的心理辅导方案，按其计划对 10 名学生完成辅导后，再进行考试焦虑倾向测试，得出以下结果。

学生：　　　1　2　3　4　5　6　7　8　9　10
辅导前：　　22　18　19　20　17　21　18　12　19　15
辅导后：　　15　16　16　13　15　18　14　15　17　15

分别采用符号检验法和符号秩次检验法检验 10 名学生两次测试结果的差异显著性，并用 SPSS 检查计算结果是否正确。

5. 从 A、B 两所学校高三年级各随机抽取 15 名学生，测试他们的专业明确程度，得出以下结果。

学校 A：80　85　95　95　67　78　77　96　98　73　60　70　85　63　86
学校 B：75　80　85　99　94　82　65　75　96　68　79　89　95　86　92

分别用秩和检验法和中位数检验法检验两所学校学生的专业明确程度的差异显著性。用 SPSS 运行两种检验，将计算结果与 SPSS 的运行结果进行比较。

6. 5 名学生对教师制订的 3 个班级学习计划进行评价，评价结果如表 12.12 所示。

表 12.12　5 名学生对 3 个学习计划的评价

计划	学生				
	A	B	C	D	E
计划 1	85	87	82	92	83
计划 2	72	80	90	78	76
计划 3	78	80	82	72	80

采用适当方法分析学生对 3 个学习计划评价结果的差异显著性，并与 SPSS 软件运行结果进行比较。

7. 某数学教师任课的班级组织了 4 个初始水平基本一致的课外学习小组，经过一段时间后，为了解课外学习小组的学习成效，该教师从 4 个小组中随机抽取学生进行相关测试，得出以下结果。

1 组：80　89　93　87　92
2 组：97　96　91　85　89
3 组：78　82　71　77　86
4 组：93　96　99　92　93

选用适当的方法检验 4 个小组的抽样测试结果是否有显著差异，并用 SPSS 运行相关检验，最后比较结果。

8. 用 SPSS 运行本章有原始数据的例题，检查计算结果。

第十三章 因子分析

因子分析方法是英国统计学家斯皮尔曼(Spearman)在研究智力结构时建立和发展起来的统计方法。因子分析在相关矩阵的基础上进行,计算量较大,随着计算机在统计学中的应用,因子分析在各领域中的应用逐步扩展,目前,其应用已十分广泛。

第一节 因子分析概述

因子分析是将错综复杂的众多变量归结为少数几个综合因子的一种多元统计分析方法。它的基本思想是依据相关性将变量分组,将相关程度高的变量分在同一组,将相关程度低的变量分在不同组,每组综合为一个因子,这样,用少数几个因子尽可能充分地概括和解释原来多个变量的信息,从而揭示变量之间的本质联系。

一、因子分析的种类

1. R 型与 Q 型因子分析

R 型因子分析以变量间的相关系数矩阵为基础,通过变量之间的关系将多个变量概括为少数几个因子;Q 型因子分析以样品之间的相似系数矩阵为基础,将多个样品归结为少数几个代表种类。R 型因子分析和 Q 型因子分析只是出发点不同,运算过程和方法是一致的。在心理与教育领域的实际研究中,R 型因子分析的应用较为普遍。

2. 探索性因子分析和验证性因子分析

探索性因子分析(exploratory factor analysis,EFA)是通过变量之间的相关程度探寻变量的因子结构。在探寻因子之前,一般并没有有关因子内容和因子数目等的预定,在得到计算结果后,才根据结果和内容的可解释性确定因子。各变量与因子之间的相关系数反映变量与因子之间的关系强度,称为因素负荷(factor loading)。研究者希望因子分析的结果符合因子数少而因子对变量的解释率高的倾向,但因子数和解释率两者是相互制约的。可抽取的因子数最多为观测变量的数目,这时因子可以完全解释变量,但因子结构完全没有简化变量的关系,对解释问题没有意义。如果抽取的因子数过少,这些因子对变量的变异解释率会比较低,也不能达到研究目的。所以,探索性因子分析需要同时考虑因子数目和解释率。

验证性因子分析(confirmatory factor analysis,CFA)对因子的内容和结构在有关理论基础上有明确的假设。验证性因子分析的目的就是通过数据验证有关假设。验证性因子分析在心理与教育研究中发挥着重要作用,由于本教材主要介绍基础统计内容,不对验证性因子分析进行具体介绍,所以,后面所说的因子分析为探索性因子分析。

二、探索性因子分析的要求与条件

(1) 由于因子分析是在积差相关系数基础上进行的,参与因子分析的变量必须是连续变量,变量之间需要具有线性关系。

(2) 抽样过程需要符合随机原则,并且样本容量足够大。因子分析的样本必须对总体有代表性,否则难以得到稳定的符合实际的结果。要使样本很好地反映总体特性,随机抽取容量足够大的样本是必要的。有关样本容量的条件,研究者给出了不同的要求。有研究者建议样本容量最少是观测变量的 5 倍,并且不能少于 100;也有研究者建议样本容量应在 300 以上,当被试的同质性较高时,样本容量可为 100~200。

(3) 球形检验结果显著。探索性因子分析的基础是相关系数矩阵,变量之间的相关系数高,才可能存在共同因子,而且变量之间的相关系数不同,才可能抽取不同因子。Bartlett's 球形检验(Bartlett's test of sphericity)用于检验变量之间的相关系数是否大于 0 且不同,检验结果显著,表明适合用因子分析方法分析数据。

(4) 取样适切性量数要足够大。取样适切性量数(Kaiser-Meyer-Olkin measure of sampling adequacy,KMO)是在变量之间的偏相关系数矩阵基础上计算出来的量数,计算值越高,越适合做因子分析。

以下为 KMO 参考标准。

0.9<KMO:非常适合。

0.8<KMO<0.9:适合。

0.7<KMO<0.8:一般。

0.6<KMO<0.7:不太适合。

KMO<0.5:不适合。

三、因子分析的基本方法

因子分析的基本方法有主成分分析法(principal component analysis)、主轴因子分析法(principal axis factor analysis)、最小平方法(least squares method)和最大似然法(maximum likelihood estimate)等。

主成分分析依据的关系:$F_i = b_{1i}X_1 + b_{2i}X_2 + \cdots + b_{ji}X_j + e_i$;主轴因子分析等方法依据的关系:$X_i = \gamma_{1i}F_1 + \gamma_{2i}F_2 + \cdots + \gamma_{ji}F_j + \varepsilon_i$。

1. 主成分分析法

主成分分析法通过变量的线性组合计算所有变量共同解释的变异部分,有关线性组合就是主成分。第一次计算的共同变异量叫第一主成分,之后按同样原理和算法计算第二主成分,依次类推,直到无法抽取共同变异量为止,通常保留几个解释成分较高的主成分。如果分析目的是采用较少的几个相互独立的成分简化复杂资料,主成分分析法是最合适的方法。因此,主成分分析法应用非常广泛。

2. 主轴因子分析法

主轴因子分析法通过因子的线性组合分析变量间的共同变异量，目的是抽出一些相互独立的因子，以解释变量间的共同变异。主轴因子分析法主要用于探讨概念的理论假设和相应的组成结构。

3. 最小平方法

最小平方法分为未加权最小平方法和加权最小平方法，两者依据的原理均为最小差距原理。未加权最小平方法针对特定数目的因子计算因子形态矩阵，使原始相关矩阵与新的因子负荷量矩阵系数的差值平方取最小值。加权最小平方法在计算最小距离时考虑到变量的残差不同，对于残差大的变量，应降低权重。

4. 最大似然法

最大似然估计是指加权似然估计。考虑到数据残差的不同，对残差较大的数据赋予较低的权重。相关系数经残差加权后，通过似然函数，估计出现可能性最大的相关矩阵，据此进行因子分析。

四、因子数的确定

因子数可以依据特征根、碎石图(scree plot)的变化趋势、方差解释率和可解释性等确定。

1. 特征根

根据特征根的大小，取特征根大于等于 1 的主成分或因子，SPSS 软件默认这种标准。这种标准称为 Kaiser 准则(Kaiser's criterion)。

2. 碎石图的变化趋势

碎石图的横轴表示因子个数，纵轴表示特征根或变异解释率，按特征根由大到小的顺序排列各因素，这样，从第一个因子开始，曲线迅速下降，到一定因子位置时，曲线开始平缓，曲线平缓处的前一个因子为适合抽取的因子数。

3. 方差解释率

采用方差解释率确定抽取的因子数目时，累积解释百分比应该在 40%以上，单个因子的解释率一般不低于 5%。在实际应用中，要参考相关指标具体确定。

4. 可解释性

在抽取因子的过程中，具体抽取的因子数要避免完全依据数据计算结果，要参考相关理论和内容，结合其实际意义，考虑合理的命名和内容解释。

五、因子旋转

在完成因子提取之后,就要考虑对因子具体含义的解释。这时,恰当的因子旋转对于准确、合理地解释因子是必要的步骤。因子旋转是通过改变因子坐标轴的位置,使每个观测变量在尽可能少的因子上有比较高的载荷,以简化因子结构,从而更容易被解释。经过因子旋转,因子的特征根之和并不发生变化,但由于因子所解释的变异比例在各个因子上得到重新分配,单个因子的特征根会发生变化。

因子旋转的方法有多种,一般分为两类:正交旋转(orthogonal rotation)和斜交旋转(oblique rotation)。正交旋转是指在旋转过程中,因子坐标轴之间相互垂直,即因子之间相互独立。例如,方差极大旋转(varimax)、四分正交旋转(quartimax)和平均正交旋转(equamax)。斜交旋转是指在旋转过程中,因子坐标轴之间的夹角可以是任意值,即因子和因子之间可以是相关的。例如,最小斜交旋转(oblimin rotation)、最大斜交旋转(oblimax rotation)和四分最小斜交旋转(quartimin rotation)等。

第二节 因子分析的 SPSS 操作

某研究者要调查初中生对家庭作业的态度,如表 13.1 所示,调查包含 13 个项目。如果被试为 100 名初中生,试对调查结果进行因子分析。

表 13.1 初中生对家庭作业的态度问卷调查

序号	题项内容	完全不符合	比较不符合	不确定	比较符合	完全符合
1	家庭作业可以培养独立学习的能力	1	2	3	4	5
2	家庭作业可以测试我对当天所学知识的掌握情况	1	2	3	4	5
3	家庭作业可以巩固课上学过的知识	1	2	3	4	5
4	家庭作业能使人变得自律	1	2	3	4	5
5	家庭作业适中,可以做完	1	2	3	4	5
6	家庭作业使我感到无奈	1	2	3	4	5
7	家庭作业使我感到压抑、烦躁,没有自由	1	2	3	4	5
8	家庭作业使我感到身体疲惫	1	2	3	4	5
9	家庭作业给我造成很大的心理负担	1	2	3	4	5
10	我会争取把家庭作业中的每道题都弄懂	1	2	3	4	5
11	我会有计划地做家庭作业	1	2	3	4	5
12	完成家庭作业后我会认真检查	1	2	3	4	5
13	我能专心致志完成家庭作业,不受其他事的影响	1	2	3	4	5

SPSS 操作步骤:Analyze→Data Reduction→Factor。弹出如图 13.1 所示的对话框,将变量导入"Variables"框。

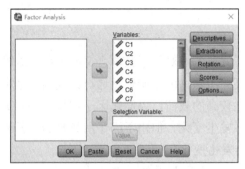

图 13.1 因子分析对话框

1. "Descriptives" 对话框

在 "Statistics" 栏中勾选 "Univariate descriptives",输出平均数、标准差等描述统计量。

勾选 "Initial solution",输出初始共同度、因子特征值、各特征值的百分比及累积百分比。

在 "Correlation Matrix" 中勾选 "Coefficients",输出相关矩阵。

勾选 "KMO and Bartlett's test of sphericity",进行适切性 KMO 检验与 Bartlett's 球形检验。

2. "Extraction" 对话框:

在因子分析方法 "Method" 中选择主成分法 "Principal components"。

在 "Analyze" 中勾选 "Correlation matrix",使用相关系数矩阵作为提取因子的依据。

在 "Display" 中选择 "Unrotated factor solution",输出未旋转前的因子载荷、公共因子与特征值。

3. "Rotation" 对话框

SPSS 中提供 Varimax,Direct Oblimin,Quartimax,Equamax,Promax 几种旋转方法。其中,Varimax,Quartimax,Equamax 为正交旋转法;Direct Oblimin 和 Promax 为斜交旋转法。

在方法 "Method" 中勾选最大方差法 "Varimax",进行正交旋转。

在 "Display" 中勾选 "Rotated solution",输出旋转后的模式矩阵与因子转换矩阵。

勾选 "Scree plots",输出碎石图。

在 "Options" 选项中限定 0.4 以下的负荷量不显示,确定后输出因子分析结果。

KMO 检验与 Bartlett's 球形检验结果:

KMO and Bartlett's Test		
Kaiser-Meyer-Olkin Measure of Sampling Adequacy.		.902
Bartlett's Test of Sphericity	Approx. Chi-Square	950.064
	df	78
	Sig.	.000

结果显示:球形检验结果显著(χ^2=950.064, $p<0.001$),KMO=0.902>0.9,适合进行因子分析。

特征根及各因子的变异解释百分比输出结果：

Total Variance Explained

Component	Initial Eigenvalues			Extraction Sums of Squared Loadings			Rotation Sums of Squared Loadings		
	Total	% of Variance	Cumulative %	Total	% of Variance	Cumulative %	Total	% of Variance	Cumulative %
1	6.881	52.933	52.933	6.881	52.933	52.933	3.700	28.459	28.459
2	1.767	13.595	66.529	1.767	13.595	66.529	3.271	25.162	53.621
3	1.193	9.180	75.708	1.193	9.180	75.708	2.871	22.087	75.708
4	.569	4.379	80.087						
5	.515	3.961	84.048						
6	.450	3.463	87.511						
7	.370	2.845	90.356						
8	.347	2.669	93.025						
9	.249	1.914	94.939						
10	.219	1.682	96.620						
11	.183	1.409	98.030						
12	.135	1.035	99.064						
13	.122	.936	100.000						

Extraction Method: Principal Component Analysis.

结果显示：有3个因子的特征根大于1。3个因子共同解释变异的52.933%，大于40%；3个因子的解释率最低的为9.180%，大于5%。通过碎石图(见图13.2)也可以看出，从第4个因子开始，曲线变得平缓。因此，该例中适合抽取3个因子。

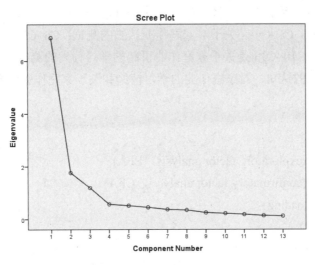

图13.2 因子分析碎石图

旋转后的因子负荷矩阵：

Rotated Component Matrix[a]

	Component 1	Component 2	Component 3
C1	.872		
C2	.842		
C3	.832		
C4	.848		
C5	.563	-.525	
C6		.725	
C7		.842	
C8		.791	
C9		.775	
C10			.768
C11			.806
C12			.757
C13			.754

Extraction Method: Principal Component Analysis.
Rotation Method: Varimax with Kaiser Normalization.
a. Rotation converged in 6 iterations.

结果显示：C_1~C_4主要测试因子 1 的内容；C_6~C_9主要测试因子 2 的内容；C_{10}~C_{13}主要测试因子 3 的内容；C_5同时测试因子 1 和因子 2 的内容，存在交叉负荷，从题目内容也可以看出该项目与因子 1 和因子 2 的题目内容一致性不明确，因此，可以去掉该项。

从题目内容分析，C_1~C_4是关于对家庭作业认知的测试；C_6~C_9是对于由家庭作业产生的学习情绪的测试；C_{10}~C_{13}是关于家庭作业引起的学习行为的测试。因此，将 3 个因子分别命名为对家庭作业的认知、对家庭作业的学习情绪和关于家庭作业的学习行为。

本章术语

探索性因子分析(exploratory factor analysis，EFA)
验证性因子分析(confirmatory factor analysis，CFA)
因素负荷(factor loading)
碎石图(scree plot)
正交旋转(orthogonal rotation)
斜交旋转(oblique rotation)

思考题

1. 因子分析的目的是什么？

2. 因子分析需要满足什么基本条件?
3. 确定因子分析数目的方法有哪些?
4. 表13.2是本章实操中45名被试回答前9个题目的数据,试根据有关数据练习因子分析过程。

表13.2 45名被试回答前9个题目的数据

被试	C_1	C_2	C_3	C_4	C_5	C_6	C_7	C_8	C_9
1	5	5	5	5	5	3	2	2	3
2	4	4	4	4	5	4	4	4	4
3	4	4	5	5	5	1	1	2	1
4	4	4	4	4	5	2	1	1	1
5	5	5	5	5	5	1	1	1	1
6	4	4	4	4	4	2	2	3	2
7	5	5	5	5	5	1	1	1	1
8	4	4	5	5	5	4	3	4	4
9	3	3	4	4	4	3	3	3	3
10	5	5	5	5	5	1	1	1	1
11	5	5	5	5	5	1	1	1	1
12	4	4	4	4	4	1	1	1	1
13	4	4	4	4	4	2	3	3	3
14	4	4	4	4	4	3	3	3	3
15	4	4	4	4	4	5	5	5	5
16	5	5	5	5	5	1	2	1	2
17	5	5	5	5	5	2	1	2	1
18	5	5	5	5	4	1	1	1	1
19	4	4	4	4	4	2	2	3	2
20	4	4	4	4	4	3	3	3	2
21	1	1	1	1	2	5	5	5	5
22	5	5	5	5	5	2	3	2	2
23	4	4	4	4	5	1	1	4	1
24	4	4	4	4	4	3	1	2	1
25	4	4	4	4	3	2	2	2	3
26	5	5	5	5	5	2	3	2	3
27	4	4	4	4	5	2	2	3	2
28	5	5	5	5	5	1	1	1	2
29	5	5	5	5	5	1	1	1	1
30	5	5	5	5	5	4	4	4	4
31	5	5	5	5	5	1	3	4	1

(续表)

被试	C_1	C_2	C_3	C_4	C_5	C_6	C_7	C_8	C_9
32	5	5	5	5	5	1	1	1	1
33	4	4	4	4	4	4	4	4	4
34	5	4	5	5	3	1	4	2	1
35	5	5	5	5	5	2	2	2	2
36	5	5	5	5	5	2	2	2	2
37	5	5	5	5	5	2	2	2	2
38	5	5	4	5	5	2	2	4	1
39	5	5	5	5	5	1	1	1	1
40	5	5	5	5	5	1	1	1	1
41	4	4	4	4	4	2	2	2	2
42	4	4	5	4	3	2	2	4	2
43	5	5	5	5	2	3	4	4	4
44	5	4	4	5	4	3	2	5	3
45	4	4	4	4	4	2	2	4	2

第十四章　中介效应和调节效应

在心理与教育科学研究中，经常涉及在自变量对因变量的影响中存在中介变量(mediator)和调节变量(moderator)的问题，因此需要对中介效应(mediating effect)和调节效应(moderating effect)进行分析，有时还需要分析两者的混合效应。本章将初步介绍中介模型(mediation model)、调节模型(moderation model)以及有调节的中介模型及其分析方法。

第一节　中介效应

一、中介变量

如果自变量 X 对因变量 Y 的影响是通过变量 M 实现的，则变量 M 为变量 X 影响变量 Y 的中介变量。也就是说，自变量 X 影响中介变量 M，中介变量 M 又影响因变量 Y，这样，变量 M 在自变量 X 对因变量 Y 的影响中起中介作用。

在心理与教育现象中，由于心理过程及其影响因素的复杂性，当一个变量对另一个变量产生影响时，常伴有中介变量的作用。例如，学习动机影响学习态度，学习态度影响学习效果，学习态度就是学习动机与学习效果之间的中介变量。再如，竞争影响自我评价，自我评价会影响心理状态，自我评价是竞争影响心理状态的中介变量。

二、中介模型

在研究自变量和因变量之间的关系时，应考虑中介变量在两者之间的作用，探讨自变量和因变量之间可能的心理机制或心理过程，这个研究模型就是中介模型。中介模型如图 14.1 所示。

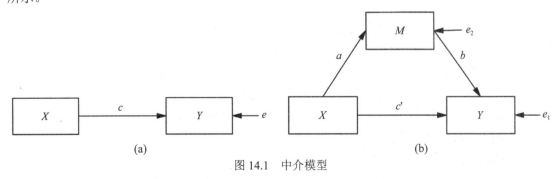

图 14.1　中介模型

图 14.1(a)表示自变量 X 对因变量 Y 产生影响，Y 对 X 的回归系数为 c，即

$$\hat{Y} = \text{intercept} + cX \tag{14.1}$$

图 14.1(b)表示自变量对因变量的影响存在可能的两条路径：一条路径是自变量 X 直接影响因变量 Y，另一条路径是，自变量 X 通过影响中介变量 M 进而影响因变量 Y。中介模型涉及的变量关系可以用 M 对 X 以及 Y 对 X 和 M 的回归方程表示，两者分别为

$$\hat{M} = \text{intercept} + aX \tag{14.2}$$

$$\hat{Y} = \text{intercept} + c'X + bM \tag{14.3}$$

回归方程(14.2)反映了自变量 X 对中介变量的影响关系，X 对 M 的预测效应可以通过回归系数 a 在一定程度上呈现。回归方程(14.3)反映了自变量 X 和中介变量 M 共同对变量 Y 的影响关系，X 和 M 对 Y 的预测效应分别通过回归系数 c' 和 b 呈现。其中，c' 反映了排除自变量 X 通过中介变量 M 对因变量 Y 的影响后，自变量 X 对因变量 Y 的直接影响，可称为直接效应(direct effect)，效应值就是 c'。与直接效应相对应，自变量 X 通过中介变量 M 对因变量的影响就是间接效应(indirect effect)，又称为中介效应，效应值是 ab。

关于中介效应，目前有两种观点：一种观点认为，中介效应与间接效应等同；另一种观点认为，与直接效应符号相同的间接效应是中介效应，与直接效应符号相反的间接效应称为遮掩效应。由于不管间接效应与直接效应的符号是否相同，分析的基本方法和过程都相同，解释有关心理过程或机制时必然要注意有关效应的正负性，在此采用第一种观点，不对间接效应和中介效应两个概念加以区分，或者说，遮掩效应是中介效应的一种形式。

在图 14.1(a)中，Y 对 X 的回归系数 c 是 X 影响 Y 的总效应；在图 14.1(b)的中介模型中，直接效应 c' 和中介效应 ab 的总和等于图 14.1(a)中的总效应 c，即

$$c = c' + ab \tag{14.4}$$

三、中介效应的检验

在中介模型中，直接效应的检验可以通过回归方程(14.3)中的回归系数，也就是直接效应 c' 的显著性检验。中介效应 ab 的显著性检验不能直接在回归分析中得到结果，其检验方法有多种，常见的有逐步检验法、Sobel 检验法和 Bootstrapping 检验法等。

1. 逐步检验法

Baron 和 Kenny 于 1986 年提出了中介效应的逐步检验法，其主要过程就是前文介绍中介模型时涉及的方程(14.1)至(14.3)这 3 个回归分析，以下为具体步骤。

(1) 进行因变量 Y 对自变量 X 的回归分析。如果回归系数 c 显著，继续检验中介模型的其他路径系数；如果回归系数 c 不显著，则停止检验。

(2) 进行中介变量 M 对自变量 X 的回归分析。如果回归系数 a 显著，则继续检验中介变量 M 影响因变量 Y 的路径系数是否显著；如果 a 不显著，表明中介路径不通，不再做中介路径后半段的分析。

(3) 当 a 显著时，进行因变量 Y 对自变量 X 和中介变量 M 的回归分析。如果中介变量 M

的路径系数 b 也显著，则中介效应显著。在中介效应显著的前提下，如果自变量 X 的路径系数 c' 显著，模型为部分中介模型；如果自变量 X 的路径系数 c' 不显著，则模型为完全中介模型。

(4) 确定中介效应。通过前面几个步骤的分析，总效应 c 和直接效应 c' 可以确定。由于中介效应与直接效应组成总效应，通过中介效应可以直接计算 a 和 b 的乘积。此外，中介效应 $ab = c - c'$。

逐步检验法的步骤清晰，但其局限性不断受到质疑，主要表现为两个问题：一是逐步检验法要求总效应 c 显著才能分析中介效应，而总效应不显著时也可能存在中介效应；二是中介效应 ab 的显著性并没有得到直接检验，而是分别检验 a 和 b 的显著性，要求两者都显著才认为有中介效应存在，而 ab 的显著性与 a 和 b 均显著并不等同。

2. Sobel 检验法

中介效应的 Sobel 检验法是由 Sobel 于 1982 年提出的。Sobel 认为，ab 显著，说明中介效应存在。Sobel 在假设 ab 服从正态分布的前提下，得出中介效应的显著性检验公式

$$Z = \frac{\hat{a}\hat{b}}{\sqrt{\hat{a}^2 s_b^2 + \hat{b}^2 s_a^2}} \tag{14.5}$$

式中：$\hat{a}$ 和 $\hat{b}$ 分别表示路径 $X \to M \to Y$ 的前半段路径系数 a 和后半段路径系数 b 的估计值；

s_a 和 s_b 分别表示 $\hat{a}$ 和 $\hat{b}$ 的标准误；

$\hat{a}\hat{b}$ 表示 ab 的估计值。

Sobel 检验是在 ab 服从正态分布的假设下提出的，而通常情况下这个假设条件并不一定能够成立，一般在样本容量很大时，ab 的分布才接近正态分布，在不满足 ab 服从正态分布的前提条件时，如果仍然采用 Sobel 检验法，就会导致检验结果出现偏差，而采用 Bootstrapping 检验就会避免有关问题。

3. Bootstrapping 检验法

Bootstrapping 检验法是一种自抽样的非参数检验法，它是由 Efron 于 1982 年提出的。由于该检验法不要求 ab 的总体分布服从正态分布，在实际研究中应用非常广泛。

在通过样本统计量推断总体参数时，采用 Bootstrapping 检验法，是从现有的样本中进行有放回地重复抽样，获取大量样本及每个样本对应的样本统计量，这些样本统计量的分布组成自抽样分布。在此抽样分布基础上，对总体参数进行估计，可以根据分布的百分比直接估计一定置信度对应的百分比置信区间(percentile-based confident interval)，还可以通过对分布的正态化校正，估计偏差校正置信区间(bias-corrected confident interval)。

通过 SPSS 的 PROCESS 插件可以实现中介效应的 Bootstrapping 检验。

四、Bootstrapping 中介效应检验的 SPSS 操作及结果解释

1. PROCESS 插件的安装

对于 Bootstrapping 中介效应检验法所需插件 PROCESS 的最新版本，用户可以登录相关

网站下载。当前最新版本为 2021 年 8 月 22 日更新的 PROCESS V4.0，其中包含 92 个模型，SPSS19.0 以上版本可以安装，但在 SPSS22.0 以上版本中运行较好。成功安装后，在 Analyze→Regression 中可以看到列表中已有"PROCESS V4.0 by Andrew F. Hayes"。考虑到版本间基本模型的一致性和复杂模型操作的直观性，这里主要以包含 76 个模型的 PROCESS V2.16 为例进行介绍。

2. PROCESS 界面简介

运行 PROCESS 后，会显示相应对话框，具体包含如下项目。

(1) "Data File Variable"，列出了运行数据文件中的全部变量。

(2) "Model Number"，可选择 PROCESS 中所包含的模型号码。Model 4 是并型中介模型，包含 1~10 个中介变量，也是 PROCESS 的默认模型；Model 6 是串型中介模型，包含 2~4 个中介变量。

(3) "Bootstrapping for indirect effects"，该栏目中包含"Bootstrap Samples"和"Bootstrap CI Method"两个项目。其中，"Bootstrap Samples"项目可以从 0、1000、2000、5000、10000、20000 和 50000 中选择自抽样次数，默认值是 5000；"Bootstrap CI Method"项目可以从置信区间的百分比和偏差校正两种方法中选择其一。

(4) "Confidence level for confidence intervals"，置信水平的选择项，可以在 90%、95% 和 99% 中做出选择，默认值为 95%。

(5) "Covariate(s) in model(s) of…"，选择对模型添加协变量的方式，共有 3 种选择：同时对中介变量和因变量控制协变量（"both M and Y"）；只对中介变量控制协变量（"M only"）；只对因变量控制协变量（"Y only"）。

(6) "Outcome Variable (Y)"，因变量栏目，用于添加因变量。

(7) "Independent Variable (X)"，自变量栏目，用于添加自变量。

(8) "M Variables"，中介变量栏目，用于添加中介变量和调节变量(PROCESS V4.0 中调节变量添加至"Proposed Moderator W"）。

(9) "Covariant(s)"，添加协变量栏目，可以添加多个协变量。

(10) "Proposed Moderator W""Proposed Moderator Z""Proposed Moderator V"和 "Proposed Moderator Q"分别对应 PROCESS 中比较复杂的模型中 W、Z、V 和 Q 变量。

此外，还可以通过"About""Options""Conditioning""Multicategorical"和"Long names" 等了解 PROCESS 的版本信息、选择相关项目计算方法及转换多个分类项变量等。

3. 中介效应的 PROCESS 运行结果及解释

在此操作具体数据，介绍中介效应的 PROCESS 运行结果，并对结果进行解释。

例 14.1 根据文献资料，$X1$、$X2$ 和 $X3$ 对变量 Y 产生影响，$X2$ 在 $X1$ 对 Y 的影响中具有中介效应，依据表 14.1 中的数据，检验 $X2$ 在 $X1$ 与 Y 之间的中介效应以及 $X1$ 对 Y 的影响的直接效应。

表 14.1　30 名被试 3 项指标 X_1、X_2 和 Y 的有关数据

ID	1	2	3	4	5	6	7	8	9	10
X1	11.20	10.90	10.70	11.30	10.80	11.00	10.60	11.10	10.60	11.30
X2	12.20	12.00	12.00	11.50	12.00	12.10	12.20	12.10	11.90	12.20
Y2	8.72	7.98	8.34	8.72	7.88	8.53	7.86	8.54	7.82	8.72
ID	11	12	13	14	15	16	17	18	19	20
X1	10.90	10.40	10.90	10.90	10.30	10.70	10.60	11.50	11.10	11.10
X2	11.80	11.80	12.00	12.00	11.80	12.30	12.10	12.30	12.10	11.60
Y2	8.91	7.97	8.34	8.35	7.95	8.33	7.92	8.91	8.53	7.83
ID	21	22	23	24	25	26	27	28	29	30
X1	10.80	10.70	10.40	10.90	10.50	11.10	10.30	11.10	10.80	10.60
X2	12.00	12.00	11.80	12.00	11.90	12.10	11.80	12.10	12.00	11.90
Y2	7.89	8.36	7.96	8.35	7.87	8.52	7.97	8.53	8.35	8.16

建立数据文件，按 Analyze→Regression→PROCESS 步骤运行 PROCESS 插件，分别将自变量 X_1、中介变量 X_2 和因变量 Y 添加到 PROCESS 界面中的 "Independent Variable" "M Variables" 和 "Outcome Variables" 项目框中，选择默认模型 4，自抽样次数选择 5000 次，其他项目均采用默认状态，单击 "OK"，即可得到运行结果。

SPSS 输出结果：

```
Model = 4
    Y = Y
    X = X1
    M = X2

Sample size
    30
```

运行结果首先呈现模型的基本信息。

结果显示：分析的是模型 4，因变量是 Y，自变量和中介变量分别是 X_1 和 X_2。分析模型采用的样本容量是 30。

SPSS 输出结果：

```
Outcome: X2

Model Summary
    R         R-sq      MSE       F         df1       df2       p
    .2991     .0895     .0323     2.7513    1.0000    28.0000   .1083

Model
              coeff     se        t         p         LLCI      ULCI
    constant  10.0371   1.1758    8.5365    .0000     7.6286    12.4457
    X1        .1799     .1085     1.6587    .1083     -.0423    .4021
```

结果显示：这部分的因变量是中介变量 X_2，自变量是 X_1，因此有关结果是中介模型中自变量影响中介变量的部分。"Model Summary" 是 X_2 对 X_1 的回归分析的总结，X_1 和 X_2 的相关系数是 0.2991，回归方程的显著性水平 $p=0.1083>0.05$，回归方程不显著。从 "Model"

结果中可以看出，$X2$ 对 $X1$ 的回归系数为 0.1799，$p=0.1083>0.05$，0.95 置信区间为[-0.0423, 0.4021]，置信区间内包含 0，表明中介模型的路径系数 a 不显著。这里用到的置信区间下限 LLCI=-0.0423 和上限 ULCI=0.4021 并不是通过 Bootstrapping 自抽样得到的，而是根据平均数、标准误和 t 分布的临界值计算得出的。

SPSS 输出结果：

Outcome: Y

Model Summary

R	R-sq	MSE	F	df1	df2	p
.7496	.5620	.0555	17.3199	2.0000	27.0000	.0000

Model

	coeff	se	t	p	LLCI	ULCI
constant	-2.4730	2.9244	-.8457	.4052	-8.4735	3.5275
X2	.1737	.2476	.7014	.4891	-.3344	.6818
X1	.7993	.1489	5.3663	.0000	.4937	1.1049

结果显示：自变量 $X1$ 和中介变量 $X2$ 与 Y 的复相关系数是 0.7496，两者对因变量 Y 的解释率为 56.2%，回归方程的显著性 $p<0.001$，回归方程极其显著。从 "Model" 部分可以看出，$X1$ 和 $X2$ 的回归系数分别为 0.7993 和 0.1737，$X1$ 的回归系数的显著性 $p<0.001$，置信区间不包含 0；$X2$ 的回归系数的显著性 $p=0.4891$，置信区间内包含 0。所以，自变量 $X1$ 影响因变量 Y 的路径系数 c' 显著，而中介变量影响因变量 Y 的路径系数 b 不显著。同样，c' 和 b 的置信区间也并不是 Bootstrapping 的结果，而是根据平均数、标准误以及 t 分布的临界值计算的结果。

SPSS 输出结果：

******************** DIRECT AND INDIRECT EFFECTS ************************

Direct effect of X on Y

Effect	SE	t	p	LLCI	ULCI
.7993	.1489	5.3663	.0000	.4937	1.1049

Indirect effect of X on Y

	Effect	Boot SE	BootLLCI	BootULCI
X2	.0312	.1323	-.1032	.3821

输出结果报告了直接效应 c' 和中介效应 ab 的效应值和置信区间。

结果显示：直接效应为 0.7993，中介效应的效应值为 0.0312，0.95 置信区间为[-0.1032, 0.3821]，0 在置信区间之内，中介效应不显著。中介效应的置信区间是根据 Bootstrapping 的结果估计的。

SPSS 输出结果：

******************** ANALYSIS NOTES AND WARNINGS ************************

Number of bootstrap samples for bias corrected bootstrap confidence intervals:
    5000

Level of confidence for all confidence intervals in output:
    95.00

输出结果呈现 Bootstrapping 的抽样次数,说明置信区间是采用偏差校正方法得出的。
结果显示:置信区间对应的置信度为 0.95。

第二节 调节效应

一、调节变量

当自变量 X 和因变量 Y 的关系因另一个变量 M 的取值不同而不同时,也就是变量 M 影响到自变量和因变量的关系,这时,变量 M 就称为自变量 X 和因变量 Y 的关系调节变量。例如,人的从众行为倾向与其在任务中所负责任的大小有一定关系,但这种关系受人的能力的影响。能力强的人,在任务中的责任越大越不从众,即从众行为倾向与责任大小呈负相关关系;而能力弱的人在责任大的任务中更倾向于从众,即从众行为倾向与责任大小的关系为正相关。因此,能力高低在责任的大小对从众行为倾向的影响中起调节作用,能力是此关系的调节变量。调节变量可能会影响自变量和因变量关系的方向,但更多的情况是影响两者相关的程度。例如,智商和学习成绩的关系受到学习态度的影响,学习态度不同,智商和学习成绩之间的关系会有所不同,那么,学习态度在智商和学习成绩的关系中起调节作用,学习态度就是智商和学习成绩关系的调节变量。

二、调节模型

在研究自变量和因变量之间的关系时,应考虑调节变量对两者之间关系的作用,从而探讨自变量和因变量之间的关系随着调节变量取值的不同而发生的变化,这个研究模型就是调节模型。调节模型如图 14.2(a)所示,统计分析过程如图 14.2(b)所示。

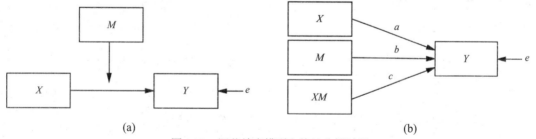

图 14.2 调节效应模型和统计分析过程

调节模型涉及的变量关系表达式为

$$\hat{Y} = \text{intercept} + b_1 X + b_2 M + b_3 XM \tag{14.6}$$

调节效应与方差分析中的交互作用有一定的区别和联系。两者的区别在于两个变量的作用是否可以互换。在方差分析的交互作用中,因素 A 和因素 B 的交互作用与因素 B 和因素 A 的交互作用是等同的,当两个变量的交互作用显著时,可以继续分析简单效应。分析简单效应时,可以研究 B 因素与因变量的关系在 A 因素的不同水平上的差异,也可以研究 A 因素与因变量的关系在 B 因素的不同水平上的差异。但在调节效应的分析中,自变量和调节变量是固定的，只研究自变量和因变量的关系在调节变量取不同值时的差异。调节效应和交互效应也有一定联系，在自变量和调节变量都取离散数据时，调节效应的分析方法就用到交互作用分析，具体分析内部逻辑关系时，只分析自变量与因变量的关系在调节变量取不同值时的差异，这正是简单效应的分析内容。

三、调节效应的检验

根据自变量和调节变量是连续变量还是离散变量，调节效应的检验方法有所区别。

(1) 当自变量和调节变量均取离散数据时，采用方差分析的方法检验交互作用。如果交互作用显著，继续分析简单效应，分析自变量与因变量的关系在调节变量取不同值时的差异。

(2) 当自变量和调节变量至少有一个是连续变量时，采用分层回归分析检验调节效应的显著性，自变量和调节变量中心化后的乘积项显著，表明存在调节效应，具体的调节效应分析通过简单斜率分析来实现。当自变量和调节变量两者之一为离散变量时，注意在分层分析时将其转换为哑变量。通过 SPSS 进行调节效应的分层回归分析及简单斜率分析时，可以通过运行 PROCESS 插件方便快捷地输出结果。

四、Bootstrapping 调节效应检验的 SPSS 操作及结果解释

下面我们通过具体数据呈现利用 SPSS 软件的 PROCESS 插件分析调节模型的操作过程，并对有关结果进行解释。

例 14.2 依据表 14.2 中的数据，分别检验 $X2$ 和 gender 对 $X1$ 与 Y 的关系的调节作用。

表 14.2　36 名被试的性别及 $X1$、$X2$ 和 Y 的有关数据

ID	1	2	3	4	5	6	7	8	9	10	11	12
gender	1	1	2	1	2	1	2	2	2	1	1	2
X1	21	30	36	25	33	26	24	32	36	27	20	28
X2	32	42	52	35	46	48	38	43	50	33	41	55
Y	58	57	70	60	60	50	60	60	65	57	54	60
ID	13	14	15	16	17	18	19	20	21	22	23	24
gender	1	2	2	1	1	2	1	2	2	1	1	2
X1	33	35	31	26	24	29	30	38	27	30	32	26
X2	35	44	57	37	45	46	32	42	51	35	44	52
Y	55	61	68	58	57	59	58	61	57	55	56	55
ID	25	26	27	28	29	30	31	32	33	34	35	36
gender	1	2	2	1	1	2	2	1	2	2	1	1
X1	27	35	31	33	32	23	30	30	38	27	30	32
X2	36	41	49	33	42	53	47	32	42	51	35	44
Y	58	69	65	53	57	52	60	59	62	57	56	56

注：性别数据"1"代表"男"，"2"代表"女"。

首先检验 $X2$ 对 $X1$ 与 Y 关系的调节效应。建立数据文件，按"Analyze→Regression→PROCESS"步骤运行 PROCESS 插件，分别将自变量 $X1$、中介变量 $X2$ 和因变量 Y 添加到 PROCESS 界面中的"Independent Variable""M Variables"和"Outcome Variables"项目框中，选择默认模型 1，自抽样次数选择默认值 5000 次，其他项目均采用默认状态。单击 PROCESS 界面右侧的"Options"，勾选"Mean center for products""OLS/ML confidence intervals""Generate data for plotting (Model 1, 2, and 3 only)"，单击"OK"，运行后出现结果。

输出结果：

```
Model = 1
    Y = Y
    X = X1
    M = X2

Sample size
         36
```

结果显示：分析模型为模型 1，自变量、调节变量和因变量分别为 $X1$、$X2$ 和 Y，样本容量为 36。

输出结果：

Outcome: Y

Model Summary

R	R-sq	MSE	F	df1	df2	p
.7945	.6312	7.9373	18.2579	3.0000	32.0000	.0000

Model

	coeff	se	t	p	LLCI	ULCI
constant	58.4965	.4720	123.9230	.0000	57.5350	59.4581
X2	.2289	.0683	3.3504	.0021	.0897	.3680
X1	.4980	.1065	4.6784	.0001	.2812	.7149
int_1	.0911	.0174	5.2391	.0000	.0557	.1266

Product terms key:

int_1   X1   X   X2

R-square increase due to interaction(s):

	R2-chng	F	df1	df2	p
int_1	.3163	27.4487	1.0000	32.0000	.0000

结果显示："Outcome: Y"表明因变量为 Y。

由 Model Summary 部分可知，调节模型的回归分析 $p<0.001$，回归方程显著，回归方程对因变量的解释率 $R^2=0.6312$。

Model 部分的乘积项 int_1 的回归系数 0.0911 显著，$p<0.001$，置信区间为 $[0.0557, 0.1266]$。"Product terms key"显示乘积项是 $X1$ 和 $X2$ 的乘积。

"R-square increase due to interaction(s)"明确了加入乘积项后，回归方程对因变量的解释率增加了 0.3163，即 $\Delta R^2 = 0.3163$，对应 $p<0.001$，因变量 Y 解释率增加显著。

输出结果：

```
Conditional effect of X on Y at values of the moderator(s):
      X2       Effect      se         t          p        LLCI      ULCI
   -7.2115    -.1592     .1626     -.9793      .3348     -.4905     .1720
     .0000     .4980     .1065     4.6784      .0001      .2812     .7149
    7.2115    1.1553     .1664     6.9415      .0000      .8163    1.4943

Values for quantitative moderators are the mean and plus/minus one SD from mean.
Values for dichotomous moderators are the two values of the moderator.
```

结果显示：调节变量 $X2$ 取低于平均值一个标准差(M−SD)、平均值(M)和高于平均值一个标准差的值时，自变量 $X1$ 和因变量 Y 的关系的简单斜率结果，M−SD 组的效应不显著，$p=0.3348$，0.95 的置信区间 $[-0.4905, 0.1720]$ 包含 0；M 组和 M+SD 组的效应均显著，$p<0.001$，0.95 的置信区间分别为 $[0.2812, 0.7149]$ 和 $[0.8163, 1.4943]$，均不包含 0。

输出结果：

```
Data for visualizing conditional effect of X on Y
Paste text below into a SPSS syntax window and execute to produce plot.

DATA LIST FREE/X1 X2 Y.
BEGIN DATA.
     -4.4922     -7.2115     57.5614
       .0000     -7.2115     56.8460
      4.4922     -7.2115     56.1307
     -4.4922       .0000     56.2593
       .0000       .0000     58.4965
      4.4922       .0000     60.7338
     -4.4922      7.2115     54.9572
       .0000      7.2115     60.1471
      4.4922      7.2115     65.3370
END DATA.
GRAPH/SCATTERPLOT=X1 WITH Y BY X2.
```

以上输出结果是简单斜率图的程序和数据，将这部分内容复制粘贴到 Syntax 界面，运行即可得到简单斜率图。从简单斜率图中，可以直观看出当调节变量 $X2$ 取不同值时，$X1$ 和 Y 的关系是不同的；也可以将数据输入 Excel，绘制简单斜率图，如图 14.3 所示。

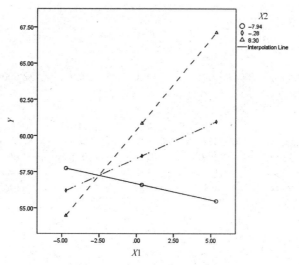

图 14.3 变量 X2 调节效应的简单斜率图

输出结果：

```
******************* ANALYSIS NOTES AND WARNINGS ***********************

Level of confidence for all confidence intervals in output:
   95.00

NOTE: The following variables were mean centered prior to analysis:
   X1        X2

------ END MATRIX -----
```

结果显示：输出结果的置信区间是 0.95 的置信区间；X1 和 X2 的计算结果是在中心化数据基础上获得的。

然后分析 gender 对 X1 和 Y 的关系的调节作用。

按 Analyze→Regression→PROCESS 步骤运行 PROCESS 插件，分别将自变量 X1、中介变量 gender 和因变量 Y 添加到 PROCESS 界面中的"Independent Variable""M Variables"和"Outcome Variables"项目框中，选择模型 1，自抽样次数选择 5000 次，其他项目均采用默认状态。单击"OK"，输出运行结果。

输出结果：

```
Model = 1
    Y = Y
    X = X1
    M = gender

Sample size
    36
```

结果显示：自变量、调节变量和因变量分别为 X1、gender 和 Y，样本容量为 36。

输出结果：

Outcome: Y

Model Summary

R	R-sq	MSE	F	df1	df2	p
.7432	.5524	9.6349	13.1616	3.0000	32.0000	.0000

Model

	coeff	se	t	p	LLCI	ULCI
constant	76.0070	11.9854	6.3416	.0000	51.5930	100.4210
gender	-17.9349	7.4299	-2.4139	.0217	-33.0695	-2.8003
X1	-.8004	.4141	-1.9328	.0622	-1.6439	.0432
int_1	.7388	.2499	2.9561	.0058	.2297	1.2478

Product terms key:

int_1	X1	X	gender

R-square increase due to interaction(s):

	R2-chng	F	df1	df2	p
int_1	.1222	8.7383	1.0000	32.0000	.0058
int_1	X1	X	gender		

R-square increase due to interaction(s):

	R2-chng	F	df1	df2	p
int_1	.1222	8.7383	1.0000	32.0000	.0058

结果显示：Outcome 表明因变量为 Y。

由 Model Summary 部分可知，调节模型的回归方程显著，$p<0.001$，回归方程对因变量的解释率 $R^2=0.5524$。

Model 部分的乘积项 int_1 的回归系数 0.7388 显著，$p=0.0058$，置信区间为[0.2297, 1.2478]。"Product terms key"显示乘积项是 $X1$ 和 gender 的乘积。

"R-square increase due to interaction(s)"明确了加入乘积项后，回归方程对因变量的解释率增加了 0.1222，对应 $p=0.0058$，因变量 Y 的解释率增加显著。

输出结果：

Conditional effect of X on Y at values of the moderator(s):

gender	Effect	se	t	p	LLCI	ULCI
1.0000	-.0616	.1906	-.3232	.7487	-.4499	.3267
2.0000	.6772	.1616	4.1903	.0002	.3480	1.0063

Values for quantitative moderators are the mean and plus/minus one SD from mean.
Values for dichotomous moderators are the two values of the moderator.

结果显示：调节变量 gender 取值为 1 和 2 时，自变量 $X1$ 和因变量 Y 的关系的简单斜率结果。gender 取 1 时，效应不显著，$p=0.7487$，0.95 的置信区间[-0.4499, 0.3267]，包含 0；gender 取 2 时，效应显著，$p=0.0002$，0.95 的置信区间为[0.3480, 1.00639]，不包含 0。

输出结果:

```
Data for visualizing conditional effect of X on Y
Paste text below into a SPSS syntax window and execute to produce plot.

DATA LIST FREE/X1 gender Y.
BEGIN DATA.
     25.1467      1.0000      56.5228
     29.6389      1.0000      56.2461
     34.1311      1.0000      55.9693
     25.1467      2.0000      57.1654
     29.6389      2.0000      60.2074
     34.1311      2.0000      63.2493
END DATA.
GRAPH/SCATTERPLOT=X1 WITH Y BY gender.
```

以上输出结果是简单斜率图的程序和数据,将这部分内容复制粘贴到 Syntax 界面,运行后即可得到简单斜率图,从中可以直观看出性别对 $X1$ 和 Y 的关系的调节作用;也可以将数据输入 Excel,绘制出简单斜率图,如图 14.4 所示。

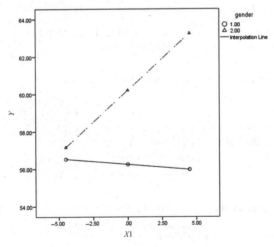

图 14.4　性别调节效应的简单斜率图

第三节　中介和调节混合模型分析

在心理与教育研究中,中介模型和调节模型应用非常广泛,而且在同一个模型中,既有中介变量也有调节变量的情况时常出现。在此,我们简单介绍有调节的中介模型(moderated mediation model)和有中介的调节模型(mediated moderation model),如图 14.5(a)和图 14.5(b)所示,两种模型可统称为有调节的中介模型。

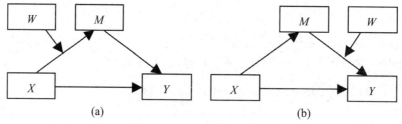

图 14.5 有调节的中介模型

这两种情况分别是 PROCESS 中的模型 14 和模型 7，分别将自变量、因变量、中介变量和调节变量添加到 PROCESS 界面中的"Independent Variable""Outcome Variables""M Variables"和"Proposed Moderator W"项目框中，选择模型 7，运行后即可得到模型 7 的相应结果。其他变量的添加方式不变，将调节变量添加到"Proposed Moderator V"中，选择模型 14，运行后即可得到模型 14 的对应结果。以下为两个模型中，有关中介效应的调节部分的主要输出结果形式。

模型 7 输出结果示例：

```
******************** DIRECT AND INDIRECT EFFECTS ************************

Direct effect of X on Y
    Effect      SE        t         p       LLCI      ULCI
    .4015     .2345    1.7125    .0965    -.0761     .8791

Conditional indirect effect(s) of X on Y at values of the moderator(s):

Mediator
           W         Effect    Boot SE    BootLLCI    BootULCI
M      -7.3137      .1268      .1101      -.1147       .3202
M       .0000       .1168      .1040      -.0941       .3256
M       7.3137      .1069      .1012      -.0724       .3505

Values for quantitative moderators are the mean and plus/minus one SD from mean.
Values for dichotomous moderators are the two values of the moderator.

******************** INDEX OF MODERATED MEDIATION ***********************

Mediator
       Index     SE(Boot)    BootLLCI    BootULCI
M     -.0014      .0026       -.0099       .0016
```

结果显示：调节变量对中介效应的调节效应不显著，0.95 的置信区间为[-0.0099, 0.0016]。调节变量 W 取平均数以下一个标准差、平均数及平均数以上一个标准差时，中介效应的 3 个值分别为 0.1268、0.1168 和 0.1069。从它们对应的置信区间可以看出，3 个中介效应值均不显著。

模型 14 输出结果示例：

```
****************** DIRECT AND INDIRECT EFFECTS ***********************
```

Direct effect of X on Y

Effect	SE	t	p	LLCI	ULCI
.4411	.1785	2.4716	.0193	.0766	.8056

Conditional indirect effect(s) of X on Y at values of the moderator(s):

Mediator

	W	Effect	Boot SE	BootLLCI	BootULCI
M	−7.3137	−.3497	.1941	−.8477	−.0890
M	.0000	.0981	.1453	−.2524	.3384
M	7.3137	.5459	.1757	.2683	.9708

Values for quantitative moderators are the mean and plus/minus one SD from mean.
Values for dichotomous moderators are the two values of the moderator.

```
****************** INDEX OF MODERATED MEDIATION ***********************
```

Mediator

	Index	SE(Boot)	BootLLCI	BootULCI
M	.0612	.0157	.0335	.0934

结果显示：调节变量对中介效应的调节效应显著，0.95 的置信区间为[0.0335，0.0934]。当调节变量 W 低于平均数一个标准差时，中介效应为-0.3497，显著，0.95 的置信区间为[-0.8477，-0.0890]；当调节变量 W 为平均值时，中介效应为 0.0981，不显著，095 的置信区间为[-0.2524，0.3384]；当调节变量 W 取值高于平均数一个标准差时，中介效应为 0.5459，显著，0.95 的置信区间为[0.2683，0.9708]。

模型 7 和模型 14 中，有关对中介效应调节作用的分析，输出结果形式完全相同。

本章术语

中介变量(mediator)　　　　　　调节变量(moderator)
中介效应(mediating effect)　　　调节效应(moderating effect)
中介模型(mediation model)　　　调节模型(moderation model)
有调节的中介模型(moderated mediation model)
有中介的调节模型(mediated moderation model)

思考题

1. 举例说明什么是中介变量和调节变量。
2. 举例说明什么是有调节的中介模型。

3. 练习例 14.1 和例 14.2，并基于例 14.2 的数据建立模型 7 和模型 14，X、Y、$X2$ 和 gender 分别作为自变量、因变量、中介变量和调节变量，在 PROCESS 中运行相关模型，并对结果做出解释。

4. 在班级中自由组合小组，依据小组成员在 1、2 题中的举例，设计出可行的实例，具体实施后练习分析有关数据，解释结果。

第十五章 抽样设计

在心理与教育科学研究中，由于受客观条件的限制，一般不能对研究对象逐一进行测试，而是从总体中抽取有代表性的样本，在测试样本个体信息的基础上，由样本特征推断总体特性。能否准确推断总体信息，关键在于样本是否具有代表性。要抽取能充分代表总体特征的样本，需要依据有关抽样设计原则，并采用有效的抽样技术和方法。

第一节 抽样设计概述

一、抽样设计的意义

在实际研究中，极少会对包含大量个体的总体全部进行测试，抽样设计是常用的调查研究方法，它具有以下几方面意义。

1. 节省时间，提高研究结果的时效性

要对总体进行全面调查，需要较长的实测时间，在分析获得研究结果后，有时研究对象的环境和状态已经发生了变化，相关研究结果已失去对现实的指导意义。通过抽样设计可以抽取对总体有代表性的样本，使调查可以在较短时间内完成，从而可以根据有关结果对现实进行有效指导。

2. 节省费用，提高研究的有效性

大范围的全面测试耗资巨大，通过抽样设计选取有代表性的样本进行测试，可以节省劳务、差旅、数据分析等各项费用。

3. 节省人力，提高研究结果的准确性

大范围的全面测试需要大量的人力。由于被试数量大，需要主试人数较多，对主试的训练较为困难，加之实测过程中主试掌握的标准容易不统一，会增大测量结果误差。另外，由于全面测试的数据量较大，数据输入等过程中出现偏差的可能性也会增加。而抽样调查的工作量较小，需要较少的主试，选取和训练主试环节容易保证质量，从而可以有效减少主试产生的测量误差。而且，抽样调查数据量较小，在数据输入等过程中出现误差的可能性也较小。因此，抽取有代表性的样本进行测试，可以节省人力，还能提高研究结果的准确性。

二、抽样设计的原则

随机性(randomness)是概率抽样的基本原则。随机性原则是指按概率原理抽样，总体中的每个个体被抽到的可能性是相等的，哪个个体进入样本并不是由研究者主观确定的。由于随机抽样使总体中的每个个体被抽到的概率相等，样本对总体的代表性较好。随机性是使样本特征与总体特征一致的抽样原则。

采用随机抽样还可以实现对抽样误差的控制和估计。例如，当总体分布服从正态分布并且总体方差已知时，要对总体平均数进行区间估计。如果要求估计误差($\bar{X} - \mu$)不能超过最大允许误差 d，$d = Z_{\alpha/2} \mathrm{SE}_{\bar{X}}$，由于标准误 $\mathrm{SE}_{\bar{X}} = \frac{\sigma}{\sqrt{n}}$，可以通过增大样本容量 n 来控制抽样误差 d。因此，采用随机抽样可以客观评价研究结果的可靠程度，并且还可以通过改变样本容量来使研究达到所要求的精确程度。

第二节 几种重要的抽样方法

一、简单随机抽样

简单随机抽样(simple random sampling)又称单纯随机抽样，是指从总体中随机抽取容量为 n 的样本，总体中的每个个体被抽到的概率都相等的抽样方式。

以下为简单随机抽样的基本操作过程。

1. 编号

采用简单随机抽样时，需要首先对总体中的每个个体编号。例如，含有 N 个个体的总体，一般对个体编号为 $1 \sim N$。

2. 抽取样本

完成编号后，从总体中随机抽取 n 个个体作为样本。实现随机抽取的具体方法有以下几种。

1) 抽签法

在对总体中的每个个体编号后，将号码写在号码签上，然后将所有号码签放在一起，每次从中抽取一个号码签，抽取 n 次，得到一个容量为 n 的样本。

总体中所含的个体较少时，抽签法比较容易实现。当总体中所含个体较多时，人工制作号码签的工作量较大，实施起来有一定困难。

2) 随机数码表

随机数码表是由数字 $0 \sim 9$ 随机排列而成的数字表。附表 17 是由 1 万个随机数字排列而成的随机数码表。抽取样本时，在对个体编号的基础上，可以借用随机数码表实现随机抽样。例如，从含有 50 000 个个体的总体中随机抽取容量为 500 的样本，可以先将 50 000 个个体编号为 $1 \sim 50\,000$，然后随机确定随机数码表中的一个位置，因为最大号码 50 000 为五位数，在这个位置选取五位数字，从这个位置开始，向某个方向，如向下查看，只要五位数在 1～50 000 的编号范围内就记录下来，直到得到 500 个没有重复的数字为止，对应编号作为这 500 个数字的个体，组成样本容量为 500 的随机样本。

用随机数码表抽取样本的过程也可以直接通过抽取 0～9 的随机数字来实现。上面的例子中，可以从 0～9 的数字中连续随机抽取 5 次，组成一个五位数，反复抽取，直到得到 500 个没有重复的数字，对应编号作为这 500 个数的个体，即随机抽取容量为 500 的样本。

用随机数码表抽取样本避免了制作号码签的过程，工作量明显减小。

3) 计算机产生随机数

目前，计算机已经相当普及，利用计算机产生随机数的方法进行抽样更为普遍。在此，以 VB(Visual-Basic)语言为例列举程序：

```
10    Input"N="; T: Input"n=";n
20    Dim A(n)
30    Open "d:\sample.txt" For Output As #1
40    Randomize
50    For i=1 To n
60    A(i)= Int(Rnd * T+ 1)
70    For j=1 to i-1
80    If A(j)=A(i) Then 60
90    Next J
100   Print #1, A(i)
110   Next I
120   Close #1
130   End
```

运行程序，输入总体容量和样本容量，即可得到样本中个体的编号。如果在总体容量和样本容量项目中分别输入 50 000 和 500，则可以从容量为 50 000 的总体中随机抽取 500 个编号，这些编号所对应的个体组成一个随机样本。

二、等距抽样

等距抽样(interval sampling)又称系统抽样(systematic sampling)或机械抽样，它是在对总体中的个体编号后，根据样本和总体容量的比例确定抽取间隔，然后随机确定起点，每隔一定的间隔抽取一个单位的一种抽样方式。例如，从 50 000 个个体中抽取 500 个个体作为样本，抽样间隔为 100，编号为 1～50 000，可抽取 1，101，201，…，49 901，或 2，102，202，…，49902，等等。

等距抽样的典型优点是简便易行，如果调查者对总体结构了解清楚，编号时充分考虑有关信息，可提高抽样效率。但是，调查者对总体结构了解不够清楚，编号时欠缺考虑，抽样时容易出现偏差，造成样本对总体的代表性不够。

三、分层抽样

分层抽样(stratified sampling 或 hierarchical sampling)是按一些特征因素将总体分成互不交叉、互不包含的若干个部分，然后在每个部分内分别按比例抽取若干个单位，从而构成一个样本的抽样方式。分层抽样的精度较高，是应用较广泛的一种抽样方法。

在实际抽样中，为了使分层抽样具有意义，层与层之间的差别要大，各层内要尽量一致。以确定抽样人数为例，可以采用两种方式分配各层的人数。

1. 按人数比例确定各层的抽样人数

按人数比例确定各层的抽样人数应确保样本中各层次的组成比例与总体保持一致。各层人数分配比例为

$$\frac{n_1}{N_1} = \frac{n_2}{N_2} = \cdots = \frac{n}{N}$$

各层的抽样人数的计算公式为

$$n_i = \frac{n}{N} N_i \tag{15.1}$$

例 15.1 某研究者对某师范专业的学生进行教学观念调查，从 30 000 名学生中抽取 500 名作为调查样本。考虑到样本的代表性，要对各年级的学生按比例抽样，一至四年级的总人数分别为 9000 人、8000 人、7000 人、6000 人，则 4 个年级的抽样人数分别为多少？

解：$n_1 = \frac{n}{N} N_1 = \frac{500}{30\,000} \times 9000 \approx 150 (人)$

$n_2 = \frac{n}{N} N_2 = \frac{500}{30\,000} \times 8000 \approx 133 (人)$

$n_3 = \frac{n}{N} N_3 = \frac{500}{30\,000} \times 7000 \approx 117 (人)$

$n_4 = \frac{n}{N} N_4 = \frac{500}{30\,000} \times 6000 \approx 100 (人)$

2. 最佳分配方法

按最佳分配方法确定各层人数，不仅要考虑各层的人数比例，还要考虑各层内变异的大小。各层抽样人数的计算公式为

$$n_i = \frac{N_i \sigma_i}{\sum N_i \sigma_i} n \tag{15.2}$$

式中：σ_i 表示第 i 层的标准差。若 σ_i 未知，可以通过每层抽取的样本计算 s_i，用 s_i 代替 σ_i 计算各层的抽样人数，计算公式为

$$n_i = \frac{N_i s_i}{\sum N_i s_i} n \tag{15.3}$$

例 15.2 某研究者拟了解高三学生的专业目标清晰度,根据学校开展的专业选择指导情况,将所有学校分为一、二、三类,各类学校的学生人数分别为 30 000 人、12 000 人和 4000 人,以往同类测验中,三类学校学生成绩的标准差分别为 11、9 和 12。如果要抽取 500 名学生参与调查,应从各类学校分别抽取多少名学生?

解:根据公式(15.2),得

$$n_1 = \frac{N_1 \sigma_1}{\sum N_i \sigma_i} n = \frac{30\,000 \times 11}{30\,000 \times 11 + 12\,000 \times 9 + 4000 \times 12} \times 500 \approx 340(人)$$

$$n_2 = \frac{N_2 \sigma_2}{\sum N_i \sigma_i} n = \frac{12\,000 \times 9}{30\,000 \times 11 + 12\,000 \times 9 + 4000 \times 12} \times 500 \approx 111(人)$$

$$n_3 = \frac{N_3 \sigma_3}{\sum N_i \sigma_i} n = \frac{4000 \times 12}{30\,000 \times 11 + 12\,000 \times 11 + 4000 \times 12} \times 500 \approx 49(人)$$

答:应从三类学校分别抽取 340、111 和 49 人。

四、多阶段抽样

在介绍多阶段抽样(multi-stage sampling)之前,首先介绍整群抽样(cluster sampling)。将总体中的个体归并成若干个互不交叉、互不包含的集合,称为群。例如,研究者要对学生进行研究,整个班级的学生、整个学校的学生都是群。整群抽样是以群为单位抽取研究样本的一种抽样方法,也就是从总体中成群抽取调查单位,而不是逐个抽取调查对象。整群抽样的优点是调查单位比较集中,调查实施比较方便。但由于抽样单位在总体中分布不均匀,需要具体考虑样本对总体的代表性,当群内差异相对于群间差异很小时,不适宜采用单纯的整群抽样方法。在实际抽样中,一般很少采用单纯的整群抽样,而是将整群抽样用于多阶段抽样开始阶段。

多阶段抽样是指将抽取样本的过程分为两个及两个以上阶段完成。当总体中包含的个体量较大时,采用随机抽样的方法从总体中进行抽样比较困难,而且样本会过于分散,不方便调查的具体实施,在这种情况下,一般采用多阶段抽样方法抽取样本。具体过程:首先,将总体分为若干个一级抽样单位,如省、市、学校等,从总体中抽取部分一级抽样单位;其次,将抽取的每个一级抽样单位分成若干个二级抽样单位,从每个一级抽样单位中各抽取部分二级抽样单位,如市、学校、班级等,以此类推,直至获得最终样本。

多阶段抽样适用于总体范围特别广,抽样范围很大,难以直接抽取样本的情况。例如,研究者要对全国大学生进行职业价值观调查,一般不会直接对全国大学生进行完全随机抽样,因为这样抽到的学生过于分散,调查实施也比较困难。采用多阶段抽样能够妥善解决这些问题。首先,在省级单位随机抽取几个省市;其次,在抽取的省市中随机抽取市、区;再次,在抽取的市、区中随机抽取学校;最后,在抽取的学校中随机抽取学生。这样,抽样过程得到简化,调查实施也容易进行。

第三节 样本容量的确定

一、估计总体平均数时样本容量的确定

1. 当总体标准差 σ 已知时

当总体标准差 σ 已知时，样本平均数的分布服从正态分布，样本平均数 $\bar{X}$ 与总体平均数 μ 的关系为

$$Z = \frac{|\bar{X} - \mu|}{\sigma_{\bar{X}}}$$

如果由样本平均数估计总体平均数的最大允许误差 $d = |\bar{X} - \mu|$，显著性水平确定为 α，则有

$$\frac{d}{\frac{\sigma}{\sqrt{n}}} = Z_{\alpha/2}$$

整理得到样本容量的计算公式为

$$n = \left(\frac{Z_{\alpha/2}\sigma}{d}\right)^2 \tag{15.4}$$

例 15.3 某研究小组要对全市中学生的瑞文图形推理测验成绩进行区间估计，以往大量测试成绩的标准差为 11，允许估计的最大误差为 1.5。如果确定置信度为 0.95，适合抽取容量为多大的样本？

解： 根据题意，$\sigma = 11$，$d = 1.5$，$\alpha = 0.05$

$$n = \left(\frac{Z_{\alpha/2}\sigma}{d}\right)^2 = \left(\frac{1.96 \times 11}{1.5}\right)^2 \approx 207$$

答： 抽取容量为 207 的样本可以满足要求。

2. 当总体标准差 σ 未知时

当总体标准差 σ 未知时，确定样本容量的计算公式为

$$n = \left(\frac{t_{\alpha/2} s}{d}\right)^2 \tag{15.5}$$

例 15.4 某市初中教研室对初中三年级学生的计算机成绩进行区间估计，随机抽取 30 人的成绩进行计算，标准差为 12。如果允许估计的最大误差为 2，置信度为 0.99，为了进行平均数的区间估计，需要抽取容量为多大的样本？

解： 根据题意，$s = 12$，$d = 2$，$\alpha = 0.01$

$$df = 30 - 1 = 29, \quad t_{0.01/2} = 2.756$$

$$n = \left(\frac{t_{\alpha/2}s}{d}\right)^2 = \left(\frac{2.756 \times 12}{2}\right)^2 \approx 273$$

答：要满足题目中的有关要求，抽取的样本容量至少为273。

公式(15.4)和公式(15.5)适用于从无限总体中抽样时样本容量的确定。从有限总体中抽样时，统计量符合的关系为

$$\frac{d}{\frac{\sigma}{\sqrt{n}}\sqrt{\frac{N-n}{N}}} = Z_{\alpha/2}$$

或

$$\frac{d}{\frac{s}{\sqrt{n}}\sqrt{\frac{N-n}{N}}} = t_{\alpha/2}$$

样本容量的计算公式为

$$n = \frac{NZ_{\alpha/2}^2\sigma^2}{Nd^2 + Z_{\alpha/2}^2\sigma^2} \tag{15.6}$$

或

$$n = \frac{Nt_{\alpha/2}^2 s^2}{Nd^2 + t_{\alpha/2}^2 s^2} \tag{15.7}$$

一般情况下，即使总体有限，总体容量 N 也会远远大于样本容量 n，这时公式(15.6)和公式(15.7)与公式(15.4)和公式(15.5)的计算结果差别不大。

二、平均数显著性检验时样本容量的确定

1. 当总体标准差 σ 已知时

在平均数的显著性检验中，I型错误 α 和II型错误 β 分别满足

$$\frac{\bar{X} - \mu_0}{\frac{\sigma}{\sqrt{n}}} = Z_{\alpha/2}$$

$$\frac{\mu - \bar{X}}{\frac{\sigma}{\sqrt{n}}} = Z_{\beta}$$

令 $\delta = \mu - \mu_0$，则有

$$n = \left[\frac{(Z_{\alpha/2} + Z_\beta)\sigma}{\delta}\right]^2 \tag{15.8}$$

对应单侧检验情况，则有

$$n = \left[\frac{(Z_\alpha + Z_\beta)\sigma}{\delta}\right]^2 \tag{15.9}$$

例 15.5 某研究者对其所在市区内的几所实验小学部分学生进行劳动能力测试，平均成绩相对于全区小学生的成绩高 3 分，标准差为 15。研究者要检验该区实验小学学生的平均劳动能力是否高于全体小学生成绩 3 分，确定 $\alpha=0.05$，$\beta=0.10$，应从实验小学中随机抽取容量多大的样本进行测试？

解：根据题意，$\delta=8$，$\alpha=0.05$，$\beta=0.10$，$s=15$

$$n = \left[\frac{(Z_\alpha + Z_\beta)\sigma}{\delta}\right]^2 = \left[\frac{(1.645 + 1.28) \times 15}{3}\right]^2 \approx 214$$

答：要达到检验目的，至少随机抽取 214 名小学生参与测试。

2. 当总体标准差 σ 未知时

当总体标准差 σ 未知时，样本平均数符合 t 分布，用样本标准差作为总体标准差的代表值，样本容量的确定分为以下两种情况。

双侧检验时，样本容量的计算公式为

$$n = \left[\frac{(t_{\alpha/2} + t_\beta)s}{\delta}\right]^2 \tag{15.10}$$

单侧检验时，样本容量的计算公式为

$$n = \left[\frac{(t_\alpha + t_\beta)s}{\delta}\right]^2 \tag{15.11}$$

例 15.6 某研究者要研究师范专业大学生的普通话成绩与全体大学生的平均成绩之间的差异，随机抽取 28 名学生进行普通话测试，成绩标准差为 8，并估计师范专业大学生平均分与全体大学生总平均分差距不会多于 2 分。检验中，确定 $\alpha=0.05$，$\beta=0.10$，试确定研究的样本容量。

解：$\delta=2$，$\alpha=0.05$，$\beta=0.10$，$s=8$
根据 $df = 28-1=27$，查表得 $t_{0.05/2}=2.052$，$t_{0.01}=2.473$

$$n = \left[\frac{(t_{\alpha/2} + t_\beta)s}{\delta}\right]^2 = \left[\frac{(2.052 + 2.473) \times 8}{2}\right]^2 \approx 327$$

答：为保证检验符合要求，至少应抽取 327 名大学生作为研究样本。

当抽样总体有限时，对应双侧检验的样本容量的计算公式为

$$n = \frac{N(Z_{\alpha/2} + Z_\beta)^2 \sigma^2}{N\delta^2 + (Z_{\alpha/2} + Z_\beta)^2 \sigma^2} \tag{15.12}$$

或

$$n = \frac{N(t_{\alpha/2} + t_\beta)^2 s^2}{N\delta^2 + (t_{\alpha/2} + t_\beta)^2 s^2} \tag{15.13}$$

对应单侧检验的样本容量的计算公式为

$$n = \frac{N(Z_\alpha + Z_\beta)^2 \sigma^2}{N\delta^2 + (Z_{\alpha/2} + Z_\beta)^2 \sigma^2} \tag{15.14}$$

或

$$n = \frac{N(t_\alpha + t_\beta)^2 s^2}{N\delta^2 + (t_{\alpha/2} + t_\beta)^2 s^2} \tag{15.15}$$

当总体容量 N 远远大于样本容量 n 时，公式(15.12)～公式(15.15)的计算结果与公式(15.8)～公式(15.11)的计算结果差异不大。

三、平均数差异显著性检验时样本容量的确定

1. 独立样本

对应双侧检验，平均数差异显著性检验的样本容量的计算公式为

$$n_1 = n_2 = 2\left[\frac{(Z_{\alpha/2} + Z_\beta)s_p}{\delta}\right]^2 \tag{15.16}$$

式中：s_p^2 表示联合方差(见假设检验有关章节)。

对应单侧检验，样本容量的计算公式为

$$n_1 = n_2 = 2\left[\frac{(Z_\alpha + Z_\beta)s_p}{\delta}\right]^2 \tag{15.17}$$

例 15.7 某研究者拟调查男、女中学生生物会考成绩的差异是否达到 5 分，假如男、女中学生生物会考成绩的标准差均为 13.5，确定 $\alpha=0.05$，$\beta=0.10$，在进行差异检验时，应分别抽取男、女中学生各多少名？

解：$\alpha=0.05$，$\beta=0.10$，$\delta=5$，$s_1=s_2=13.5$

由于 s_1 和 s_2 相等，$s_p= s_1=s_2=13.5$

由公式(15.16)得

$$n_1 = n_2 = 2\left[\frac{(Z_{\alpha/2} + Z_\beta)s_p}{\delta}\right]^2 = 2\times\left[\frac{(1.96+1.28)\times 13.5}{5}\right]^2 \approx 153$$

答：要满足检验要求，应抽取男、女中学生各 153 名。

从有限总体中抽样时，分为以下两种情况。

双侧检验时，样本容量的计算公式为

$$n_1 = n_2 = \frac{2N(Z_{\alpha/2} + Z_\beta)^2 s_p^2}{N\delta + 2(Z_{\alpha/2} + Z_\beta)^2 s_p^2} \tag{15.18}$$

单侧检验时，样本容量的计算公式为

$$n_1 = n_2 = \frac{2N(Z_\alpha + Z_\beta)^2 s_p^2}{N\delta + 2(Z_\alpha + Z_\beta)^2 s_p^2} \tag{15.19}$$

2. 相关样本

两个相关样本的平均数差异显著性检验中，双侧检验时，样本容量的计算公式为

$$n = \left[\frac{(t_{\alpha/2} + t_\beta)s_d}{\delta}\right]^2 \tag{15.20}$$

两个相关样本的平均数差异的显著性检验中，单侧检验时，样本容量的计算公式为

$$n = \left[\frac{(t_\alpha + t_\beta)s_d}{\delta}\right]^2 \tag{15.21}$$

例 15.8 某研究者要检验一种心理辅导方案对提高大学生生命意义感的效果，每周辅导一次，辅导持续两个月，辅导前后分别进行相关测试。假如提高成绩的标准差为 11，确定 $\alpha=0.05$，$\beta=0.05$，研究者要检验平均成绩是否能提高 5 分需要多大的样本容量？

解：根据题意，$\alpha=0.05$，$\beta=0.05$，$\delta=2$，$s_d=11$

由公式(15.21)得

$$n = \left[\frac{(t_\alpha + t_\beta)s_d}{\delta}\right]^2 = \left[\frac{(1.645+1.645)\times 11}{5}\right]^2 \approx 52$$

答：至少需要 52 人参加测试。

从有限总体中抽样时，分为以下两种情况。

双侧检验时，样本容量的计算公式为

$$n = \frac{N(t_{\alpha/2} + t_\beta)^2 s_d^2}{N\delta^2 + (t_{\alpha/2} + t_\beta)^2 s_d^2} \tag{15.22}$$

单侧检验时,样本容量的计算公式为

$$n = \frac{N(t_\alpha + t_\beta)^2 s_d^2}{N\delta^2 + (t_{\alpha/2} + t_\beta)^2 s_d^2} \tag{15.23}$$

本章术语

简单随机抽样(simple random sampling)
等距抽样 (interval sampling)
系统抽样(systematic sampling)
分层抽样 (stratified sampling 或 hierarchical sampling)
多阶段抽样(multi-stage sampling)
整群抽样(cluster sampling)

思考题

1. 抽样设计有什么意义?
2. 抽样设计应遵循哪些基本原则?
3. 举例说明完全随机抽样、等距抽样、分层抽样和多阶段抽样的基本过程。
4. 某研究者要对某市高考语文成绩进行区间估计,全体考生成绩的标准差为 10.2,估计的最大允许误差为 2.3,显著性水平为 0.05,抽取容量为多大的样本能够满足估计要求?
5. 某研究者对其所在街道的几个小区的老年人进行居民活动满意度测试。为检验该街道老年居民测试结果是否高于全区平均分 4 分,确定 $\alpha=0.05$,$\beta=0.10$,应从该街道抽取多少名老年居民进行测试?
6. 某研究者要研究甲、乙两市小学生的生活基本常识差异,假如两市小学生的有关测试成绩标准差均为 12,确定 $\alpha=0.05$,$\beta=0.10$,为检验该差异是否达到 3 分,应分别从两市抽取多少名小学生参与测试?

第十六章 综合数据分析实例与SPSS操作

本章采用综合实例,对已学过的主要统计方法进行分析和应用,通过操作 SPSS 完成数据统计过程,并简要解释运行结果。

第一节 实例设计与统计方法分析

2021 年,高等院校改革管理模式。某研究者为了了解在新管理模式下学生的学习自我管理状态,在秋季开学 1 个月时,对经济、心理和教育专业 2021 级新生进行了学习自我管理能力抽样测试。在 2022 年春季开学 1 个月时,为了研究学生对大学生活的适应情况,该研究者又对同一批学生进行了同样的测试。两次测试收集学生的信息包括性别、专业、第一学期和第二学期的学习自我管理能力测试结果。研究者关心以下问题:

(1) 3 个专业学生第一学期与第二学期学习自我管理能力的相关性如何?
(2) 3 个专业学生两个学期学习自我管理能力是否存在显著差异?
(3) 男生和女生第一学期学习自我管理能力是否存在显著差异?
(4) 男生和女生第二学期学习自我管理能力是否存在显著差异?
(5) 男生和女生第二学期与第一学期学习自我管理能力的差值是否存在显著差异?
(6) 各专业学生第一学期学习自我管理能力是否存在显著差异?
(7) 各专业学生第二学期学习自我管理能力是否存在显著差异?
(8) 各专业学生第二学期与第一学期学习自我管理能力的差值是否存在显著差异?
(9) 各专业男生和女生第一学期学习自我管理能力差异情况是否一致?
(10) 各专业男生和女生第二学期学习自我管理能力差异情况是否一致?
(11) 各专业男生和女生两个学期学习自我管理能力差值的差异情况是否一致?
(12) 各专业男生和女生比例分布差异是否显著?
(13) 如何根据学生第一学期的学习自我管理能力预测其第二学期的学习自我管理能力?
(14) 男生和女生第一学期对第二学期的学习自我管理能力的影响是否一致?

第二学期结束时,研究者收集了 3 个专业学生对大学一年级的学习状态自我评价结果,想通过量化结果探讨学生评价时受两次自我管理能力测试结果的具体影响。分析问题为:

(15) 第二次学习自我管理能力测试结果是否在第一次测试结果与第一学年结束时的自我评价之间起中介作用?

首先分析问题(1),要考查学生第一学期学习自我管理能力与第二学期学习自我管理能力的相关性,选用哪种统计方法合适呢?这与两次测试结果的测量水平有关。如果两次测试结果都采用百分制，在题目难度和区分度基本合理的情况下，测试结果的分布不会严重偏离正态。因此，两列数据可以认为是服从正态分布的等距数据。这样，可以通过计算积差相关系数来分析这两个学期学习自我管理能力的相关性。如果两个学期的学习自我管理能力测试结果采用优、良、中、差的等级计分方式，则可以通过计算两个学期测试结果的 Spearman 等级相关系数来检验第一学期学习自我管理能力与第二学期学习自我管理能力的相关性。

问题(2)是检验所有学生第一学期与第二学期学习自我管理能力的差异显著性。两次测试结果总体均为服从正态分布的等距数据，适用方法是相关样本 t 检验。

问题(3)和问题(4)涉及的测试结果一般为服从正态分布的等距变量，性别是二分称名变量，这样的问题也可以描述为测试结果与性别是否相关。如果男生和女生的测试结果差异显著，说明测试结果与性别有关；如果男生和女生的测试结果差异不显著，说明测试结果与性别无关。因此，"男生与女生的测试结果差异是否显著"与"测试结果是否与性别有关"实质上是相同的问题。这类问题一般用 t 检验解决。对于问题(3)和问题(4)，分别用 t 检验得出男生与女生第一学期学习自我管理能力差异显著以及他们第二学期的差异也显著的结果。

问题(5)检验男生和女生第二学期与第一学期学习自我管理能力的差值是否存在显著差异。在计算出每个学生两个学期测试结果的差异后，该问题与问题(3)和问题(4)就成为同样的问题，也适用 t 检验进行相应分析。

问题(6)和问题(7)是检验 3 个专业学生第一学期及第二学期学习自我管理能力的差异显著性，检验 3 个平均数的差异显著性问题，需要采用单因素方差分析。

问题(8)是检验各专业学生第二学期与第一学期学习自我管理能力的差值是否存在显著差异。在计算出每个学生两个学期测试结果的差异后，该问题的分析和统计方法与问题(6)和问题 7 相同，用单因素方差分析处理相关数据。

问题(9)和问题(10)检验各专业男生和女生的各学期学习自我管理能力的差异情况是否一致，也是检验测试结果差异问题，但需要同时考虑性别和专业两个因素。因此，用到的统计检验方法是双因素方差分析。

问题(11)检验各专业男生和女生两个学期学习自我管理能力差值的差异情况是否一致。在计算出每个学生两个学期学习自我管理能力的差值之后，与问题(9)和问题(10)相同，采用双因素方差分析。

问题(12)是检验各专业男生和女生比例差异是否显著，涉及的是各专业男生和女生的人数。在这些计数数据的基础上，用独立性卡方检验可以解决问题。

问题(13)是根据学生第一学期的学习自我管理能力预测其第二学期的学习自我管理能力，由一个变量预测另一个变量，用回归分析解决。

问题(14)是检验性别是否在第一学期对第二学期学习自我管理能力的影响中起调节作用，所以是调节效应的检验问题。

问题(15)是检验两次学习自我管理能力的测试结果对全年表现的自我评价结果的影响。两次测试结果都可以直接影响评价结果，第一次测试结果又对第二次测试结果产生影响，因此，第一次测试结果通过影响第二次测试结果，进而对学年结束时的学生自我评价结果产生影响。有关问题的模型为中介模型，与 PROCESS 中的模型 4 对应。

第二节　数据处理与 SPSS 操作

为了研究有关问题，研究者从其所在地区高校的经济、心理、教育 3 个专业的新生中各随机抽取 200 人，分别记录每个学生的性别、专业、第一学期和第二学期学习自我管理能力测试结果。为了便于数据呈现，我们以每个专业 30 人为例，有关数据如表 16.1 所示。

表 16.1　经济、心理、教育 3 个专业学生第一、第二学期学习自我管理能力调查数据

经济专业				心理专业				教育专业			
性别	测试一	测试二	学年评价	性别	测试一	测试二	学年评价	性别	测试一	测试二	学年评价
男	78	79	80	男	88	92	90	女	76	85	80
男	85	88	87	男	68	76	75	男	78	82	80
女	79	60	62	女	88	83	85	男	85	90	88
男	82	78	80	男	86	80	85	男	76	82	80
女	90	84	90	女	87	90	88	女	89	95	90
女	92	86	90	女	81	83	85	女	90	93	88
女	78	80	78	女	75	82	78	女	72	79	78
男	76	78	78	男	79	79	79	女	88	93	91
男	91	86	88	女	85	91	87	男	78	76	75
女	87	94	93	女	84	84	85	女	67	80	75
男	82	85	85	女	81	89	83	女	79	87	83
男	73	79	78	男	86	92	90	男	73	77	77
男	77	78	78	男	85	96	95	女	89	95	90
女	92	83	90	女	67	88	80	女	85	89	85
女	78	87	78	女	77	86	83	男	90	85	86
男	68	72	70	女	74	91	82	男	93	93	92
女	78	81	80	女	84	83	84	男	68	73	71
女	72	75	73	男	86	86	85	女	78	88	83
男	76	72	73	男	85	87	86	女	87	94	90
男	80	85	83	男	77	86	82	男	91	86	88
女	79	82	80	男	75	85	83	男	81	85	83
女	71	75	73	男	81	88	85	男	89	96	93
男	69	73	72	男	68	87	85	男	78	84	80
女	85	92	90	女	78	87	82	女	71	82	75
男	90	88	90	女	83	91	86	男	77	86	85
男	72	79	78	男	77	82	80	男	83	86	85
男	86	91	88	女	70	89	80	男	86	85	85
女	66	69	67	女	81	89	80	男	77	83	80
女	76	83	78	女	89	93	90	女	79	90	82
男	89	93	93	男	85	90	88	女	92	96	93

首先将表 16.1 中的数据输入 SPSS，建立数据文件，建立性别、专业、测试一和测试二 4 个变量，分别为 gender、major、MGMT1 和 MGMT2。分别为 4 个变量依次建立变量标签"性别""专业""第一学期学习自我管理能力"和"第二学期学习自我管理能力"。为性别建立值标签"1"和"2"，分别表示"男"和"女"；为专业建立值标签"1""2"和"3"，分别表示"经济""心理"和"教育"。然后，输入数据，建立数据文件。在具体处理问题

之前，应先考查缺失值(missing data)和异常值(outlier)，因为该数据文件中不存在缺失值和异常值，因此，可以直接分析各个问题。分别按相应的 SPSS 操作步骤执行，即可得到相应结果。

(1) 计算 3 个专业学生第一学期与第二学期学习自我管理能力的相关系数。SPSS 操作步骤：用散点图考察线性关系，如符合直线关系趋势，单击 Analyze→Correlate→ Bivariate。然后将"测试一"与"测试二"两个变量导入变量区，单击"OK"即可计算出相关系数及其显著性，具体结果：

Correlations

		第一学期学习自我管理能力	第二学期学习自我管理能力
第一学期学习自我管理能力	Pearson Correlation	1	.618**
	Sig. (2-tailed)		.000
	N	90	90
第二学期学习自我管理能力	Pearson Correlation	.618**	1
	Sig. (2-tailed)	.000	
	N	90	90

**. Correlation is significant at the 0.01 level (2-tailed).

结果显示：该校经济、心理、教育 3 个专业学生第二学期学习自我管理能力与第一学期学习自我管理能力相关极其显著（$r=0.618$，$p<0.001$）。

(2) 通过相关样本 t 检验，计算学生第一学期与第二学期学习自我管理能力的差异显著性。SPSS 操作步骤：Analyze→Compare Means→Paired Samples T Test。

将第一学期学习自我管理能力"测试一"和第二学期学习自我管理能力"测试二"导入配对变量区，单击"OK"，即可得到 t 检验结果：

Paired Samples Statistics

		Mean	N	Std. Deviation	Std. Error Mean
Pair 1	第一学期学习自我管理能力	80.58	90	7.066	.745
	第二学期学习自我管理能力	84.83	90	6.706	.707

Paired Samples Test

		Paired Differences							
					95% Confidence Interval of the Difference				
		Mean	Std. Deviation	Std. Error Mean	Lower	Upper	t	df	Sig. (2-tailed)
Pair 1	第一学期学习自我管理能力 - 第二学期学习自我管理能力	-4.256	6.025	.635	-5.518	-2.994	-6.700	89	.000

结果显示：第一学期和第二学期学生学习自我管理能力的平均数和标准差分别为 80.58±7.066 和 84.83±6.706，两个平均数差异极其显著（$t=-6.700$，$p<0.001$）。学生第二学期学习自我管理能力相对第一学期有了提高。

(3) 检验男生和女生第一学期学习自我管理能力差异是否显著，需要进行独立样本 t 检验。SPSS 操作过程：Analyze→Compare Means→Independent-Samples T Test。

将第一学期学生学习自我管理能力"测试一"导入检验变量"Test Variable(s)"项目栏，将性别导入分组变量"Grouping Variable"项目栏，并输入性别变量的两个分组取值"1"和

"2",单击"OK",则可以得到 t 检验结果:

Group Statistics

	性别	N	Mean	Std. Deviation	Std. Error Mean
第一学期学习自我管理能力	男	44	80.27	7.016	1.058
	女	46	80.87	7.179	1.058

Independent Samples Test

		Levene's Test for Equality of Variances		t-test for Equality of Means					95% Confidence Interval of the Difference	
		F	Sig.	t	df	Sig. (2-tailed)	Mean Difference	Std. Error Difference	Lower	Upper
第一学期学习自我管理能力	Equal variances assumed	.013	.909	-.399	88	.691	-.597	1.497	-3.572	2.378
	Equal variances not assumed			-.399	87.957	.691	-.597	1.496	-3.571	2.377

结果显示:第一学期男生学习自我管理能力的平均数和标准差分别为80.27和7.016,第一学期女生学习自我管理能力的平均数和标准差分别为80.87和7.179,两组测试结果方差齐性($F=0.013$,$p=0.909$),男生和女生平均测试结果的差异显著性检验结果为$t=-0.399$,$p=0.691$。由于$p>0.05$,第一学期男生和女生学习自我管理能力差异在统计学意义上不显著。

(4) 男生和女生第二学期学习自我管理能力的差异显著性检验过程同问题(3),只是检验变量为第二学期学生学习自我管理能力"测试二"输出结果:

Group Statistics

	性别	N	Mean	Std. Deviation	Std. Error Mean
第二学期学习自我管理能力	男	44	83.41	6.094	.919
	女	46	86.20	7.042	1.038

Independent Samples Test

		Levene's Test for Equality of Variances		t-test for Equality of Means					95% Confidence Interval of the Difference	
		F	Sig.	t	df	Sig. (2-tailed)	Mean Difference	Std. Error Difference	Lower	Upper
第二学期学习自我管理能力	Equal variances assumed	.011	.918	-2.004	88	.048	-2.787	1.391	-5.550	-.023
	Equal variances not assumed			-2.010	87.145	.048	-2.787	1.386	-5.542	-.031

结果显示：第二学期男生学习自我管理能力的平均数和标准差分别为 83.41 和 6.094，第二学期女生学习自我管理能力的平均数和标准差分别为 86.20 和 7.042，男生和女生两组结果方差齐性(F=0.011，p=0.918)，男生和女生测试结果的差异显著性检验结果为 t=-2.004，p=0.048。由于 p<0.05，第二学期男生和女生学习自我管理能力差异显著，女生的测试结果数据高于男生的测试结果数据。

(5) 检验男生和女生两个学期自我管理能力的差值差异是否显著。

首先，需要计算每个学生两个学期学习自我管理能力的差值，操作步骤：Transform→Compute Variable。然后在弹出窗口的"Target Variable"项目栏输入表示差值的变量"D"，在"Numeric Expression"项目栏输入两次测试结果相减的表达式"测试二-测试一"，确定后得出每个学生两次测试结果的差值。

其次，检验男生和女生两次测试结果差值的差异显著性。操作步骤与问题(3)、(4)相同，即 Analyze→Compare Means→Independent-Samples T Test。将差值"D"导入检验变量"Test Variable(s)"项目栏，将性别导入分组变量"Grouping Variable"项目栏，并输入性别变量的两个分组取值"1"和"2"，确定后则可以得到 t 检验结果：

Group Statistics

	性别	N	Mean	Std. Deviation	Std. Error Mean
两个学期的差值	男	44	3.14	4.801	.724
	女	46	5.33	6.883	1.015

Independent Samples Test

		Levene's Test for Equality of Variances		t-test for Equality of Means						
									95% Confidence Interval of the Difference	
		F	Sig.	t	df	Sig. (2-tailed)	Mean Difference	Std. Error Difference	Lower	Upper
两个学期的差值	Equal variances assumed	1.844	.178	-1.743	88	.085	-2.190	1.256	-4.686	.307
	Equal variances not assumed			-1.757	80.597	.083	-2.190	1.247	-4.670	.291

结果显示：男生两次测试结果的差值的平均数和标准差分别为 3.14 和 4.801，女生两次测试结果的差值的平均数和标准差分别为 5.33 和 6.883，男生和女生标准差差异不显著(F=1.844，p=0.178)；男生和女生两次测试结果的差值的平均数的差异不显著(t=-1.743，p=0.085>0.05)。

(6) 3 个专业学生第一学期学习自我管理能力是否存在显著差异，需要通过方差分析进行检验。SPSS 操作过程：Analyze→Compare Means→One-Way ANOVA。

然后，将第一学期学生学习自我管理能力"测试一"导入因变量列"Dependent List"，将专业导入分组因素"Factor"区，并单击选择项"Options"，选中描述项"Descriptive"和方差齐性项"Homogeneity-of-Variance"，单击 Continue→OK，则可以得到方差分析结果：

Descriptives

第一学期学生学习自我管理能力

	N	Mean	Std. Deviation	Std. Error	95% Confidence Interval for Mean Lower Bound	95% Confidence Interval for Mean Upper Bound	Minimum	Maximum
经济	30	79.90	7.490	1.367	77.10	82.70	66	92
心理	30	80.33	6.386	1.166	77.95	82.72	67	89
教育	30	81.50	7.413	1.353	78.73	84.27	67	93
Total	90	80.58	7.066	.745	79.10	82.06	66	93

Test of Homogeneity of Variances

第一学期学生学习自我管理能力

Levene Statistic	df1	df2	Sig.
.769	2	87	.467

ANOVA

第一学期学生学习自我管理能力

	Sum of Squares	df	Mean Square	F	Sig.
Between Groups	41.089	2	20.544	.406	.668
Within Groups	4402.867	87	50.608		
Total	4443.956	89			

结果显示：各组方差齐性($p=0.467$)，3 个专业学生第一学期学习自我管理能力平均测试结果差异不显著[$F(2, 87)=0.406$，$p=0.668$]。

问题(6)也可以通过操作步骤 Analyze→General Linear Model→Univariate 完成分析。在"Options"中勾选描述统计和方差齐性检验对应项目，勾选"Estimates of Effect Size"，运行结果：

Descriptive Statistics

Dependent Variable: 第一学期学生学习自我管理能力

专业	Mean	Std. Deviation	N
经济	79.90	7.490	30
心理	80.33	6.386	30
教育	81.50	7.413	30
Total	80.58	7.066	90

Levene's Test of Equality of Error Variances[a]

Dependent Variable: 第一学期学生学习自我管理能力

F	df1	df2	Sig.
.769	2	87	.467

Tests the null hypothesis that the error variance of the dependent variable is equal across groups.

a. Design: Intercept + major

Tests of Between-Subjects Effects

Dependent Variable: 第一学期学生学习自我管理能力

Source	Type III Sum of Squares	df	Mean Square	F	Sig.	Partial Eta Squared
Corrected Model	41.089[a]	2	20.544	.406	.668	.009
Intercept	584350.044	1	584350.044	11546.671	.000	.993
major	41.089	2	20.544	.406	.668	.009
Error	4402.867	87	50.608			
Total	588794.000	90				
Corrected Total	4443.956	89				

a. R Squared = .009 (Adjusted R Squared = -.014)

结果显示：3 个专业学生第一学期学习自我管理能力平均测试结果差异不显著[$F(2,87)=0.406$, $p=0.668$]，结果与 One-Way ANOVA 的结果相同。另外，输出效应量值 $\eta_p^2 = 0.009$，效应量低。

(7) 3 个专业学生第二学期学习自我管理能力平均测试结果是否存在显著差异，也需要通过方差分析进行检验。按照 SPSS 检验过程 Analyze→General Linear Model→Univariate 来操作，除因变量为"测试二"外，其余检验步骤与问题(6)的检验步骤相同，检验结果：

Descriptive Statistics

Dependent Variable: 第二学期学生学习自我管理能力

专业	Mean	Std. Deviation	N
经济	81.17	7.634	30
心理	86.83	4.526	30
教育	86.50	6.191	30
Total	84.83	6.706	90

Levene's Test of Equality of Error Variances[a]

Dependent Variable: 第二学期学生学习自我管理能力

F	df1	df2	Sig.
3.097	2	87	.050

Tests the null hypothesis that the error variance of the dependent variable is equal across groups.

a. Design: Intercept + major

Tests of Between-Subjects Effects

Dependent Variable: 第二学期学生学习自我管理能力

Source	Type III Sum of Squares	df	Mean Square	F	Sig.	Partial Eta Squared
Corrected Model	606.667a	2	303.333	7.771	.001	.152
Intercept	647702.500	1	647702.500	16593.900	.000	.995
major	606.667	2	303.333	7.771	.001	.152
Error	3395.833	87	39.033			
Total	651705.000	90				
Corrected Total	4002.500	89				

a. R Squared = .152 (Adjusted R Squared = .132)

结果显示：各组方差非齐性($p=0.050$)，3 组平均数中至少有 2 组间差异显著[$F(2, 87)=7.771$，$p=0.001$，$\eta_P^2 = 0.152$]，应继续做事后检验，以确定平均数间的具体差异情况。

单击"Post Hoc"，选中其中一种方法，因为 3 组方差非齐性，采用对应方法中的 Dunnett's T3 事后检验方法，检验结果：

Multiple Comparisons

Dependent Variable: 第二学期学生学习自我管理能力
Dunnett T3

(I) 专业	(J) 专业	Mean Difference (I-J)	Std. Error	Sig.	95% Confidence Interval Lower Bound	Upper Bound
经济	心理	-5.67*	1.620	.003	-9.67	-1.66
	教育	-5.33*	1.795	.013	-9.75	-.92
心理	经济	5.67*	1.620	.003	1.66	9.67
	教育	.33	1.400	.993	-3.11	3.78
教育	经济	5.33*	1.795	.013	.92	9.75
	心理	-.33	1.400	.993	-3.78	3.11

Based on observed means.
 The error term is Mean Square(Error) = 39.033.
*. The mean difference is significant at the .05 level.

结果显示：经济与心理专业第二学期学生学习自我管理能力平均数在 0.01 显著性水平上差异显著($p=0.003<0.01$)；经济与教育专业第二学期学生学习自我管理能力平均数在 0.05 显著性水平上差异显著($p=0.013<0.05$)；教育与心理专业之间差异不显著($p=0.993>0.05$)。

(8) 检验各专业学生第二学期与第一学期学习自我管理能力的差值是否存在显著差异，也需要采用方差分析。按照 SPSS 检验过程 Analyze→General Linear Model→Univariate 来操作，除因变量为两个学期测试结果的差值"D"外，其余检验步骤与问题 7 的检验步骤相同，检验结果：

Descriptive Statistics

Dependent Variable: 两个学期的差值

专业	Mean	Std. Deviation	N
经济	1.27	5.924	30
心理	6.50	6.527	30
教育	5.00	4.323	30
Total	4.26	6.025	90

Levene's Test of Equality of Error Variances[a]

Dependent Variable: 两个学期的差值

F	df1	df2	Sig.
1.650	2	87	.198

Tests the null hypothesis that the error variance of the dependent variable is equal across groups.

a. Design: Intercept + major

Tests of Between-Subjects Effects

Dependent Variable: 两个学期的差值

Source	Type III Sum of Squares	df	Mean Square	F	Sig.	Partial Eta Squared
Corrected Model	435.756[a]	2	217.878	6.781	.002	.135
Intercept	1629.878	1	1629.878	50.727	.000	.368
major	435.756	2	217.878	6.781	.002	.135
Error	2795.367	87	32.131			
Total	4861.000	90				
Corrected Total	3231.122	89				

a. R Squared = .135 (Adjusted R Squared = .115)

结果显示：各组方差非齐性($p=0.198$)，3 组平均数中，至少有 2 组间差异显著[$F(2, 87)=6.781$, $p=0.002$, $\eta_P^2 = 0.135$]。应继续做事后检验以确定平均数间的具体差异情况。

单击"Post Hoc"，选择其中一种方法，因为 3 组方差非齐性，采用对应方法中的 Bonferroni 事后检验方法，检验结果：

Multiple Comparisons

Dependent Variable: 两个学期的差值
Bonferroni

(I) 专业	(J) 专业	Mean Difference (I-J)	Std. Error	Sig.	95% Confidence Interval Lower Bound	Upper Bound
经济	心理	-5.23*	1.464	.002	-8.81	-1.66
	教育	-3.73*	1.464	.037	-7.31	-.16
心理	经济	5.23*	1.464	.002	1.66	8.81
	教育	1.50	1.464	.925	-2.07	5.07
教育	经济	3.73*	1.464	.037	.16	7.31
	心理	-1.50	1.464	.925	-5.07	2.07

Based on observed means.
 The error term is Mean Square(Error) = 32.131.
*. The mean difference is significant at the .05 level.

结果显示：经济与心理两个专业第二学期与第一学期学生学习自我管理能力差值的平均数在 0.01 显著性水平上差异显著(p=0.002<0.01)；经济与教育两个专业的差异在 0.05 水平上差异显著(p=0.037<0.05)；教育与心理专业之间差异不显著(p=0.925>0.05)。

(9) 各专业男生和女生的第一学期学习自我管理能力差异情况是否一致，需要用双因素方差分析来分析。SPSS 操作过程：Analyze→General Linear Model→Univariate。

将"测试一"设为 Dependent Variable，专业和性别设为固定因素[Fixed Factor(s)]，单击"OK"，检验结果：

Descriptive Statistics

Dependent Variable: 第一学期学生学习自我管理能力

专业	性别	Mean	Std. Deviation	N
经济	男	79.63	7.265	16
	女	80.21	8.002	14
	Total	79.90	7.490	30
心理	男	80.69	6.860	13
	女	80.06	6.200	17
	Total	80.33	6.386	30
教育	男	80.60	7.317	15
	女	82.40	7.651	15
	Total	81.50	7.413	30
Total	男	80.27	7.016	44
	女	80.87	7.179	46
	Total	80.58	7.066	90

Tests of Between-Subjects Effects

Dependent Variable: 第一学期学生学习自我管理能力

Source	Type III Sum of Squares	df	Mean Square	F	Sig.	Partial Eta Squared
Corrected Model	70.938[a]	5	14.188	.273	.927	.016
Intercept	580284.746	1	580284.746	11146.518	.000	.993
major	39.609	2	19.805	.380	.685	.009
gender	7.650	1	7.650	.147	.702	.002
major * gender	22.008	2	11.004	.211	.810	.005
Error	4373.018	84	52.060			
Total	588794.000	90				
Corrected Total	4443.956	89				

a. R Squared = .016 (Adjusted R Squared = -.043)

结果显示：性别与专业交互作用效应不显著[$F(2, 84)$=0.211，p=0.810，$\eta_P^2 = 0.005$]，即各专业男生和女生第一学期学习自我管理能力差异情况基本一致。

(10) 各专业男生和女生第二学期学习自我管理能力差异情况是否一致，也需要用双因素方差分析来分析。SPSS 操作过程与问题(9)相同，只是因变量设为"测试二"，检验结果：

Descriptive Statistics

Dependent Variable: 第二学期学生学习自我管理能力

专业	性别	Mean	Std. Deviation	N
经济	男	81.50	6.633	16
	女	80.79	8.885	14
	Total	81.17	7.634	30
心理	男	86.15	5.742	13
	女	87.35	3.427	17
	Total	86.83	4.526	30
教育	男	83.07	5.230	15
	女	89.93	5.175	15
	Total	86.50	6.191	30
Total	男	83.41	6.094	44
	女	86.20	7.042	46
	Total	84.83	6.706	90

Tests of Between-Subjects Effects

Dependent Variable: 第二学期学生学习自我管理能力

Source	Type III Sum of Squares	df	Mean Square	F	Sig.	Partial Eta Squared
Corrected Model	974.702a	5	194.940	5.408	.000	.244
Intercept	642343.282	1	642343.282	17820.484	.000	.995
major	598.590	2	299.295	8.303	.001	.165
gender	134.102	1	134.102	3.720	.057	.042
major * gender	232.587	2	116.294	3.226	.045	.071
Error	3027.798	84	36.045			
Total	651705.000	90				
Corrected Total	4002.500	89				

a. R Squared = .244 (Adjusted R Squared = .198)

结果显示：性别与专业交互作用效应显著[$F(2，84)=3.226$，$p=0.045$，$\eta_P^2 = 0.071$]，即各专业男生和女生第二学期学习自我管理能力差异情况不一致。

继续进行简单效应检验，语法如下：

```
MANOVA MGMT2 BY gender(1,2), major(1,3)
    /DESIGN
    /ERROR=WITHINCELL
    /DESIGN = gender WITHIN major(1)
              gender WITHIN major(2)
              gender WITHIN major(3).
```

运行结果为：

```
* ****Analysis   of   Variance--Design   2****
Tests of Significance for MGMT2 using UNIQUE sums of squares
Source of Variation           SS        DF      MS       F      Sig of F
WITHIN CELLS              3027.80       84    36.05
GENDER WITHIN MAJOR(1)        .39        1      .39     .01      .918
```

GENDER WITHIN MAJOR(2)	22.11	1	22.11	.61	.436
GENDER WITHIN MAJOR(3)	353.631		353.63	9.81	.002

结果显示：经济专业和心理专业的男生和女生差异均不显著($F=0.01$，$p=0.918$；$F=0.61$，$p=0.436$)；教育专业的男生和女生第二次测试结果的差异显著($F=9.81$，$p=0.002<0.01$)。由平均值可以看出，女生的相关测试结果数据高于男生。

(11) 检验3个专业两次测试结果差值的性别差异是否一致，与问题(9)和(10)相同，只是采用两次测试结果的差值作为因变量。按 Analyze→General Linear Model→Univariate 步骤操作，将两次测试结果的差值"D"设为"Dependent Variable"，专业和性别设为固定因素"Fixed Factor(s)"，单击"OK"，检验结果：

Descriptive Statistics

Dependent Variable: 两个学期的差值

专业	性别	Mean	Std. Deviation	N
经济	男	1.88	3.757	16
	女	.57	7.812	14
	Total	1.27	5.924	30
心理	男	5.46	6.118	13
	女	7.29	6.899	17
	Total	6.50	6.527	30
教育	男	2.47	4.033	15
	女	7.53	2.949	15
	Total	5.00	4.323	30
Total	男	3.14	4.801	44
	女	5.33	6.883	46
	Total	4.26	6.025	90

Tests of Between-Subjects Effects

Dependent Variable: 两个学期的差值

Source	Type III Sum of Squares	df	Mean Square	F	Sig.	Partial Eta Squared
Corrected Model	665.717a	5	133.143	4.360	.001	.206
Intercept	1576.009	1	1576.009	51.604	.000	.381
major	423.609	2	211.804	6.935	.002	.142
gender	77.695	1	77.695	2.544	.114	.029
major * gender	151.851	2	75.926	2.486	.089	.056
Error	2565.405	84	30.541			
Total	4861.000	90				
Corrected Total	3231.122	89				

a. R Squared = .206 (Adjusted R Squared = .159)

结果显示：性别与专业交互作用效应不显著[$F(2, 84)=2.486$，$p=0.089$，$\eta_P^2 = 0.056$]，即各专业男生和女生两个学期测试结果的差值没有显著差异。

(12) 各专业男生和女生比例分布差异的显著性检验采用独立性卡方检验方法。SPSS 操作过程：Analyze→Descriptive Statistics→Crosstabs。

分别将"性别"和"专业"导入行"Row"和列"Column"的项目栏，单击"Statistics"，选中"Chi-square"，勾选"Phi and Cramer's V"，单击"OK"，即可得到检验结果：

性别 * 专业 Crosstabulation

Count

		专业			Total
		经济	心理	教育	
性别	男	16	13	15	44
	女	14	17	15	46
Total		30	30	30	90

Chi-Square Tests

	Value	df	Asymptotic Significance (2-sided)
Pearson Chi-Square	.623ª	2	.733
Likelihood Ratio	.624	2	.732
Linear-by-Linear Association	.066	1	.797
N of Valid Cases	90		

a. 0 cells (0.0%) have expected count less than 5. The minimum expected count is 14.67.

Symmetric Measures

		Value	Approximate Significance
Nominal by Nominal	Phi	.083	.733
	Cramer's V	.083	.733
N of Valid Cases		90	

结果显示：性别分布与专业相关不显著[$\chi^2_{(2)}$=0.623，p=0.733，Φ=0.083]，即各专业男生和女生比例分布差异不显著。

（13）由于第二学期学生学习自我管理能力与第一学期学生学习自我管理能力之间的积差相关显著，两者之间存在显著的线性关系(也可根据散点图直观考察)。因此，可以建立第二学期学生学习自我管理能力对第一学期学生学习自我管理能力的线性回归方程。SPSS 操作过程：Analyze→Regression→Linear。

然后，将"测试二"导入因变量区，将"测试一"导入自变量区，选择"Enter"或"Stepwise"等方法，单击"OK"，得到检验结果：

Model Summary

Model	R	R Square	Adjusted R Square	Std. Error of the Estimate
1	.618ª	.382	.375	5.300

a. Predictors: (Constant), 第一学期学生学习自我管理能力

ANOVA[a]

Model		Sum of Squares	df	Mean Square	F	Sig.
1	Regression	1530.152	1	1530.152	54.464	.000[b]
	Residual	2472.348	88	28.095		
	Total	4002.500	89			

a. Dependent Variable: 第二学期学生学习自我管理能力
b. Predictors: (Constant), 第一学期学生学习自我管理能力

Coefficients[a]

Model		Unstandardized Coefficients B	Std. Error	Standardized Coefficients Beta	t	Sig.
1	(Constant)	37.551	6.431		5.839	.000
	第一学期学生学习自我管理能力	.587	.080	.618	7.380	.000

a. Dependent Variable: 第二学期学生学习自我管理能力

结果显示：回归方程和回归系数均显著($p<0.001$)，$R^2=0.382$，回归方程为

$$MGMT2 = 37.551 + 0.587 MGMT1$$

回归方程显著[$F(1，88)=54.464$，$p<0.001$]，通过该方程可以由学生第一学期的学习自我管理能力预测其第二学期的学习自我管理能力。

(14) 性别在第一次测试结果对第二次测试结果的影响中的调节作用。按 Analyze→Descriptive Statistics→Descriptives 步骤操作，在弹出的对话框中，将两次学习自我管理能力的测试结果 MGMT1 和 MGMT2 导入变量栏目，并勾选"Save standdardized values as variables"，单击"OK"，两次学习自我管理能力测试分数的标准化结果分别以变量 ZMGMT1 和 ZMGMT2 存入数据文件。

按步骤 Analyze→Regression→PROCESS by Andrew F. Hayes 操作，在弹出的对话框中分别将 ZMGMT1、ZMGMT2 和 gender 分别导入 X、Y 和 M 的位置，选择模型 1，确定后得到如下结果：

```
Run MATRIX procedure:

************* PROCESS Procedure for SPSS Release 2.16.3 ******************
          Written by Andrew F. Hayes, Ph.D.       www.afhayes.com
     Documentation available in Hayes (2013). www.guilford.com/p/hayes3
**************************************************************************

Model = 1
    Y = ZMGMT2
    X = ZMGMT1
    M = gender

Sample size
        90

**************************************************************************
Outcome: ZMGMT2
Model Summary
```

	R	R-sq	MSE	F	df1	df2	p
	.6479	.4198	.6004	20.7418	3.0000	86.0000	.0000

Model

	coeff	se	t	p	LLCI	ULCI
constant	−.5467	.2603	−2.1002	.0386	−1.0642	−.0292
gender	.3636	.1635	2.2232	.0288	.0385	.6887
ZMGMT1	.8057	.2638	3.0545	.0030	.2813	1.3301
int_1	−.1282	.1646	−.7788	.4383	−.4554	.1990

Product terms key:

　int_1　　ZMGMT1　　X　　gender

R-square increase due to interaction(s):

	R2-chng	F	df1	df2	p
int_1	.0041	.6065	1.0000	86.0000	.4383

****

Conditional effect of X on Y at values of the moderator(s):

gender	Effect	se	t	p	LLCI	ULCI
1.0000	.6776	.1190	5.6931	.0000	.4410	.9141
2.0000	.5494	.1137	4.8319	.0000	.3233	.7754

Values for quantitative moderators are the mean and plus/minus one SD from mean.
Values for dichotomous moderators are the two values of the moderator.

********************* ANALYSIS NOTES AND WARNINGS *************************

Level of confidence for all confidence intervals in output:
　95.00

------ END MATRIX -----

结果显示：性别的调节效应不显著($t=0.7788$，$p=0.4383$)，0.95 置信区间为[−0.4554，0.1990]。男生和女生第一次测试结果均显著影响第二次测试结果($t=5.6931$，$p<0.001$；$t=4.8319$，$p<0.001$)，置信区间分别为[0.4410，0.9141]和[0.3233，0.7754]。

(15) 分析第二次测试结果在第一次测试结果对全年学习自我评价结果产生的影响中所起的中介作用，SPSS 操作步骤：Analyze→Regression→PROCESS by Andrew F. Hayes。

在弹出的对话框中将 MGMT1、MGMT2 和 gender 分别导入 X、Y 和 M 栏，选择模型 4，单击"OK"后得出结果：

Run MATRIX procedure:

************* PROCESS Procedure for SPSS Release 2.16.3 *****************

　　Written by Andrew F. Hayes, Ph.D.　　　www.afhayes.com
　　Documentation available in Hayes (2013). www.guilford.com/p/hayes3

```
***************************************************************
Model = 4
    Y = ZASSMT
    X = ZMGMT1
    M = ZMGMT2

Sample size
     90

***************************************************************
Outcome: ZMGMT2

Model Summary
        R         R-sq        MSE         F          df1        df2          p
     .6183       .3823       .6247     54.4637     1.0000    88.0000      .0000

Model
              coeff         se          t          p         LLCI       ULCI
constant      .0000       .0833       .0000     1.0000      -.1656      .1656
ZMGMT1        .6183       .0838      7.3800      .0000       .4518      .7848

***************************************************************
Outcome: ZASSMT

Model Summary
        R         R-sq        MSE         F          df1        df2          p
     .9544       .9108       .0912    444.3755    2.0000    87.0000      .0000

Model
              coeff         se          t          p         LLCI       ULCI
constant      .0000       .0318       .0000     1.0000      -.0633      .0633
ZMGMT2        .6152       .0407     15.1039      .0000       .5343      .6962
ZMGMT1        .4424       .0407     10.8618      .0000       .3615      .5234

******************** DIRECT AND INDIRECT EFFECTS ************************

Direct effect of X on Y
     Effect        SE          t          p         LLCI       ULCI
     .4424       .0407     10.8618      .0000       .3615      .5234

Indirect effect of X on Y
              Effect      Boot SE    BootLLCI   BootULCI
ZMGMT2        .3804       .0756       .2535      .5584

******************** ANALYSIS NOTES AND WARNINGS ************************

Number of bootstrap samples for bias corrected bootstrap confidence intervals:
   5000

Level of confidence for all confidence intervals in output:
   95.00
```

------ END MATRIX -----

结果显示：3个路径系数分别为 a=0.6183，b=0.6152，c'=0.4424。三者均在 0.001 水平上显著(t=7.3800，p<0.001；t=15.1039，p<0.001；t=10.8618，p<0.001)，直接效应和中介效应分别为 0.4424 和 0.3804，两者均显著，对应置信区间分别为[0.3615，0.5234]和[0.2535，0.5584]。因此，第一学期学生学习自我管理能力既直接影响全年的自我评价结果，也通过对第二学期学生自我管理能力的影响进而影响全年的自我评价结果，直接效应和间接效应分别占总效应的 53.8%和 46.2%。

思考题

1. 本章综合案例中还可以做哪些分析？试具体操作并解释结果。
2. 自己设计感兴趣的研究问题，考虑可以做哪些分析，以及采用什么方法、如何操作。如果可能，具体搜集数据进行分析并解释结果。

参考文献

[1] 车宏生. 心理与社会研究统计方法[M]. 北京：北京师范大学出版社，2009.

[2] 邓铸，朱晓红. 心理统计学与 SPSS 应用[M]. 上海：华东师范大学出版社，2009.

[3] 甘怡群，张轶文，郑磊. 心理与行为科学统计[M]. 北京：北京大学出版社，2020.

[4] 郭志刚. 社会统计分析方法[M]. 北京：中国人民大学出版社，1999.

[5] 胡咏梅，李佳哲. 教育统计学[M]. 北京：中国人民大学出版社，2020.

[6] 胡竹菁. 心理统计学[M]. 北京：高等教育出版社，2010.

[7] 王孝玲. 教育统计学[M]. 5 版. 上海：华东师范大学出版社，2015.

[8] 温忠麟，刘红云，侯杰泰. 调节效应和中介效应分析[M]. 北京：教育科学出版社，2013.

[9] 温忠麟，侯杰泰，张雷. 调节效应与中介效应的比较和应用[J]. 心理学报，2005(2)：268-274.

[10] 温忠麟，叶宝娟. 中介效应分析：方法和模型发展[J]. 心理科学进展，2014，22(05)：731-745.

[11] 吴明隆. SPSS 统计应用实务：问卷分析与应用统计[M]. 北京：科学出版社，2003.

[12] 吴明隆，涂金堂. SPSS 与统计应用分析[M]. 大连：东北财经大学出版社，2012.

[13] 薛薇. SPSS 统计分析方法及应用[M]. 北京：电子工业出版社，2009.

[14] 张厚粲，徐建平. 现代心理与教育统计学[M]. 5 版. 北京：北京师范大学出版社，2020.

[15] 张敏强. 教育与心理统计学[M]. 3 版. 北京：人民教育出版社，2010.

[16] 张文彤. SPSS 统计分析高级教程[M]. 北京：高等教育出版社，2004.

[17] Byrkit D R. Statistics Today: A Comprehensive Introduction[M]. Menlo Park, CA: The Benjamin/Cummings Publishing Company, Inc., 1987.

[18] Cumming G. The New Statistics: Why and How[J]. *Psychological Science*, 2014, 25(1): 7-29.

[19] Dowdy S, Wearden S. Statistics for Research[M]. John Wiley & Sons, Inc., 1983.

[20] Gene V G, Kenneth D H. Statistical Methods in Education and Psychology(second edition)[M]. Prentice-Hall, Inc. 1994.

[21] Dunbar G. Data Analysis for Psychology[M]. Lodon: Arnold, the Hodder Headline Group, 2004.

[22] Gravetter F J, Wallnau L B. Essentials of Statistics for the Behavioral Sciences[M]. 4th ed. Belmont: Wadsworth/Thomson learning, 2001.

[23] Gravetter F J, Wallnau L B. Statistics for the Behavioral Sciences [M]. 10th ed. New York: Cengage Learning, 2016.

[24] Lu Y. A Revised Version of McNemar's Test for Paired Binary Data[J]. *Communication in Statistics-Theory and Methods*. 2010, 39(19):3525-3539.

[25] Lu Y, Wang M, Zhang G. A New Revised Version of McNemar's Test for Paired Binary Data[J]. *Communication in Statistics-Theory and Methods*. 2017, 46:10010-10024.

[26] MaCall R B. Fundamental Statistics for Behavioral Sciences(7th ed.)[M]. Pacific Grove: Brooks/Cole Publishing Company, 1998.

[27] Myers J L, Well A D, Lorch R. Research Design and Statistical Analysis[M]. L. Erlbaum Associates, 2013.

[28] Tabachnick B G, Fidell L S, Pearson. Using Multivariate Statistics[M]. 7^{th}ed. Boston, MA: Allyn & Bacon, Inc., 2018.

附　　录

附表 1　正态分布表

附表 2　t 值表

附表 3　F 值表(双侧检验)

附表 4　F 值表(单侧检验)

附表 5　积差相关系数显著性临界值

附表 6　相关系数 r 与 Z_r 转换表

附表 7　斯皮尔曼等级相关系数显著性临界值

附表 8　肯德尔 W 系数显著性临界值

附表9 哈特莱方差齐性检验表

附表10 q 分布的临界值(用于多重比较)

附表11 χ^2 临界值表

附表12 符号检验临界值

附表13 符号等级检验临界值

附表14 秩和检验临界值

附表15 克-瓦氏单因素等级方差分析 H 检验表

附表16 弗里德曼双向等级方差分析检验表

附表17 1万个随机数码表